U0595238

新能源科技译丛

绿色能源经济

（西）安苏阿特吉　德尔加多　加拉拉加　主编

王书亭　崔金梦 译　冯志杰 校

中国三峡出版传媒
中国三峡出版社

图书在版编目（CIP）数据

绿色能源经济 / (西) 阿尔贝托 • 安苏阿特吉 (Alberto Ansuategi) , (西) 胡安 • 德尔加多 (Juan Delgado) , (西) 伊邦 • 加拉拉加 (Ibon Galarraga) 著 ; 王书亭 , 崔金梦译；冯志杰校 . — 北京 : 中国三峡出版社 , 2016.6

（新能源科技译丛）

ISBN 978-7-80223-924-1

Ⅰ. ①绿… Ⅱ. ①阿… ②胡… ③伊… ④王… ⑤崔… ⑥冯… Ⅲ. ①无污染能源－能源经济－研究 Ⅳ . ① F407.2

中国版本图书馆 CIP 数据核字 (2016) 第 139997 号

Translation from the English language edition:
Green Energy and Efficiency: An Economic Perspective
edited by Alberto Ansuategi, Juan Delgado and Ibon Galarraga
Copyright © Springer International Publishing, Switzerland 2015
Springer is part of Springer Science+Business Media
All Rights Reserved

北京市版权局著作权合同登记图字：01-2016-4969 号

中国三峡出版社出版发行
（北京市西城区西廊下胡同 51 号　100034）
电话：(010) 66117828　66116228　66112368
E-mail:sanxiaz@sina.com

北京市十月印刷有限公司印刷　新华书店经销
2016 年 6 月第 1 版　2016 年 6 月第 1 次印刷
开本：787×1092　1/16　印张：25.5　字数：480 千字
ISBN 978-7-80223-924-1　定价：98.00 元

序

低碳项目由巴斯克气候变化研究中心和巴斯克大学共同发起，由雷普索尔基金会提供资金支持，旨在促进能源经济学和气候变化领域的相关研究，创造低碳的未来。

当前，解决气候变化问题不仅是保护环境的必要条件，而且是一种经济机遇，是制定能源和经济政策的支撑。在全球范围内减少碳排放、扩大可再生能源部署应用和提升能源效率是制定气候政策的三大要素。本书旨在研究上述第三个要素：能源效率。

本书全面反映了雷普索尔基金会在能源效率方面所肩负的使命，并致力于在社会和经济两方面推广普及能源效率这一核心概念。

雷普索尔基金会于 2008 年创立了“能源观察”，这是该基金会鼓励新能源模式和促进新能源经济一项重要使命。“能源观察”有四个优先任务目标，其中之一是“促进能源高效利用相关领域的研究、创新和知识普及”。

作为“能源观察”研究工作的一部分，雷普索尔基金会每年编制年度技术报告，处理评价西班牙及欧盟能源效率和温室气体排放时遇到的难题。雷普索尔的能源效率指数和雷普索尔能源效率社会指标是该基金会建立的两个从多角度理解能源效率的最新衡量标准。所有这些努力使得我们分析相关参数的趋势成为可能，以期评价政策制定对改进这些参数的影响，并为传统评价指标提供补充。

所有这些都与本书的目标相一致：提供有关能源效率经济学的最新知识。为了实现这一目标，我们收录了该领域享誉国际的知名专家的有关专论，由阿尔贝托·安苏阿特吉、胡安·德尔加多和伊邦·加拉拉加担任主编，负责审核、编纂。

我们深信，本书将有助于促进人们以全新视角对社会和能源这一枚硬币两面的理解和认识。这也是雷普索尔基金会致力于实现的重要目标。

César Gallo

目 录

导 言 …………………………………………………………………………（1）

第一篇 总 论

第一章 绿色能源、能源效率与气候变化——经济学分析 ……………（7）

1.1 概 述 ……………………………………………………………………（7）

1.2 几个核心理念 ……………………………………………………………（9）

1.2.1 能源效率与节能 ……………………………………………………（9）

1.2.2 回弹效应 ……………………………………………………………（10）

1.2.3 能源效率投入缺口 …………………………………………………（10）

1.2.4 市场失灵 ……………………………………………………………（11）

1.3 推广绿色能源及提高能源效率的政策 …………………………………（12）

1.4 欧洲能源政策所面临的困难：一个实例 ………………………………（14）

1.5 结 论 ……………………………………………………………………（16）

第二章 欧盟碳排放、可再生能源及能源效率政策法规 ……………（19）

2.1 概 述 ……………………………………………………………………（19）

2.2 欧洲主要能源管理手段分析 ……………………………………………（21）

2.2.1 欧盟排放交易系统 …………………………………………………（21）

2.2.2 方 案 ………………………………………………………………（23）

2.3 环境和能源税 ……………………………………………………………（24）

2.3.1 欧洲环境与能源税模式 ……………………………………………（24）

2.3.2 建议：着眼整体经济发出准确政策信号 …………………………（26）

2.4 可再生能源支持框架 ……………………………………………………（31）

2.4.1 现有的可再生能源支持框架 …………………………… (31)
2.4.2 建 议 …………………………… (40)
2.5 有关提升能源效率的管理措施 …………………………… (42)
2.5.1 欧盟能源效率管理的一般方法 …………………………… (42)
2.5.2 能源效率指令 …………………………… (43)
2.5.3 能源效率管理框架分析和评估 …………………………… (48)
2.5.4 建 议 …………………………… (49)
2.6 结 论 …………………………… (50)
附录 2.A 欧洲能源供应商 / 分销商责任框架 …………………………… (52)

第三章 能源投资的经济学基础 …………………………… (55)
3.1 概 述 …………………………… (55)
3.2 实物期权和能源 …………………………… (57)
3.2.1 随机过程 …………………………… (58)
3.2.2 风险溢价 …………………………… (59)
3.2.3 等价鞅测度或风险中性测度 …………………………… (59)
3.2.4 便利收益率 …………………………… (60)
3.2.5 萨缪尔森效应 …………………………… (61)
3.2.6 模型特征 …………………………… (61)
3.2.7 波动率和相关性 …………………………… (62)
3.3 商品期货市场 …………………………… (64)
3.3.1 轻质原油（WTI）期货 …………………………… (66)
3.3.2 纽约港超低硫柴油（ULSD）期货 …………………………… (66)
3.3.3 氧化混调型精制汽油（RBOB）期货 …………………………… (69)
3.3.4 ICE EUA 期货 …………………………… (70)
3.3.5 3:2:1 裂解价差 …………………………… (72)
3.5 基于市场的估价方法和实例 …………………………… (72)
3.5.1 基于市场的估价方法 …………………………… (72)
3.5.2 估价实例 …………………………… (73)
3.6 结 论 …………………………… (77)
附录 3.A 能源投资随机模型 …………………………… (77)

第二篇 能源效率

第四章 提高能源效率的政策手段 ……………………………… （87）
4.1 概 述 ……………………………………………………… （87）
4.2 个人在能源使用上的理性程度 ……………………………… （88）
4.3 提高能源效率的措施 ………………………………………… （89）
4.3.1 命令与控制 …………………………………………… （89）
4.3.2 价格手段 ……………………………………………… （90）
4.3.3 信息手段 ……………………………………………… （92）
4.4 政策效果评估 ……………………………………………… （92）
4.4.1 规范和标准 …………………………………………… （93）
4.4.2 财政手段 ……………………………………………… （93）
4.4.3 信息体系 ……………………………………………… （96）
4.4.4 政策的交互作用 ……………………………………… （96）
4.5 结 论 ……………………………………………………… （98）

第五章 集群工业生产和碳排放配额价格的相互关系 ……………… （105）
5.1 概 述 ……………………………………………………… （105）
5.2 当前欧盟排放交易系统中存在的问题 ……………………… （106）
5.2.1 2011—2012 年合规数据回顾 ………………………… （106）
5.2.2 不断增加的不确定性 ………………………………… （110）
5.3 二氧化碳排放配额价格和工业生产的关系 ………………… （112）
5.3.1 机制 …………………………………………………… （112）
5.3.2 以往的研究 …………………………………………… （113）
5.4 实证分析 …………………………………………………… （117）
5.4.1 数据 …………………………………………………… （117）
5.4.2 TVAR 模型 …………………………………………… （118）
5.5 研究结果 …………………………………………………… （120）
5.5.1 TVAR 模型应用结果 ………………………………… （120）
5.5.2 诊断检验 ……………………………………………… （123）
5.6 结 论 ……………………………………………………… （123）

第六章　绿色能源标签……………………………………………………………（127）
6.1 概 述 ……………………………………………………………………（127）
6.2 信息问题及其解决政策……………………………………………………（128）
6.3 能源标签类型………………………………………………………………（130）
6.3.1 能源生态标签 ……………………………………………………………（130）
6.3.2 对比标签：欧盟能源标签………………………………………………（133）
6.4 西班牙节能家用电器支付意愿分析………………………………………（135）
6.4.1 洗衣机 ……………………………………………………………………（136）
6.4.2 冰箱 ………………………………………………………………………（139）
6.4.3 洗碗机 ……………………………………………………………………（141）
6.5 结 论 ……………………………………………………………………（143）
附录 6.A　基于数量的需求系统（QBDS） …………………………………（143）
附录 6.B　地点、零售商和品牌等不同变量的数据表 ………………………（145）
第七章　住宅用能源领域的直接回弹效应评估…………………………………（157）
7.1 概 述 ……………………………………………………………………（157）
7.2 研究方法……………………………………………………………………（160）
7.2.1 直接回弹效应理论 ………………………………………………………（160）
7.2.2 模 型 ……………………………………………………………………（161）
7.3 数 据 ……………………………………………………………………（163）
7.4 研究结果……………………………………………………………………（167）
7.4.1 电力需求 …………………………………………………………………（167）
7.4.2 天然气需求 ………………………………………………………………（169）
7.5 结 论 ……………………………………………………………………（171）
第八章　释放节能潜力的中性预算融资 ………………………………………（175）
8.1 概 述 ……………………………………………………………………（175）
8.2 能源服务公司模式…………………………………………………………（176）
8.2.1 适合采用 ESCO 模式的技术领域………………………………………（177）
8.2.2 ESCO 行业驱动因素 ……………………………………………………（178）
8.3 西班牙 ESCO 产业…………………………………………………………（178）
8.3.1 能源节约和能源效率项目的公共支持…………………………………（179）
8.3.2 西班牙立法 ………………………………………………………………（179）
8.3.3 西班牙 ESCO 行业遇到的障碍…………………………………………（180）

8.4　巴塞罗那的框架 …… (181)
8.4.1　太阳能法规 …… (182)
8.4.2　ESCO 模式在公共建筑改造中的应用 …… (182)
8.4.3　案例研究：ESCO 模式在私有领域的使用 …… (183)
8.5　结　论 …… (185)
8.5.1　行政管理方面 …… (185)
8.5.2　技术方面 …… (185)
8.5.3　融资方面 …… (186)
8.5.4　信息方面 …… (186)
8.5.5　市场方面 …… (186)
附录 8.A　信息采集受访人员 …… (187)

第九章　政策对能源效率技术的诱导效应 …… (191)
9.1　概　述 …… (191)
9.2　住宅领域能源消费模式和能源效率创新动力 …… (192)
9.2.1　能源消费趋势和能源增长解耦过程 …… (192)
9.2.2　生态创新和能源效率 …… (193)
9.2.3　能源效率专利的趋势 …… (195)
9.3　住宅能源效率技术的创新驱动力 …… (196)
9.3.1　创新体系 …… (196)
9.3.2　市场体系 …… (197)
9.3.3　制度体系 …… (198)
9.3.4　能源体系 …… (206)
9.3.5　环境体系 …… (208)
9.4　经济策略和实证结果 …… (208)
9.5　结　论 …… (213)
附录 9.A　不同领域的专利 …… (215)
附录 9.B　部分国家代码 …… (217)

第三篇　可再生能源

第十章　可再生能源发电的成本分析 …… (225)

10.1 概 述 …………………………………………………………………………（225）
10.2 成本核算 ……………………………………………………………………（227）
10.3 各项技术的成本 ……………………………………………………………（231）
10.3.1 聚光太阳能热发电（CSP） ……………………………………………（232）
10.3.2 太阳能光伏技术 …………………………………………………………（236）
10.3.3 风力发电 …………………………………………………………………（238）
10.3.4 水力发电 …………………………………………………………………（241）
10.3.5 生物质发电 ………………………………………………………………（243）
10.3.6 地热发电 …………………………………………………………………（245）
10.3.7 成本数据综述 ……………………………………………………………（246）
10.4 结论和观点 …………………………………………………………………（246）
附录 10.A LCOE 成本核算与计算方法 ……………………………………………（250）
附录 10.B 缩写词汇表 ………………………………………………………………（253）

第十一章 电力行业中气候政策的相互作用 ………………………………（257）
11.1 概 述 …………………………………………………………………………（257）
11.2 政策手段的相互作用：以欧盟气候政策为例 ……………………………（258）
11.3 政策手段的相互作用：实证证据 …………………………………………（260）
11.3.1 对碳排放配额价格的影响 ………………………………………………（261）
11.3.2 对电价的影响 ……………………………………………………………（261）
11.3.3 政策成本 …………………………………………………………………（263）
11.4 气候政策手段：简单模型 …………………………………………………（263）
11.4.1 供需 ………………………………………………………………………（264）
11.4.2 政策 ………………………………………………………………………（264）
11.4.3 最优政策 …………………………………………………………………（265）
11.5 额外的政策手段 ……………………………………………………………（266）
11.5.1 碳市场的不完善 …………………………………………………………（266）
11.5.2 非专用技术外部效应 ……………………………………………………（268）
11.6 结论和政策建议 ……………………………………………………………（269）

第十二章 可再生能源政策支持的时机与方法 ……………………………（273）
12.1 概 述 …………………………………………………………………………（273）
12.1.1 为什么支持可再生能源 …………………………………………………（273）
12.1.2 如何支持可再生能源 ……………………………………………………（275）

12.1.3 实践中可再生能源政策支持 ……………………………………………… (279)
12.1.4 我们要研究的问题 ………………………………………………………… (279)
12.2 数据资料 …………………………………………………………………………… (280)
12.3 结果分析 …………………………………………………………………………… (285)
12.3.1 单独支持研发示范的效应 ……………………………………………… (289)
12.3.2 单独支持部署的效应 …………………………………………………… (289)
12.3.3 政策组合的效应 ………………………………………………………… (290)
12.3.4 跨国外溢 …………………………………………………………………… (291)
12.3.5 从专利到竞争力 ………………………………………………………… (291)
12.3.6 部署与竞争力 …………………………………………………………… (292)
12.3.7 研发示范与竞争力 ……………………………………………………… (293)
12.3.8 政策组合与竞争力 ……………………………………………………… (293)
12.4 讨 论 …………………………………………………………………………… (294)
12.5 结 论 …………………………………………………………………………… (295)
12.6 政策影响 …………………………………………………………………………… (296)

第十三章 可再生能源推广中的常见观点及其实证分析 ……………… (299)
13.1 概 述 …………………………………………………………………………… (299)
13.2 关于可再生能源的常见观点和回应 ……………………………………… (300)
13.2.1 减缓气候变化我们只需要控制碳排放配额价格………………… (301)
13.2.2 注重技术中立 …………………………………………………………… (304)
13.2.3 应采用“最佳政策手段” ………………………………………………… (305)
13.2.4 优越的市场化政策部署手段 …………………………………………… (306)
13.2.5 研发应与部署相结合 …………………………………………………… (308)
13.2.6 应根据有效性和成本效益标准分析可再生资源发电政策的成效 … (310)
13.2.7 重点强调欧盟支持体系的协调和互补性 …………………………… (312)
13.2.8 应保证投资者投资安全和确保支持体系稳定运行……………… (314)
13.3 结 论 …………………………………………………………………………… (315)

第十四章 欧盟碳排放交易系统：一种环境政策工具 ………………… (321)
14.1 概 述 …………………………………………………………………………… (321)
14.2 内化碳成本 ………………………………………………………………………… (323)
14.3 确立强劲的碳排放配额价格信号 ………………………………………… (324)
14.4 内在要素 …………………………………………………………………………… (327)

14.4.1 限额范围 …………………………………………………………（327）
14.4.2 分配方法 …………………………………………………………（327）
14.4.3 抵 消 ……………………………………………………………（329）
14.5 外在要素 …………………………………………………………（330）
14.5.1 燃煤/燃气发电差价 ………………………………………………（330）
14.5.2 天 气 ……………………………………………………………（330）
14.5.3 市场参与者 ………………………………………………………（330）
14.6 主要结论 …………………………………………………………（334）
第十五章 可再生能源与输电网络 ……………………………………（337）
15.1 概述：可再生能源发电的主要特征 ……………………………（337）
15.2 电网扩建规划 ……………………………………………………（338）
15.2.1 适用于一个地区内数个区域可再生能源发电并网的制度环境 ……（339）
15.2.2 扩建规划中长期输电合同的整合 ………………………………（340）
15.2.3 网络扩展规划的升级算法 ………………………………………（342）
15.3 输电网接入 ………………………………………………………（343）
15.3.1 长期输电容量分配过程和长期输电权的形式……………………（343）
15.3.2 不同时间框架内输电容量的分配 ………………………………（345）
15.3.3 电网接入规定 ……………………………………………………（345）
15.4 输电网成本分摊 …………………………………………………（346）
15.4.1 受益方分摊 ………………………………………………………（346）
15.4.2 输电费应独立于商业交易 ………………………………………（348）
15.4.3 一次性计算输电费 ………………………………………………（349）
15.4.4 输电费的形式 ……………………………………………………（349）
15.4.5 区域市场的成本分摊 ……………………………………………（350）
15.5 结 论……………………………………………………………（350）
第十六章 长期发电组合的绩效评估 ……………………………………（355）
16.1 概 述……………………………………………………………（355）
16.2 模 型……………………………………………………………（358）
16.2.1 物理环境 …………………………………………………………（359）
16.2.2 经济环境 …………………………………………………………（360）
16.3 模型在英国电力行业的探索性应用 ……………………………（363）
16.3.1 未来需求假设 ……………………………………………………（365）

16.3.2 未来发电组合 …………………………………………………………（365）
16.3.3 碳排放配额价格假设 ……………………………………………………（369）
16.3.4 发 电 …………………………………………………………………（370）
16.3.5 均值–方差情景下的结果…………………………………………………（373）
16.3.6 环境目标：碳排放量 ……………………………………………………（374）
16.3.7 多样化与集中性问题 ……………………………………………………（377）
16.3.8 敏感性分析：未设定碳排放配额价格下限的组合绩效 ……………（380）
16.4 结 论…………………………………………………………………………（381）
附录 16.A 参数估算 ……………………………………………………………（384）

导 言

能源效率技术可通过更高效地使用能源为减少能源需求提供动力。实现向绿色能源的转换后，使用相同数量的能源所产生的碳排放量将会大大减少。各种能源高效利用及清洁能源转换措施不仅有助于降低能源需求，而且可减少每单位能源碳的排放。能源效率和清洁能源替代源的开发是实现全球气候目标的关键因素。

但是，能源效率措施及向绿色能源世界过渡的成本和有效性始终存在各种争议。本书呈现了从多视角对绿色能源和能源效率经济学进行的最新研究进展，包括从绿色能源和能源效率经济学的一般概述，到有关政策和投资决策的详细分析。

全书共分三篇十六章。

第一篇讨论了绿色能源和能源效率经济学、欧盟绿色能源和能源效率政策，以及能源和气候投资评价方式。

能源效率和绿色能源有助于扩大经济体的生产边界，解除传统能源资源的“增长限制”。从这个意义上讲，气候政策不仅解决了市场失灵，还会对宏观经济范式的确立产生重要影响。第一章“绿色能源、能源效率与气候变化”（M. C. Gallastegui, M. Escapa, A. Ansuategi），分析了气候政策的经济微观基础，讨论了其关键因素和拟解决的市场失灵问题，以及将能源性质从有限输入转变为可再生生产要素时绿色能源和能源效率政策的宏观经济效应，对经济生产边界将产生现实和深远影响。

欧洲已经成为实施和检验气候新政策手段的先驱。第二章“欧盟碳排放、可再生能源及能源效率政策法规”（G. S. de Miera，M. Á. M. Rodríguez），分析回顾了过去 20 年欧盟旨在降低二氧化碳排放、促进可再生能源使用和提升能源效率的气候政策。

能源和气候政策需要大量投资，并且需要持续数十年。准确评估此类投资对于政策设计及其成本效益分析至关重要。第三章“能源投资的经济学基础”（L. M. Abadie），采用实物期权法和市场行情法分析了不确定性能源投资项目评估中遇到的主要问题。评价方法综合了初级能源价格存在的不确定性和碳排放配额价格的潜在变化。

第二篇介绍能源效率政策及其有效性的最新研究成果。

在实现能源效率潜力方面曾一度举步不前。第四章“提高能源效率的政策手段”（A. Markandya, X. Labandeira, A. Ramos），分析了能源效率措施推广应用单一激励效用不佳的原因，以及政策如何解决这一问题和如何完善激励的方式，讨论了激励高效使用能源的政策手段的范畴，着重分析了此类政策手段的设计及其效果。

价格信号是提高能源效率的主要驱动因素。欧盟排放交易系统（EU ETS）是全球最大的二氧化碳交易市场。第五章“集群工业生产和碳排放配额价格的相互关系”（J. Chevallier），分析了经济活动与碳排放配额价格的关系，回顾了宏观经济活动变化与欧盟碳排放配额价格间的主要转换途径。

目前，用于分析能源效率措施有效性的证据十分有限，尤其是那些基于解决旨在改变人类行为的信息不对称问题的相关措施。第六章“绿色能源标签”（J. Lucas, I. Galarraga），分析了其中一项措施的有效性。作者特别分析了西班牙消费者对标有节能标签的冰箱、洗碗机和洗衣机的购买意愿。标贴绿色能源标签可作为一项促进提高能源效率的重要手段。本章为此提供了新证据。

设计能源效率政策时，回弹效应的幅度至关重要。较大的回弹效应可抵消能源效率项目的作用。第七章“住宅用能源领域的直接回弹效应评估”（P. Gálvez, P. Mariel, D. Hoyos），对西班牙住宅供热和生活热水服务设施的直接回弹效应进行了评估。他们发现，直接回弹效应相对较高，因此能源效率的提升仅能降低少量能耗。

能源效率措施通常需要一次性投资，且投资回报周期较长。因此，初始投资和融资渠道有可能成为对更高能效措施应用的障碍。第八章“释放节能潜力的中性预算融资”（S. Bobbino, H. Galván, M. González-Eguino），介绍了一种日渐流行的能源服务公司（ESCO）商业模式，并分别从公共和私营视角分析了影响推广实施 ESCO 模式的主要障碍。ESCO 模式实质上是一套为节能技术采购、使用和维护提供资金支持的“中性预算”方法。该方法已在美国、英国和德国等国家成功应用。这一章着重分析了西班牙巴塞罗那城区实施的 ESCO 项目。

对于能源效率政策的有效性而言，创新和新技术应用至关重要。出人预料的是，过去 20 年中能源需求并未呈现下降趋势。第九章“政策对能源效率技术的诱导效应”（V. Costantini, F. Crespi, G. Orsatti, A. Palma），对住宅能效技术的创新驱动因素进行了实证分析，并得出如下结论：国家和行业制度创新与环保及能源系统共同促进并左右了住宅领域技术变革的速度和方向。

第三篇讨论绿色能源推广应用的成本和效果。尽管必须通过绿色能源推广应用解决气候变化问题，但有效促进绿色能源效率使用措施的制定和设计却莫衷一是；

如何对绿色能源研究开发与部署应用提供补贴进行协调统筹也尚无定论。

利用适当的指标评估可再生能源的成本，对于合理设计绿色能源推广体系至关重要。第十章“可再生能源发电的成本分析”（I. Mauleón），讨论了可再生能源发电成本的最新估算方法，所得结论均源于已实施或试行项目的实际数据，并尽可能以统一和可比形式呈现。分析过程中考虑了两类成本核算方法：（1）总资本成本及其两个主要成分（设备和剩余安装成本）；（2）平准化电力成本（LCOE）。

绿色能源的推广不能与其他气候政策脱离。各类政策手段之间存在相互作用，如果设计政策手段时不将相互作用加以内化，则会降低政策手段的有效性。第十一章“电力行业中气候政策的相互作用”（P. Beato, J. Delgado），从理论和实证方面分析了碳市场和电力部门促进绿色能源应用的政策手段之间的相互作用，得出的结论是：最佳的气候政策设计必须考虑政策手段间的相互作用，否则将会削弱气候政策的有效性。

绿色能源政策是应该补贴能源推广应用，还是补贴研发示范（RD&D），目前仍无定论。第十二章“可再生能源政策支持的时机与方法”（G. Zachmann, A. Serwaah-Panin, M. Peruzzi），通过分析经合组织（OECD）28个成员国过去20年申请并获批专利与国际竞争力之间的关系，以实证方式讨论了这一问题。作者研究表明，能源应用和研发示范知识生产增加均与提高可再生能源技术竞争力密切相关；并且发现，同时支持绿色能源推广应用和研发示范比单独支持其中之一作用更大，支持研发示范更加有效地促进了专利申请。因此，作者得出结论：要实现可再生能源技术创新，支持绿色能源推广应用和支持研发示范二者缺一不可。但是，要制定合理的配套政策尚有很多的工作要做。

对可再生能源发电提供支持的政策成本是目前争论的一个焦点，特别是在那些电力结构中可再生能源使用率较高的国家尤其如此。第十三章“可再生能源推广中的常见观点及其实证分析”（P. del Río），回顾并讨论了可再生能源推广方面的一些常见主张，并研究其是否具有理论和实证基础，提出了一系列可靠的证据，为该领域的深入研究奠定了良好基础。

欧盟排放交易系统已成为欧盟气候政策的重中之重，不仅可“惩罚”二氧化碳排放者，而且还可激励零排放技术的创新。第十四章“欧盟碳排放交易系统：一种环境政策工具”（J. M. Juez, C. G. Molinos, K. P. R. de Arbulo），评价了业已运行8年的欧盟排放交易系统的效能，介绍了欧盟排放交易系统中碳排放配额价格的演变，以及与之相关的诸多因素的动态变化。此外，这一章还确定了完善欧盟排放交易系统功能需要进行的一系列改革。

可再生能源的大规模部署应用对于电力输电网络的设计和运行意义重大。为应对可再生能源与发电资源的间歇性和不稳定性，将要求大量能量长距离传输，因而增加了对在用输电网络的压力，降低了对电网的可预测性。第十五章“可再生能源与输电网络”（L. Olmos，M. Rivier, I. Pérez-Arriaga），探讨了已有的可再生能源发电对输电网系统功能的主要影响。

气候和能源效率政策的实施，将会引发电力结构的重大改变。对电力结构及其性能抱有什么样的预期，对于未来政策的设计至关重要，同时也可确保发电投资足以满足未来需求。第十六章“长期发电组合的绩效评估”（J. M. Chamorro, L. M. Abadie, R. de Neufville），提出了一个利用预期电价和电价波动评价发电组合结构绩效的模型。电价波动源于不同电力组合的随时变化。他们通过对随机变量行为进行优化，使发电和输电总成本降到最低。该模型可帮助决策者评估涉及发电基础设施的电力投资组合或供电策略。通过分析英国未来 20 年的发电组合，对该策略进行了深入探讨。

第一篇　总　论

第一章

绿色能源、能源效率与气候变化——经济学分析

M. C. Gallastegui, M. Escapa, A. Ansuategi [1]

1.1 概 述

经济学家通常使用一个投入-产出的代数函数作为工具，来描述生产的决定因素，而宏观经济学家则常采用结合了各种综合投入（包括实物资本、劳动力，有时还包括土地 [2] 和能源等其他投入）的集合“生产函数”进行分析。最近，经济学家又把生产函数扩展了自然资本和人力资本两个变量。技术和创新代表了一个国家的生产方式，这种方式通过创新发明和生产技术进步不断发生改变，并且创新发明和技术进步亦被引入生产关系函数。

本章探讨的重心是能源经济学、气候政策以及能源领域面临的管理难题。引发管理难题的因素众多，而最基本的原因在于能源和电力对所有经济领域和公民的影响。尽管大多数分析是从微观经济学角度入手，但我们认为，一些关于能源和气候政策方面的宏观经济学原则的评述也是不可或缺的。这些宏观经济学原则在能源和气候政策中起着支配地位的作用。因此，本文开篇澄清了生产经济学中两个经常混淆的关键概念：初期投入与中期投入的可再生性及其区分。对于可再生性，必须注

1 M.C. Gallastegui, M. Escapa, A. Ansuategi(✉)
Low Carbon Programme, Instituto de Economía Pública/Ekonomia Publikorako Institutoa, UPV/EHU
Zubiria Etxea, Lehendakari Agirre Etorbidea 83, 48015 Bilbao. Spain
e-mail: alberto.ansuategi@ehu.es
© Springer International Publishing Switzerland 2015
A. Ansuategi *et al*. (eds). *Green Energy and Efficiency*, Green Energy and Technology，DOI 10.1007/978-3-319-03632-8_1

2 土地囊括了生产所需的所有自然资源投入，在古典经济模型中发挥着核心作用。然而，由于其在国内生产总值（GDP）所占份额在 20 世纪出现了持续下跌 [26]，因而在经济理论中的重要性逐渐被忽视。现在，我们通常把土地归为自然资本的一个子类。

意的是，一些生产投入是不可再生的，而其他一些投入可在经济生产系统下制造生产。资本和劳动力是可再生的生产要素，而能源是不可再生的生产要素。尽管大多数经济学家仍然不赞同罗马俱乐部 Meadows 等人 [21] 在《增长的极限》报告中明确提出的观点，甚至有些生态学家已经将研究重点从资源耗竭性转移到对生物圈的各种冲击和威胁上，但是，将能源范式从不可再生（石油）时代转变为可再生（太阳能等）时代仍然是当前能源政策争论的问题。事实上，许多发达国家之所以担忧能源安全，是因为担心发展中国家不断增长的油气进口需求会导致全球更加依赖和竞争稀缺资源 [7]。

对于生产要素性质的分类，初期生产要素是指在指定时段初期已经存在并在生产过程中未直接用尽的投入，而中期生产要素是指在指定时段内创造并在生产过程中全部用尽的投入。经济学家通常将资本、劳动力和土地视为初期生产要素，将燃料等资源视为中期投入。这表明，主流增长理论的重点在于初期投入（尤其是资本和劳动力），在其生产和增长理论中，能源处于次要或间接地位。最近，一些学者认为，“能源实际上是极为重要的生产要素，但因其成本份额较低而难以显现出来”，“未来化石燃料储量不断减少，气候政策愈发严苛，能源价格不断上涨，这将给全球经济增长带来负面影响” [3]。

与资本和劳动力相比，能源的另一个特征是，其使用会给环境造成影响。过去的 100 年中，全球平均气温逐渐升高。更多有力的新证据表明，过去 50 年监测到的气候变暖主要归因于人类活动产生的温室气体（GHG）排放，尤其是化石燃料燃烧和土地利用变化过程中排放的二氧化碳（最主要的温室气体），以及工业、运输、废物管制和农业活动产生的其他温室气体。工业化国家依赖于碳密集型的能源系统，发电、供热以及其他需使用能源的领域均要燃烧大量化石燃料（煤、石油和天然气）。

联合国政府间气候变化专门委员会（IPCC）第五次评估报告指出：“气候系统的变暖是毋庸置疑的。自 20 世纪 50 年代以来，观测到的许多变化在几十年乃至上千年时间里都是前所未有的。主要表现为：大气和海洋变暖，积雪和冰量减少，海平面上升，温室气体浓度增加。”此外，“人类对气候系统的影响也是显而易见的。这可以从不断增加的大气中温室气体浓度、正辐射不断加强、气候变暖以及对气候系统认识的深化得以印证 [15]”。

众所周知，从长远来看（到 2100 年以后），要实现“2℃”目标，必须保证大气温室气体水平“不大于 550ppm”（大致相当于 CO_2 单独浓度 450ppm）。此外，要将温室气体二氧化碳浓度水平稳定在 500ppm，2050 年温室气体排放量必须较常规情形每年减排 CO_2 70 亿吨 [24]。IPCC 报告显示 [16]，为了实现控制温度升幅在 2℃以内的目标，至 2050 年，全球温室气体排放要在 2010 年基础上减少 40%~70%，

2100年要实现二氧化碳排放基本为零。这需要我们彻底变革当前的技术和体制，并改变现有的生活方式。

实现这一宏伟目标并非易事。事实上，如何鼓励使用替代能源代替化石燃料是一个艰巨的任务，面临着诸多政策挑战。尽管实际问题越来越紧迫，但目前并未就如何实现这一目标达成共识，并且有许多任务有待完成，必须从理论和实际出发，解决面临的政策挑战[1]。

一般而言，可通过提升能源效率、电力和燃料供应脱碳（借助燃油转换、碳捕获与封存、核能和可再生能源等方式）以及利用森林和农地生物固定储存等方式实现上述目标[8]。这些方式已在一个或多个国家进行尝试，但各个国家具体的政策措施却各自不同。几年前，一般性号召推动使用可再生能源已成为"热点"。而现在，是否将可再生能源作为低碳未来的中心要素踟蹰难夺，不像严重的经济衰退那样令人刻骨铭心，经济衰退对未来这一解决问题的方案增加了高昂经济成本。

通过前面的讨论，我们可以很容易推断，任何行之有效的能源政策的三个核心目标都是供应安全性、竞争性和可持续性。要使能源供应更具可持续性、竞争性、安全可靠性，加大对可再生能源和能源效率技术投资至关重要。三大核心目标相辅相成、相互促进。可持续能源（如可再生能源等）越多，能源领域竞争力就越强，能源供应的多元化程度和安全性也就越高。然而，通过实施政策来促进绿色能源建设、提高能源效率并非易事。本章探讨了能源领域面临的管理难题，分析了能源市场特有的核心理念和市场失灵，并回顾了欧盟为处理能源领域与气候变化问题之间的复杂关系而实施的主要政策。本章内容共设五节，本节为概述，第二节回顾了一些核心理念和市场失灵案例，第三节讨论了促进绿色能源建设和提高能源效率的政策，第四节讨论了与欧洲能源政策设计相关的难题，第五节为结论。

1.2 几个核心理念

1.2.1 能源效率与节能

能源效率是指使用更少的能源提供同等服务，或使用等量能源提供更多服务。例如，用户若将冰箱或洗衣机更换为能效更高的机型，则在提供同等服务的前提下，能效更高的机型耗能更少。因此，推行能源效率计划是一项双赢互利的举措，能源消耗降低不仅可以帮助用户节约能源费用，还能降低对环境的损害。

与能源效率不同，节能是指为节约能源而减少或取消某项服务。少开车是节能的一个典型事例，而使用低油耗车辆则属于提高能源效率的范畴。不管能源效率是否提高，均可做到节能。但另一方面，能源效率提高，并不意味着实现了节能，因为这取决于能源效率的回弹效应（其定义参见 1.2.2）。

能源效率有助于扩大能源供应、提高能源安全性并降低碳排放，甚至被称为是“一种大型资源”[19] 和“看不见的燃料”。最近的一项研究 [14] 表明，2011 年，全球能源效率市场投资规模与可再生能源或化石燃料发电的投资规模相当。

此外，还有许多研究探讨通过如何合理设计能源政策来实现能源效率和节能双提升。其中已研究并提出了一些手段：税收和补贴等财政手段、技术创新项目、耐用品能源标签、命令与控制手段 3，以及实施教育项目等，相关文献参见 Jaffe 等 [17]、Gillingham 等 [10] 及 Linares 和 Labanderia[20] 的研究著述。

1.2.2 回弹效应

能源效率通常被视为降低温室气体排放、改善气候变化的一种经济有效的方式，但是，关于能源效率对能源消费总量的影响却颇受争议，因为能源效率的提升会促使人们使用更多节能设备，增加人们对其他物品的开销（这些物品曾一度被认为买不起）。这些关于引进提高能源效率的新技术的行为响应和系统响应被称为回弹效应。Borenstein[5] 曾简要分析了回弹效应的历史，丰富了与回弹效应相关的微观经济学文献，并对回弹效应进行了定量分析，将回弹效应分解为替代效应和收入效应。他得出如下结论：在车用燃料经济和照明方面，回弹效应影响巨大。如果忽视了这个问题，则所谓的节能也只是夸夸其谈。Borenstein 还指出，回弹效应反映了经济价值的创造，反映在相对价格的变化，因为用户能够进行重新优化选择。因此，回弹效应是有利的，不应谈之色变。另一方面，Gillingham 等 [9] 指出，回弹效应真实存在，并且可降低能源效率政策的有效性，但回弹效应通常很小，不足以视为否定能源效率政策的理由。

1.2.3 能源效率投入缺口

能源效率投入缺口是对最终用户在其最优能源效率提升方面投入不足的程度之衡量指标。因此，能源效率投入缺口与最优能源消耗水平和实际能源消耗水平的差异密切相关。这引起了能源政策分析人士的广泛关注，因为即使能源效率的提升以较低成本极大降低了能源消耗，社会上也早已放弃了能源效率方面看似成本效益较高的投资。

Gillingham 和 Palmer[11] 对涉及能源效率投入缺口的最新文献进行了全面回顾，包括从行为经济学视角进行的最新分析。他们得出如下结论：由于无法计算所有成

3 命令与控制手段（Command and Control Instruments）：系指“通过立法对工业或其他活动进行直接管控，指明哪些是允许的，哪些是非法的”。[McManus, P. （2009）. *Environmental Regulation.* Australia: Elsevier Ltd.]

本，并忽略了特殊类型的经济行为，工程研究可能过高估计了能源效率投入缺口的大小。再者，信息不对称或代理问题[4]等市场失灵事件（参见1.2.4）也会造成能源效率投入缺口。此外，各类因素对能源效率缺口的相对影响取决于能源用户和能源的使用。Gillingham 和 Palmer 认为，政策制定者在设计行之有效的能源效率政策时应酌情考虑上述因素。

Allcott 和 Greenstone[2] 认为，为缩小能源效率投入缺口而进行的政策干预可以直接解决引起缺口的市场失灵。例如，如果代理商获取信息不全，政府应当有一套成本不高的信息披露技术。此外，最优政策不可行时，应推行次优政策，例如实施能源效率标准。而且，最佳政策有时是多个方案的有机结合。这一结论是 Tsvetanov 和 Segerson[28] 采用行为经济学的方式分析了能源效率标准的作用得出的。他们还得出结论：与仅征收庇古税[5]相比，采用征收庇古税与实施能源效率标准相结合的政策更为有效。换言之，各类手段和方法应是相互补充，而非彼此替代。

Parry 等[25]利用美国的资料同时考虑人们对节能偏见所做的研究表明，将碳定价与汽油/电力税相结合比将其与能源效率标准相结合更为有效。

1.2.4 市场失灵

能源政策分析中，经济学的一个主要作用与“市场失灵”这一概念有关。能源市场通常无法获得有效的结果，主要是因为能源领域产出的大部分产品在用作生产投入或消耗投入时，会产生多重外部效应。此类负外部效应导致私人成本比社会成本更低，而市场并未将这一事实考虑在内，从而造成能源政策的低效。

化石燃料的使用及其对环境质量的影响产生的效应是最主要的外部效应之一。气候变化是化石燃料大量使用产生的一个严重后果。但遗憾的是，对于我们未来的计划，以及如何建立激励机制鼓励人们使用替代能源资源，无论是在理论层面还是实际操作层面都困难重重。

设计合理可行的管制规范时，不应仅仅考虑环境效应，还要考虑一些问题会对能源领域产生影响。其中一些与委托代理理论文献[6]中分析的问题有关。该文献主要分析了非对称信息及其产生的问题，并阐释了当委托方（做出经济决策的一方）未持有代理方（另一方）履行与委托方签署的合同所需全部信息时会出现的问题。国际能源署（IEA）[13]对委托代理问题产生的能源效率投入缺口进行了定量分析。

4 代理问题（Agency Problem）：系指由于代理人的目标函数与委托人的目标函数不一致，加上存在不确定性和信息不对称，代理人有可能偏离委托人目标函数而委托人难以观察和监督，从而出现代理人损害委托人利益的现象。代理问题又称为委托代理问题。

5 庇古税（Pigovian tax）：系对任何产生负面外部经济效果的市场活动征收的一个税种。

6 本文献相关调查请参阅 Laffont 和 Martimort[18]。

交易成本是产生市场失灵的另一个重要原因。Coase[6] 是首个分析市场新古典理论与交易成本的相互关系的经济学家。[7] Mundaca[22] 提供了能源效率项目交易成本的性质和规模的实证依据，并指出了这些成本取决于各个项目的具体特点。

在阻碍能源领域高效性的诸多因素中，外部效应、信息不对称以及交易成本仅仅是冰山一角，其他因素包括能源市场的非竞争性条件、前瞻性考虑以及私人与社会贴现率之间的差别等。

1.3 推广绿色能源及提高能源效率的政策

制定能源领域适用的公共管理制度时，难题接踵而至。这大概能说明为什么在生产和使用能源这一关键投入要素时，许多国家的能源政策无法在能源节约或能源效率提升方面发挥作用。

实施的许多政策之所以失败，是因为我们未能在技术层面和经济层面权衡、协调。例如，在经济学家看来，技术层面最优的方案未必是最佳选择，主要是因为该方案的成本效益得不到保证。换言之，经济学家认为，在许多情况下，实现能源节约和能源效率（参见 1.2.1）目标的成本都过于高昂。

“技术派”则认为，技术进步将有助于解决能源领域出现的问题，因此实现能源效率目标的成本不会太高。但是，“成本太高”是一种模糊表达。经济理论表明，公共政策必须能够以经济有效的方式实现能源效率，这就意味着选择的政策手段必须“经济高效”，或者能够以最低成本实现目标（参见 Baumol 和 Oates[4]）。

对于目标，绝不能将社会效益与成本效率相混淆。效率意味着将外部效应内部化的解决方案，商品价格直观地反映了生产的社会成本（不仅是私人成本）和市场功能，从而实现商品和服务的有效分配。

我们通过一个实例进一步阐明。假设我们通过公共干预的方式实现一定程度的二氧化碳减排，如果采用的政策手段及实施该类政策手段的方法可以确保将实现减排的成本降到最低，那么我们可以断定采取的是成本效益最高的解决方案。但是，如果我们不清楚减排或排放的效率水平，则无法断定已经实现能源效率提升。这是一项非常艰巨的任务，因为我们需要建立复杂的模型并进行繁杂的计算。

此外，必须注意，定量化手段（命令与控制）的实施方式不同于价格政策措施（税收和补贴）。要实现能源效率提升和能源节约，必须合理制定各种政策措施。

再谈谈遇到的其他难题。任何能源政策都必须从中期和长期的角度进行分析，并考虑技术和经济层面以外的一些问题，如消费者行为、实现消费效率目标的引导、消费折扣率相关信息等。目前正在对这些重要领域进行研究，但尚无明确答案可以

7 North[23] 的研究结果同样具有启发意义。

解答提出的问题（参见文献 [28]）。

对于政策选择，技术变革以及正确推进技术变革的方式是需要考虑的关键变量。Acemoglu 等[1] 分析了技术变革对开发和利用环境危害较小的能源资源的影响。他们介绍了受环境限制的增长模型中的内生和定向技术变革，分析了实现可持续增长或将时际福利最大化的动态税收政策特性。本研究的结论很大程度上取决于生产过程中采用的投入要素（分别来自清洁型和污染型生产领域）是否可以被完全替代。如果各生产投入要素具有充分的可替代性，则应将碳排放税和研究补贴等政策手段作为能源政策的一部分，因为此类手段有助于实现长期可持续增长。此外，如果污染型生产领域使用了可耗竭资源，则近似代用品的两种投入要素将促进向清洁能源创新的转换，无需任何政策。

上述结果凸显了清洁型和污染型能源投入要素取代程度的重要性，以及与可耗竭资源重要性相关的问题。如果真的存在完全替代品，则更容易确定合适的政策。以不可再生能源（化石燃料）和采用清洁技术的可再生能源对比为例，如果分析的前提是假设两种能源资源都是完全替代品，则所做的分析可能存在误导性。很显然，由于可再生能源无法储存，因而在现实生活中不可能存在完全替代品。但是，已经采纳的一些政策措施并未考虑上述问题，这或许可以解释一些政策失灵的原因。

能源政策的另一个重要问题与政策制定者尝试通过可用的政策手段影响技术变革方向时遇到的难题密切相关。如前文所述，政策制定者的尝试困难重重、复杂多端，且面临很大不确定性，不确定从长远来看技术变革是否会产生重大影响。长期影响的不确定性将导致无法就能源政策达成共识。

2011 年福岛核事故以后，日本政府决定实施一项长期政策，旨在促使使用通过其他技术获取的能源来替代所有核能，这是技术变革的典型例证。由于未来事件的不确定性以及造成的严重破坏，日本政府决定将谨慎原则作为其能源政策的基础。这是不可避免的，同时也是公众所要求的。

此外，还有一些政策发生重大变化方面的实例（如德国的逐步淘汰核能政策）。减少可再生能源补贴的举措就是一个很好的例子。一些政府（如西班牙）认为保持可再生能源可替代性所需的成本太过高昂，因此决定改变其相关的补贴政策，从而产生了极大的不确定性，导致能源领域许多投资者遭受巨大损失。政策的改变使能源领域变幻莫测，导致对可再生能源（尤其是太阳能）的投资急剧下降。由于增加可再生能源在能源结构中所占比例这一目标的成本比预期要高，各种不确定性引发了意想不到的变化，对能源政策影响甚大。

最后要注意的是，由于能源的使用对许多国家和地区产生了重大影响，因此必须实现良好的能源效率指标。[8] 若无此类指标，将无法对不同国家的能源效率情况进行对比和评估。在同各方协商抑制温室气体排放最佳方式的相关问题时，就会需要使用上述对比结果。

所幸的是，能源政策的各个方面并非都受到不确定性的约束，有些问题已经达成共识，并且有助于确定制定能源政策的基础。例如，Jaffe 等 [17] 认为，通过提供补贴和税收抵免实现能源效率时，已经购买了节能高效产品（即使没有享受补贴）的消费者将有可能享受公共资金支持。因此，更好的做法是制定一套合理的政策，确保既可提升能源价格，又能降低通过创新形成的技术替代品的成本。这有助于促进高效节能技术的应用。由于存在个体行为障碍，因此需要对一些政策做出调整，比如将重心放在消费者受教育程度等因素上。

过去几十年，已采用许多政策手段来提升能源效率，如税收、二氧化碳排放许可证交易市场、补贴、税收抵免和技术创新等。与环境经济学的其他领域一样，对以能源效率标准的形式存在的命令与控制政策是否是最佳能源政策的分析引起了极大的关注。Parry 等 [25] 以美国数据为参数进行分析，认为定价政策至关重要，但这并不表明能源效率标准毫无作用，因为还有许多观点认为能源效率标准更加重要。很显然，当政府致力于长期使用此类政策时，定价政策并不是那么可靠。尽管如此，还是应当注意，如果在某些特定领域采用了能源效率标准，则必须确保其实施有较高的性价比。

Tsvetanov 和 Segerson[28] 介绍了一种情形，即消费者的行为方式并非新古典经济模型中假设的传统理性方式。因此他们得出如下结论：能源效率标准和庇古税并非相互替代，而应视为互为补充。与此相反，“诱导”消费者购买便宜、性价比不高的商品的行为方式（尽管此类行为并不合理）也是可能存在的。

1.4 欧洲能源政策所面临的困难：一个实例

欧盟制定了一整套对重大气候变化有伴随效益或旨在直接解决气候变化问题的目标和政策。但是，正如 Hohne 等人 [12] 的报告所示，欧盟气候与能源综合计划的各个目标存在重叠之处，且设定的许多目标都涵盖某些行业的排放问题，导致能源政策愈加复杂。

例如，欧盟排放交易系统、可再生能源、能源效率和《京都议定书》所设定的目标均包括了若干行业的排放。但我们将重心放在能源效率目标，于是制订了以下计划和行动：(1)《2005 能源效率绿皮书》(与“常规情形”相比，计划将能耗降

8 所幸的是，世界能源委员会和国际能源署（国际层面）以及 ODYSSEMURE 项目和雷普索尔基金会（欧洲层面）正致力于提高能源效率，实现较好的能源效率指标。

低 20%）；（2）《2006 行动计划》，作为《2008/2009 欧盟气候与能源综合计划》于 2010 年 6 月纳入了《欧洲 2020 战略》。

2011 年 2 月，欧盟交通、通讯和能源理事会会议再次确认了能源效率目标，并确认了欧洲应用本政策的具体手段：（1）可行融资手段；（2）产品创新；（3）进行能源效率投资和使用欧盟结构基金的激励措施。假设能源效率目标可以进一步细分为其他子目标，则很难确定为实现某一个单一目标是否会有太多政策手段。

与实现能源效率相关的其他三个指令分别是：（1）生态设计指令（2009），要求生产者在设计电器用品时必须考虑降低能耗和减少其他环境影响；（2）能效标识指令（92/75），构成了七类家用电器相关指令的实施框架；（3）基于有效热需求的热电联产推广指令（2004/2008 热电联产指令）。

但是，我们并未对所有此类政策措施设定相应的中期和长期规划（尽管我们一直认为必须设定此类规划）。政策制定者应尝试确定以最低成本实现能源效率所需的措施和时间。

对于减排目标，主要手段仍然是排放交易系统（ETS），但将对排放总量进行一些调整，确保上述政策手段与时俱进。虽然目前尚不明确单一的碳排放税是否有助于实现环境效率目标，但欧洲国家仍在实施碳排放税。就这点而言，各类理论文献的立场存在较大分歧。

还有很多实例可以说明为实现能源领域环境改善进行管制所面临的难题。2001 年，通过了可再生能源目标（RET）计划，旨在缓解气候变化效应。虽然欧盟正在考虑不再将具有约束力的可再生能源目标作为其全球气候变化政策组合的一部分，但该政策措施一直延续至今。现在看来，欧盟委员会可能会降低对可再生能源电力份额限定配额[27]。Stavins 认为，无论是对经济体还是对环境而言，欧盟委员会可能做出的决定都将起到积极作用。这主要是因为，由于已有欧盟排放交易系统，“互相补充”的可再生资源指令将会与其他政策产生冲突。他认为，“若没有可再生能源指令，则可以较低成本实现欧盟排放交易系统的排放总量政策，并将极大地促进气候友好型技术变革”。

Stavins 的观点以三个与目标相关的政策（20-20-20）间的相互作用为基础。此类相互关系通过以下依据来验证。众所周知，经济理论表明，如果合理计算，可通过定量限制及税收以最低成本实现预期目标。因此，具有约束性排放总量的欧盟排放交易系统将提供实现最低减排成本所必需的激励。如果管理者引入另一种附加措施，则两种可能性并存。附加措施可能不适用，也可能导致效率低下。例如，由于成本效益问题，附加措施可能引起发电的过度减产。

此外，如果降低市场准入价格，则技术变革很可能迟缓不前（这一可能性极高）。

能源领域和气候变化间的关系解释了法规政策内化此类外部效应的原因之一。但无论如何，许多国家的政府都将气候变化政策作为优先选择。

1.5 结 论

世界的发展和进步取决于不同形态的能源。因此，要分析能源的产生和源头，必须从长远考虑，包括能源作为社会经济发展的基础发挥的作用和能源供应安全。如果国家没有能源资源控制权，就必须建立可靠、持久的能源资源保障。这就解释了为什么能源资源既是一种财富来源，也是引发全球紧张局势的根源。

能源部门可提供电力、基础投入等各种重要服务，如果“价格合理”，这些服务将有助于确保经济活动的竞争力及消费者福祉。但是，能源领域采用的技术和开展的活动会引发多重外部效应，会对本地和全球环境造成损害。因此，必须制定一套完善、合理的公共管理制度，确保采用“环境友好型”技术保障能源供给安全。

能源领域之所以在管制中遇到各种困难，是因为其未能从中期和长期的角度观察问题。长远来看，技术变革也会对能源领域产生影响。然而，技术变革对能源领域产生长远影响的方式和程度，现有的知识难以对其准确估计。事实上，技术及其发展极为复杂，充满不确定性。

此外，与其他生产领域相比，能源领域更迫切地需要大规模投资。做出决策之前，相应的管理制度必须着眼于未来的发展，因此能源领域必须能够高瞻远瞩。如果目光短浅，则在规划处理能源问题的方式和内容，以及管理能源的使用和确定能源的使用方式时往往会出现偏差。因此，解决能源相关问题时，必须要有前瞻性。大多数情况下，未来都充满不确定性，难以准确预料。

另一方面，还必须考虑技术视角与经济视角之间的差异，因为能源领域的公共政策有时会追求能源效率或经济效率目标，这需要不同的措施和手段。

技术视角与经济视角之间的差异意味着选择政策和手段时必须遵守“成本效益”原则。只有这样，才能实现“集体福利”最大化的目标。

总之，评估能源领域可能出现的成本变动时，经济学家的观点比工程师的观点更加悲观。我们应当明白，在追求成本效益的前提条件下，实现能源领域的必要变革是一项艰巨的任务。但是，知识发展日新月异，我们应对未来充满信心。任务很艰巨，但并非不能完成。

本章提要：当今社会，能源供应的安全性、竞争性和可持续性是制定行之有效的能源政策的三大核心目标。要使能源供应更具可持续性、竞争性、安全可靠，加大对可再生能源和能源效率技术的投资至关重要。三大核心目标相辅相成，相互促进。可持续能源（如可再生能源等）越多，能源领域竞争力就越强，能源供应的多元化程度和安全性也就越高。然而，通过实施政策来促进绿色能源建设、提高能源效率并非易事。本章探讨了能源领域面临的管理难题，分析了能源市场特有的核心理念和市场失灵，并回顾了欧盟为处理能源领域与气候变化问题之间的复杂关系而实施的主要政策。

参考文献

1. Acemoglu D, Aghion P, Bursztyn L, Hemous D (2012) The environment and directed technical change. Am Econ Rev 102(1):3-28
2. Allcott H, Greenstone M (2012) Is there an energy efficiency gap? J Econ Perspect 26(1):3-28
3. Ayres RU, van den Bergh JCJM, Kümmel R, Lindenberger D, Warr B (2013) The underestimated contribution of energy to economic growth. Struct Change Econ Dyn 27:79-88
4. Baumol WJ, Oates WE (1988) The theory of environmental policy, 2nd edn. Cambridge University Press, Cambridge
5. Borenstein S (2013) A microeconomic framework for evaluating energy efficiency rebound and some implications. E2e Project WP-004
6. Coase R (1960) The problem of social cost. J Law Econ 3:1-44
7. Deutch J (2004) Future United States energy security concerns. Report No 115. The MIT Joint Program on the Science and Policy of Global Change
8. Gallastegui MC, Ansuategi A, Escapa M, Abdullah S (2011) Economic growth, energy consumption and climate policy. In: Galarraga I, González M, Markandya A (eds) Handbook of sustainable energy. Edward Elgar, Cheltenham
9. Gillingham K, Kotchen M, Rapson D, Wagner G (2013) The rebound effect is overplayed. Nature 493:475-476
10. Gillingham K, Newell RG, Palmer K (2009) Energy efficiency economics and policy. Ann Rev Resour Econ 1:597-619
11. Gillingham K, Palmer K (2014) Bridging the energy efficiency gap: policy insights from economic theory and empirical evidence. Rev Environ Econ Policy 8(1): 18-34
12. Höhne N, Hagemann M, Mollmann S, Escalante D (2011) Consistency of policy instruments: how the EU could move to a- 30 % greenhouse gas reduction target. Ecofys
13. International Energy Agency (IEA) (2007) Mind the gap-quantifying principal-agent problems in energy efficiency. OECD/IEA, París. http://www.iea.org/publications/freepublications/ publication/mind_the_gap.pdf
14. International Energy Agency (IEA) (2013) Energy efficiency market report (2013): market trends and medium-term prospects. OECD/IEA, París
15. IPCC (2013) Climate change 2013: the physical science basis. In: Stocker TF, Qin D, Planner G–K, Tignor M, Allen SK, Boschung J, Nauels A, Xia Y, Bex V, Midgley PM (eds) Contribution of Working Group I to the fifth assessment report of the intergovernmental panel on climate change. Cambridge University Press, Cambridge, United Kingdom and New York,

NY, USA
16. IPCC (2014) Summary for policymakers In: Edenhofer O, Pichs-Madruga R, Sokona Y, Farahani E, Kadner S, Seyboth K, Adler A, Baum I, Brunner S, Eickemeier P, Kriemann B, Savolainen J, Schlömer S, von Stechow C, Zwickel T, Minx JC (eds) Climate change 2014, mitigation of climate change. Contribution of Working Group III to the fifth assessment report of the intergovernmental panel on climate change. Cambridge University Press, Cambridge, United Kingdom and New York, NY, USA
17. Jaffe AB, Newell RG, Stavins RN (2004) Economics for energy efficiency. Encycl Energy 2:79-90
18. Laffont JJ, Martimort D (2002) The theory of incentives: the principal-agent mode. Princeton University Press, Princeton
19. Laitner JA (2013) An overview of the energy efficiency potential. Environ Innov Soc Trans 9:38-42
20. Linares P, Labanderia X (2010) Energy efficiency: economics and policy. J Econ Surv 24 (3):573-592
21. Meadows DH, Meadows G, Randers J, Behrens W, III (1972) The limits to growth. Universe Books, New York
22. Mundaca L (2007) Transaction costs of energy efficient policy instruments. In: Proceedings of the European council for an energy efficient economy, summer study, La Colle sur Loup, France
23. North DC (1994) Economic performance through time. Am Econ Rev 84(3):359-368
24. Pacala S, Socolow R (2004) Stabilization wedges: solving the climate problem for the next 50 years with current technologies. Science 305(5686):968-972
25. Parry I, Evans D, Oates W (2014) Are energy efficiency standards justified? J Environ Econ Manage 67(2): 104-125
26. Schultz TW (1951) A framework for land economics—the long view. J Farm Econ 33:204-215
27. Stavins R (2014) Will Europe scrap its renewables target? That would be good news for the economy and for the environment. http://www.huffingtonpost.com/robert-stavins/wilL-europe-scrap-its-ren_b_4624482.html. Accessed 18 Jan 2014
28. Tsvetanov T, Segerson K (2013) Re-evaluating the role of energy efficiency standards: A behavioral economic approach. J Environ Econ Manage 66:347-363

第二章

欧盟碳排放、可再生能源及能源效率政策法规

G. S. de Miera, M. Á. M. Rodríguez [1]

2.1 概 述

本章旨在分析欧盟的能源和环境重要政策，以及政策间相互关联的方式，并列出了设定的目标和为实现这些目标而采取的管理手段，目的是希望得出可能有助于继续推行和提升能源政策的结论。这在当前形势下显得尤为重要，因为欧盟目前正在审查其长期能源政策目标和手段框架。这种审查始于《2030 气候和能源政策框架绿皮书》的发布。在《绿皮书》中，欧盟委员会向利益相关方提出了一系列问题，并收集了他们对欧洲能源模式的意见和建议，于 2014 年 1 月 22 日通过并由欧盟委员会主席和欧委会气候行动与能源委员专员在布鲁塞尔联合发布。

能源政策可定义为：为确定能源在社会中发挥的作用而设定的一系列目标、指标和手段。在此政策框架下，管理手段是由管理者为有效实现设定的目标而确定的特殊手段。近年来，欧洲能源和环境问题管理框架被设定为“20-20-20 目标”，拟于 2020 年全部实现，具体如下：[2]

- 到 2020 年，温室气体排放量比 1990 年降低 20%；
- 可再生资源消耗量占总能源消耗的比例提升至 20%，其中，运输业可再生能源的使用率要提升至 10%；
- 通过提高能源效率，将初级能源消耗在基线基础上提升 20%。

---

1 Gonzalo Sáenz de Miera(✉)，Miguel Ángel Muñoz Rodríguez Madrid, Spain
e-mail: gsaenz@iberdrola.es
© Springer, International Publishing Switzerland 2015
A. Ansuategi *et al.* (eds). *Green Energy and Efficiency*, Green Energy and Technology，DOI 10.1007/978-3-319-03632-8_1

2 2014 年 1 月 22 日，欧盟委员会公布了 2030 年气候与能源政策框架：在 2030 年之前将温室气体排放量削减至比 1990 年水平减少 40%，并保证新能源在欧盟能源结构中至少占到 27%。

为实现上述目标，一方面，欧盟通过了各类欧盟指令[3]；另一方面，欧盟成员国在本国内制定多种管理手段，将相关欧盟指令转化为成员国法律。

对于旨在减少排放的手段，需要从两个不同的角度进行分析：首先是受欧盟排放交易系统（EU ETS）约束的工业和能源，在这两类产业设定一个排放总量，并制定了在2020年实现这些目标的路线图。其次是一些"分散领域"（运输、研究、开发、创新领域等），在这类领域，成员国设定了具体的减排目标，并且自行确定旨在实现目标的政策和手段。

欧盟排放交易系统已运行多年，其效果和效率已经初步显现，同时还可提出一些进一步完善的方案。为降低分散领域排放量而实施的策略（其中税收起着关键作用）亦是如此。

对可再生能源开发和推广的支持主要在国家层面上进行。但是，具体的目标和基本的管理措施由欧盟确定。欧盟根据各国开发可再生能源的潜力及其财富情况分配具体目标。成员国可自行确定其为实现自身可再生能源目标所采用的支持框架。欧盟在这方面有着丰富经验，能够明确指出实现各类目标的程度、各类手段的效率以及错误决策可能产生的后果。

与前两个情形不同，2020年能源效率目标并非以约束性的方式确定。这是那些提升能源效率的目标和管理手段的作用被忽视的另一种表现。尽管已通过许多能源效率管理制度，但从政治层面上来看，与减排或可再生能源政策的推广相比，其重视程度相差甚远。事实上，这可以视为欧盟能源政策中仍待解决的问题。

虽然在整个欧洲范围内制定和实施了统一的设备和工艺标准及设备升级计划，但各成员国采用的管理手段千差万别。

2012年10月通过的能源效率指令详细说明了应在2020年实现的约束性能源效率目标，构成了各成员国能源效率管理制度基础的一系列管理手段。起草指令时，各成员国争论不休，反映了各成员国对不同管理手段效率和效果的不同看法。争论的焦点主要在于量化手段（供应商节能目标），此类手段已在一些国家实施多年，但目前尚未确定其实际效果。

至今，对2020年目标、政策和管理手段的主要方面依然存在诸多争论，国际经济危机频发，迫切需要提升竞争力，推动经济发展。此时，从当前管理框架的是非功过中总结经验教训是很有益的。

考虑到这一点，欧盟提出了《2050年能源路线图》[4]，这被看作是推进可持续发展能源模型的起点。根据《2050年能源路线图》，欧盟计划到2050年温室气体

3 2009/29/EC指令[6]修订的排放交易指令[5]（2003/87/EC）、促进可再生能源使用指令（2009年）（2009/28/EC）和最近通过的能源效率指令[7]（2012/27/EU）。

4《2050年能源路线图》正在审核中，因为其中讨论的许多经济和技术方案都已过时，可能不再适用。

排放量比 1990 年下降 80%～95%。

本章包括引言和讨论能源政策五个主要方面的章节：

- 第二节讨论降低二氧化碳排放的政策，重点介绍欧盟排放交易系统。
- 第三节讨论欧洲的环境和能源税收框架。
- 第四节讨论已实施的可再生能源支持框架。
- 第五节讨论提升能源效率的管理制度。
- 最后一节进行概括总结。

2.2 欧洲主要能源管理手段分析

2.2.1 欧盟排放交易系统

2007 年 3 月，欧盟委员会提出了一项计划：力争到 2020 年将欧盟温室气体排放量在 1990 年基础上减少 20%，即在 2005 年基础上减少 14%。这一目标将由进行排放交易的各领域共同实现[5]，即承诺实现 21% 的减排目标，而欧盟为其他领域（亦称“分散领域”）设定的这一目标为 10%。这种情况下，欧盟委员会做出决议[6]，根据各成员国的国内生产总值（GDP）向各成员国分配目标。

在工业领域，于 2005 年依据《欧盟排放交易指令》[5]（2003/87/EC）规定建立的欧盟排放交易系统是减排的主要管理措施。

该指令首次奠定了排放交易的基础，确定了允许的基础排放限值、具体方案所含活动、分配排放目标的方式，并权衡了《京都议定书》中“清洁发展机制”和“联合履约机制”（CDM 和 JIM）的适应性。

通常来说，企业可免费获得《国家分配计划》（NAP）项下的排放许可，排放许可由国家机构根据政府设置的减排标准以及特定领域的发展前景设计。每年年底，各公司必须向相关行政机构提交排放许可，许可中列出的排放量应等同于实际排放至大气中的二氧化碳量（单位以吨计）。

2009 年 4 月 23 日发布的 2009/29/EC 指令[6]在起草时考虑了欧盟委员会早年获得的与欧盟排放交易系统相关的经验，从而进一步完善了欧盟的温室气体排放计划。此外，还做出一项重大改变，即设定了欧洲排放标准，并建立了一套集中式排放许可分配体系。在新方案中，将排放许可的拍卖作为电力行业排放许可分配的基本方法，但一些特殊情形下也有例外，大多数与前东方集团国家[7]有关。

5 本框架包括能源发电行业和能源消耗较高的工业领域，如超过 20MW 的发电厂、烃炼厂、炼焦炉、钢厂、水泥厂、造纸厂、玻璃制造厂、陶瓷厂等。

6 2009 年 4 月 23 日通过的 406/2009/EC 决议，要求成员国共同致力于减少温室气体排放，到 2020 年实现欧盟委员会的温室气体减排承诺。

7 指原来的华约国家。——译校注

简言之，2009/29/EC 指令[6]构成了管理 2013 年以后（第三阶段）温室气体排放许可交易的基本框架。一些主要变化如下：

● 方案中对所有机构排放许可的分配集中在欧洲层面（欧洲排放标准），而约束性目标配额则是在国家层面设定。如前所述，通常通过拍卖的方式实施排放许可分配。

● 仅计划在生产领域以"碳外泄"为代价实现排放许可免费分配（即将高碳排放的产业转移到其他国家和地区）。

● 排放许可交易体系的实施使电力越来越昂贵，导致"碳外泄"，从而可能引起密集型电力消耗。

● 出于能源效率的原因，允许成员国将较小的设施排除在欧盟排放交易系统外。

● 使用源于《京都议定书》条款的项目开发相关的机制（即 JIM 和 CDM）时产生的补贴受到互补性原则的约束：总量不得超过减排补贴的 50%。

● 为"新成员"预留总补贴额的 5%。预留资金的 2% 将用于采用可再生能源资源、碳捕集及储存技术进行发电的试点项目。

出台气候变化综合计划（即 2020 年减排目标、欧盟排放交易系统以及向分散领域分配减排目标的决策）后的几年内，已经凸显出两个基本问题。

第一，由于管理手段的结构设置（总量管制和交易），欧盟排放交易系统在减排方面作用明显。但是，经济危机及其对经济生产和需求产生的影响导致二氧化碳的价格骤然下跌，从而弱化了管理机构确定的主要驱动因素：实现低碳经济的技术变革，即本框架的第二个主要目标（虽然并未明确说明）。

第二，很难实现分散领域的减排，尤其是运输和建筑领域。在这些领域，由于利益相关方没有做出具体的承诺，且在引进低碳技术方面存在技术难题，因而在 2020 年实现低碳经济的目标受到了极大影响。

一项着重于排放许可交易的分析表明，前一阶段（2008—2012）末期和第三阶段初期显现出的最基本的特性是，由于经济危机限制了工业活动并削减了对排放许可的需求，二氧化碳排放许可价格下降。具体支持方案（图 2-1）的颁布迫使可再生能源渗透率增加，导致二氧化碳排放许可价格进一步下降。

尽管二氧化碳排放许可市场运行稳定（正在逐步实现排放目标，且排放许可价格与基本要素保持一致），但是许多分析家认为，欧洲市场的二氧化碳排放价格已经下跌到过低的水平。同时，由于波动性较大，已经不能再为实现经济去碳化所需投资提供激励（2013 年 1 月以来，欧盟排放配额的价格持续走低，达到每吨二氧化碳 5 欧元）。事实上，若无银行效应（即二氧化碳排放量较高的公司投机取巧，趁当前二氧化碳排放许可价格较低积极买入，规避风险，以应对二氧化碳排放价格

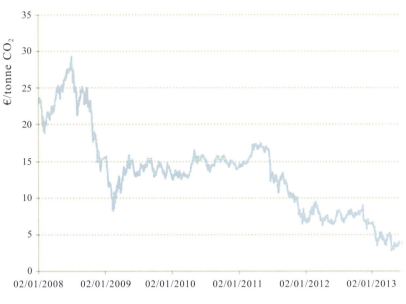

图 2-1　欧洲市场上的欧盟排放配额（EUA）价格

资料来源：Bloomberg.

可能在 2020 年后攀升），二氧化碳排放价格很可能会继续下降，直到几乎为零。

在这种情况下，欧盟委员会于 2012 年 7 月发布了一份指令草案，对欧盟排放交易系统的拍卖规则进行了修正。根据该草案，将暂停分配特定数量的二氧化碳排放许可。更确切地说，欧盟委员会提议 2013—2015 年间排放许可拍卖配额减少 9 亿吨，将该配额推迟到第三阶段末发放（欧盟专业术语称为“荷载后移”）。

通过实施这一推迟策略（通常指以增加某一阶段末的最大允许排放量为代价，改变早期的最大允许排放量相关曲线的斜率），欧盟委员会限制了短期内二氧化碳排放许可拍卖配额，从而提高了短期内的排放许可价格。在该阶段末，需求逐渐恢复时，欧盟委员会将提供更多的排放许可。

假设在该阶段末，“荷载后移”策略引起的排放许可的增加不足以满足前文所述需求的增加，则二氧化碳排放价格将会攀升。因此，本方案旨在降低影响排放许可价格的波动性，从而降低潜在投资者承担的风险。

“荷载后移”方案于 2014 年 2 月被采纳。

2.2.2 方 案

为了稳定二氧化碳排放价格，促进经济去碳化，提高减排的效果和效率，可采取两种措施，即结构性措施和周期性措施。

上述措施还应能够确保二氧化碳排放价格水平和稳定性，以便获得实现特定目标所需金额的投资。

2.2.2.1 结构性措施

此类措施有助于巩固实施欧盟排放交易系统后的改进和提升，为长期减排奠定基础。一些主要措施总结如下：

（1）尽早设定 2020—2030 年后的减排目标，为投资提供保障，并通过银行体系提高当前二氧化碳排放价格。此类干预措施有助于单方面提高 2020 年的二氧化碳和能源价格，但也不太可能对投资决策产生重大影响，长期碳排放价格可见性不高。

（2）发布公告，宣布拓宽欧盟排放交易系统领域的覆盖率，通过银行杠杆提高二氧化碳排放价格。将欧盟排放交易系统拓宽至经济范围内燃料消耗等其他领域。由于更多的领域采用了高效市场机制，覆盖率拓宽后将提高本方案的效率。仅在工业领域采用欧盟排放交易系统就导致部分重要的经济体无法有效实现减排。该措施可避免在当前非欧盟排放交易系统涉及的领域采用昂贵的减排措施，而在欧盟排放交易系统涉及的领域采用价格相对较低的减排措施（反之亦然）。

（3）如果将欧盟排放交易系统延伸至燃料的所有终端用户，则必须协调此类措施与燃油税的关系，确保各类措施的整合和交互，以便反映外部成本。

（4）对欧盟排放交易系统中国际信贷的使用设置额外的限制条件。

2.2.2.2 周期性措施

为快速实施周期性措施，如“荷载后移”方案，我们认为，如果采取必要的附加措施保证欧洲工业的竞争力，则“荷载后移”不会对欧洲工业的竞争力产生影响。此类措施包括增强依据现有《欧盟国家援助指南》设置的支持措施、对与碳排放交易体系有关的电价上涨提供补偿、避免出现碳外泄风险。

2.3 环境和能源税

2.3.1 欧洲环境与能源税模式

“环境税”是一种内化环境成本的税收形式，而环境成本则通过产品的价格得到反映。目前，已围绕环境税建立了理论框架。[8] 值得注意的是，定义环境税时出现了诸多争论，主要涉及其确切含义和具体目标（即环境税是应内化产生的环境成

8 参见经合组织 [25].《经合组织成员国的环境相关税收》，问题和战略，第一章。

本，还是应改变利益相关者的行为）。[9]

分析欧洲环境税相关经验时，经合组织的报告很有帮助[10]，因为经合组织在分析时考虑了大量统计数据，并对学术文献和现行立法进行了全面审查。

对经合组织大量涉及能源和环境税的刊物以及经合组织提供的该领域相关统计数据进行分析后[11]，至少得出了以下两条重要结论：

第一，应详细审查用于对比不同国家环境税的指标。因为许多情况下，这些指标都取决于最终能源消耗趋势、能源消耗结构和能源税设计方式。例如，与以能源单位（如液态烃运输）作为费率计算的税收不同，从价税（如西班牙电力税）的总收入值并不取决于能源消费趋势。

第二，对能源和环境税的分析应以一系列管理理念作为补充，即向能源消费者收费，对能源、环境或社会政策提供资金支持。例如，电力用户用电时产生的费用可用于帮助实现许多欧洲国家的可再生能源目标，也就是说，这些公共政策源于欧盟的政策性法规。

2003 年 10 月，欧盟委员会通过了关于能源税的 2003/96/EC 指令[5]，并于 2004 年 1 月 1 日正式实施。该指令规定了适用于电机生产和供暖燃料及发电用能源产品的最低税率，尽管对于后者各成员国可自行决定是否可以将其豁免。此外，各成员国还可对生物燃料及其他特定领域实施豁免政策。指令承认各成员国在政治和结构方面的特殊性，这就意味着各成员国可在特殊情况下实施豁免政策。

根据 2003/96/EC 指令[5]的规定，计税基础为消耗的石油产品的数量，这里的能源是指煤炭、天然气和电力。

这个体系仍然存在一些不足。例如，对于二氧化碳或能源消耗，并无明确的价格信号，也并未制定适当的替代能源开发和使用激励措施。此外，受欧洲排放交易市场约束的领域将遭遇双重征税。为此，欧盟委员会在 2011 年发布了一份指令草案，目前仍在评审阶段。

为不断改进此前指令的不足，新提案中将能源税划分为两部分：基于二氧化碳排放水平征收的能源税和基于能源消耗量征收的能源税。两类能源税都适用于所有能源产品。能源税的划分表明，排放量为零的能源产品无需缴纳能源税，从而可促进替代能源的使用。另一方面，基于能源消耗量征收的能源税有助于促进能源节约。

新提案还提出，逐步淘汰从环境角度来看不太合理的补贴，并废除上述受欧盟排放交易系统约束的领域的双重征税。此外，新提案还确定，在 2018 年前逐渐增

9 对于支持通过环境税改变利益相关者行为的观点，参见 Joskow（1992 年），第 54 页。

10 以下报告非常重要：（1）经合组织[23]. 经合组织成员国的环境相关税收 • 问题和战略，巴黎；（2）经合组织.[24] 能源使用税 • 图解分析，巴黎。

11 经合组织.[24] 能源使用税 • 图解分析，巴黎。

加已在现行指令中列出的最低税负水平，但2003年指令中规定的特殊领域（如农业）和特定国家或区域形势方面的大部分豁免、减免和例外政策保持不变。

目前，欧盟环境税总额占成员国国内生产总值的2%~3%，在丹麦和荷兰，这个比例为4%，位居榜首（其次是斯洛文尼亚，为3.4%）。但是，在西班牙、法国、立陶宛、罗马尼亚和斯洛伐克，这个比例仍低于2%。[12] 能源税在环境税中所占的比例最大，但各国情况各异（图2-2）。丹麦、卢森堡[13]和其他一些新成员国[14]的税收收入最高。比利时、法国、爱尔兰等国（尤其是西班牙）的能源税收入最低。在任何情况下都必须注意，造成新成员国税收收入较高的原因并不仅仅因为其税负水平较高，更多的是因为其能源消耗高。因此，在对国内生产总值相同但能源密集度不同的两个国家进行比较时，能源密集度较高的国家，其税收收入占国内生产总值的比例也会比另一个国家相对较高（图2-2），即使后者的能源使用效率比前者较高也是如此。

图2-2表明，与其他能源领域相比，交通运输业的税务负担更高（下一节将对此进行详细讨论）。

2.3.2 建议：着眼整体经济发出准确政策信号

2.3.2.1 分领域方法的必要性

欧盟国家数量众多，各国情况迥异，要分领域对欧盟国家的能源和环境税进行分析，难度极大。如果分析过度简单，就会使一般结论（各领域消费者面临的财政压力）发生扭曲。

本节中，以经合组织能源税[15]最新报告中阐述的观点及我们根据欧盟能源和环境政策相关经验进行的分析为基础，概括出一些一般性结论。为了补充此类结论，我们讨论了许多在探寻各领域对制定能源和环境政策的作用时需考虑的问题。

《能源使用税》（经合组织2013年1月发布）报告为经合组织及各成员国分析了交通运输、供暖和电力等三个主要领域的能源税结构，得出的一般结论为：三个领域中，交通运输领域缴纳的税费最多。通过分析各成员国提供的信息并以经合组织为整体将此类信息整合为简单加权平均值，也印证了这一结论。报告还包括其他一些有趣的观点。现在，我们概要介绍报告中涉及这方面的一些主要问题，并阐述我们的一些观点。

---

12 欧盟统计局（2013），第41页。

13 但是，如经合组织[24]所述，由于卢森堡向非本国居民提供车用燃料的收入很高，因此卢森堡的数据是有偏差的。

14 2004年和2007年。

15 经合组织[23，24]。

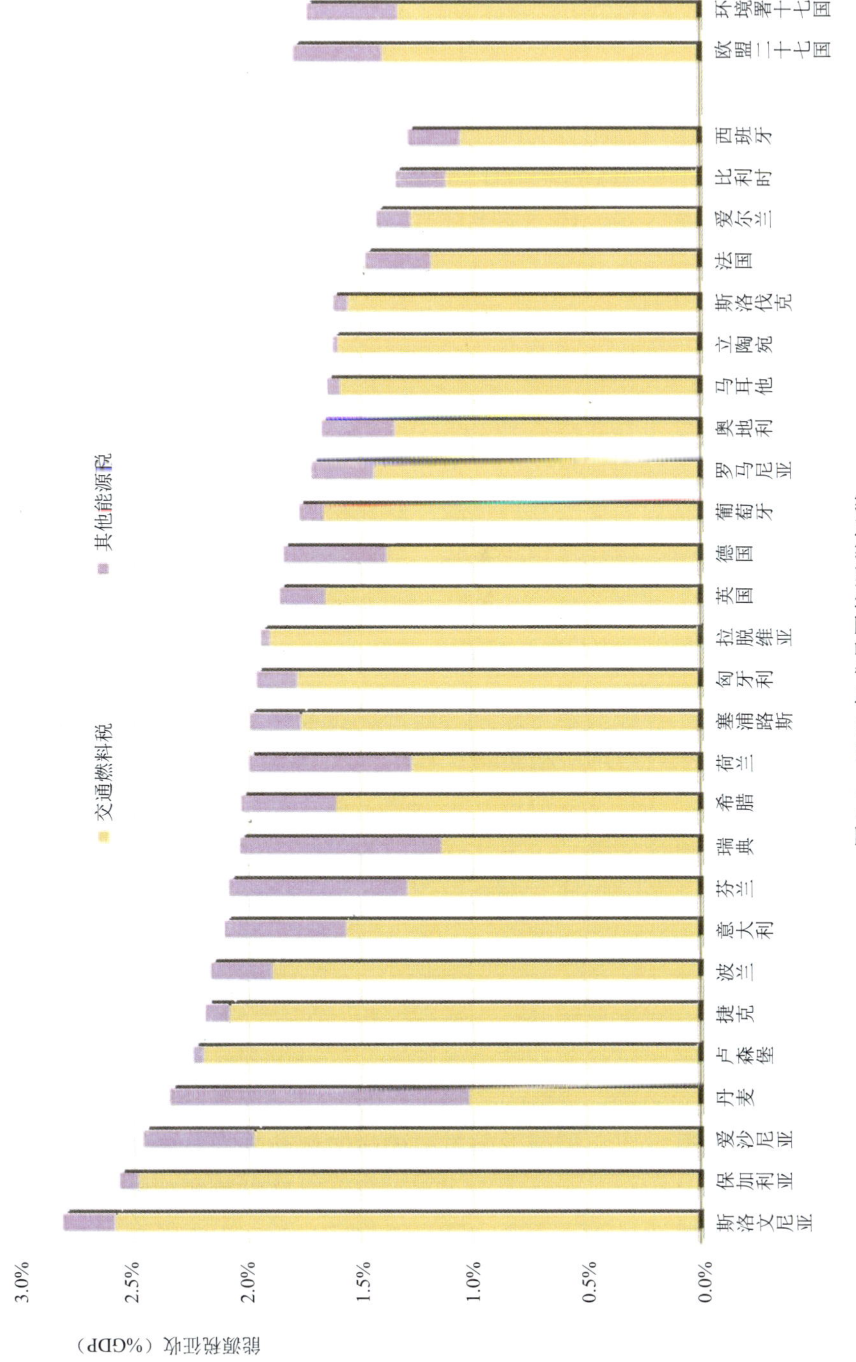

图 2-2　2011 年成员国能源税征税

首先，根据报告中提供的说明，我们可以得出结论，不能仅仅因为交通运输领域比其他领域承担更多税项，就断言交通运输领域的能源税负或环境税负最高。报告涉及的国家的相关信息表明，交通运输领域的税率解决了能源或环境领域外的外部问题，很好地印证了上述观点。例如，解决了交通拥堵、交通事故带来的公共卫生问题，以及与噪声水平相关的问题等。此外，报告表明，大多数国家并未建立完善的框架，确保所有道路使用者均摊道路使用成本（“道路收费”）。这意味着政府鼓励利用燃料消耗（“道路燃料消耗”）确定税率，从而为交通基础设施成本（如道路建设和养护）提供资金支持。换言之，征收的大多数交通运输税都用于为交通基础设施提供资金支持（尽管这并非唯一的目标。如上所述，征税目标在能源税中发挥着重要的作用），即交通税的目的与能源和环境政策的目的全然不同。

经合组织成员国交通运输领域缺乏可持续性的一个重要体现，就是二氧化碳排放量不断增加。这通常也是各国实现减排承诺最大的阻碍因素之一。很明显，对交通运输燃料征税是最主要的环境信号。但是，燃料税的来源、结构和动机全部偏离了这一范围，因此，通常不采用燃料税解决交通运输领域面临的问题。

其次，除电力等其他领域的税收之外，消费者通常需要承担其他费用，甚至被要求提供资金，帮助实现政府设定的环境或能源目标。这一现象在欧盟国家极为常见。在欧盟国家，电力领域受欧盟排放交易系统的约束。根据该计划，利益相关者的目标是降低排放，并根据其发电过程中排放的二氧化碳数量按吨支付费用，这些都反映在二氧化碳排放许可的市场价格中。该费用相当于征收的二氧化碳排放税，且并未计算在电力用户承担的能源或环境税中。而在欧盟国家，该费用在交通运输领域并不适用。在西班牙，除了二氧化碳排放成本外，电力用户通常还以电费的形式缴纳大多数可再生能源和资源开发费用。

最后，对不同国家能源和环境税的大多数对比分析都未包括地方税（如能源使用税），这在很大程度上缓解了美国、德国或西班牙等行政机构高度分散的国家财政压力。在西班牙，对电力设施和发电征收的新环境税呈指数增长，这一现象非常明显。

本节提出对各领域采用的能源税与其对满足能源和环境政策目标的贡献间的关系进行补充分析，并且通过对西班牙能源领域进行量化分析完成环境目标。分析模型将各领域的税负及其通过管理手段（如二氧化碳市场、落实的可再生能源支持框架、各地区确定的伪环境税等）产生的经济贡献有机整合，从而营造一个可确定各领域环境税负的公平竞争环境。

图框 1 西班牙有关源于能源和环境政策的财政压力和收费引发的电力和交通运输领域之间的差异定量分析

在西班牙，电力用户缴纳的电网接入费通常用于许多与电力供应并不密切相关，并为环境或社会政策提供资金的领域（如可再生能源溢价或支持国产煤的使用）。为简化分析起见，我们未考虑境外补偿费用（由电力用户支付，用于补偿电力用户向属岛供电产生的额外成本）和中断成本。

此外，电价包括赋予电力领域在经济脱碳中的特殊作用的管理决策成本。最恰当的实例就是二氧化碳排放许可费用。由于电力领域已被纳入欧盟排放交易系统，其也受到二氧化碳排放许可的约束。电力领域必须降低碳排放（以吨为单位），缴纳二氧化碳排放费。为量化产生的影响，我们考虑了二氧化碳的未来价格及其对市场价格的响应。另一项对电价有影响的能源和税收政策是 2012 年 12 月 27 日颁布的第 15/2012 号法案，该法案涉及确保能源可持续性的税收对策，并建议提高用于发电技术的收费。尽管目前尚不知晓具体影响，但在电力批发市场中，此类新税项产生的大部分税收都会被内化为电价。据保守估计，批发市场电价增幅预计可达 5 欧元 /MWh。分析交通运输领域使用的轻烃产品的增值税时[16]，综合考虑了对轻烃产品征收的特别税及交通运输领域采用混合生物燃料产生的成本。对于收益，假设存在非正式补贴（净收益），因为道路和登记税收入并不包括基础设施总成本（理论上应包含其中），同时也不存在其他产生该成本的税项。

鉴于上述情况，每焦耳的成本（单位：欧元）大致如下（表 2-1）：

表 2-1 中的数据进一步阐明了本章的绝大部分观点。因此，从广义的角度分析能源和环境税（包括因能源、环境或社会决策产生的额外成本）。事实证明，电力用户（考虑到上述调整）支付的单位能源消耗的费用（19.18 欧元 / 焦耳）是石油 / 油气用户支付费用（6.56 欧元 / 焦耳）的 3 倍多。

表 2-1 电力和交通运输领域预计额外成本

	电 力（欧元 / 焦耳）	石油 / 油气（欧元 / 焦耳）
增值税	7.70	6.65
其他税收[a]	1.78	9.20
其他成本[b]	16.84	0.21
其他收入	− 7.14	− 9.50
合 计	19.18	6.56

a. 本表数据包括电力领域征收的电力税和交通运输领域征收的轻烃特别税；

b. 成本不包含电力供应（可再生能源溢价等）和交通领域生物混合燃料许可费用。

16 通过石油和油气消耗对其进行简化。

2.3.2.2 推行欧盟税收改革，践行指令草案改革原则（以西班牙为例）

由欧盟委员起草的指令修订建议书及其配套的影响评估认为，需要协调欧洲税收，避免因各成员国税项和税收概念差别引起内部市场扭曲。从国家层面来看，也存在同样的问题，往往引发“伪环境税”现象。

此外，一些国家层面上的税收可能作为变量以任意形式和环境有机联系起来。例如，在拟对环境进行投资的项目中，公司所得税提供了税收抵免。但除此之外，此类税收通常都应用于环境领域（交通运输和电力领域）。因此，交通运输领域会受到许多种类税收的影响，而这些税收有时与环保目的相冲突。例如，西班牙对生物乙醇和生物柴油（均可再生）征收 IVMDH 税 [17]，却不对天然气或液化石油气（LPG）征收该税项。

另一方面，西班牙各自治区补偿了国家环境税收的空缺，因此，大多数环境税都是在地方层面而非中央政府层面执行 [10]。但是，能源领域（尤其是电力领域）的地方税通常是以既定的环境目标为基础，以便增加地区收入。这类税收包括各类收费和费用，且此类收费和费用在全国范围内因地域不同而差别巨大，通常适用于发电和配电网络。

地方税收缺乏真正的环境目标，主要表现在以下方面：首先，并未出台投资污染最小化技术的税收优惠政策；其次，虽然已经开始对硫化物或氮化物的排放征税，但尚未对二氧化碳排放征税。此外，从表 2-2 可知，实施的税收政策对无排放（核能）和低污染发电厂（水力和风力）产生了不利影响，反而对污染更大的发电厂（燃煤、天然气、油气）更加有利。

表 2-2　西班牙各自治区税收情况

当前纳税义务	税赋征收地区
环境税	Andalucía、Aragón y Galicia
风能税	Castilla y león、Castilla-La Mancha y Galicia
水资源使用税	Castilla y León y Galicia
输电和配电税	Asturias、Canarias、Castilla y león、Extremadura、Galicia y La Rioja
核电站环境税	Castilla-La Mancha、Extremadura y Valencia
水力发电税	Castilla y León、Extremadura、Galicia y Valencia
天然气联合循环税	Valencia
拟设税项	**税赋征收地区**
对核电站征收环境税	Cataluña

资料来源：自有记录资料。

17 特定轻烃产品零售税。

中央政府和自治区之间严重缺乏协调，导致各类立法相互矛盾。一方面，不同地区实行不同的税收政策，打破了单一市场环境，使得各自治区之间存在税收转移。为此，各自治区采用了增加税收的政策，但并未考虑环境。也就是说，不管各区域内的现有设施是否会产生环境影响，都开始对其征税，而并未阻止建设可能造成更严重污染的设施。

从国家层面上来看，2012 年 12 月 27 日出台的与能源可持续性财政措施相关的第 15/2012 号法案就是最好的实例。最初，该法案为解决环境问题而提出，但最终演变成为一个纯粹以收入为导向的政策手段。该法案大部分内容为向西班牙电力领域的各项活动和资产征收费用。

需要注意的是，该分析并未着眼于其他非财政规范的影响，这些规范对通过能源价格传递的环境信号也有一定影响。与欧盟委员会 20-20-20 目标等更加均衡的计划相反，政府经常将法规和税收的概念混为一谈，忽略了二者间不可或缺的互补性，因而在环境和能源立法方面形成了一套不协调的体系。因此，当前的税收结构并不能有效解决西班牙能源模式面临的难题。西班牙必须采取强有力的激励措施，鼓励采用效率更高、环境影响最小的新技术，并建立一套稳定的税收框架，不考虑区域偏好，对各区域活动进行管理，从而避免伪环境税的出现。此外，从价税和对化石燃料或适用于各类能源产品价格的补贴并不符合本章最开始所列的最佳财政设计原则，因为它们并未真实地反映各能源资源产生的实际环境损害。因此，西班牙在税收方面面临的主要挑战是如何建立一个可确保西班牙税收体系长期可持续性（从最广泛的字义上讲）的税收框架。

2.4 可再生能源支持框架

2.4.1 现有的可再生能源支持框架

关于可再生能源的 2001/77/EC 指令 [9] 是欧盟推进可再生能源发展的第一项标志性里程碑。该指令以 1997 年可再生能源资源白皮书为基础，设定了目标，即确保 2010 年欧盟十五国可再生能源消耗占总能源消耗的 12%，使用此类可再生能源生产的电力占总电力生产的 22.1%。2001 年指令规定，成员国可自行建立支持框架。因此，欧盟承诺将其排放交易系统这一对产生二氧化碳排放的发电设施进行处罚的间接方法与各国的直接方法有效结合起来。只有在间接方法不足以保证使用可再生资源（而非常规能源）的竞争力时，才会采用直接方法。直接方法的种类很多。

可采用此类支持体系调节使用可再生能源生产的电力售价、对每千瓦装机容量或给予财政收益或金融收益，或确定可再生能源生产的每千瓦电力以及上网配电需要支付的电费。这两种情况下，市场决定着装机容量的结果。在其他情况下，建立支持框架时，应确定拟达到的目标发电水平（按绝对值或相对值计算），由市场确定向采用可再生能源发电的电力公司支付的价格（表 2-3）。

表 2-3　支持可再生能源的直接方法

	规定价格	规定数量
基于投资	投资补贴、税收抵免	拍卖
基于生产	电费 / 溢价	配额制和绿色证书

根据欧盟能源管理委员会（CEER）在 2013 年 6 月发布的报告[18]中收集的信息，欧盟大多数系统都是以上网电价或上网溢价为基础。在这类支持框架下，采用可再生能源发电的电力公司有权以依法全额（全额调节电价）或部分（在电力市场中每千瓦时电力价格基础上增加的调节溢价）确定的价格出售电力。

在欧洲广泛应用的另一个支持框架是配额制和绿色证书体系，该体系已在欧盟国家运行多年（如意大利、比利时、英国），但在不同国家具体运行方式有所不同。该体系的本质是依法要求电力用户、供应商或电力公司（视情况而定）获得一定比例或配额（通常随时间推移逐渐增加）的可再生能源资源电力供应或输出。一段连续时期（通常为一年）结束后，受配额约束的各方必须向国家管理机构提供与规定配额相符的绿色证书，证明其符合规定。绿色证书一般按照每发电 1MWh 为单位进行发放。

最后，另一个在一定程度上已实施的支持体系（尤其是在法国和葡萄牙）以拍卖体系为基础。这种情况下，通常会邀请开发商在规定的时间内递交标书，竞标一定数量的电力或能源。最后，将与以最低价格提供能源的公司签订长期合同，合同期通常为 15~20 年。

欧盟已通过可再生能源使用指令 2009/28/EC[6] 修正并替代了 2001 年指令，并将该指令整合为促进欧洲可持续能源发展的基本管理框架。该指令设定了强制性国家目标，这些目标与欧洲目标保持一致，即在 2020 年前使可再生能源占据欧盟最终能源消耗的 20%（在交通运输领域，该比例为 10%）。该指令介绍了专为简化适用于可再生能源的行政体制而设计的要素，以及可促进可再生能源电力并网的管理改进措施。此外，该指令还为生物燃料和生物液体燃料提供了一套整体的可持续性

18 根据欧盟能源管理委员会[3]《欧洲可再生能源和能源效率支持计划现状综述》，2013 年 6 月 25 日。

体系，并落实了管理和信息方面的义务。

除了上述要素外，众所周知，可再生能源指令还鼓励成员国自行确定支持框架。表 2-4 总结了已落实的主要框架，分别按国家和涉及技术的类型分类。

在下文中，从实证的角度对此类支持框架的主要结果进行了分析。分析时采用由欧盟委员会发布的进度报告（《可再生能源发展报告 COM》[27]，第 175 页）和由欧盟能源管理委员会于 2013 年 6 月 25 日发布的《欧洲可再生能源和能源效率支持计划现状综述》，分析了主要结果的效率和有效性。最后，以分析结果为基础得出了相关结论，并提出了相关建议（见 2.2.2）。

欧盟委员会起草的报告中分析了实现 2011/2012 年度指令所列目标的程度，以及实现 2020 年目标的前景。后一项分析主要着眼于在当前管理和经济条件下，各技术预期（目标）与未来预计输出的差距。

欧盟委员会对当前实现各类目标的程度持较为乐观的态度。由于实施了可再生能源指令和各国在可再生能源计划内定义的措施，自欧盟委员会先前起草的可再生能源相关报告以来，大多数成员国的可再生能源有了很大的增长。[19] 事实上，二十个成员国及整个欧盟在 2010 年的可再生能源配额与各成员国在其国家计划中设定的 2010 年目标承诺一致（甚至更高），并且明显高于 2011/2012 年度的首个中期目标。[20] 从图 2-3 可以看出，取得成功的原因主要是电力领域对可再生能源政策的全力实施。在交通运输领域，二十二个成员国未实现其在 2010 年达到 5.75% 的目标。

展望未来，欧盟委员会的态度似乎不那么乐观。经济危机、行政问题和基础设施方面的障碍及政策和支持框架的变动都表明，与各成员国可再生能源计划设定投资水平相比，未来投资极有可能大幅下跌。尽管如此，由于采用的技术不同，结果也大不相同。支持框架提供了一套激励措施，且该激励措施与太阳能光伏技术成本的变动无任何联系，该项技术的使用出现了不成比例的增长。因此，当（海上和陆上）风力、生物质和生物燃料等无法达到预期水平时，太阳能光伏却超过了其预期水平。

风力发电方面，欧盟委员会相关报告指出，根据欧盟成员国的计划，风力发电产能将于 2020 年达到 213GW（陆上 169GW，海上 44GW）。到 2020 年，风力发电量将达到近 500 TWh。但是，根据当前趋势所做的预测表明，风力发电很可能只能达到计划发电量的一半，即 253 TWh（图 2-4）。

19 可再生能源：2020 年目标进展情况（COM（2011 年），第 31 页，SEC（2011 年），第 130 页）。

20 2009/28/EC 指令 [6]B 部分附件 1 中所列指示性目标包含中期目标。欧盟 2011/2012 年度中期目标为 10.7%。

表 2-4　2012 年欧洲支持框架类型（按技术分类）

国　家	水力发电	风力发电	生物质和废物发电	生物气发电	太阳能光伏发电	地热发电
奥地利	投资补助 上网电价	上网电价	上网电价	上网电价	投资补助 上网电价	上网电价
比利时	注明最低保证价格的绿色证书	注明最低保证价格的绿色证书	注明最低保证价格的绿色证书	注明最低保证价格的绿色证书	注明最低保证价格的绿色证书	注明最低保证价格的绿色证书
捷　克	上网电价 上网溢价	上网电价 上网溢价	上网电价 上网溢价	上网电价 上网溢价	上网电价 上网溢价	上网电价 上网溢价
爱沙尼亚	上网溢价	上网溢价	上网溢价	上网溢价		
芬　兰	消费税申报	消费税申报	消费税申报	消费税申报		
法　国	上网电价	上网电价招标	上网电价招标	上网电价	上网电价招标	上网电价
德　国	上网电价 直接营销 上网溢价	上网电价 直接营销 上网溢价	上网电价 直接营销 上网溢价		上网电价 直接营销 上网溢价	上网电价 直接营销 上网溢价
匈牙利	上网电价	上网电价	上网电价	上网电价	上网电价	上网电价
意大利	绿色证书 上网电价	绿色证书 上网电价	绿色证书 上网电价	绿色证书 上网电价	上网溢价	绿色证书 上网电价
立陶宛	上网电价	上网电价	上网电价	上网电价	上网电价	
卢森堡	上网电价 上网溢价	上网电价 上网溢价		上网电价 上网溢价	上网电价 上网溢价	
荷　兰	上网溢价	上网溢价	上网溢价		上网溢价	
挪　威		投资补助				
葡萄牙	上网电价	上网电价 招投标程序	上网电价 招投标程序	上网电价	上网电价	
罗马尼亚	绿色证书	绿色证书	绿色证书	绿色证书	绿色证书	
斯洛文尼亚	上网电价	上网电价	上网电价	上网电价	上网电价	
西班牙	上网电价或上网溢价（可选）	上网电价或上网溢价（可选）	上网电价或上网溢价（可选）	上网电价或上网溢价（可选）	上网电价（光伏）和上网电价或上网溢价（CSP）	***
英　国	绿色证书 上网电价	绿色证书 上网电价	绿色证书		绿色证书 上网电价	

资料来源：欧盟能源管理委员会（2013）. 欧洲可再生能源和能源效率支持计划现状综述。

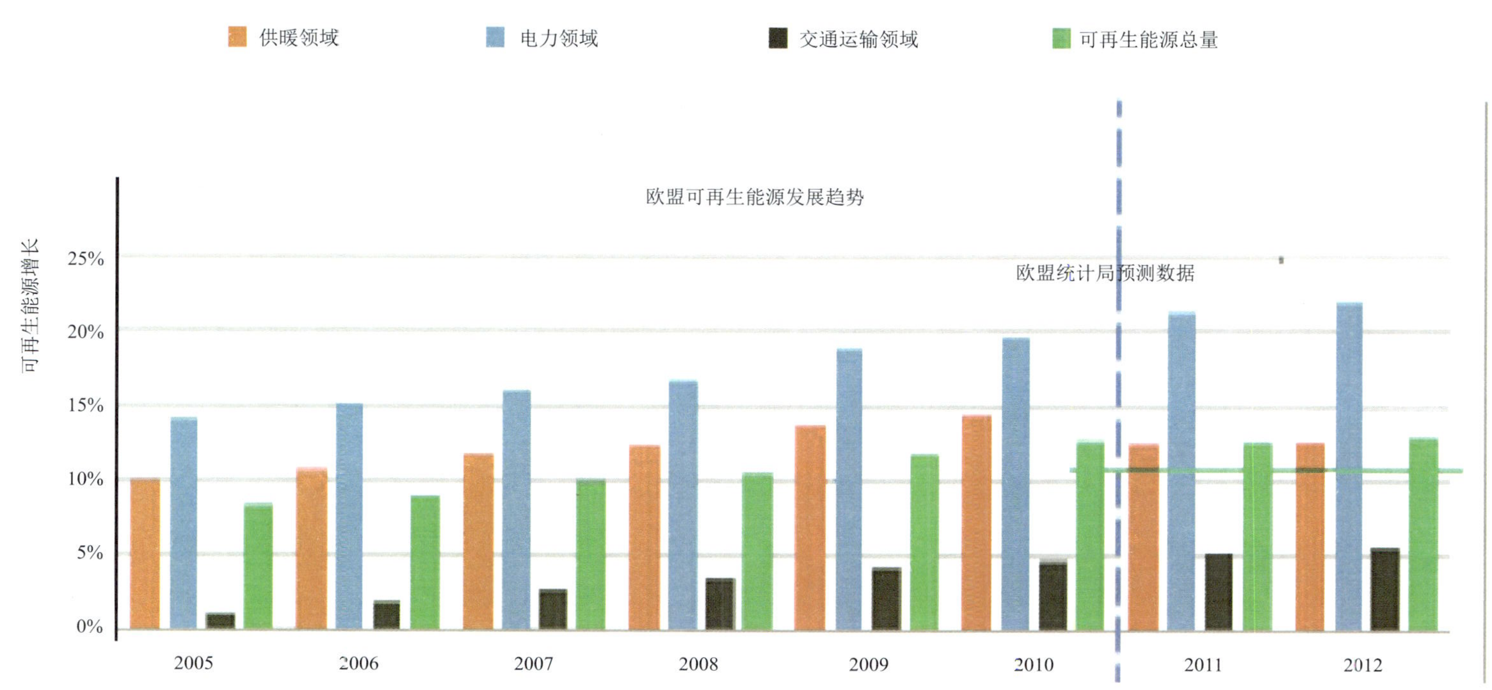

图 2-3　欧盟可再生能源分领域及整体增长情况（欧盟统计局）

资料来源：2013 年 3 月 27 日《可再生能源发展报告 COM》（最终版）[27]，第 175 页。

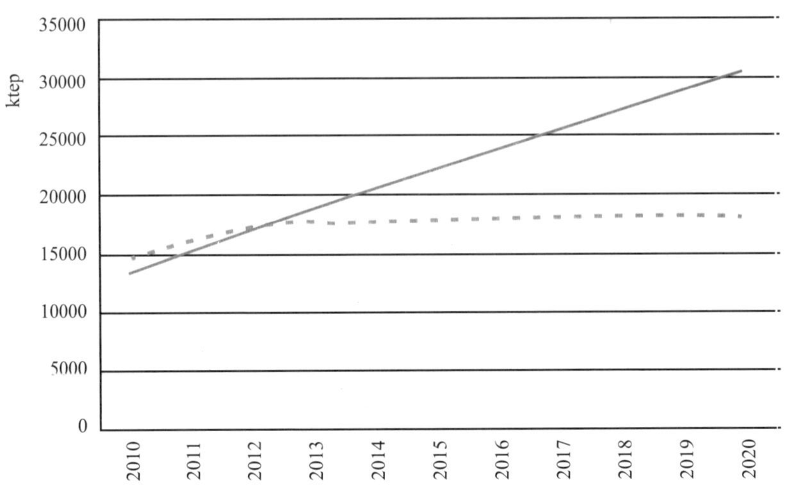

图 2-4　欧盟陆上风力发电计划（蓝色）和预计（红色虚线）趋势对比

资料来源：欧盟委员会向欧洲议会、欧洲理事会、欧洲经济和社会委员会以及欧洲地区委员会所作报告。Renewable Energy Progress Report COM[27]，最终版，布鲁塞尔，2013 年 3 月 27 日。

生物质发电在整体上呈下降趋势，但该趋势没有风力发电明显。

对于太阳能光伏能源，由于在每个阶段都超出了既定目标，所以具体情形和预期都大不相同。近年来的强劲增长使其出现盈余，并将持续较长一段时间。欧盟在其报告中的结论非常明确："随着中国、印度和美国加入新的、由欧盟调节的全球太阳能光伏市场，欧盟市场呈现出前景良好、状态稳定的局面，这有助于建立全球光伏电力产能。这样，太阳能电力产能过剩，极大地降低了生产成本。但是，刚性的国家支持方案通常无法很快适应迅速降低的成本及不断增加的利润，导致发生全球经济危机期间一些国家安装规模和数量过多（图 2-5）。" [21]

如上所述，为了了解各类可再生能源技术实施各阶段的差异，必须分析向各类技术提供支持的水平。表 2-5（摘自欧盟能源管理委员会报告）说明了太阳能光伏能源获得支持的水平远远高于其他技术的原因。此外，应注意，大多数情况下是对电价提供支持，确保各设施的电价可维持相当长的一段时间。因此，很容易理解为什么在西班牙、意大利和德国（表 2-5）等国推出该项技术时，会出现过度反应（或"泡沫"）。

根据欧洲的经验，对可再生能源支持框架的分析得出了非常有趣的结论，这些实例中，喜忧参半。

已有的经验表明，由于成本水平或技术发展水平差异，适用于一种技术的体系不一定适用于其他技术。有证据表明，支持框架通常有助于促进在欧洲推行可再生

21 COM（2013 年），最终版，第 175 页。

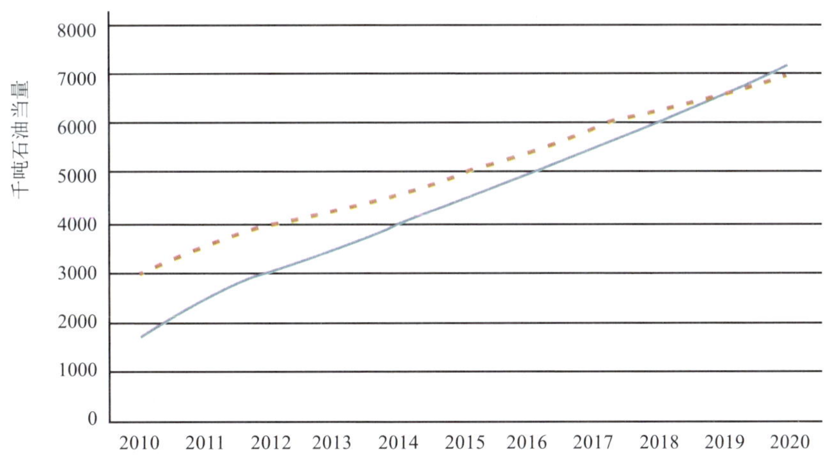

图 2-5 欧盟太阳能光伏能源计划（蓝色）和预计（红色虚线）趋势对比

资料来源：欧盟委员会向欧洲议会、欧洲理事会、欧洲经济和社会委员会以及欧洲地区委员会所作报告。Renewable Energy Progress Report COM[27]，最终版，布鲁塞尔，2013 年 3 月 27 日。

能源。但是，尚未给予能源效率足够的优先地位。随着可再生能源在能源结构所占比例的不断增加，可再生能源效率的优先性变得愈加重要。

由于可再生能源在欧洲电力系统中的应用不断增加，溢价体系的作用受到越来越多的认可。但是，从能源效率的角度来看，还存在诸多不足。一些可再生能源的不均衡发展引发了非常严重的后果，比如对支持的需求不断增长。而在许多体系中，此类支持都来源于电力用户（源于电费收入）。这就增加了电力供应成本，而在一些泡沫更大的国家，成本增加则更多。图 2-6 表明了各国电力用户为其消耗的可再生能源发电电力支付的电费。显然，西班牙和葡萄牙电力用户支付的电费最高。

从理论上讲，拍卖制度（或招标流程）存在一定优势（使开发商之间存在竞争，从而将效率最大化，促进形成与涉及的可再生能源相对应的装机容量，提供稳定回报等），但是，尚不足以恰当地对比所有此类优势。

通过本节分析，可得出两个主要结论：（1）对于溢价和电价体系，经验表明，虽然溢价和电价体系在实现设定的目标方面卓有成效，但无法控制装机容量，因此，如果技术快速发展，当支持水平与成本脱离时，便会出现泡沫。（2）电力用户是对可再生能源提供资金支持的主体。这就意味着，一旦该类技术的应用范围扩大，将会极大地影响电费和电力成本，从而使可再生能源的竞争力低于其他能源（天然气、燃油等）。

表 2-5　技术对发电支持水平（加权平均）

国　家	水力发电（欧元 / MWh）	风力发电（欧元 / MWh）	生物质发电（欧元 / MWh）	生物质和废物发电（欧元 / MWh）	光伏发电（欧元 / MWh）	地热发电（欧元 / MWh）
奥地利	1.13	21.55	81.12	98.20	263.64	
比利时	45.17	94.58	96.57		407.42	
捷　克	57.08	63.56	55.06	107.50	432.33	
爱沙尼亚	51.61	53.68	53.68	56.25		
芬　兰	4.20	11.97	6.74	4.20		
法　国	13.17	33.04	54.85	41.45	477.22	
德　国	48.66	45.43	143.74	25.97	353.82	157.59
匈牙利	71.78	111.48	112.97	108.77		
意大利	70.30	69.00	119.90		367.20	80.00
卢森堡	79.33	36.38		70.46	543.43	
荷　兰	103.93	68.47	75.11	41.33	385.88	
挪　威		11.27				
葡萄牙	40.54	42.68	49.16	39.51	291.78	
罗马尼亚	59.81	65.17	63.77		78.74	
斯洛文尼亚	23.47	95.38	87.24	126.76	343.07	
西班牙	39.02	40.94	75.11	31.26	356.76	
瑞　典						
英　国	64.81	72.71	58.48	62.80	290.37	
最小支持	1.13	11.27	6.74	4.20	78.74	80.00
最大支持	103.93	111.48	143.74	126.76	543.43	157.59

资料来源：Status review of renewable and energy efficiency support schemes in Europe.
参见：C12-SDE-33-03。2012 年 12 月 3 日。修订时间：2013 年 2 月 19 日。

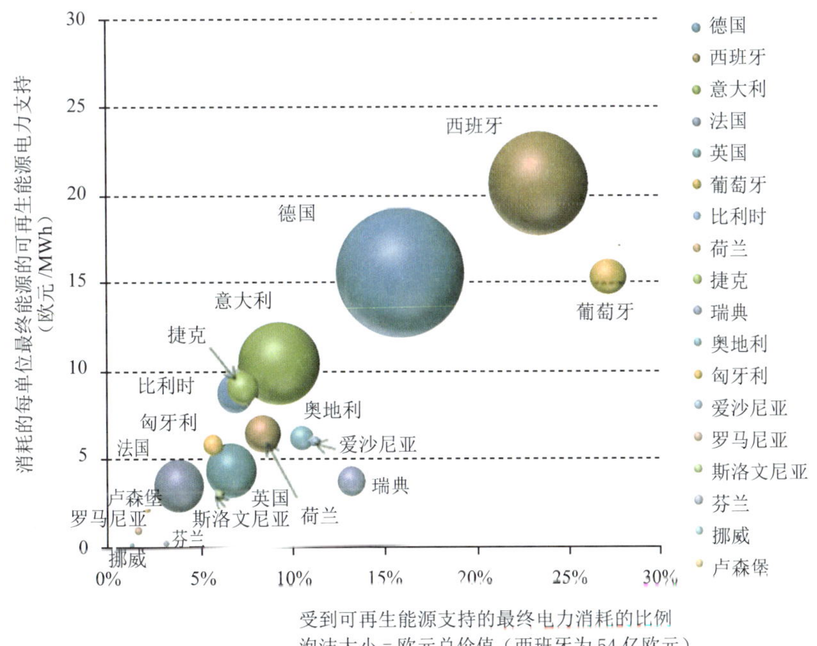

图 2-6　对消耗的每单位电力所用可再生能源提供支持的成本与其在最终能源消耗中所占比例

资料来源：Status review of renewable and energy efficiency support schemes in Europe.
参见：C12-SDE-33-03。2012 年 12 月 3 日。修订日期：2013 年 2 月 19 日。

图框 2　太阳能技术设施缺乏可控性（以西班牙为例）

在西班牙，通过第 661/2007 号皇家法令明确的太阳能技术电价和溢价导致太阳能光伏和太阳能热电技术发展不均衡，这意味着已极大地超过了可再生能源计划（或第 661/2007 号皇家法令）中设定的 2010 年目标（图 2-7，图 2-8，图 2-9）。

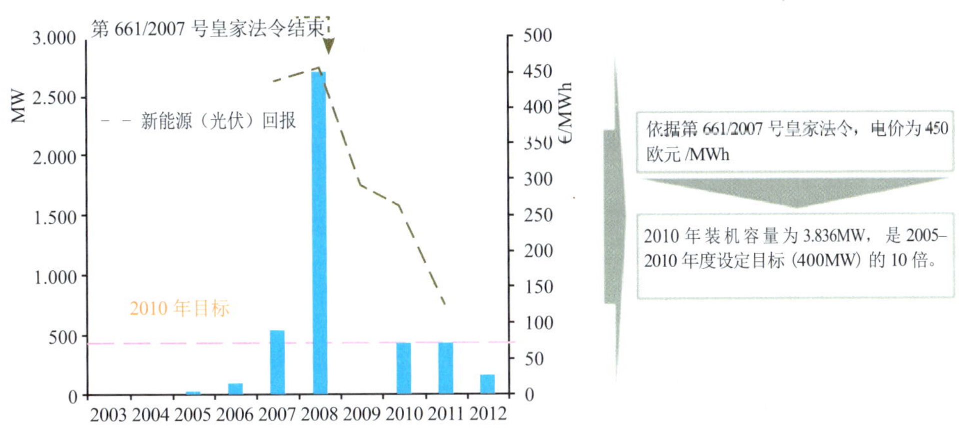

图 2-7　太阳能光伏发电装机容量（MW）趋势。补偿光伏 II 类（欧元 /MWh）

资料来源：欧洲统计局。

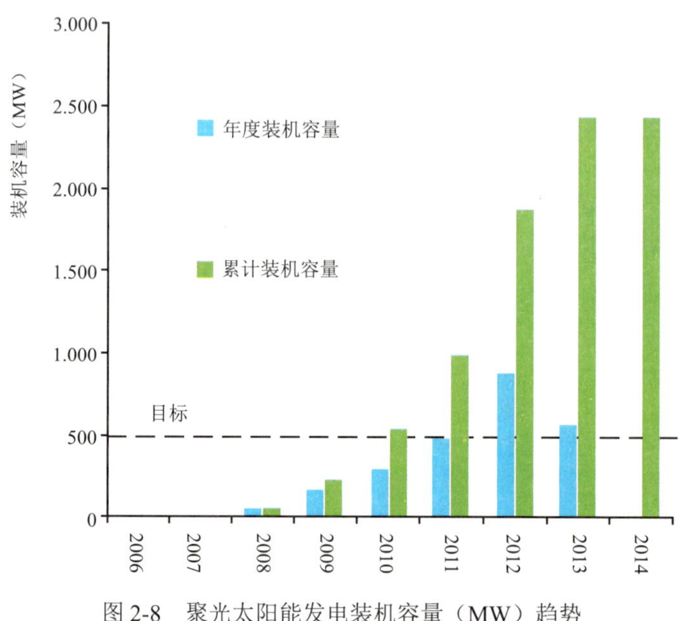

图 2-8　聚光太阳能发电装机容量（MW）趋势

资料来源：欧洲统计局。

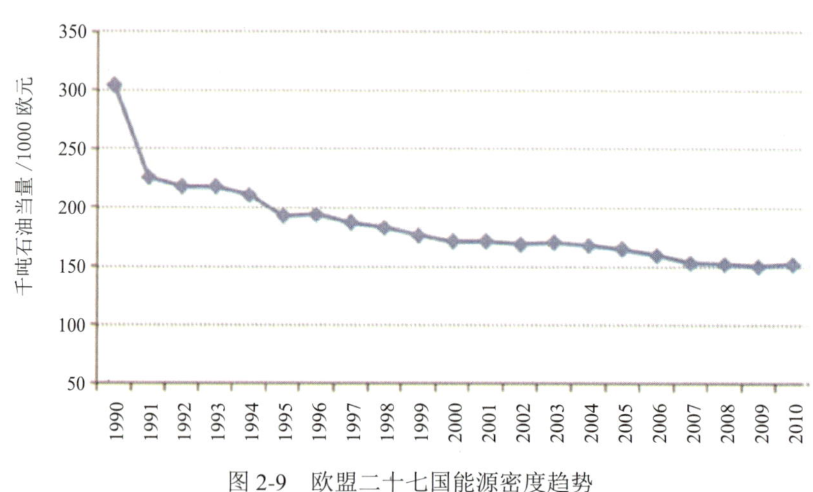

图 2-9　欧盟二十七国能源密度趋势

经济体能源密度——内需消费总值，按国内生产总值划分；链接容量——参考年份：2005 年

资料来源：欧洲统计局。

2.4.2 建 议

从中期（2020）和长期（2030/2050）来看，主要挑战在于以一种高效的方式实现可再生能源目标。就此点而言，必须注意，许多技术越来越具有竞争力，而且预计几年内，一些目前看起来并不突出的技术也会变得更有竞争力。这就说明，一方面，必须确定设定什么样的目标；另一方面，支持框架必须适应各项技术的特点：

对于已成熟的技术应采取溢价体系，对于尚未成熟的技术应采取试点项目的方式。从目标的角度来看，在制定 2020 年目标方面的经验表明，设定太多不同目标会导致各目标相互干扰，效率降低。欧盟委员会的绿皮书要求这一问题的利益相关者必须考虑到为 2020 年以后的目标确定支持框架。许多利益相关者对公共咨询的反映表明，他们更青睐于降低二氧化碳排放这样一个单一的目标，以便传递一个明确的信号，即鼓励投资零排放技术，其中，可再生能源是一个很重要的因素。设定的二氧化碳减排目标通常还包含其他可再生能源激励目标，以及对尚不成熟的技术的研究、开发和应用支持。

必须注意的是，根据在欧洲实施的各类可再生能源支持政策中获取的相关经验，可提出一些建议，使这些政策在环保和经济方面更加健全，与电力供应的竞争力更加兼容。主要建议总结如下：

● 要设定目标，就必须依据确定当前和未来环境特点的要素对当前和未来的需求进行全面分析。经济形势要求，必须着眼于现实，确保需要公众支持时，不要好高骛远，设定过高的目标。

● 应合理定位和分配各类可再生能源的作用。重点关注最具成本效益的可再生能源，还应根据由国家预算资助的研发或工业政策，向未来降低成本潜力最大的可再生能源提供支持。必须分析所有能源领域（供暖供冷、电力和交通运输）的潜力和开发成本，此类领域都应满足 20% 的目标。

● 支持框架必须适应各类技术的特性。向成熟、稳定的技术提供激励和支持，与向成本更高但降低成本潜力更大的其他能源提供激励和支持的方式全然不同。

● 对于可再生能源开发过程中产生的成本超支的分配，尽管将更多可再生能源开发都集中在成本效益最高的电力领域有助于提高效率，但绝不会要求电力用户承担所有成本。因此，可再生能源成本应由所有能源（供暖、电力、油气等）领域共同分担，因为是这些能源领域共同产生了能源开发需求。

● 需调整推行可再生能源的时间表，从而将执行和符合可再生能源政策的成本最小化。很重要的一点是，可再生能源的开发必须能够实现 2020 年（而非此前）的目标，从而形成一个可持续的工业领域。

除上述情况外，如果可再生能源可以高效地渗透电力领域，则必须承认由固定、灵活、传统技术（尤其是水电站和天然气联合循环）提供的支持，这一点至关重要。此外，必须在当前基础上促进欧洲的互联水平。在一些情况下，如果 2020 年可再生能源渗透率能达到 40% 左右，则表明电力需求覆盖率很高：高于当前覆盖率。很显然，由于非稳固能源，如“间歇性”的可再生能源（风能和太阳能）无法保证需求，将会产生极大风险。此外，还需要能够解决需求波动及技术失控产生的波动的能力。

2.5 有关提升能源效率的管理措施

2.5.1 欧盟能源效率管理的一般方法

欧盟是践行提升能源效率策略的先锋经济区域之一。这主要体现在以下两个方面：（1）欧盟国家经济结构显著变化（欧盟国家经济外包，大多数能源密集型工业转移至其他经济区域）；（2）用于提升能源效率而设计的各类政策和管理手段的实施（图 2-10）。[22]

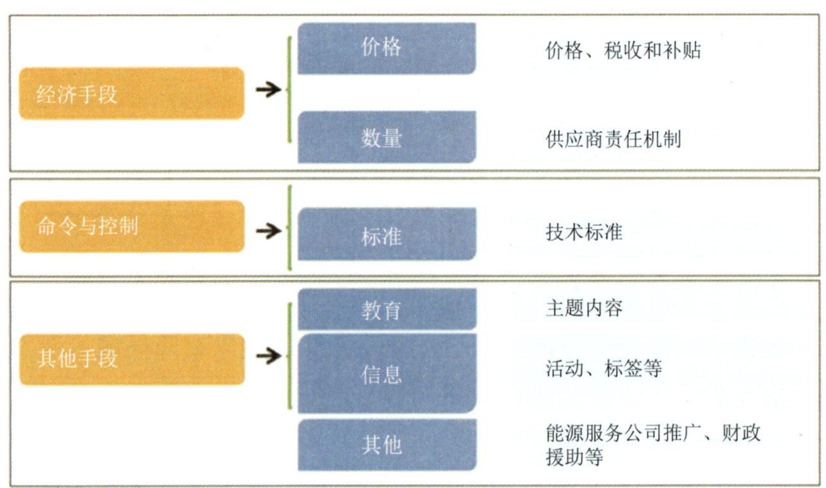

图 2-10　提升能源效率的主要管理手段

资料来源：自有记录资料。

事实上，在能源效率方面取得的大部分提升和改进，都归因于采用了各类政策和管理手段，克服各种障碍，并纠正了阻碍实现能源效率投资最佳水平的市场失灵。欧盟采用的管理手段种类繁多，可分为四大类：影响价格的经济手段；影响数量的经济手段；“命令与控制”措施；提高信息质量、让消费者了解能源效率知识的措施；其他措施。

各国政府实施了以引入价格信号为基础的经济措施，以实现能源效率目标，但前提是假设价格信号会对能源消费产生重大影响。该类措施的亮点在于：可反映能源成本和外部效应的价格、能源和环境税，以及重新定义价格结构。

第二类经济手段包括设定能源目标。在此类基于数量的经济手段中，政府为分销商和（或）能源供应商设定目标，使其在一定时间内降低消费者的能源消费量。

22 本节基于 Muñoz Rodríguez 等人的文献 [22]WP 12/2013。Reflexiones sobre los esquemas de obligaciones de ahorro energético (certificados blancos) en Europa. Economics for Energy.

总之，公司可自行确定履行其义务的程序和方式。许多欧盟国家（英国、法国、意大利等）都采用了此类手段，最近通过的《能源效率指令》也对此予以认可。因此，本节将对此类手段进行更加详细的分析。

“命令与控制”部分介绍了一种手段：为消费者的设备（车辆、建筑物、电器设备和其他电子设备）设定最低强制规范和标准。此类措施通常被视为实现能源效率结构性提升的最佳措施，且已在欧洲大力推行。在许多情况下，此类标准的设定都将欧洲视为一个整体来考虑。

此外，还有许多提高信息质量、增强消费者能源效率意识的措施。此类措施包括信息宣传、设备能源标签、能源审查以及能源效率投资项目基金（虽然设有补助，但大部分都是税收减免）。对于低收入家庭，还有许多特殊福利，在英国便是如此。为了降低消费者的能源消费量，做出能源消费和投资决策时，实现社会对能源效率的高度认知及增加消费者的选择范围非常重要。尽管如此，如果能源价格无法整合所有供应成本，或者消费者无法预估与其能源消费相关的所有成本，则此类措施的效率将会大打折扣。

“其他措施”包括适用于所有受调查的国家的各类条款和规定。其中，最主要的是建筑物建设和整修标准的采用、能源服务公司（ESCO）的推广、公共领域更加严苛的建筑物和供应商审批规定、与公司签订的资源协议以及研发活动的资金支持等。总之，很难预言此类规定的有效性，这取决于是否存在包含鼓励能源效率投资的正确经济手段的管理框架。

2012 年 10 月通过《能源效率指令》后，欧洲在各类政策或管理手段是否有助于提升能源效率这一问题上的争论愈演愈烈。现在，各成员国正在将《能源效率指令》逐步转化为本国法律，且《能源效率指令》包含或设定了本节分析的大多数措施和手段。

2.5.2 能源效率指令

《能源效率指令》[7] 2012/27/EU（EED）提出了总体及分领域目标、管理手段和措施，促进对能源效率措施及能源效率措施实施进度监控概念框架的资金支持。

对于目标，欧盟的总体目标为：在 2007 年预测的 2020 年的能源消耗水平上，2020 年减少其初级能源消费量的 20%，即截至 2020 年，欧盟一次能源消费量不超过 14.74 亿吨石油当量（最终能源消费量不超过 10.78 亿吨石油当量）。

该指令以欧盟总体目标为基础，规定各成员国应根据能源消费量（初级或最终）或能源密集度设定指示性目标。

第 7 条描述了影响力最大的管理手段，详细描述了能源效率责任机制，明确了各成员国的目标以及为实现这些目标而采取的管理措施。由于各方关于此类责任的特点及对成本和结果的影响所持观点不同，因而在供应商或分销商的此类责任（通常被称为“白色证书”）问题上产生了激烈争论。

图框 3　关于欧洲能源效率责任机制（白色证书）的思考

在允许使用认证节能进行交易时，能源效率责任制度或“白色证书制度”是一种有效管理手段，它要求相关各方（通常为能源公司）在其自身领域和其他领域（其他工业领域、房产或商业领域等）实现一定程度节能目标的责任和义务。可通过采取多种措施实现节能，但必须经主管部门批准或认可。因此，该类制度要求认证和衡量是否有效实施措施，达到特定节能目标。

“白色证书制度”已在多个国家推广，公共影响力越来越大。目前，意大利、法国、丹麦、英国以及比利时佛兰德斯地区均已实施此类体系框架。此外，还计划进一步在爱尔兰和波兰实施。但是，由于在推行该类制度方面的经验有限、制度透明度不足，且对比不同商业环境下相对复杂的框架存在诸多困难，因此该类制度的有效性和效率仍然不太明确，仍有许多未解决的问题。本节正文部分对这些问题进行了更详细的阐释。

分析白色证书机制时需要考虑的一个重要因素是，白色证书机制主要针对能源供应商（或分销商）而非消费者的行为。就此点而言，消费者的投资（如隔热保温方面的改进）对消费者的节能意识或行为并无太大影响。事实上，降低能源的实际成本（如果采取措施后能源效率提升）会在一定程度上引起“回弹效应”。“回弹效应”的程度仍然是众多争论的焦点。但是，在一定程度上达成了共识，即“回弹效应”还不足以影响所采取措施的效果。Greening、Greene 和 Defiglio[16] 的研究综述了此前关于“回弹效应”和能源效率的文献，且未忽略这一问题，他们认为，“回弹效应”产生的影响在任何情况下都小于一个单位（即不会超过实现的节能量）。换言之，能源效率仍然有助于取得积极成果。此外，对现有框架的分析表明，难以得出一锤定音的结论。我们无法证明白色证书制度可以促进成本效益最高和最有效的措施的实施，甚至无法证明白色证书制度可否满足“追加”的要求。这在一定程度上是因为责任期的持续时间和特性，另一方面是因为获得白色证书所需措施的类型。更准确地说，这是看似最有可能获得白色证书的最简单的措施，但未必是最有效的措施。如果责任期较短，则很可能选择成本更低、期限更短的措施，而非那些需要较多初始投资但从长远来看可节约更多能源的措施。此外，某些情况下（如在法国和意大利），一些措施会得到双重支持（税收抵免和完税证明），因而引起了对该制度整体有效性的担忧。就这一点而言，对于实际上可通过此类框架实现的结构性节能仍有诸多疑虑，因为目前可用的资料尚不充分，无法断定实际节能效果。

2.5.2.1 能源供应商的责任和义务

《能源效率指令》第 7 条规定，成员国有义务制定一套能源供应商的能源效率责任体系，明确年度节能目标（2014—2020），相当于其所有零售能源分销商或供应商年度能源销售量的 1.5%，即 2013 年 1 月 1 日前 3 年的平均值。涉及该目标的一些问题如下：

- 需完成该目标的各方，包括分销商和供应商。
- 没有明确规定说明哪些能源领域应受到该体系的约束。例如，交通运输领域消耗的能源可能不包含在内。
- 从追加要求来看，指令规定，各成员国每年都有义务实现更高的节能目标，相当于 2013 年 1 月 1 日前 3 年销售量的 1.5%。例如，如果平均销量为 1 亿吨石油当量，则规定期限内的节能进展情况如表 2-6 所示：

表 2-6　《能源效率指令》第 7 条要求的附加性年度节能的实例

年　份	燃料当量（百万吨石油当量）
2014	1.5
2015	0.3
2016	4.5
2017	0.6
2018	7.5
2019	0.9
2020	10.5
合　计	42.0

事实上，第 7 条表明了指令向各成员国施加的节能目标，但在成员国通过何种机制实现目标方面给予了极大的灵活性，即成员国可将目标作为其责任机制的一部分，也可实施专为实现设定目标而制定的备选管理措施。已经明确了所有此类备选管理措施，并且可能使用备选管理框架（税收、标准等）或利益相关者为资助环境效率措施而出资的能源效率国家基金来替代责任机制。

2.5.2.2 实现目标的灵活性（最大 25%）

如上文所述，《能源效率指令》第 7 条在成员国通过何种机制实现目标方面给予了很大的灵活性[23]。但是，指令还提供了一个灵活性措施的封闭清单，并将实施的灵活性措施的最大比例限制在可能通过初始目标（1.5%）实现节能的25%。以下为主要的灵活性措施：

● 目标进展的灵活性：1%（2014年和2015年）；1.25%（2016年）；1.5%（2018年、2019年和2020年）。

● 排除受欧盟排放交易系统约束的领域的销售量。

● 可能将2009年1月以后实施的措施产生的节能纳入计算（至2020年）。

● 将热电联产、电费、智能电表等产生的节能纳入计算。[24]

2.5.2.3 设计责任体系时的自由裁量空间

原则上，在供应商责任框架方面，欧洲条例给予成员国很大的自由裁量空间，列出了若干要素。其中，许多要素已在实施此类框架的国家中广泛应用，但并未强制要求成员国考虑这些要素。[25] 此类要素包括：

● 节能的银行业务 / 借贷（3或4年）。

● 向受管理框架约束的各方增加新义务，即针对“能源贫困”或受到某些类型的社会脆弱性影响的家庭采取相应措施。

● 将交通运输领域纳入框架。向交通运输领域提供的能源可能也会受到此类目标的约束。例如，在法国的框架体系中，液烃也会受到节能责任的约束。

2.5.2.4 供应商责任体系可行的备选措施

在指令中，本条内容至关重要，因为如果可以通过如下管理措施或能源和税收政策实现等量的节能，本条规定在可设置供应商责任体系方面给予各成员国一定程度的自由裁量权：

● 能源税或二氧化碳排放税。

● 税收或财政激励。

● 自愿协议。

● 标准和规范（此前并非强制性）。

● 节能标签。

● 培训和提高意识等措施。

2.5.2.5 国家能源效率基金：资金和技术支持

除了前一项所列备选措施外，还可成立国家能源效率基金（第20条）。这样，

---

23 “应用《指令》第2节规定时，不得导致第1节所列能源节约量下降超过25%”（第3条）。

24 “允许将能源转换、分配和传输领域实现的节能计算为要求的节能量”。

25 参见附录。

只需通过建立由各义务方共同出资的基金，便可确保成员国实现等同于供应商责任体系设定的目标（即 1.5%）的节能量：

> 6. 成员国可规定，各义务方每年向国家能源效率基金缴纳履行其所有责任和义务所需投资等额的资金，以履行其在第 7 条第（1）项下的责任和义务。

简言之，尽管指令规定了各成员国供应商的环境效率责任，但是可使用确保实现等量节能量的管理框架或利益相关者实现目标时必须缴纳的基金部分或整体替代能源效率责任体系。图 2-11 总结了实现 1.5% 的目标所采用的管理框架。

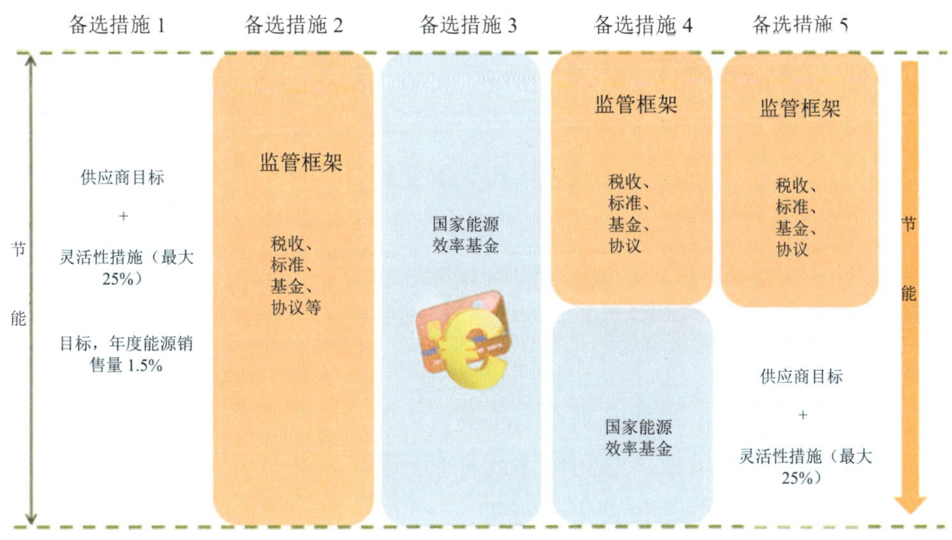

图 2-11 《能源效率指令》第 7 条所述能源效率管理框架

资料来源：自有记录资料。

2.5.2.6 公共领域的作用

《能源效率指令》中将公共领域视为节能的优先区域之一。对这一方面提出的建议均以欧洲在该领域的经验为基础，由于投资和购买力较高，公共领域逐渐成为能源服务市场的主要驱动因素。因此，各成员国为公共领域设定了明确的节能目标，即每年翻新 3% 由中央政府拥有和占有的建筑物，提高其能源效率：

- 本义务责任适用于建筑面积超过 500m^2 的建筑物。
- 以下各项可不受该目标限制：（1）具有历史文化价值或属于特定环境一部分的建筑物；（2）用于国防或宗教的建筑物等。

与供应商责任体系一样，公共机构也可通过向能源效率基金出资实现该目标。

2.5.2.7 国家能源效率行动计划

成员国必须在 2014 年 4 月 30 日前（且此后每隔三年）提交国家能源效率行动计划，列明具体的国家能源效率目标以及实现该类目标所采取的措施。

2.5.2.8 其他措施

指令提出了许多不同的措施，但本章并未做深入分析。大部分措施的重心在于最大程度发挥供热领域的节能潜力，改善对能源网络领域效率提升的激励措施，以及加速消费者信息收集，提高消费者知情权。

2.5.3 能源效率管理框架分析和评估

欧洲管理框架（尤其是《能源效率指令》）包含许多管理手段，主要用于解决阻碍发挥能源效率最大潜能的障碍和市场失灵。

许多学者认为，能源价格是促进节能、提高能源效率最有效的经济手段。许多情况下，需对能源价格采取一定措施，因为确定能源价格时并未考虑外部问题，或者能源价格不够高，不足以激励消费者更合理地消费能源。[26] 一些研究将能源价格作为鼓励节能的信号，并将诱导创新的假设纳入考虑范围。根据这一假设，能源价格的增长将引发技术变革，促进能源效率的提升（Newell *et al.*，1999）。

价格措施易于实施，且易于管理增量成本低。但是，由于价格措施增加了向消费者供应能源的成本，因而实施程度不高。为减少争议，在一些情况下，会将通过此类税收获得的收入用于一些与环境或社会问题相关的目标（如抗击气候变化、特定生态系统保护、低收入消费者补贴等）。尽管价格措施的影响有限（由于短期内灵活性不高），但国际经验已经证明价格措施是实现能源效率目标最为有效的措施。

就标准而言，的确存在“回弹效应”的风险，即导致部分领域的能源消耗增加。因此，标准的制定必须足够谨慎。从能源供应方面来看，采用的机械设备效率越高，生产过程中的能源消耗就越大。从需求方面来看，电器能效越高，单位能耗下其使用时间也会越长（如空调）。

欧盟委员会审查中发现的一个主要障碍是：由于公共实体、公司和家庭等经济能力不断削弱，出现了严重资金不足，而且这个问题随经济危机不断加剧。根据欧

26 Richmond 和 Kaufmann（2006）认为，分析能源密集度时考虑能源价格，有助于解释许多国家的能源密集度变化规律。Metcalf 等其他学者（2008）则认为，采取能源效率提升措施后，能源效率会不断提高，部分原因是价格而非结构变化。

洲在这方面的经验，建议将供应商责任体系作为主要管理手段纳入指令时增加经济资源，以便进行投资。但是，关于其效率和有效性，仍有一些问题尚未解决，如当前采用该措施的限制条件、缺乏透明度、对比不同商业环境中相对复杂的框架时遇到的难题。此类问题包括：

● 系统管理和交易相关成本高（采用其他方案时可避免）。在英国，交易成本预计占总成本的18%。在丹麦，由分销商支付的交易成本约占总成本的15%。但是，实施和管理过程中缺乏透明度，这一点尤为明显。

● 通常不考虑实施成本效益最高、最有效甚至那些满足“追加”要求的措施，而更倾向于那些可确保获得最高信用或最多证书的措施。欧洲所有类型的方案均是如此，这也是最近对英国采用的方案进行审核的主要原因。

● 这些措施面临高度的管理干预。事实上，在欧洲设立的所有体系在有效期内都会面临频繁的审查，投资者也将承担管理风险。

● 许多情况下，通过节能交易获得的能源效率提升并无太大影响。通常，采用此类责任体系的优势在于，可通过节能交易降低合规成本。但是，国际经验表明，只有在意大利，此类交易才有可能真正达到目的（在其他国家，利益相关者更倾向于自给策略）。

● 在可通过此类框架获得的结构性结果及可能存在的回弹效应中仍存在一些疑问。此类框架对消费者的行为并无影响（仅对能源供应商或分销商的行为有影响）。这表明，如果因采取了节能措施，致使能源价格更低，则能源消费量可能更高。

● 节能潜力中一个非常重要的部分无法实现。大部分此类框架都未将交通运输领域纳入其中。这说明交通运输领域并未实现节能潜力，而该领域的能源消费量通常占能源总消费的40%。

● 此类框架的结构可能对平衡产生负面影响。通常，受能源贫困影响的消费者并无节能意识。因此，即使将实施节能措施的成本计入向消费者收取的电费中，也只有那些有可能降低能源消费量的消费者才能获益。

2.5.4 建 议

如果消费者接收到的价格信号被歪曲，则任何能源效率政策都是徒劳无功的。大多数分析能源效率措施的研究都得出了这一结论。[27] 因此，设置供应商责任计划前，必须对能源效率管理框架进行整体分析，确定各类能源产品的价格是否反映了

27 参见世界能源理事会（2010）. 能源效率：成功的诀窍；世界能源理事会（2008）. 世界能源效率政策回顾与评估。

特定时间段内的生产成本，[28] 包括可能引起的任何负面外部问题。

为加强各类能源产品的价格信号，将必要的外部问题纳入考虑范围，必须对环境税进行以下改革：

● 根据各能源资源产生的环境损害确定费率，从而将能源消费产生的成本在价格信号中内化，这有助于使许多能源效率措施更加高效，更具成本效益。

● 将各能源领域在出资能源和环境政策方面的作用纳入考虑范围，并重点关注交通运输领域（占最终能源消费量的 40%），增加其对能源政策支持的经济贡献（如可再生能源）。

设计完善的能源税框架将有助于实现以下目标：一是有助于实现能源效率结构优化，对其竞争力产生积极影响；二是有助于奠定坚实的收入基础，增加能源政策资金，确保整个能源模型在经济和环境方面的可持续性。

与适用的税收框架一样，在能源效率方面实现了极大提升的国家收集的实证依据表明，对采用额外措施组合推进能源效率的适宜性产生阻碍的不是能源价格，而是与信息相关的问题。房地产领域亦是如此。在房地产领域，广泛采用了节能标签、建立标准、披露信息和唤醒公众意识等措施，而这些措施已被证实在节能方面卓有成效。

在供应商或分销商责任框架的备选方案中，热电联产（可从通过二氧化碳拍卖获得的资金获取资源）的宣传和推广作用显著。在这方面必须注意确保投资效率，并确保在节能中受益的各方分担成本。

2.6 结 论

二十多年来，欧盟积极组织制定全球能源和环境政策，切实践行降低二氧化碳排放、推行可再生能源建设和提高能源效率的坚定承诺。近年来，采取的管理措施各不相同，实施了多项管理、财政和管控手段。本章进行的分析表明，上述工作有得有失，但我们的所有政策都侧重于实现既定目标，不优先考虑经济效率。

最初，得益于当时经济强劲增长，该情形相对稳定。但是，之后整个局面发生了巨大变化：经济危机使得欧洲在维持低效的环境和能源政策时遭遇的困难备受关注，严重影响了行业竞争力和社会福利，其他经济集团也无法设定相同的目标或以一种经济高效的方式实现设定的目标。

面临这样一种全新的局面，如果欧盟想要坚守实现环境友好型可持续性能源发展的承诺，就必须寻找新方法，在不影响行业和经济竞争力的前提下，更加高效地

28 换言之，不仅要求能源产品价格包含产生的所有成本（包括环境成本），还要求价格体系足够完善，确保结合市场具体情况适时区分价格信号。

实现目标。

其中一个根本问题就是设定一个目标还是多个目标。在欧洲，关于目标和政策框架的争论由来已久，我们应该支持设定一个单一目标，即降低排放，以便向拟对能源效率和可再生能源进行的投资发出必要信号。除此之外，还应通过其他领域的指示性目标和支持政策对该单一目标加以补充，如研究、开发和激励计划。

另一个主要问题是能源税。我们认为，能源税是实现能源领域可持续性的关键要素之一。税收分析的范围要广，并考虑所有领域承担的由环境和社会政策施加的成本项目相关税负。

可再生能源给整个社会带来的利益表明，用于可再生能源的支持框架应由公共预算或能源领域出资。同时，设计支持框架时，还应考虑各项技术（尤其是竞争力）的特点。

我们相信，能源效率是一个关键向量，且仍将是欧盟能源领域对能源高度依赖、缺乏新资源的领域的主要承诺。从管理的角度来看，这是一个非常复杂的问题，但是推行可再生能源时，必须有效实现目标，避免在某些环境下出现错误。

本章提要：二十多年来，欧盟积极组织制定全球能源和环境政策，致力于降低二氧化碳排放、推行可再生能源应用，提高能源效率。近年来，采取的管理措施大不相同，实施了多种不同类型的管理、财政和管控手段。本章中进行的分析表明，尽管这些政策“有利有弊”，但我们得出的结论是：必须优先考虑政策目标，而非优先考虑经济效率目标。欧盟采用了两种主要手段来降低二氧化碳排放：欧盟排放交易系统和税收。对于欧盟排放交易系统，我们的主要结论是：虽然已经实现二氧化碳减排目标，但是作为低碳投资驱动因素来说，二氧化碳排放价格的影响微不足道。对于税收，必须强调从广义的概念上分析能源和环境税的必要性，包括能源、环境和社会政策决策产生的非经常性成本。在西班牙，需要进行环境税改革，解决当前能源模型面临的各种问题：要求采取强有力的激励措施，鼓励采用更加高效、对环境影响更小的技术。对于可再生能源，过去的经验表明了各类支撑框架的优缺点，得出的最终结论是：此类框架仍需考虑各类技术的特性（尤其是竞争力），应将能源效率视为实现欧盟能源和环境目标的基础之一。在克服“能源效率投入缺口”这个问题上，价格手段、标准和信息手段非常有用。《能源效率指令》搭建了中期和长期的政策框架。

附录 2.A　欧洲能源供应商 / 分销商责任框架

表 2–A　欧洲能源供应商 / 分销商责任框架及其特点

	佛兰德斯地区	意大利	法　国	丹　麦	英　国	
项目	《能源合理利用（RUE 法）	能源效率证书	能源经济证书	能源企业节能措施	绿色方案	ECO
项目开始年份	2003	2005	2006	2006	2013（2012 年末）	2013
当前期间	年度目标。2010—2011 年节能 3.5%（超过 2,500 名消费者）。2012 年未设定目标，决定实施强制性措施。	2013—2016	待发布：预计于 2013—2016 年实施	2010—2020	2012（末）— 2020	2013—2015.3
当前目标	—	基准年 T-2 0a	600 TWh cumac（估算值；新时段目标待发布）	2010 年 10.3 PJ，随后进行调整	节能量为 450 万吨二氧化碳	
义务方	仅电力分销商（共 16 家公司）	天然气和电力分销商（最终能源消费量义务）	天然气、电力、空调（冷热）供应商；汽车领域热油和燃油分销商	电力和天然气分销商；管道气和石油贸易商（后者自愿加入）	天然气和电力供应商	
参与机构	佛兰德斯能源署（VEA）	GSE、GME、ENEA、AEEG	ADEME、DGEC、PNCEE、ATEE	丹麦能源署	能源和气候变化部 —— 顾问、供应商、安装工和电力公用设施	天然气电力市场办公室
措施	自行确定（大多数用于房地产领域）	至少 50%	自行确定。270 套标准化措施（其他建议由法国环境与能源控制署评估）	除交通运输领域外的所有领域、各类活动。可由子供应商开展	45 套标准化措施，大多数用于房地产领域	房地产领域
银行业	是	是	是	否	—	—
节能交易	否	是	允许，但不强制要求	否	—	是
罚款	0.10 欧元 /kWh	给予 1 年整改期，若再犯，进行经济惩罚	0.02 欧元 /kWh	未明确规定；未出现不合规案例	—	
成本	6,000 万欧元（2009 年数据，电力分销商总预算）	2009 年电力单价为 92.22 欧元 /toe	公共机构：70 万欧元 / 年；公司（2006 年至 2009 年数据：M €210（€ c0.39/kWh）	€ c5.6/kWh（含行政管理和实施费）		15 亿欧元 / 年（公司预计成本）
成本回收计划	地区政府和向消费者以电价形式征收的费用各补贴一部分	供应商可能将成本转换为电费	电费（2005 年开始；2005 年前税收减免，对天然气提供补贴）	电费	复杂的基金体系	供应商可将成本内化为电费

资料来源：自有资料，以从管理者和公司获取的数据为基础编制整理。

a. 意大利设定的目标为各公司年度目标，基准年为 T-2。换言之，某一特定公司 2013 年设定的目标以该公司在 2011 年度的总产出为基础。

参考文献

1. ADEME (2013) Energy savings certificates. 2011-2013. Angers
2. CEER (2013) Status review of renewable and energy efficiency support schemes in Europe. In: Decision 406/2009/EC of 23 April 2009, on the effort of Member States to reduce their greenhouse gas emissions to meet the Community's greenhouse gas emission reduction commitments up to 2020. Accessed 25 June 2013
3. Danish Government (2011) Energy strategy 2050-from coal, oil and gas to green energy. Copenhagen
4. Department of Energy and Climate Change (DECC) (2011) What measures does the green deal cover? London
5. Directive 2003/87/EC establishing a scheme for greenhouse gas emission allowance trading within the Community and amending Council Directive 96/61/EC
6. Directive 2009/29/EC amending Directive 2003/87/EC so as to improve and extend the greenhouse gas emission allowance trading scheme of the Community
7. Directive 2012/27/EU on energy efficiency, amending Directives 2009/125/EC and 2010/30/EU and repealing Directives 2004/8/EC and 2006/32/EC
8. Directive 2009/28/EC on the promotion of the use of energy from renewable sources and amending and subsequently repealing Directives 2001/77/EC and 2003/30/EC
9. Directive 2001/77/EC on the promotion of electricity produced from renewable energy sources in the internal electricity market
10. Durán JM, de Gispert C (2008) 'La tributación ambiental en España: situación actual' en Becker F, Cazorla LM, Martínez-Simancas J (eds) Tratado de Tributación Medioambiental, vol II. Aranzadi, Pamplona
11. Dyhr-Mikkelsen K, James-Smith Y, Togeby M (2007) Design of white certificates: comparing UK, Italy, France and Denmark. Ea Energy Analyses, Copenhagen
12. ENEA (2012) I titoli di efficienza energética. Cosa sono e come si ottengono i 'certificati bianchi' alla luce della nuova Delibera EEN 9/11. Guida operativa/2, Rome
13. Energi Styrelsen (Agencia Danesa de la Energía) ES (2012) Energy efficiency policies and measures in Denmark. Monitoring of energy efficiency in EU 27, Copenhagen
14. Energy Efficiency Watch (2013) Energy efficiency in europe. assessment of energy efficiency action plans and policies in EU Member States 2013. Country Report, Brussels
15. European Commission CE (2013) C(2013) 514 final. State aid SA.34611 (2012/N)—United Kingdom: provision of public funds to a special purpose vehicle (SPV) in support of the UK Government's Green Deal policy (UK). Eurostat (2013) "Taxation Trends in the European Union" 2013 Edition, Greening LA, Greene DL, Difiglio C (2000) Energy efficiency and consumption—the Rebound Effect—A survey. Energy Policy 28:389—401
16. Greening LA, Greene DL, Defiglio C (2000). Energy Efficiency and Consumption–the Rebound Effect–a Survey. Energy Policy 28(6-7):389-401
17. IEA (2009) Energy policies in IEA countries: Denmark 2011 Review, Paris
18. IEA (2009) Energy policies in IEA Countries: Italy 2009 review, Paris
19. IEA (2013) Energy provider-delivered energy efficiency. A global stock-taking based on case

studies, Paris
20. IEA (2012) World energy outlook 2012, Paris
21. Law 15/2012 of 27 December 2012 on tax measures for energy sustainability
22. Muñoz Rodríguez MA, Guerenabarrena A, Sáenz DE, Miera G (2013) WP 12/2013. Reflexiones sobre los esquemas de obligaciones de ahorro energético (certificados blancos) en Europa. Economics for Energy
23. OECD (2001) Environmentally Related taxes in OECD countries. Issues and Strategies, Paris
24. OECD (2013) Taxing energy use. A graphical analysis, Paris
25. OECD (2001) Environmentally related taxes in OECD countries. Issues and Strategies, Chap. 1
26. Regulatory Assistance Project (RAP) (2012) Best practices in designing and implementing energy efficiency obligation schemes, Stockholm
27. Renewable Energy Progress Report COM (2013) 175 final. Accessed 27 March 2013

第三章
能源投资的经济学基础

L. M. Abadie[1]

3.1 概 述

能源资产评估十分复杂，部分原因是由于能源资产涉及多种不确定因素以及使用寿命长、技术特点复杂等问题，也就是说，在某些情况下，对能源资产进行评估时，必须考虑能源资产的最佳运行方式，因为其灵活性高，甚至在某些情况下，可以做出生产或不生产的选择。

企业在进行能源投资评价时会综合考虑预期收益及承担的风险，但不会从企业层面考虑能源投资带来的所有积极影响[2]：能源投资可能对公众福利产生重大影响，可能引起国内生产总值增加，并且从清洁技术、劳动力、技术开发、税收、供应安全等方面改善卫生健康。在某些情况下，这些福利效应可以证明投资促进政策是正确的选择。可再生能源投资就是其中一个例子。但是，民营企业则是根据投资的财政特征加以选择，包括会影响其现金流的环境及福利相关要素。例如，遵从欧盟排放交易系统（EU ETS）的各企业和享受可再生能源补贴的投资者，其二氧化碳排放成本即是如此。

目前，可用于促进能源资产投资的框架种类繁多，其中大部分与可再生能源相关[3]，包括：

（1）初期补贴和临时补贴（一次性）；

1 Luis M. Abadie (✉)
Basque Centre for Climate Change (BC3), Alameda Urquijo 4, 4°, 48008 Bilbao, Spain
e-mail: lm.abadie@bc3research.org

© Springer, International Publishing Switzerland 2015
A. Ansuategi *et al.* (eds). *Green Energy and Efficiency*, Green Energy and Technology， DOI 10.1007/978-3-319-03632-8_3

2 不仅限于能源投资。

3 应内化投资促进政策。

（2）固定上网电价；

（3）市场价格加固定溢价补贴；

（4）市场价格加可再生能源义务证书价格；

（5）其他激励方案，如资本开支补贴、部分或全额（固定）利率补贴、影响信用评级的公共支持措施、借贷成本削减、投资税收减免、税率降减等。

此类措施都会影响投资回报率。因此，进行投资评价时，必须将此类措施考虑在内。

能源市场（尤其是电力市场）管理力度逐渐放松，使投资体系从一个利润多少有所保障的体系转变为一个风险递增的体系，需采用更复杂的手段评估和管理能源投资及其相关风险。随着市场管理力度的放松，越来越多的液体衍生品市场顺势发展，产品报价时效越来越长。此类市场（自组或场外交易市场）在更大范围内加强了风险管控，在完全市场假说成立的情况下，便可为风险评估提供支持。

评估方法有很多，其中一些会对福利产生影响。Menegaki[21] 综述了可再生能源资源评价 / 评估的相关文献，并总结了相关文献中采用的方法，主要有以下四类：

● 福利经济法：包括陈诉偏好法（如或有估价法、选择实验法）和显示性偏好法（如旅行成本法、特征价格法）。Menegaki 指出，此类估价法使可再生能源的内涵价值达到最高，因为此类估价法还考虑了可再生能源的非使用价值。

● 金融经济法：此类方法主要取决于期权定价和组合分析，提供了许多用于一致、透明地处理时间问题和不确定性的手段。出现不可逆转时，与其他涉及可再生能源的项目一样，管理灵活性变得尤其重要，对更可靠的评估方法 [高于标准净现值法（NPV）] 的需求也就更高。此类方法包括本章分析的实物期权法（ROA）。Fernandes 等 [11] 综述了实物期权法在能源领域中的应用。

● 能值分析法：向人类社会提供的环保产品或服务的净值并非源于市场调节作用；相反，这取决于生产产品或提供服务的过程中（直接或间接）使用的所有能源（以一种能源计量单位表示，通常为太阳能）。因此，能值分析评估了传统经济评估方法中常常忽略的许多投入，采用的热动力学措施超越了金融价格法（参见 Buller 等 [6] 以及 Brown 和 Ulgiati[5] 的相关实例）。

● 非福利经济学方法：此类方法很大程度上依赖于成本预测。例如，通过非可再生能源的替代成本间接地对可再生能源进行评价。同样地，可再生能源产生的外部成本也与非可再生能源不同。因此，将减排成本或破坏成本（或节省的该类成本）作为可再生能源的隐性价值（参见 Georgakellos[13] 和 Richards [23]）。然而，与上述其他方法相比，此类方法的确定性更高，但忽略了可能在未来出现的管理和策略选择。

Graham 和 Harvey[15, 16] 采用对 392 位 CEO 进行的问卷调查分析了各公司采用不同方式评估投资项目价值的公司财务实践。结果表明，内部收益率法（IRR）和净现值法（NPV）是最常用的方法，但有 26.59% 的公司经常或几乎总是使用实物期权法。目前通常采用的评估方法主要有内部收益率法、净现值法、最低预期回报率法、投资回收期法、敏感性分析法、收益乘数法、贴现回收期法和实物期权法（ROA）。一般而言，规模较小的公司更常使用投资回收期法等简单的方法。有证据表明，确定是否进行能源效率投资时，美国制造领域的中小企业通常将回收期和投资成本作为决定因素（如 Abadie 等 [2] 所做的研究）。

与流动性限制、缺少市场准入权、评级（信用风险）、官僚主义障碍等其他因素一样，不确定性会对投资产生巨大影响。在很多情况下，这些因素对中小企业冲击更大。

本章讨论完全市场（风险可控）条件下对能源资产进行估价的基础和采用的技巧。为此，阐述了能源商品性能的随机模型以及应用实例。

本章其他内容如下：第二节介绍实物期权，重点讲述能源商品价格的财务特点。第三节分析能源商品的期货市场、碳交易市场和 3:2:1 裂解价差交易市场。第四节综述数值估价法的相关文献，并提供了一些实例。第五节进行总结。

3.2 实物期权和能源

本节讨论用于在不确定条件下评估实物能源资产投资价值的实物期权法。

实物期权是一种资本预算法，与其他类型的实物资产相比，实物期权可以更好地对能源投资进行评价，原因是长期还本的合同报价市场的存在。实物期权法考虑了管理人员可选择的期权，如选择产能水平、弃用厂房和设备、增加或较少产能，但通常只会考虑对分析产生有效作用的期权。

实物期权（ROA）分析考虑了假定存在可供选择的期权、技术和财政约束时，实物资产在不确定条件下进行优化遇到的问题。

风险源自不确定性，主要包括经济不确定性和技术不确定性。

经济不确定性与经济的一般变动密切相关。油价、碳排放配额价格以及 3:2:1 裂解价差 [4] 的波动都是经济不确定性的最好实例。通常来说，除非进行大规模同类投资，否则当公司行使实物期权时，此类不确定性不会发生改变。无论如何，考虑期货市场报价时，通常假定是依据所有可用信息进行报价，且报价可反映代理商的

4 裂解价差衡量了原油买入价与成品销售价之间的价差。在 3:2:1 裂解价差结构中，炼油厂每加工三桶原油，可获得两桶汽油和一桶蒸馏燃料。

预期未来行为。因此，通常认为，对于决策程序，经济不确定性是外生性的。不确定性增加会导致推迟投资（若该期权有效），这样便需要较高的净现值（NPV）。由于波动产生的不确定性变化，确定的立即投资所需的预期回报率会发生明显改变。有时，推迟投资的期权并不存在或并不重要，因为确定投资的时间框架非常短或可能由竞争者进行投资，从而导致企业丧失商业机遇。但是，还有一些很重要的实物期权，如根据利益选择是否继续生产、选择最适合的生产水平或者甚至选择完全不生产。

技术不确定性[5]与经济的一般变动无关，对于决策程序，技术不确定性是内生性的。技术不确定性包括油田蕴藏的石油量、特定地点的风力载荷等。可通过开展研究和设立试验工厂的方式在一定程度上（支出一定费用）降低此类不确定性，但是不能全部消除。

3.2.1 随机过程

本节讨论一些简单的随机过程，在附录中对此进行了深入分析。每一个随机过程的确定性部分和随机部分都有对应的微分方程。现实世界和风险中性世界各有一个版本，两类情况都是通过漂移推导风险市场价格。

此类随机过程可模拟商品行为，当实际资产净现值依赖于一项或多项商品（通过价格）时，这种随机过程就可用于评估实际资产的价值。

3.2.1.1 几何布朗运动

几何布朗运动（GBM）是一种连续时间随机过程，被广泛应用于金融领域，通过两个组分模拟股票价格：确定性趋势和随机有限元。本节介绍的几何布朗运动是用作开发更复杂的能源商品行为模型前的基本模型。

现实世界中的随机微分方程：

$$\mathrm{d}S_t = \alpha S_t \mathrm{d}t + \sigma S_t \mathrm{d}W_t \tag{1}$$

其中，S_t 指在时间 t 时的商品价格，α 指现实世界中的漂移系数，σ 指瞬时波动率，$\mathrm{d}W_t$ 指标准维纳过程增量。

3.2.1.2 非齐次几何布朗运动

现实世界中的随机微分方程：

$$\mathrm{d}S_t = k(S_m - S_t)\mathrm{d}t + \sigma S_t \mathrm{d}W_t \tag{2}$$

5 与经济不确定性相反，技术不确定性是指可再生能源储量等技术参数的不确定性。

式中，S_t 指在时间 t 时的商品价格，k 指回归率，S_m 指商品长期预期价格，σ 指瞬时波动率，dW_t 指标准维纳过程增量。

3.2.1.3 Schwartz 模型

现实世界中的随机微分方程：

$$dS_t = k(\mu - \ln S_t)S_t dt + \sigma S_t dW_t \tag{3}$$

式中，S_t 指在时间 t 时的商品价格，k 指回归率，σ 指瞬时波动率，dW_t 指标准维纳过程增量。

3.2.1.4 Ornstein-Uhlenbeck (O-U) 过程

现实世界中的随机微分方程：

$$dS_t = k(S_m - S_t)dt + \sigma dW_t \tag{4}$$

式中，S_t 指在时间 t 时的价格。长远来看，当前价值趋向于 S_m 水平，回归率为 k。此外，σ 指瞬时波动率，dW_t 指标准维纳过程增量。

3.2.2 风险溢价

风险的市场价格取 λ。将风险溢价（RP）定义为在时间 t 时期货的报价（到期日 T）与时间 T 时现货价格 S 的差额，即

$$RP(t, T) = F(t, T) - E_t(S_T)$$

3.2.3 等价鞅测度或风险中性测度

在没有套利机会的完全市场中，可采用一种以整合市场风险并采用新概率分布的估价方法，即风险中性测度。

一般而言，这就意味着从随机微分方程式中减去风险的市场价格，从而获得等价鞅测度下的表现。随后，可通过无风险利率贴现的方式评估资产价值。相当于以等同于无风险利率加上风险溢价总额的费率将预期现实世界价值贴现。但是，风险中性测度应用起来要容易得多，因为相应随机过程的参数更容易估算。需要强调的是，采用风险中性估价并不是假设投资者是风险中性投资者（事实也并非如此）[6]。风险中性估价采用了风险中性概率。

此方法适用于完全市场，否则风险中性测度将不是唯一方法。在不完全市场中，

6 例如，使用期货市场提供的大量数据。

存在限于特定项目的风险。市场完备时，可通过复制市场资产组合或使用风险中性测度的方式对或有债权进行估价。只存在市场不确定性时，仍然可构建复制组合，但是，如果一些价值不是交易性资产，则市场是不完备的。随着市场和市场参与者的不断增加，该方法的应用范围越来越广。引起市场不完备的最常见的一个原因是价格暴涨（如电力市场的价格暴涨）。

由于存在价格封顶的可能性，因此一般采用期货价格，而非预期的现货价格。也就是说，通过改变随机微分方程的漂移系数，将带有风险溢价的现实世界转变为不带风险溢价的风险中性世界。

市场不完备时，可采用以下三种选项：

（1）假设市场完备，采用以上方法。这种情况下，可靠性将取决于市场不完备的程度。但是，由于一些市场价值将会丢失，该方法并不完全准确。

（2）假设市场参与者是风险中性的，并采用实际概率以无风险利率贴现。该方法并非最佳选择。

（3）采用具有外生性贴现率的动态规划。这种情况下，问题在于如何确定贴现率。Dixit 和 Pindyck[9] 列举的一些实例中采用了此种方法。

还有一个选项，即建立效用函数进行计算，但这种方法通常只用于学术界。

3.2.4 便利收益率

便利收益率 δ 是指与持有相关产品或物质产品（而非合同产品或衍生产品）相关的利益或溢价。消费资产使用者可通过在时间 T（到期日）前实质性地持有资产（作为库存）获益，而无法通过持有期货交易合同获益。此类利益包括从暂时性短缺获益的权利及确保生产过程持续运行的权利。

便利收益率等同于股息。便利收益率通常存在于商品中，会引起出现等价鞅测度下控制价格的随机微分方程中的趋势 $(r-\delta)S_t$，即无风险利率减便利收益率。Wie 和 Zhu[29] 分析了美国天然气市场的便利收益率和风险溢价。便利收益率可能是非常数，可能是一个确定性函数 $\delta(t)$，或者甚至被建模为另外一个随机过程[7]。

在均值回归模型 1 [非齐次几何布朗运动（IGBM）[8]] 中，漂移系数如下：

$$k(S_m - S_t) - \lambda S_t = [r - \delta(t)]S_t \tag{5}$$

7 参见 [26] 中第二个模型。

8 [24] 中分析了该随机模型的特点。

此时便利收益率是可变的：

$$\delta(t)=(k+\lambda+r)-\frac{kS_m}{S_t} \tag{6}$$

这种情况下，现行价格 S_t 较高时，便利收益率也较高。[9]

$\delta\ (t)$ 出现的主要原因之一，是所讨论商品的库存可供率和库存。每个具有库存的企业均可在当下消耗库存和将其留作未来投资之间做出选择。理性的投资者会选择对其最有益的方式。

库存多时，则表明，与未来某个时间段相比，商品在当前的稀少性相对较低。否则，投资者无法通过当前持有的库存获取任何利润，从而售出所持库存。这样，预期未来价格将高于现行价格。因此，资产期货或远期价格 $F(t, T)$ 将高于现行现货价格 S_t。即：

$$F(t,\infty)=\frac{kS_m}{k+\lambda} \tag{7}$$

$$r-\delta(t)=(k+\lambda)\left[\frac{F(t,\infty)}{S_t}-1\right] \tag{8}$$

上式仅表明 $r-\delta(t)>0$。

库存较低时，就会备受关注。这种情况下，库存在当前的稀缺程度将高于其在未来的稀缺程度。与前述情况不同，投资者无法购买库存填补当前需求。在某种意义上，投资者希望从未来市场借用库存，却又无法这样做。因此，库存在未来的价格将比现行价格更低，即 $F(t, T)<S_t$，也就是说，$r-\delta(t)<0$。

因此，便利收益率与库存水平呈负相关。

3.2.5 萨缪尔森效应

能源期货合同通常将不断降低的波动率作为合同剩余时间 $T-t$ 的函数，即所谓的萨缪尔森效应。随着 $T-t$ 降低，波动率增加，现货价格与期货合同价格趋于一致，即 $F(T, T)=S_T$。

3.2.6 模型特征

商品价格行为具有一定特征，必须纳入相应随机模型中，这主要取决于使用模型的目的。此类特征包括波动性、季节性、非对称性、峰值、肥尾以及随机波动性。

模型必须具有足够数量的参数，但不能过多，否则将增加模型的复杂程度，严重影响模型描述能力。

---

9 $S_m=0$、$\alpha=-k$ 时，非齐次几何布朗运动演变为几何布朗运动，δ 为常量：$\delta=(\lambda-\alpha+r)$。

有时，需求具有季节性，如取暖油、天然气、汽油和电力。

3.2.7 波动率和相关性

波动率是不确定性的表现，在实物期权估价中具有决定性作用。通常将其计算为收益率对数的标准差：

$$R_t = \ln\left(\frac{S_t}{S_{t-1}}\right) \tag{9}$$

已知 σ_d 值，可通过下式计算年化波动率 σ：

$$\sigma = \sigma_d\sqrt{252} \tag{10}$$

其中，252 为交易日天数。利用 2009 年 12 月 31 日至 2013 年 8 月 27 日[10]的现货价格数据，本方法计算的波动率数据见表 3-1[第二栏所列数据（无漂移系数）]。但是，也可使用通过微分方程中的估算值得出的残值进行计算。若为均值回归，则采用非齐次几何布朗运动微分方程，可得出以下估算值：

$$\frac{S_{t+1}-S_t}{S_t} = -k\Delta t + kS_m\Delta t\frac{1}{S_t} + \sigma\sqrt{\Delta t}\varepsilon_t \tag{11}$$

还可根据微分方程残值估算波动水平，得出表 3-1 第三栏所列数据。

表 3-1 波动率估值

商　品	无漂移系数	有漂移系数 a
原油（库欣）[俄克拉荷马轻质原油期货（OK WTI）]	0.2847	0.2840
纽约港常规汽油	0.3090	0.3082
纽约港 2 号柴油（超低硫）	0.2311	0.2305

a. 漂移系数是微分方程的确定性部分。计算波动率前，应消除确定性趋势的影响。事实上，该影响非常小，计算波动率前无须进行调整。

可以看出，假设漂移系数的 Δt 很小，其影响极小，此时的差额则最小。

图 3-1 采用了相同的数据源进行计算，表明了商品价格（表 3-1）的历史趋势。

可采用相似的方法计算相关性。如果相关性以 R_t 为基础，可得表 3-2 所列数据。如果采用残值计算，则可得表 3-3 所列数据。

可以看出，本节采用的两种方法所得结果的差异较小。

10 原始数据来源：http://www.eia.gov/dnav/pet/pet_pri_spt_s1_d.htm.

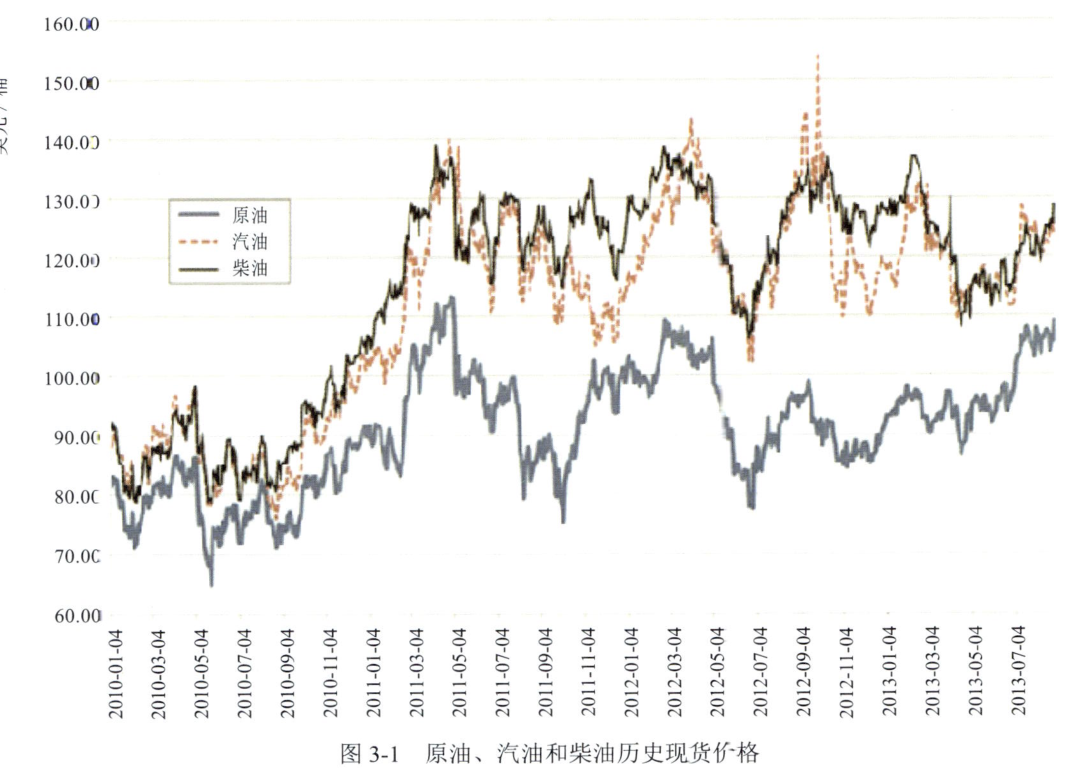

图 3-1　原油、汽油和柴油历史现货价格

表 3-2　相关性（无漂移系数）

ρ	原　油	汽　油	柴　油
原油	1.0000	0.5895	0.7744
汽油	0.5895	1.0000	0.6789
柴油	0.7744	0.6789	1.0000

表 3-3　相关性（有漂移系数）

ρ	原　油	汽　油	柴　油
原油	1.0000	0.5872	0.7722
汽油	0.5872	1.0000	0.6786
柴油	0.7722	0.6786	1.0000

可通过市场数据计算 3:2:1 裂解价差的历史数值，结果如图 3-2 所示。

通过估算非齐次几何布朗运动模型的波动率，得出 $\sigma^{IGBM}=1.7155$。应注意，在 σ^{IGBM} 中，S_t 出现在微分方程的随机部分中，可避免获得负值。本研究中，对图 3-2 的分析表明，3:2:1 裂解价差不存在负值。但是，如果采用 Ornstein-Uhlenbeck（O-U）过程，则不存在与 S_t 相乘的 σ，即允许存在负值的可能性。这种情况下，预计的波动率 σ^{OU}=29.1499，即超出此前值 17 倍。因此，随机过程中拟采用的预计波动率取决于选择什么样的过程。

3.3 商品期货市场

期货市场为能源资产投资估价提供了最大的信息来源。由于消除了交易对手风险，此类市场的报价均为无不确定性的真实报价。举例来说，两年期交付的原油每桶价值可以无风险利率贴现（风险中性定价）。本节通过各类市场的价格列举了一些简单的实例：轻质原油期货（WTI）、纽约港超低硫柴油（ULSD）期货、氧化混调型精制汽油（RBOB）期货以及 ICE EUA 期货。具体实例包括均值回归过程和几何布朗运动，以及一些具有或不具有季节性的实例。

期货市场提供了微分方程（通常是风险中性世界）确定性部分所含参数价值的相关信息。在几何布朗运动相关实例中，可以轻松、准确地估算 $\alpha–\lambda$ 的值。而非齐次几何布朗运动相关实例中，可以轻松、准确地估算$\frac{kS_m}{k+\lambda}$和 $k+\lambda$。如果为均值回归，则这些市场提供了长期平衡值和风险中性世界中预期价格向该值变动的概率。

文献 [10，12] 对商品市场进行了详细研究。

图 3-2　3:2:1 裂解价差历史现货价格

3.3.1 轻质原油（WTI）期货

本节介绍通过对轻质原油（WTI）期货报价计算均值回归过程参数的实例。

非齐次几何布朗运动中，采用期货市场的数据估算了以下方程的参数。

$$F(T_1,T_2)=\frac{kS_m}{k+\lambda}+\left[F(T_1,T_1)-\frac{kS_m}{k+\lambda}\right]\mathrm{e}^{-(k+\lambda)(T_2-T_1)} \tag{12}$$

可通过本方程求得非齐次几何布朗运动过程或 Ornstein-Uhlenbeck（O-U）过程的$\frac{kS_m}{k+\lambda}$和 $k+\lambda$。二者的差异源于模型波动率估算，但是该差异不会对上述方程产生影响。

采用最近的期货价值（2013 年 8 月 23 日），并通过将各期实际期货与预估数据差额平方之和最小化的方法估算相关参数，求得以下数值：

$$\frac{kS_m}{k+\lambda}=79.5157 \text{ 和 } k+\lambda=0.5583$$[11]

该计算以到期日最近（10 月 13 日）的期货为基础，该日油价为 106.42 美元 / 桶。如图 3-3 所示，采用两种参数所得数值的拟合曲线非常接近。

通过图 3-3，很容易确定可通过均值回归随机过程模拟商品行为。[12]

还可采用文献 [26] 所列模型，其中期货方程为：

$$F(T_1,T_2)=\mathrm{e}^{\left[\mathrm{e}^{-k(T_2-T_1)\ln S_t+\left(1-\mathrm{e}^{-k(T_2-T_1)}\right)X_m^*+\frac{\sigma^2}{4k}\left(1-\mathrm{e}^{-2k(T_2-T_1)}\right)}\right]} \tag{13}$$

图 3-4 表明了此种情况的结果，拟合曲线与非齐次几何布朗运动的拟合曲线非常相似。

此种情况下所得数据为：

$$\frac{kS_m}{k+\lambda}=79.5157 \text{ 和 } k+\lambda=0.5583$$

此外，还可以通过均值回归过程建模。此情形下未测到季节性。

3.3.2 纽约港超低硫柴油（ULSD）期货

本节介绍通过对纽约港超低硫柴油（ULSD）期货报价计算均值回归过程参数的实例。

图 3-5 表明了 2013 年 8 月 23 日 [13] 超低硫柴油（ULSD）期货的实际价值和预估价值。

11 也可使用连续几天的报价，但是为方便说明，本节更倾向于选择最简单的方法。

12 统计检验不在本章讨论范围内。

13 原始单位“美元 / 加仑”乘以 42，将报价换算为美元 / 桶。

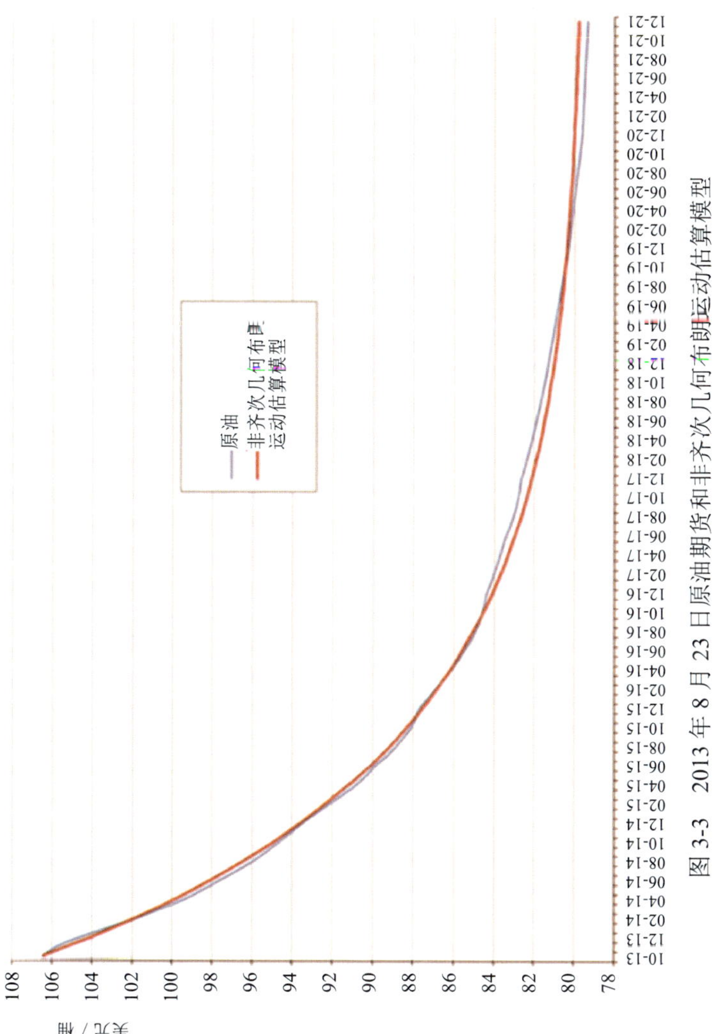

图 3-3　2013 年 8 月 23 日原油期货和非齐次几何布朗运动估算模型

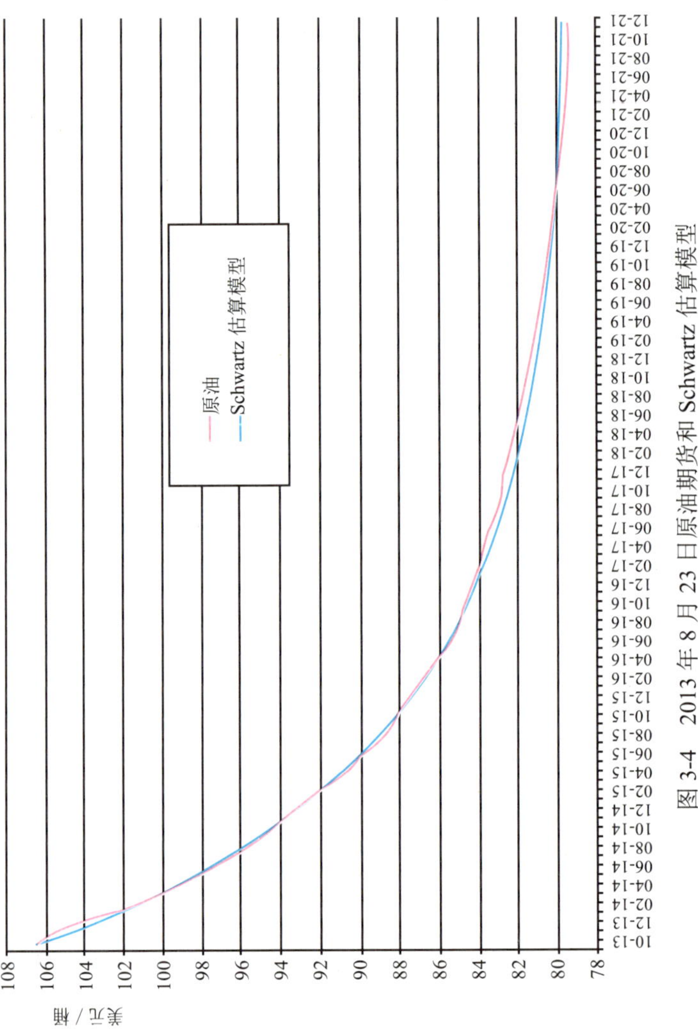

图 3-4　2013 年 8 月 23 日原油期货和 Schwartz 估算模型

在这种情形下，预估参数值如下：

$$\frac{kS_m}{k+\lambda}=94.4771 \text{ 和 } k+\lambda=0.1556$$

未发现明显的季节性。

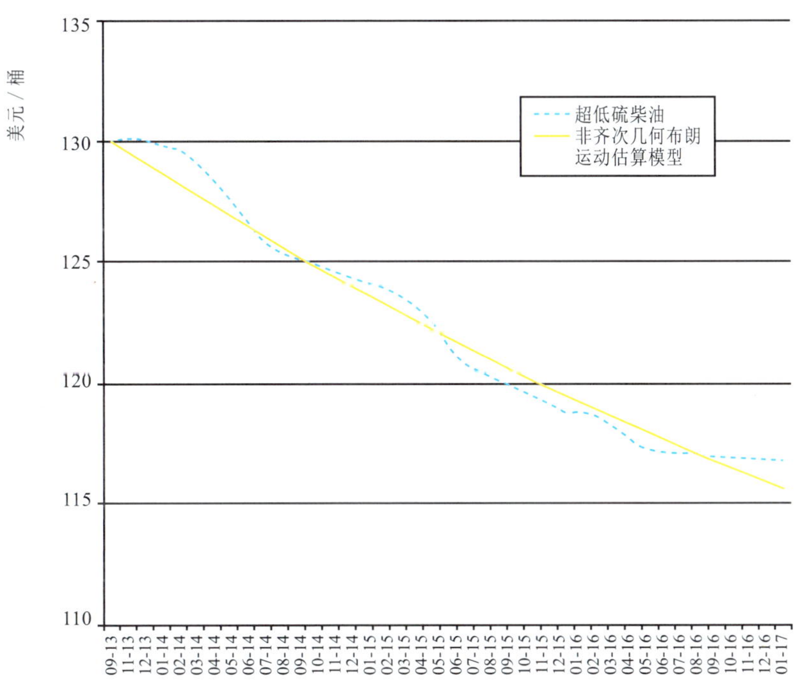

图 3-5　2013 年 8 月 23 日超低硫柴油（ULSD）期货和非齐次几何布朗运动估算模型

3.3.3 氧化混调型精制汽油（RBOB）期货

本节介绍通过对氧化混调型精制汽油（RBOB）期货报价计算季节性均值回归过程参数的实例。

图 3-6 表明了 2013 年 8 月 23 日[14]汽油期货的实际价值和预估价值。

在这种情形下，可通过不考虑季节性的估算值得出以下数值：

$$\frac{kS_m}{k+\lambda}=103.3688 \text{ 和 } k+\lambda=0.7622$$

图中可看出一定程度的季节性。可通过以下类型的确定性函数建模：

$$f(t)=\gamma cos[2\pi(t+\phi)]$$

14 原始单位“美元 / 加仑”乘以 42，将报价换算为美元 / 桶。

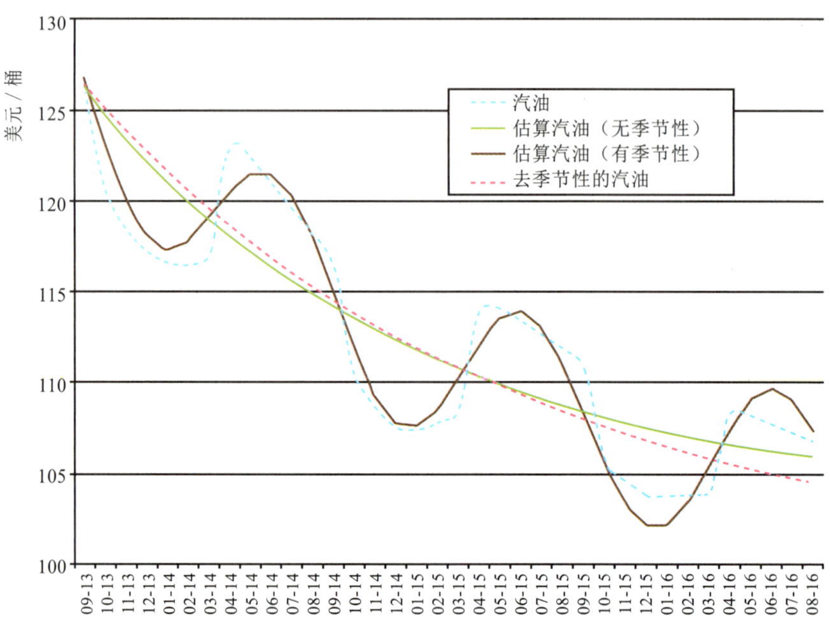

图 3-6　2013 年 8 月 23 日氧化混调型精制汽油（RBOB）期货和估算模型

表 3-4　氧化混调型精制汽油（RBOB）期货参数

参　数	数　值
$\frac{kS_m}{k+\lambda}$	99.5614
$k+\lambda$	0.5814
γ	4.7210
ϕ	0.2329

由此可推导出两个额外参数的估算值（表 3-4）。

如果考虑到季节性，估算的准确性将大大提升。只要存在季节性，就应考虑其产生的影响。但是，一些情况下，应使用去季节性程式。应注意长期均衡点估算值的变化。

3.3.4 ICE EUA 期货

本节讨论通过对 ICE EUA 期货报价计算几何布朗运动过程参数的实例。

图 3-7 表明了 2013 年 8 月 23 日 ICE EUA 期货的报价。可以看出，这些价格与几何布朗运动建模相符，其中：

$$F(T_1,T_2)=S_t e^{(\alpha-\lambda)(T_2-T_1)} \tag{14}$$

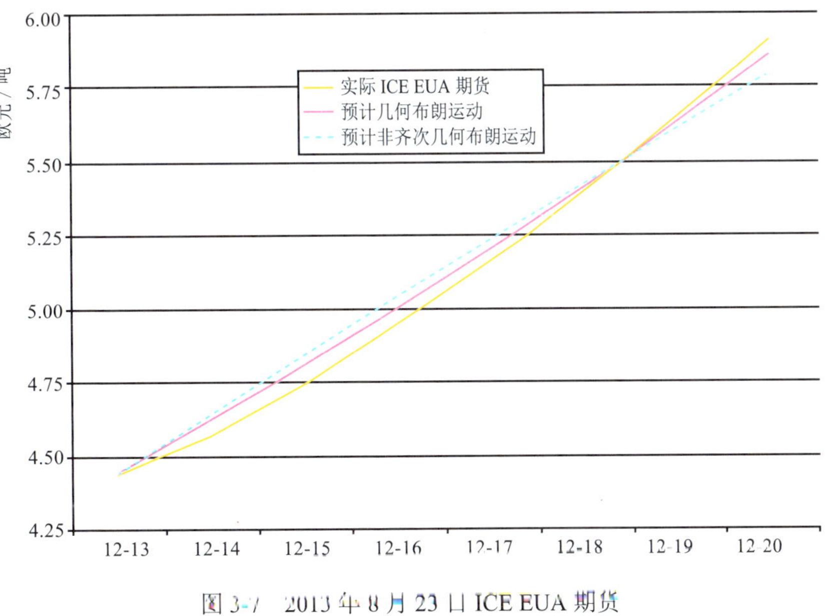

图 3-7　2013 年 8 月 23 日 ICE EUA 期货

假设随着到期日的增加，期货合同价格呈指数增长。

从图 3-7 中可清楚地看出，这种情况下，几何布朗运动估算值比采用非齐次几何布朗运动模型所得的估算值更加接近（更加接近实际报价）。采用几何布朗运动模型会对波动率和预期价值产生很大影响。在风险中性世界中，波动率随时间逐渐增加，极大地影响了期权价值的计算：

$$\mathrm{Var}\left(S_T\right)=S_t^2\mathrm{e}^{2(\alpha-\lambda)(T-t)}\left[\mathrm{e}^{\sigma^2(T-t)}-1\right] \tag{15}$$

波动率高时，期权价值显著增加。

在现实世界中，设 $\lambda=0$，可得：

$$\mathrm{Var}\left(S_T\right)=S_t^2\mathrm{e}^{2\alpha(T-t)}\left[\mathrm{e}^{\sigma^2(T-t)}-1\right] \tag{16}$$

T 非常接近 t 时，求得表达式为 $T=t+\Delta t$

$$\mathrm{Var}\left(S_t+\Delta t\right)\approx S_t^2\sigma^2\Delta t \tag{17}$$

几何布朗运动模型中，预计值以指数方式增长，而不是像在均值回归模型中出现的那样逐渐趋向长期均衡值。

此种情形下，估算值为 $\alpha-\lambda=0.0395$。这时，如果便利收益率 δ 的值较低，由于存在以储代封的可能性，$\alpha-\lambda$ 将更接近无风险利率。

3.3.5 3:2:1 裂解价差

本小节整合了上述各小节的信息，用于计算3:2:1裂解价差交易的未来值。

根据3:2:1裂解价差，每三桶原油可生产两桶汽油和一桶馏出燃料油。

可使用此类数据计算每桶原油的利润：

$$M_T = \frac{2}{3}F^{\mathrm{RB}}(t,T) + \frac{2}{3}F^{\mathrm{HO}}(t,T) - F^{\mathrm{CL}}(t,T) \tag{18}$$

式中，上标分别代表汽油（RB）、燃料油（HO）和原油（CL）。

在这种情形下，非齐次几何布朗运动过程的参数估算值如表3-5所示。此种预估及实际数据结果如图3-8所示。

表3-5　3:2:1裂解价差参数

参数	数值
$\frac{kS_m}{k+\lambda}$	23.4233
$k+\lambda$	3.0149
γ	2.9776
ϕ	0.3107

3.5 基于市场的估价方法和实例

评估投资的方法有很多，包括净现值法、内部收益率法、最低预期回报率法、投资回收期法、敏感性分析法、收益乘数法、贴现回收期法和实物期权法（ROA）等。Graham 和 Harvey[15] 分析了这些方法在企业中的应用。本节通过列举实例对基于市场的方法进行简要介绍。

3.5.1 基于市场的估价方法

能源领域的期权通常为美式期权，即可在给定的时段内行使。简单的情况下，可采用分析式解决方案，通常是当期权有效期无限长时。Dixit 和 Pindyck[9] 分析了部分此类情况。

一般而言，对实物投资进行估价时，应采用数值计算法。主要有三种方法：二叉树、蒙特卡罗模拟和有限差分法。最初，此类方法用于对金融衍生产品进行估价。描述此类方法及其在金融领域的应用的文献包括 Brandimarte[4]、Clewlow 和 Strickland[8]、Hull[17]、Luenberger[20] 以及 Wilmott[30]。

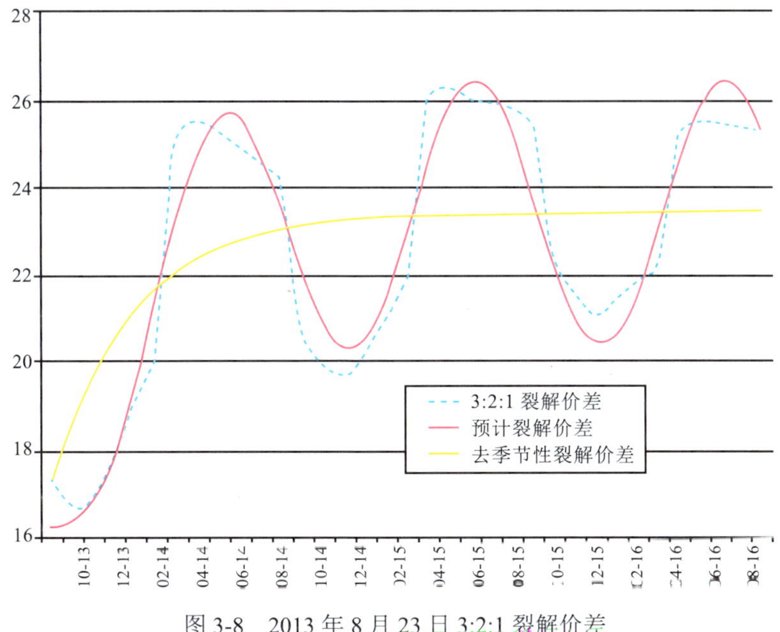

图 3-8　2013 年 8 月 23 日 3:2:1 裂解价差

专为实物期权估价方法刊发的著述包括 Copeland 和 Antikarov[7] 及 Trigeorgis[28]。Abadie 和 Chamorro[1] 以及 Ronn[25] 对实物期权和能源投资进行了深入研究。Pilipovic[22] 着重研究能源风险管理，Smit 和 Trigeorgis[27] 则重点研究实物期权与博弈的战略投资。Longstaff 和 Schwartz[19] 还采用了用于美式期权估价的蒙特卡罗模拟。

3.5.2 估价实例

下面简要介绍 5 种实例。

3.5.2.1 价格不确定的期货流

第一个实例旨在确定拟在两年内提取的每桶原油的净现值（NPV）。以与市场报价一致的方式分析了可能存在的期货市场行情。

如果期货市场中每桶原油的交易价格为 100 美元（到期日为两年），无风险复合利率为 3%，可求得净现值（NPV）：

$$\text{NPV} = 100e^{-2\times 0.03} = \$94.176$$

必须注意，两年期期货现行报价 $F(0,2) = 100$ 并非完全是现实世界中两年期期货的期望值，即 $F(0,2)=E_t^Q(S_T) \neq E_t(S_T)$。可能出现以下情况，各类情况均有相应的 RP RP(0, 2) 值（表 3-6）。

表 3-6 价格不确定性实例

$E_t(S_T)$	$RP(0, 2)$	μ	μ-r	市场行情
105.00	−5.00	0.0544	0.0244	现货溢价
100.00	0.00	0.0300	0.0000	—
95.00	5.00	0.0044	−0.0256	期货溢价

当 $E_t(S_T) > F(t,T)$ 时（即以低于合同到期日预期现货价格进行期货交易时），期货市场可能出现现货溢价。

当 $E_t(S_T) < F(t,T)$ 时，则用“期货溢价”描述相反的情形。

此类数值分别对应现实世界不同的贴现率。例如，RP = −5.00，则必须保持 $94.176=105e^{-2\times\mu}$。通常，

$$\mu = -\frac{1}{T-t}\ln\left[\frac{F(t,T)}{E_t(S_T)}\right] \tag{19}$$

由上述实例可知，$E_t(S_T) = 105.00$ 时，风险贴现率 $\mu = 5.44\ \%$。很难估算 $E_t(S_T)$，但可根据市场报价直接推导 $F(t, T)$。由于期货价格 $F(t, T)$ 已知，[15] 可通过无风险利率 r 对相应金额贴现，所得价值即为现货价格。假设市场完备，则采用的方法准确有效。

设现货价格 $S_t = 97.00$，可得：

$$F(t,T) = S_t e^{(r-\delta)(T-t)} \tag{20}$$

因此：

$$\delta = r - \frac{1}{T-t}\ln\left[\frac{F(t,T)}{S_t}\right] = 0.01477 \tag{21}$$

便利收益率可能不是常数，也可能会随着时间变化。

3.5.2.2 年金（几何布朗运动案例）

第二个实例旨在在价格遵循几何布朗运动过程时，推导年金数值，即 20 年的二氧化碳排放许可价格。

根据期权方程可知：

$$F(0,t) = S_0 e^{(\alpha-\lambda)t} \tag{22}$$

15 市场涵盖了对手交易风险。

τ_1 和 τ_2 期间的年金值为：

$$V(\tau_1,\tau_2)=\int_{\tau_1}^{\tau_2} S_0 e^{(\alpha-\lambda)t} e^{-rt} dt=\frac{S_0}{\alpha-\lambda-r}\left[e^{(\alpha-\lambda-r)\tau_2}-e^{(\alpha-\lambda-r)\tau_1}\right] \quad (23)$$

设 S_0 = € 4.38，$\alpha-\lambda$=0.0395，τ_1= 0，τ_2 = 25 且 r = 0.03，求得 $V(\tau_1, \tau_2)$ = 123.60 欧元 / 吨 • 年。但是，如果设 $S_i\ \delta$= 0 和 $\alpha-\lambda= r$ = 0.0395，则求得 $V(\tau_1, \tau_2) = S_0\ (\tau_2-\tau_1)$ = 109.50 欧元 / 吨 • 年。

3.5.2.3 年金（非齐次几何布朗运动案例）

第三个实例旨在在价格遵循非齐次几何布朗运动型均值回归过程时，推导年金数值，即 20 年内每一年每桶石油的价格。

根据期权方程可知：

$$F(0,t)=\frac{kS_m}{k+\lambda}+\left[S_0-\frac{kS_m}{k+\lambda}\right]e^{-(k+\lambda)t} \quad (24)$$

τ_1 和 τ_2 期间的年金值为：

$$\begin{aligned}V(\tau_1,\tau_2)&=\int_{\tau_1}^{\tau_2} F(0,t)e^{-rt}dt\\&=\frac{kS_m}{r(\lambda+k)}\left[e^{-r\tau_1}-e^{-r\tau_2}\right]+\frac{S_0-\frac{kS_m}{\lambda+k}}{\lambda+k+r}\left[e^{-(\lambda+k+r)\tau_1}-e^{-(\lambda+k+r)\tau_2}\right]\end{aligned} \quad (25)$$

因此，S_0 =106.42 美元 / 桶，$\frac{kS_m}{\lambda+k}$ = 79.5157，$\lambda+k$ = 0.5583 且 r= 0.03 时，25 年期间（τ_1=0，τ_2=25）每一年每桶原油的现值为：

$$V(\tau_1,\tau_2)=\frac{106.42-79.5157}{0.5883}\left[1-e^{-14.7075}\right]+\frac{79.5157}{0.03}\left[1-e^{-0.75}\right]=1444.23$$

3.5.2.4 年金（3:2:1 裂解价差，非齐次几何布朗运动案例）

第四个实例旨在通过市场数据推导 25 年中 3:2:1 裂解价差的年金数值。期货市场的充分流动性表明，可以保障这些炼油利润。

不考虑季节性的影响，由于高价时段可被低价时段抵销，当 S_0 = 17.3456 美元 / 桶，$\frac{kS_m}{\lambda+k}$ = 23.4233，$\lambda+k$ = 3.0149 且 r = 0.03 时，25 年期间（τ_1 = 0，τ_2 = 25）每个单元每一年 3:2:1 裂解价差的现值为：

$$V(\tau_1,\tau_2)=\frac{17.3456-23.4233}{3.0449}\left[1-e^{-75.3726}\right]+\frac{23.4233}{0.03}\left[1-e^{-0.75}\right]=409.97$$

表 3-7 原油（CL）和燃料油（HO）参数

参 数	CL	HO
S_0	106.42	130.158
$\frac{kS_m}{k+\lambda}$	79.5157	94.4471
$k+\lambda$	0.5583	0.1556
σ	0.2840	0.2305

本次估价假设每桶原油始终可产 2/3 桶汽油和 1/3 桶燃料油。如果装置在任何时候都可稳定运行，并且裂解价差始终为正，则情况就是如此。

实际情况并不那么简单，还存在固定成本和其他可变成本。这种情况下，需要运行大量随机过程蒙特卡罗模拟，取裂解价差减去可变成本的最大值，在所有情况下，所得值均为零，最后以无风险利率将结果贴现。可通过本方法确定平均现值，必须对由此求出的现行定值贴现。

3.5.2.5 随机过程模拟

本实例包含了蒙特卡罗模拟，旨在论证可通过检查产生的波动率以及与源自随机模型原始值的相关性检验模拟的适合度。

采用表 3-7 所列参数对两个相关随机过程进行模拟：

最初可得：

$$\Delta S_t^i = \frac{k^i S_m^i}{k^i + \lambda^i} + \left[S_{0'}^i - \frac{k^i S_m^i}{k^i + \lambda^i} \right] \mathrm{e}^{-\left(k^i + \lambda^i\right)\Delta t} + \sigma^i S_t^i \sqrt{\Delta t}\,\varepsilon_t^i \tag{26}$$

式中，$i \in \{\mathrm{CL, HO}\}$，相关性 $\rho_{\mathrm{CL,\,HO}} = 0.7222$。

代入以下方程，可得相关随机数：

$$\varepsilon_t^{\mathrm{CL}} = \mathrm{e}^{\mathrm{CL}}$$

$$\varepsilon_t^{\mathrm{HO}} = \left(\mathrm{e}^{\mathrm{CL}} \rho_{\mathrm{CL,HO}} + e^{\mathrm{HO}} \sqrt{1 - \rho_{\mathrm{CL,\,HO}}^2} \right) \tag{27}$$

式中，e^{CL} 和 e^{HO} 为不相关随机样本。

对原油（CL）和燃料油（HO）进行了长达 25 年的模拟，每年 252 步。由此可知，通过模拟所得的波动率与模型参数非常相似。结果如表 3-8 所示。

估计相关性为 0.7229。因此，波动率估计和相关性比较可靠。

表 3-8　通过模拟估算的原油（CL）和燃料油（HO）参数

参 数	CL	HO
σ	0.2821	0.2298

3.6 结 论

本章介绍了与采用实物期权法（ROA）对能源资产投资进行估价相关的问题，并结合随机微分方程计算商品价格，使用市场报价法估算商品价格参数，并对正确使用估价方法所需条件进行了描述。此外，还列出了在能源市场交易的商品的价格特征，重点探讨了均值回归、便利收益率和季节性。

此外，本章还列出了一种使用实际市场数据评估相应随机微分方程参数的简单方法，讨论了 3:2:1 裂解价差，并在一些简单、说明性的实例中应用所得数据。

本章末尾附录详细说明了我们所采用的随机过程的特征。

本章提要：本章通过实物期权法（ROA）和市场行情分析了不确定性能源投资项目评价过程中遇到的主要问题。此外，根据能源商品自身内在特性对一些主要随机过程进行了分析，并根据期货市场行情简单地估计了相关参数，以此检验模型与实际数据的适合度。此外，对采用实物期权法时必须满足的条件因素进行了说明。本章还列举了原油、精炼石油产品、3:2:1 裂解价差交易和碳交易市场等领域的大量实例。

致谢：谨向西班牙科学创新部对 ECO2011-25064 号研究项目、巴斯克自治区政府（IT-799-13）和 Fundación Repsol 对低碳项目联合倡议提供的资金支持致以最诚挚的感谢。http://www.lowcarbonprogramme.org。

附录 3.A　能源投资随机模型

能源资产估价采用的随机模型必须考虑各商品最重要的特征，即波动性、非对称性、峰值、肥尾性、随机波动率等。模型必须具有足够数量的参数，但不能过多，否则将增加模型的复杂程度，严重影响模型描述能力。所选模型根据估价目的（对短期还是长期投资衍生品进行估价）而有所不同。能源商品中常见的两个基本元素分别是：（1）需求改变引起的季节性（如冬季取暖、夏季制冷），这主要取决于地理位置；（2）均值回归。长期投资决策中，季节性会对所有权产生影响，但不会决定生产策略（虽然对峰值功率发电厂进行估价时生产策略非常重要，但对基本负荷发电厂进行估价时，生产策略相对而言不太重要）[3]。

Gourieroux 和 Jasiak[14] 研究了部分随机微分方程的参数估算值。

四个随机过程的特性描述如下：一个几何布朗运动模型和三个均值回归模型。

3.A.1 几何布朗运动模型

商品价格行为模拟过程中并未广泛采用几何布朗运动模型（相反，商品价格行为可确定能源资产投资价值），因为此类商品的价格会显现出均值回归行为，尤其是在分析期货市场报价时。在现实世界中，模型如下：

$$\mathrm{d}S_t = \alpha S_t \mathrm{d}t + \sigma S_t \mathrm{d}W_t \tag{28}$$

式中，S_t 指在时间 t 时的商品价格，α 指现实世界中的漂移系数，σ 指瞬时波动率，$\mathrm{d}W_t$ 指标准维纳过程增量。

该模型的风险中性版本为：

$$\mathrm{d}S_t = (\alpha - \lambda)S_t \mathrm{d}t + \sigma S \mathrm{d}W_t \tag{29}$$

式中，λS_t 指风险的市场价格。[16]

令风险利率为 r，便利收益为 δ，则 α–λ= $r-\delta$，于是有以下替代式：

$$\mathrm{d}S_t = (r - \delta)S_t \mathrm{d}t + \sigma S \mathrm{d}W_t \tag{30}$$

若 $X = \ln S$，应用伊藤定理，可得出下式：

$$\mathrm{d}X_t = \left(\alpha - \lambda - \frac{\sigma}{2}\right)\mathrm{d}t + \sigma \mathrm{d}W_t \tag{31}$$

在此情形下，可通过以下方程求得到期日为 T 的期货在时间 t 时的价值：

$$F(t,T) = S_t \mathrm{e}^{(\alpha-\lambda)(T-t)} = S_t \mathrm{e}^{(r-\delta)(T-t)} \tag{32}$$

由方程式 (32) 可知，现货价格存在几何布朗运动行为的商品应可表现出在期货市场的报价随着期货成熟期的增加而绝对值大幅增加。可使用该行为识别商品是否是几何布朗运动建模的最佳选择。

在现实世界中：

$$E_t(S_T) = S_t \mathrm{e}^{\alpha(T-t)} \tag{33}$$

16 Kolos 和 Ronn[18] 估算了能源市场风险的市场价格。

可求得 RP：

$$\mathrm{RP}(t,T)=F(t,T)-E_t(S_T)=S_t\mathrm{e}^{\alpha(T-t)}\left[\mathrm{e}^{-\lambda(T-t)}-1\right] \tag{34}$$

因此：

（a）若 $\lambda=0$，则 $F(t, T)=E_t(S_T)$，且 $\mathrm{RP}(t,T)=0$。在此情形下，期货是预计现货价格的无偏估计。

（b）若 $\lambda>0$，则 $\mathrm{RP}(t, T)<0$。在此情形下，期货是现货价格的向下偏误估计。

（c）若 $\lambda<0$，则 $\mathrm{RP}(t, T)>0$。在此情形下，期货是现货价格的向上偏误估计。

RP 与风险市场价格的信号完全相反。假设风险市场价格始终与现货价格呈正比，当时间 t 接近到期日 T 时，RP 接近于 0。这就表明，期货是即将到来之成熟期的良好估计，因为即使存在偏差，偏差也非常小。但这不适用于成熟期较长的情形，因为此情形下偏差较大。

我们还注意到，对于成熟期为 T_1 和 T_2 的两个期货合同，以下方程仍然适用：

$$F(t,T_2)=F(t,T_1)_t\mathrm{e}^{(\alpha-\lambda)(T_2-T_1)} \tag{35}$$

在某些情形下，很可能不再使用现货价格 S_t，因为有时无法求得现货价格。

3.A.2 非齐次几何布朗运动模型

本模型为具有以下随机微分方程的均值回归模型：

$$\mathrm{d}S_t=k(S_m-S_t)\mathrm{d}t+\sigma S_t\mathrm{d}W_t \tag{36}$$

式中，S_t 指在时间 t 时的商品价格，k 指回归率，S_m 指商品长期预期价格，σ 指瞬时波动率，$\mathrm{d}W_t$ 指标准维纳过程增量。

等价鞅测度下，可表达为：

$$\mathrm{d}S_t=[k(S_m-S_t)-\lambda S_t]\mathrm{d}t+\sigma S_t\mathrm{d}W_t \tag{37}$$

式中，风险市场价格（MPR）与 S_t 呈正比。

在时间 T 的预期值可计算如下：

$$\frac{E(\mathrm{d}S_t)}{\mathrm{d}t}+(k+\lambda)E(S_t)=kS_m \tag{38}$$

可将 $\mathrm{e}^{(k+\lambda)t}$ 作为积分因子求解，即得：

$$E_Q(S_t)=\frac{kS_m}{k+\lambda}+C_0\mathrm{e}^{-(k+\lambda)t} \tag{39}$$

式中，C_0 是确定为初始条件函数的常数。由于必须保持 $E_t(S_t)=S_t$，因此可得：

$$C_0 = S_t - \frac{kS_m}{k+\lambda}$$

$$F(t,T) = \frac{kS_m}{k+\lambda} + \left(S_t - \frac{kS_m}{k+\lambda}\right)\mathrm{e}^{-(k+\lambda)(T-t)} \tag{40}$$

很容易看出，方程（40）与微分方程相符，且此解与以下微分方程相符：

$$\frac{1}{2}\sigma^2 S^2 F_{SS} + \left[k(S_m - S_t) - \lambda S_t\right]F_S = F_T \tag{41}$$

其边界条件为 $F(t, t)=S_t$

式中，F 指与期货方程（40）相对应的衍生品。

设 $\lambda=0$，可很容易通过方程（40）求得均值回归模型现货价格的预期未来价值。于是有：

$$E_t(S_T) = S_m + (S_t - S_m)\mathrm{e}^{-k(T-t)} \tag{42}$$

RP 为：

$$\mathrm{RP}(t,T) = F(t,T) - E_t(S_T) \tag{43}$$

在此情形下，回归率 k 越高，RP 越低。

可以看出，对于超长期期货，预计现实世界价值恰好是 S_m：

$$E(S_\infty) = S_m$$

且

$$F(t,\infty) = \frac{kS_m}{k+\lambda}$$

因此，

$$\mathrm{RP}(t,\infty) = \frac{-\lambda S_m}{k+\lambda}$$

如果本模型可充分代表期货市场的实际行为，则长期方程提供$\frac{kS_m}{k+\lambda}$相关信息，该信息与风险市场价格（MPR）相联系。于是，当 $\lambda=0$ 时，可得 $F(t,\infty)=S_m$；如果回归率非常高，则 RP 较低。

若考虑 T_1 和 T_2 两个合同，可得：

$$F(t,T_1) = \frac{kS_m}{k+\lambda} + \left[S_t - \frac{kS_m}{k+\lambda}\right]\mathrm{e}^{-(k+\lambda)(T_1-t)}$$

$$F(t,T_2)=\frac{kS_m}{k+\lambda}+\left[S_t-\frac{kS_m}{k+\lambda}\right]e^{-(k+\lambda)(T_2-t)}$$

由此可推导：

$$F(t,T_2)=\frac{kS_m}{k+\lambda}+\left[F(t,T_1)-\frac{kS_m}{k+\lambda}\right]e^{-(k+\lambda)(T_2-T_1)} \tag{44}$$

当 $S_m=0$ 和 $\alpha=-k$ 时，几何布朗运动模型则是该模型的特定实例。在此情形下：

$$F(t,T)_{\mathrm{GBM}}=S_t e^{(\alpha-\lambda)(T-t)} \tag{45}$$

与上文所得结果相同。

3.A.3 Schwartz 模型

应用了 Schwartz 模型，但等价鞅测度下现货价格微分方程中的 λS_t 风险特征各不相同。[17]

若

$$\mathrm{d}S_t=k(\mu-\ln S_t)S_t\mathrm{d}t+\sigma S_t\mathrm{d}z_t \tag{46}$$

则选定风险市场价格建模的风险中性版本为：

$$\mathrm{d}S_t=[k(\mu-\ln S_t)S_t-\lambda S_t]\mathrm{d}t+\sigma S_t\mathrm{d}z_t^* \tag{47}$$

设 $X_t=\ln S_t$，模型如下：

$$\mathrm{d}X=\left[k(\mu-X)-\lambda-\frac{\sigma^2}{2}\right]\mathrm{d}t+\sigma\mathrm{d}z_t^* \tag{48}$$

$X_m^*=\mu-\frac{\sigma^2}{2k}-\frac{\lambda}{k}$时，模型如下：

$$\mathrm{d}X_t=k(X_m^*-X_t)\mathrm{d}t+\sigma\mathrm{d}z_t^* \tag{49}$$

可得如下期权方程：

$$F(t,T)=e^{[e^{-k(T-t)}\ln S_t+(1-e^{-k(T-t)})X_m^*+\frac{\sigma^2}{4k}(1-e^{-2k(T-t)})]}=e[\cdot] \tag{50}$$

验算可得：$F(t,t)=S_t$

17 Schwartz[26] 的初始模型中，以价格对数风险溢价的形式出现。

3.A.4 Ornstein-Uhlenbeck (O-U) 过程

本随机过程的微分方程如下：

$$\mathrm{d}S_t = k(S_m - S_t)\mathrm{d}t + \sigma \mathrm{d}W_t \tag{51}$$

式中，S_t 指在时间 t 时的价格。长远来看，当前价值趋向于 S_m 水平，回归率为 k。σ 指瞬时波动率，$\mathrm{d}W_t$ 指标准维纳过程增量。

本模型中，S_t 可取正值或负值。价格具有条件均值

$$E(S_t) = S_0 \mathrm{e}^{-k_S(t-t_0)} + S_m\left[1 - \mathrm{e}^{-k_S(t-t_0)}\right] \tag{52}$$

也即：

$$E(S_{t+\Delta t}) = S_t \mathrm{e}^{-k_S \Delta t} + S_m\left(1 - \mathrm{e}^{-k_S \Delta t}\right) \tag{53}$$

并且，条件方差为：

$$\mathrm{Var}(S_t) = \frac{\sigma_S^2}{2k_S}\left[1 - \mathrm{e}^{-2k_s(t-t_0)}\right] \tag{54}$$

由于当 $t \to \infty$，均值和方差都有限，因此本过程为恒稳过程。

方程（11）是离散时间内一阶自回归过程 AR（1）的连续时间版本：

$$S_{t+\Delta t} = S_m\left(1 - \mathrm{e}^{-k\Delta t}\right) + S_t \mathrm{e}^{-k\Delta t} + \varepsilon_{t+\Delta t} = a + bS_t + \varepsilon_{t+\Delta t} \tag{55}$$

式中，$\varepsilon_t : N(0, \sigma_\varepsilon)$，于是记作：

$$a \equiv S_m(1-b) \Rightarrow S_m = \frac{a}{1-b}, \tag{56}$$

$$b \equiv e^{-k\Delta t} \Rightarrow k = -\frac{\ln b}{\Delta t} \tag{57}$$

并且

$$(\sigma_\varepsilon)^2 = \frac{\sigma^2}{2k}\left[1 - \mathrm{e}^{-2k\Delta t}\right] \Rightarrow \tag{58}$$

$$\Rightarrow \sigma^2 = \frac{2k(\sigma_\varepsilon)^2}{1 - e^{-2k\Delta t}} = \frac{2(\sigma_\varepsilon)^2 \ln b}{\Delta t\left[b^2 - 1\right]}$$

方程（56 — 58）可确保重新获得连续时间过程参数（k, S_m, σ），估算回归系数（a, b）以及回归残差（σ_ε）的标准差。

参考文献

1. Abadie LM, Chamorro JM (2013) Investment in energy assets under uncertainty. Springer,London
2. Abadie LM, Ortiz RA, Galarraga I (2012) Determinants of energy efficiency investments in the U.S. Energy Policy 45:551-566
3. Abadie LM (2009) Valuation of long-term investments in energy assets under uncertainty. Energies 2(3):738-768
4. Brandimarte P (2006) Numerical Methods in Finance and Economics. Wiley, New Jersey
5. Brown MT, Ulgiati S (2002) Energy evaluation and environmental loading of electricity production systems. J Clean Prod 10:321-334
6. Buller LS, Bergier I, Ortega E, Salis SM (2013) Dynamic Energy valuation of water hyacinth biomass in wetlands: an ecological approach. J Clean Prod 54:177-187
7. Copeland T, Antikarov V (2003) Real options: a practitioner's Guide. Thomson Texere, New York
8. Clewlow L, Strickland C (1998) Implementing derivatives models. Wiley, West Sussex
9. Dixit AK, Pindyck RS (1994) Investment under uncertainty. Princeton University Press, Princeton
10. Fabozzi FJ, Füss R, Kaiser DG (eds) (2008) The handbook of commodity investing. Wiley, New Jersey
11. Fernandes B, Cunha J, Ferreira P (2011) The use of real options approach in energy sector investments. Renew Sustain Energy Rev 15:4491-4497
12. Geman H (2009) Risk management in commodity markets: from shipping to agriculturals and energy. Wiley, West Sussex
13. Georgakellos DA (2012) Climate change external cost appraisal of electricity generation systems from a life cycle perspective: the case of Greece. J Clean Prod 32:124-140
14. Gourieroux C, Jasiak J (2001) Financial econometrics. Princeton University Press, Princeton
15. Graham JR, Harvey CR (2001) The theory and practice of corporate finance: evidence from the field. J Finance Econ 60:187-243
16. Graham JR, Harvey CR (2002) How do CFOs make capital budgeting and capital structure decisions? J Appl Corp Finance 15(l):8-23
17. Hull JC (2011) Options, futures and other derivatives, 8th eds. Prentice Hall,New Jersey
18. Kolos SP, Ronn EI (2008) Estimating the commodity price of risk for energy prices. Energy Econ 30:621-641
19. Longstaff FA, Schwartz ES (2001) Valuing American options by simulation: A simple least squares approach. Rev Finance Stud 14:113-147
20. Luenberger DG (1998) Investment science. Oxford University Press, New York
21. Menegaki A (2008) Valuation for renewable energy: a comparative review. Renew Sustain Energy Rev 12:2422-2437
22. Pilipovic D (1998) Energy Risk. McGraw-Hill,New York
23. Richards J (2006) “Precious” metals: The case for treating metals as irreplaceable. J Clean Prod 14:324-333

24. Robel G (2001) “Real options and mean-reverting prices”. In: 5th International Real Options Conference, UCLA,Los Angeles
25. Ronn E (ed) (2002) Real Options and Energy Management. Risk Books, London
26. Schwartz ES (1997) The stochastic behavior of commodity prices: implications for valuation and hedging. J Finance 52(3):923-973
27. Smit HTJ, Trigeorgis L (2004) Strategic investment, real options and games. Princeton University Press,Princeton
28. Trigeorgis L (1996) Real options: managerial flexibility and strategy in resource allocation. The MIT Press,Cambridge
29. Wei SZC, Zhu Z (2006) Commodity convenience yield and premium determination: The case of the U.S. natural gas market. Energy Econ 28:523-534
30. Wilmott P (2006) Paul Wilmott on quantitative finance. Wiley, West Sussex

第二篇　能源效率

第四章
提高能源效率的政策手段

A. Markandya, X. Labandeira, A. Ramos[1]

4.1 概 述

在实现低碳经济的措施中，很重要的一部分是我们从单位能源中获得的经济产出增量，也即能量效率的提升。欧洲议会最近一份关于气候和能源政策的报告[24]指出，在整个欧盟经济体内，通过能源效率实现节能，成本效益提升潜力达 40%（其中住宅市场可提升 61%，运输领域可提升 41%，第三产业可提升 38%，工业领域可提升 21%）。报告中还提到，其中相当比例并未实现（住宅市场 80% 以及工业领域 50%）。能源效率投资的实际水平与诸如上述报告等研究中确定的“经济最佳水平”之间存在差距（参见文献 [48]）。

本章中我们重点关注实现能源效率潜能进展有限的原因。首先，我们考察为什么个人和企业都未能得到利用能源效率提升带来的好处。接着探讨政策在推动代理商达到最佳水平的能源效率上发挥的作用。在这一点上，各国政府采取了各种手段，其中有些获得成功应用，而另一些则效果不明显。我们可以从这些措施的实施中汲取经验教训。最后就如何更有效地实施政策提出了一些思考。

---

1 感谢西班牙经济和竞争力部通过研究项目 ECO2009-14586-C2-01（Xavier Labandeira 和 Ana Ramos）和 Fundacion Iberdrola（Ana Ramos）对本章的编写提供的经济支持。同时感谢编者 Alberto Gago 和 Pedro Linares 提出的宝贵评论和建议。但以上诸君免责，特此声明。
AnilMarkandya (✉)
Basque Centre for Climate Change (BC3), Bilbao, Spain
e-mail: anil.markandya@bc3research.org
Xavier Labandeira; Ana Ramos
University of Vigo and Economics for Energy, Vigo, Spain
© Springer, International Publishing Switzerland 2015
A. Ansuategi *et al*. (eds). *Green Energy and Efficiency*, Green Energy and Technology，DOI 10.1007/978-3-319-03632-8_4

4.2 个人在能源使用上的理性程度

首先，更加精确地确定能源效率的经济最佳水平非常有用。从经济角度来看，采取的措施应将能源效率提高到一个均衡点上，即进一步提升能源效率的成本与效益相等。该定义中，成本被视为社会成本，而效益则被视为社会效益（相对于私人成本和利益而言）。这样区别很重要，因为个人只会寻求能源效率达到私人成本和收益相等的均衡点。社会效益和私人利益会产生分歧，因为能源的使用会产生外部效应，如本地和全球空气污染。因此，即使经济体中的代理商可以从这些措施中获得完全净收益，也不会在提高能源效率上做出足够的努力。

但在实践中，代理商甚至不会把更高效的能源使用所带来的私人利益等与成本一视同仁，理解其中的原因是很重要的。例如，既然能源节约如此重要，我们为什么不及时关掉电视机等电器？或者既然所有的计算都表明节能灯泡比白炽灯更具成本效益，我们为什么不买节能灯泡？事实上，研究人员发现，个人大多不考虑未来效益，而且能源效率选择的概算通常建立在较低价格的基础上。例如在美国，对人们是否选择节能冰箱的研究表明，消费者平均折扣率约为39%，平均值两端正态分布，标准差为18.7 [64]。该文献收集了“能源效率悖论”下的此类情况，并提供了许多对此做出解释的原因 [52]。首先，也许是因为个人并不总是理性的。面临困难的抉择时，我们通常会采用很容易执行的简化方法。理性行事可能需要大量的信息处理，如果考虑到做出许多决定所需的成本，一些所谓的非理性行为看上去也是理性的 [39]。

在个人层面，明显缺乏一些最佳的利己行为，可以解释这一现象的其他因素包括：（1）缺乏对节能措施的了解；（2）资金约束，从而难以获取更节能的设备 [2]；（3）时间偏好；（4）委托-代理问题；（5）对措施有效性的不确定性。[3] 一些参考文献对这些因素进行了大量讨论（参见 Jaffe 和 Stavins 的论文 [48]），这里不再对此赘述。或许应对一些不太为人熟知的因素加以简要说明，一些研究已重点关注对委托-代理问题的存在和量级的估算 [13]。例如，承租人决定如何使用能源并承担费用，但设备安装在哪儿由业主决定，且业主会选择最便宜的替代产品，于是委托-代理问题就会出现。因此，在这种情况下，可能不会选择最具成本效益的组合 [43]。

从政策的角度看，该文献至少清楚地说明了我们需要做哪些变革。可喜的是，

2 经合组织等机构进行的调查表明，在选择能源设备时，全价（如包括资本加上运营成本在内的平准化成本）等经济考虑因素并不比资本成本和产品标识重要 [68]。

3 也有报告指出，解决能源悖论的措施言过其实，因为这些措施通常考虑不到一个事实，即消费者有不同的偏好。例如 [7]。

可能获得的贴息前期资本和贷款以及明确了效率标准的相关条例相继出现，均被用作行之有效的措施。这些措施已在不同程度上尝试应用（在后面将会详细讨论）。一直实行的另一种理性方法是，在我们诉诸其他因素时，应通过“说服”和下面的措施改变一些不合理的行为。其中包括下列情况：

- 智能电表：提供更多有关使用的信息，并制订相应的使用计划。
- 与邻居比较利用率（如何比较平均利用率和最有效的利用率）。
- 如果所用能源较平常多，自制发光仪表（英国）。
- 家用电器的电量提示线。如果灯光持续点亮的时间过长，电量提示线发光。

有关此类措施的实例证据有限，但并未对此类措施的有效性进行全面审查（除研究相关成本效果的智能仪表外，例如文献 [15]）。事实上，考虑到此类措施有效性方面的证据有限，我们认为，在公共视野中看到的普及程度可能是不准确的。

4.3 提高能源效率的措施

前面我们讨论了用于提高能量效率并尽可能达到社会最优水平的各种手段。如前所述，让个人实现其最优目标还有很多工作要做，而外部效应的存在意味着应当进一步提高能源效率。

关于能源效率政策的研究可参见一些著述[23，37，44-46，60]。此外，本章还包括以下内容：（1）近期出版物上关于政策手段的更新信息；（2）对可能存在误导结论的领域和需要进一步深入研究的领域进行阐释。

在我们看来，可选择的政策和措施大致可分为三类：第一类是通过公共政策实施直接干预，建立最低标准水平，并设定特定技术要求，提高能源效率。第二类是通过“价格”激励机制发挥政策手段组合的作用。例如，对消费者或生产者采用补贴或其他能源财政费用等方式。最后一类是提高能源相关问题的认识。例如，电器的使用、能源使用的有效方法等。表 4-1 列出了几个欧洲国家实施的政策的实例。

4.3.1 命令与控制

政府可以要求生产商以最低能源绩效水平生产能源产品或提供服务，此类政策通常以规范和标准的形式实施。举例来说，主要有建筑业施工规范、汽车和家用电器行业的最低标准或工业领域的小规模燃烧计划。此类立法或规范措施灵活性低，在某些情况下可能产生相当高的实施成本[31]。由于市场上缺少替代性方案，这一问题较难发生改变，部分代理商可能因此类措施的实施成本太高而退出市场。因此，

表 4-1　欧洲最常见能源效率政策的总结和示例

分　类	能源效率政策	示　例	国　家	领　域
命令与控制	法规	建筑规范	法国	家庭、第三产业
	标准	新型客车的排放性能标准	德国	交通运输
价格手段	税	机动车关税（2009 年起，基于二氧化碳组分）	德国	交通运输
	补助金	热电联产补助计划（私营企业）	爱尔兰	第三产业
	税收减免	能量效率投资中的增值税抵扣	法国	家庭
	贷款	节能贷款	挪威	家庭
	许可	欧盟排放交易系统	德国	工业
	可交易债券	白色证书	意大利	家庭、第三产业、工业
信息手段	标签	建筑物节能证书	西班牙	住宅、第三产业
	审计	PATE 审计模型	芬兰	工业
	智能电表和计费信息	中小企业用智能计量与计费	英国	家庭、第三产业

资料来源： ODYSSEE-MURE 计划。

各国政府应慎重确定最低水平，力争以最低成本实现整个社会的最大节能目标。

4.3.2 价格手段

相比于命令与控制措施，价格或经济手段旨在通过间接价格变动鼓励或阻止某些经济决策。因此，政府当局可以利用税收和许可制度对能源消耗进行惩罚，通过补贴和税收减免刺激能源节约。价格或经济手段通常适用于二氧化碳排放或能源消耗方面，通常以电器税收减免、利率更合适的贷款等形式实施。虽然这些措施仍存在很大的局限性，但其灵活性较高，能源部门可对此做出响应。

税收一直都是能源和气候变化政策在控制能源消耗方面使用的最为普遍的方法之一。税收主要直接应用于消费领域，其中一个作用是能产生税收收入，并可以根据能源效率及能源分配目的进行重新定向。其中一些税种包括汽车购置税及住宅领域的电力和矿物燃料税。同时，针对在经济的各个领域进行的能源效率投资，政府还实施了大量直接补贴和税收减免政策。此外，有些政府还批准低息贷款，为此类投资（尤其是节能服务公司[4]）提供资金支持。

众所周知，这些干预措施也显示出严重的局限性。根据我们在油气市场剧烈波动中获取的经验，这些干预措施在很多情况下会抬高能源价格，这在政治上

4 节能服务公司（ESCO）指基于合同能源管理机制承诺实现节能效益的公司，即在节能目标实现之后客户将为该服务付费。

很敏感。在能源（或燃料）贫困方面存在一个很大的问题，那就是其作为一种政策手段限制了提高价格的范围，尽管也有证据表明提高价格对收入分配的影响被夸大了。在发展中国家，征收燃料税在分配领域受到抵制，但 Sterner[72, 73] 证明，低价的主要受益者并不是低收入群体，而是中高收入群体。也有一些文献辩称，提高能源价格对能源消费的影响很小，因为不同种类能源的价格弹性短期内很低，且长期来看也普遍较低 [38]。然而，有关这一论断的证据却受到质疑。尽管多数研究者认为，就价格而言短期内的能源需求是缺乏弹性的，但是有些证据表明，从长期来看，价格弹性是相当大的，甚至常常超过 1[72]。此外，在较大范围内进行的评估表明，对税收的反应因地域不同也有较大差异 [26]。

当然，另一个财政激励手段是提供特定种类的补贴，且已经尝试推行了许多此类方案。总体来看，这确实促进了更多高效节能设备的使用，且在政治上是受欢迎的，但仍存在很多消极方面。第一，提供补贴将产生较高的财政成本。第二，一旦提供补贴就会存在资金挪用问题。第三，存在回弹效应，即一种电器价格下降将导致消费者购买更大、能耗更高的电器。基于上述原因，补贴在实现能源效率方面往往成为一种高成本政策 [49]。下一节将对税收和补贴政策进行更加详细的比较。

实行财政激励的一套双重方法是采用许可制度，而非税收和补贴制度。在欧洲和美国，有许多采用上述方式的实例，其中应用最广的是 2003 年专为温室气体排放设立的欧盟排放交易系统（EU ETS）。主管当局可通过限制许可分配数量降低排放，鼓励社会和企业提高能源效率。由于许可是可交易的，减排成本较低的代理商可更大程度地削减其许可需求，并向减排成本较高的代理商出售多余的许可。这样便能够尽可能降低实现既定减排目标的总成本。前面的章节对欧盟排放交易系统做了详细介绍，这里不再进行深入分析。但应注意，欧盟排放交易系统在提升能源效率方面的有效性明显取决于授予许可的数量、许可对能源价格的影响程度以及排放交易系统与其他体系的交互关系。一直以来，欧盟排放交易系统都面临着与前述事宜相关的重大问题，但如前所述，此类问题不在本章的讨论范围之内。

通过交易的方式分配能源效率目标的方法也在能源监管领域的其他方面得以应用。引入责任机制或白色证书制度，是促进能源效率提升的最新和最具创新性的政策之一。该项立法措施规定，能源供应商必须在有限的一段时间内对其最终用户采取一定的能源效率提升措施，实现固定的节能量。在某些情况下，节能水平由政府当局通过白色证书进行认证。白色证书是可交易的，即超过预期目标的能源供应商可向未实现预期目标的能源供应商出售其超出预期的部分。因此，与许可类似，责任机制是指一种用于鼓励提高成本效益的较为灵活的方法。

目前，这一机制已在意大利、英国、法国、丹麦和比利时佛兰德斯地区得以应用。各国针对该政策的计划根据义务方、涉及领域的数量以及节能量计量方式的不同而不尽相同。Bertoldi 和 Rezessy[8] 以及 Bertoldi 等 [9] 对此类体系进行了详细研究。虽然此方法产生了许多积极影响，但对其与欧盟排放交易系统之间可能存在的相互作用以及可能产生的回弹效应仍有诸多疑虑。

4.3.3 信息手段

信息政策旨在缓解不完整信息产生的不良影响。不完整信息是能源领域最主要的市场失灵之一。过去几年中，政府和能源机构引入了许多不同机制，向客户提供更多直接、低价和可靠的能源服务和产品信息。前述章节列举了一些实例（见本章 4.2）。

根据经济体各相关领域的不同，可以以不同的格式提供此类信息，其中之一便是率先用于食品行业等其他领域的能源效能证书或标识。最近，其已在能源效率市场中应用于汽车、建筑物或家电等产品。此类标识或证书旨在向消费者提供此类产品能源效能的相关信息。更重要的是，此类标识或证书通常将市场内其他产品的能源效能水平进行分类，方便消费者比较选择。在美国，“能源之星”是一个用于区分建筑物、家电、电器设备等高效节能产品的自愿性项目。在欧洲，《建筑物能源绩效指令》（2010/31/EU）[18] 要求业主在租赁或出售建筑物时，必须出示能源效能证书。2010 年（通过指令 2010/30/EU）[21] 修订指令 1999/94/CE[19] 和指令 92/75/CEE[20] 分别针对汽车和家电重申了该要求。

在工业领域，能源审计是最常用的信息手段。一些政府对一些行业实行免费能源审计，以期在相关的工业分支中传播审计结果。而在其他领域，只是简单地对部分能源审计提供支持。

最后，如前所述，一些政府和管理委员会正在审核通过一些特定立法，确保引入可在房地产领域实现部分节能的其他创新型信息机制。此类机制由可帮助消费者实时了解能源消耗情况的智能仪表、可用于综合分析和对比其他类似消费者的计费信息构成。计费信息通过社会准则改变消费者的习惯或行为，增强消费者的节能意识 [69]。下一节列举了本方法的一些实例。

4.4 政策效果评估

本节中，我们简要介绍一些与上述政策有效性相关的主要研究结果。鉴于上述很多政策是最近才开始实施，因此，无法根据此前的经济发展形势进行综合评估，并且其有效性仍然有待验证。在这种情况下，我们只能针对与项目实施相关的问题及实施项目时已展开的调查进行阐述。

4.4.1 规范和标准

由于规范和标准已实施多年，市场已生成足够的数据，足以让分析人员利用现实数据并依据过去的实施情况对这些政策进行评估。

在交通运输领域，已有的资料表明，尽管相关标准实施后燃油消耗水平有所改善，但是车辆规模的不断增加抵销甚至超过了此前产生的效果，最终交通运输领域的能源消耗仍在不断增长[78]。因此，回弹效应在这里显得尤为突出。预估数据表明，能源效率提升 100%，能源需求将增长约 22%[71]。Frondel 等[28] 甚至发现，在能源效率提升 50%~60% 时，其回弹效应更高。

在房地产领域，关于回弹效应的证据尚不十分明确。Aroonruengsawat 等[4] 发现，在美国，在建筑工程量增长前实施建筑法规的各州，2006 年人均耗电量降低了 0.3%~5%。其他研究也发现了一些可证明此类措施在减少能源消耗有效性方面的各种证据[71]。

虽然有些研究测度了回弹效应的影响，但只有极少数研究对有助于提升效率的规范和措施进行了成本效益分析，即标准使能源成本上升了多少，节约的每单位能源价值是多少。此外，即使部分研究对此进行了分析，但忽略了一些制定能耗降低标准的成本要素（如变更惯例、程序等的成本）。

文献表明，发展中国家此类手段的影响最大。在发展中国家，建筑物存量仍在不断增加。Iwaro 和 Mwasha[47] 对非洲、拉丁美洲和中东的 60 个国家进行了研究，结果表明，即使过去几年实施的标准数量不断增多，能源效率有所提升，但大多数都远远达不到工业化国家要求的最低水平。

近期对标准相关文献的研究表明，能源效率标准（如《建筑物能源绩效指令》）等手段已成为创新的主要驱动因素之一[58]。研究文献还表明，公共研发资金在创新过程中起着重要作用，弥补了私营领域的投资不足[63]。

4.4.2 财政手段

能源税由来已久，世界各国政府采取了不同的政策措施，并根据已有的经济资料进行了实证评估。交通运输领域是研究税收政策的首选领域之一（房地产领域的能源效率税案例不多），尤其是地面道路交通，二氧化碳排放量约占交通运输领域二氧化碳排放总量的 70%。交通运输领域最常见的税项是燃油税、车辆购置税和年度财产税（后两项根据车辆属性的不同而有所不同）。此类措施的最终目标是提高岁入、保护环境或降低能源依赖性（见 [33]）。在欧盟，车辆购置税和年度财产税的征税基础已逐步从发动机功率或排量转变为二氧化碳排放量或燃油消耗量。关于交通运输领域已有研究，Ryan 等[65]已作综述，认为此类税收在能源需求方面的效应是很明确的：燃油税较低的北美与燃油税较高的欧洲在车辆发动机排量和燃油消耗方面的差异十分明显。

目前对税收体系成本效益尚未进行深入研究。我们只知道税收会造成公众利益损失，但是对能源效率每提升一个单位，我们会对此类利益损失付出多少代价呢？Markandya 等[53]在增加能源税的前提下分析了这一问题。研究发现，如果从冰箱、热水器和电灯泡节能方面进行分析，则在被调查的欧洲国家，每减少一吨二氧化碳排放的成本为负。该成本包括消费者的传统社会福利费、实施税收制度的行政成本以及更昂贵设备的制造商的福利收益。因此，在这种情形下，税收看似是提升能源效率极具吸引力的选择。

对于补贴形式的措施，情况并不是这么简单。大量研究分析了回扣和贴息贷款等各类补贴[5]的影响[2，12，35，53，57，64，74，77]。多数研究表明，补贴的确对节能高效电器产品的选择产生了积极的影响。通常来说，与贴息贷款相比，购货回扣的方式更加有效。就每减少一吨二氧化碳排放来算，税收抵免具有相对较高的成本效益。回扣的两个主要弊端是搭便车和回弹效应。首先，Banfi 等[5]在瑞士进行的实验表明，对节能措施的支付意愿（WTP）通常高于采取此类措施的成本。Gröschel 和 Vance[40]将其视为搭便车的必要条件，并发现，德国西部约 50% 的家庭支付意愿高于部分改造方案的成本。其次，Galarraga 等[35]发现，购货回扣会产生巨大的回弹效应，因为这会增加购买更高效电器产品的用户支付的能源费用。另一方面，税收增加不会引发此类回弹效应，且社会福利费用更低。Alberini 等[2]发现，对于购买具有回扣的热泵的消费者，其电力消耗量并未减少；相反，购买无回扣热泵的消费者的电力消耗量降低了 16%。这就表明，有补贴时，回弹效应更大。[6]最后，Markandya 等[53]对税收鼓励和补贴进行了直接对比，结果表明，补贴的社会福利费用几乎始终高于税收的社会福利费用，而每减少一吨二氧化碳排放所需的成本亦呈相同趋势。

因此，我们面临着这样的局面：从政治角度更受欢迎的手段（补贴）的成本效益比相对不常用的手段（税收）更低。尽管如此，补贴有时比那些导致能源价格增加的其他手段更有效[41]。我们也已经注意到一些关于税收会产生负面分配效应的

---

5 补贴的范围很大，采取的手段种类繁多。改造或“报废”方案非常常见，通常包括提供补贴、使用满足一定能源效率要求的新产品替换低效产品（尤其是在经济衰退时）。但是，此类计划的主要目标通常是带动市场发展，而并非真正的保护环境[10]。尽管如此，通过消费者调查发现，此类措施还是受到部分消费者的支持。调查表明，先期投资成本是驱动消费者做出决策的要素之一。英国采用低碳技术的车辆即是如此[54]。

6 对因此类补贴产生的回弹效应的研究存在一些问题。在预估回弹效应方面遇到的难题（如上所述）限制了该领域研究的推进[14]。

争论，虽然我们认为该类效应有所夸大。如果出现此类效应，就必须引入辅助性政策，确保弱势群体免受不良影响。

能源政策税收 / 补贴政策的另一个特点在于适用范围广，在多个领域具有多方面的价值。例如，如果目的是降低二氧化碳排放量，设计税收或补贴政策手段时，应确保政策手段在各个领域每吨二氧化碳排放量方面给排放者带来的隐性利益是一致的。但事实上，情况并非如此。表 4-2 列举了选定的欧洲国家中不同类型电能生产二氧化碳减排的隐性成本。

表 4-2　不同类型电能的隐性减排成本（欧元 / 吨）

国　家	水　力	风　力	生物质	生物气	光　伏	地　热	废　热
捷　克	83.2	21.1	59.3	166.2	790.4	..	..
法　国	133.2	385.2	536.8	420.7	5381.0	..	..
德　国	67.4	77.6	228.6	..	733.8	294.5	..
意大利	149.9	142.1	224.8	..	759.5	153.8	..
荷　兰	224.9	185.4	171.0	..	890.2	..	111.3
波　兰	..	..	..	..	...	..	..
西班牙	124.8	129.2	219.8		1134.3	..	84.5
英　国	131.0	145.4	129.5	127.6	416.7	..	..

资料来源：BC3：CECILIA Project.

表 4-2 表明，对于光伏发电，每吨二氧化碳的隐性减排成本很高，而对于风力和水力发电而言，该成本相对较低。因此，税收结构的效率还有很大的提升空间，可确保不同领域二氧化碳减排的单位减排成本或能源效率提升成本保持一致。

责任体系是提高能源效率的更具创新性的政策手段，本文提供了与其相关的更多资料。尽管责任体系已经吸引了很多政府的关注，但由于社会接受度的限制，其适用期限仍然较短，极大地限制了实证分析。对于责任机制或白色证书制度，由于刚引入不久，尚无法根据使用情况进行评估。研究人员主要侧重于总结和回顾在欧洲实施的各种措施，对比各类机制的特点。Mundaca 和 Neij[55] 收集了来自官方文件、专家或管理者采访等不同来源的信息，对英国和意大利的经验进行了多准则评价。分析表明，由于项目切合实际、目标设定合理，两套制度都取得了很大成功。对于上述分析还存在一个问题，就是很难确定有关“通常情形”下的能源节约。

但是，由于欧盟已经表明有兴趣引入责任机制，于是便开展了一些模拟演习来估算由此产生的影响[27, 56]。模拟演习的主要结果表明，很有可能降低欧盟十五国房地产和商业领域的能源消耗。但同时指出，必须仔细分析如何分配各成员国的节能目标。

4.4.3 信息体系

对于能源效能证书或标识制度，主要的限制因素在于无法获得包含家庭能源消耗及电力股可用性相关信息的完整数据库。由于能源效能证书主要用于房地产领域，用以区分建筑物、家电和车辆的能效，政府遇到的主要难题是如何制定多年调查项目，收集家庭能源消耗和能源效率产品的相关信息。有了此数据，便可识别实施该政策措施带来的能源消耗变化。由于上述限制因素，分析人员侧重于估算消费者对能效产品的支付意愿。可以预料，如果消费者愿意花更多的钱购买认证产品，则说明他们正确认识到了产品证书信息的含义，并将该类信息纳入了其选择偏好中。因此，此类证书准确地传达了产品信息。

大多数此类研究都侧重于建筑物和家电，并以实现该目的而获得数据为基础。相关文献可以划分为两大类：（1）根据真实数据采用特征价格法进行的研究；（2）通过实验技术生成数据的研究。前者主要适用于美国和一些亚洲国家的商业建筑物[11，17，25，29，30，79]，以及西班牙的家电和车辆[34，35]；后者适用于房地产领域，尤其是欧洲国家的房地产领域[1，2，5，51，67]。大多数研究的结果表明，消费者对此类产品具有积极的支付意愿。

如 4.3 节所述，一些可用于降低房地产领域能源消耗的其他信息机制也引起了政策制定者和实证研究人员的兴趣，尤其是计费信息和智能仪表。由于个人行为是此类政策手段有效性的主要决定因素，且因缺少经验，目前尚无真实数据可用。因此，通常采用实验技术评估政策手段的有效性，尤其是可通过各种现场实验估算引入智能仪表[22，36，50，75]和计费信息[3，59，69]机制后能源消耗发生的变化。值得一提的是，Allcott[3]对美国 60 万户家庭进行了大型随机自然现场实验，结果表明，对于电费账单中包含其邻居电力消耗信息的家庭，其能源消耗量平均减少 2%。Houde 等[42]在加利福尼亚州进行的实验也得出了相似结论：通过谷歌开发的创新型网络接口接收到详细信息的家庭，其能源消耗量平均减少 5.5%。

4.4.4 政策的交互作用

通过对文献的研究，我们可以得出这样总的印象，即政府实施政策时存在巨大的知识缺口，并且已经审批通过多种旨在缩小能源效率差距的能源政策，但并未弄清这类政策的效果如何。这样便造成许多政策同时并存的局面。为了更加详细地说明这一点，表 4-3 按照类型和领域列出了法国当前采用的能源效率政策。

表 4-3　当前法国能源效率政策的数量

国家 / 措施	家　庭	第三产业	工　业	交通运输	交叉点
金　融	10	4	3	2	—
财政 / 资费	4	—	—	4	—
信息 / 教育 / 培训	5	3	2	4	—
立法 / 信息型	6	3	—	1	—
立法 / 规范型	7	8	1	4	—
未　知	7	1	1	3	—
合作联营	2	2	3	4	—
基础设施	—	—	—	4	—
社会规划组织	—	—	—	2	—
其　他	—	—	—	—	20

资料来源：ODYSSEE-MURE Project.

当然，这导致了各种政策相互作用。有时，这种相互作用会产生负面作用，导致政策无效，无法达到预期效果，无法显现政策的协同效应。按照 Tinbergen[76] 规则，要实现高效的解决方案，设定的目标数量必须与政策数量一致。但是，如果存在市场失灵和公平性问题，可在特定领域使用多项政策，作为次优选择[6，61，70]。

尽管如此，所有此类原因都无法证明当前整个政策组合的合理性。在管理制度复杂、饱和的情况下，目前仍然缺少分析各能源政策间相互作用的文献。如前面内容所述，学术文献主要侧重于评估各成员国自身政策产生的结果或对提出的部分政策进行模拟，但鲜少研究当前能源政策间的多重相互作用的程度。考虑到各政策在现实世界的相关性，学者重点研究了欧盟排放交易系统和可再生能源政策的相互作用[70]。但是，对能源效率和其他可再生 / 环保政策手段间的相互作用却鲜有关注。部分学者指出了在引入绿色证书制度、白色证书制度或责任机制时各种机制的相互作用[16，62，66]。其他相互作用还包括：

（1）对代理商而言，对某一政策手段做出反应或确定在能源领域采取措施判断政策手段时会因时间推移出台的其他政策增加风险。

（2）采取政策手段减少这些领域需求时，因增加相关领域能源需求补贴引发的回弹效应。

（3）排放交易系统超低的价格使得未来排放许可价格骤降，因而需采取措施提高价格，但对未来补贴计划的变化以及由此产生什么样的创新却知之甚少。

4.5 结 论

提升能源效率已成为政府降低能源消耗和相关成本及排放量的最佳选择。我们在本章回顾了不同的能源政策，并说明了该领域的公共干预情况。专家已找到了有助于提升能源效率的措施。但遗憾的是，大多数措施的成本效益并不高。从经济视角来看，成本效益是能源效率投资的基本要求。但是，成本效益的计算并非易事：这不仅仅是简单地计算出私人成本，并将其与实现的减排量进行比较。计算成本效益时，必须考虑多种外部效应和宏观经济效应。例如，从整体层面来看，提升成员国能源效率水平将对能源依赖性、气候变化、健康、国家竞争力和缓解燃料贫困等宏观经济问题产生积极影响。从个人层面来看，这将产生直接影响：可减少家庭电力成本和天然气成本、改善健康、提高居住舒适度，而企业可增强竞争力、提高产能。最后，提升能源效率的市场潜力可以通过创造就业和推进企业创新促进经济发展。

此外，提升能源效率的市场潜力亦存在一些市场失灵和其他市场壁垒，导致私人投资水平不理想。主要障碍包括信息不完整、委托代理问题、融资困难、有限理性或风险规避等。此类情况不仅证明了公共干预的必要性，还确定了采取公共干预措施的大环境。由于市场缺陷的程度不同，单项政策不足以提高能源效率。因此，过去十年，政府已经实施多项规范/标准和经济手段，旨在确保能源效能的最低水平，为降低能耗提供激励，并在最近采用了许可、责任体系或能效证书等基于市场的手段。目前众多政策并存，彼此间负效应频现，导致混乱不清、效率低下。

学术文献侧重于评估各项公共措施的单项结果，并且评估方法多种多样，但鲜有文献深入研究各政策的相互作用。政策较多时，很有可能产生负效应，无法展现协同效应。在未来的研究中，应对这一领域予以加强，并以相应结果为基础，设计实施整套政策[32]。

考虑到现有政策手段的作用范围，筛选最佳政策组合并非易事，必须在更广泛的经济范围内对所有政策手段进行综合分析，明确允许的政策间相互作用。本领域中，向改革政策过渡的目标如下：

- 废除本领域及目标领域中成本效益不高的政策。
- 设定其他政策的水平，确保虑及各政策的交叉效应和相互作用。
- 引入可解决因过去已采用的政策引发的各类问题（如能源税引发的分配问题）的新政策。

政策转变不可能一蹴而就，但实现政策转变和改革的最佳时机已经来临。未来十年，我们将建立更高效的政策框架，提升能源效率。为此，必须对主体框架中政策手段的成本效益进行经济分析。

本章提要：在本章，我们首先列举了企业和家庭实现能源效率潜力进展有限的种种原因。接着讨论了政策在推动代理商达到最佳水平能源效率方面发挥的作用。在这一点上，各国政府采取了各种不同的手段，其中有些获得成功应用，而另一些则效果不明显。我们可以从这些措施的实施中汲取经验教训。最后就如何更有效地实施政策提出了一些思考。

参考文献

1. Achtnicht M (2011) Do environmental benefits matter? Evidence from a choice experiment among house owners in Germany. Ecol Econ 70:2191-2200
2. Alberini A, Banfi S, Ramseier C (2013) Energy efficiency investments in the home: Swiss homeowners and expectations about future energy prices. Energy J 34(1):49-86
3. Allcott H (2011) Social norms and energy conservation. J Public Econ 95:1082-1095
4. Aroonruengsawat A, Auffhammer M, Sanstad A (2012) The impacts of State Level Building Codes on Residential Electricity Consumption. Energy J 33:31-52
5. Banfi S, Farsi M, Filippini M. Jakob M (2008) Willingness to pay for energy-saving measures in residential buildings. Energy Econ 30:503-516
6. Bennear LS, Stavins RN (2007) Second-best theory and the use of multiple policy instruments. Environ Resource Econ 37:111-129
7. Bento AM, Li S, Roth K (2010) Is there an energy paradox in fuel economy? A note on the role of consumer heterogeneity and sorting bias. RFF Discussion Paper 10-56, Washington DC
8. Bertoldi P, Rezessy S (2009) Energy saving obligations and tradable white certificates. Joint Research Center of the European Commission, Institute for Energy, Ispra
9. Bertoldi P, Rezessy S, Lees E, Baudry P, Jeandel A. Labanca N (2010) Energy supplier obligations and white certificate scheme: Comparative analysis of experiences in the European Union. Energy Policy 38:1455-1469
10. Brand C, Anable J, Tran M (2013) Accelerating the transformation to a low carbon passenger transport system: The role of car purchase taxes, feebates, road taxes and scrappage incentives in the UK. Transp Res Part A 49:132-148
11. Brounen D, Kok N (2011) On the economics of energy labels in the housing market. J Environ Econ Manag 62:166-179
12. Datta S, Gulati S (2011) Utility rebates for Energy Star appliances: are they effective? CEPE Working Paper Series 11-81
13. Davis L (2012) Evaluating the slow adoption of energy efficient investment: are renters less likely to have energy efficient appliances? In: Fullerton D, Wolfram C (eds) The design and implementation of U.S. climate policy. University of Chicago Press, Chicago
14. Davis LW, Fuchs A, Gertler PJ (2012) Cash for coolers. NBER Working paper series, WP

18044
15. De Castro L, Dutra J (2013) Paying for the smart grid. Energy Econ 40:S74-S84
16. Del Rio P (2010) Analysing the interactions between renewable energy promotion and energy efficiency support schemes: The impact of different instruments and design elements. Energy Policy 38:4978-4989
17. Deng Y, Li Z, Quigley JM (2012) Economic returns to energy-efficient investments in the housing market: evidence from Singapore. J Region Sci Urban Econ 42:506-515
18. Directive 2010/31/EU of the European Parliament and of the Council of 19 May 2010 on the energy performance of buildings (recast). Brussels
19. Directive 1999/94/CE of the European Parliament and of the Council of 13 December 1999 relating to the availability of consumer information on fuel economy and CO_2 emissions in respect of the marketing of new passenger cars. Brussels
20. Directive 92/75/CEE of the Council of 22 September 1992 on the indicating by labeling and standard product information of the consumption of energy and other resources by household appliances. Brussels
21. Directive 2010/30/EU of the European Parliament and of the Council of 19 May 2010 on the indication by labeling and standard product information of the consumption of energy and other resources by energy-related products (recast). Brussels
22. Doostizadeh M, Ghasemi H (2012) A day-ahead electricity pricing model based on smart metering and demand-side-management. Energy 46:221-230
23. EC (2011) Energy efficiency plan 2011. Communication from the Commission to the European Parliament, the Council, the European Economic and Social Committee and the Committee of the Regions. COM(2011) 109 final, Brussels
24. EP (2014) Report from the European Parliament on a 2030 framework for climate and energy policies [2013/2135(INI)]. Committee on the Environment, Public Health and Food Safety. Committee on Industry, Research and Energy. A7-0047/2014
25. Eichholtz P, Kok N, Quigley JM (2010) Doing well by doing good? Green office buildings. Am Econ Rev 100:2494-2511
26. Espey M (1998) Gasoline demand revisited: An international meta-analysis of elasticities. Energy Econ 20:273-295
27. Farinelli U, Johansson TB, McCormick K, Mundaca L, Oikonomou V, Örtenvik M, Patel M, Santi F (2005) 'White and Green': Comparison of market-based instruments to promote energy efficiency. J Clean Prod 13:1015-1026
28. Frondel M, Peters J, Vance C (2008) Identifying the rebound: evidence from a German household panel. Energy J 29:145-164
29. Fuerst F, McAllister P (2011) Green noise or green value? Measuring the effects of environmental certification on office values. Real Estate Econ 39:45-69
30. Fuerst F, McAllister P (2011) The impact of Energy Performance Certificates on the rental and capital values of commercial property assets. Energy Policy 39:6608-6614
31. Galvin R (2010) Thermal upgrades of existing homes in Germany: The building code, subsidies and economic efficiency. Energy Build 42:834-844
32. Gago A, Hanemann M, Labandeira X, Ramos A (2013) Climate change, buildings and energy

prices. In: Fouquet R (ed) Hand book on energy and climate change. Edward Elgar, Cheltenham
33. Gago A, Labandeira X, López-Otero X (2013). A panorama on energy taxes and green tax reforms. WP 08/2013, Economics for Energy
34. Galarraga I, González-Eguino M, Markandya A (2011) Willingness to pay and price elasticities of demand for energy-efficient appliances: combining the hedonic approach and demand systems. Energy Econ 33:S66-S74
35. Galarraga I, Ramos A. Lucas J, Labandeira X (2013) The price of energy efficiency in the Spanish car market. Economics for Energy. WP 02/2013
36. Gans W, Alberini A, Longo A (2013) Smart meter devices and the effect of feedback on residential electricity consumption: evidence from a natural experiment in Northern Ireland. Energy Econ 36:729-743
37. Geller H, Harrington P, Rosenfeld AH, Tanishima S, Unander F (2006) Policies for increasing energy efficiency: Thirty years of experience in OECD countries. Energy Policy 34:556-573
38. Gillingham K, Newel RG, Palmer K (2009) Energy efficiency economics and policy. RFF DP 09-13
39. Gillingham K, Palmer K (2013) Bridging the energy efficiency gap. Policy insights from economic theory and empirical evidence. RFF DP 13-02-REV
40. Gröscshe P, Vance C (2009) Willingness to pay for energy conservation and free-ridership on subsidization: evidence from Germany. Energy J 30:135-154
41. Hassett KA, Metcalf GE (1995) Energy tax credits and residential conservation investment: evidence from panel data. J Public Econ 57:201-217
42. Houde S, Todd A, Sudarshan A, Flora JA, Carrie Armel K (2013) Real-time feedback and electricity consumption: a field experiment assessing the potential for savings and persistence. Energy Policy 34:87-102
43. IEA (2007) Mind the gap. Quantifying principal-agent problems in energy efficiency. OECD/IEA, Paris
44. IEA (2008) Energy efficiency requirements in building codes, energy efficiency policies for new buildings. OECD/IEA, Paris
45. IEA (2011) Energy efficiency policy and carbon pricing. OECD/IEA, Paris
46. IPCC (2007) Fourth assessment report of the intergovernmental panel on climate change. Cambridge University Press, Cambridge
47. Iwaro J, Mwasha A (2010) A review of building energy regulation and policy for energy conservation in developing countries. Energy Policy 38:7744-7755
48. Jaffe AB, Stavins RN (1994) The energy-efficiency gap. What does it mean? Energy Policy 22:804-810
49. Jaffe AB, Newell RG, Stavins RN (2004) Economics of Energy Efficiency. Encyclopedia of Energy 2:79-90
50. Jessoe K, Rapson D (2013) Knowledge is (Less) power: experimental evidence from residential energy use. UCE[3], Center for Energy and Environmental Economics, University of California. Working paper 046
51. Kwak S, Yoo S, Kwak S (2010) Valuing energy-saving measures in residential buildings: A choice experiment study. Energy Policy 38:673-677

52. Linares P, Labandeira X (2010) Energy efficiency. Economics and policy. J Econ Survey 24:573-592
53. Markandya A, Ortiz R, Mudgal S, Tinetti B (2009) Analysis of tax incentives for energy efficient durables in the EU. Energy Policy 37: 5662-5674
54. Mourato S, Saynor B, Hart D (2004) Greening London's black cabs: a study of driver's preferences for fuel cell taxis. Energy Policy 32:685-695
55. Mundaca L, Neij L (2009) A multi-criteria evaluation framework for tradable white certificate schemes. Energy Policy 37:4557-4573
56. Mundaca L (2008) Markets for energy efficiency: Exploring the implications of an EU-wide 'Tradable White Certificate' scheme. Energy Econ 30:3016-3043
57. Nadel S (2012) Energy efficiency tax incentives in the context of tax reform. Working paper. American Council for an Energy-Economy, Washington
58. Noailly J (2012) Improving the energy efficiency of buildings: The impact of environmental policy on technological innovation. Energy Econ 34:795-806
59. Nolan JM, Schultz PW, Cialdini RB, Goldstein NJ, Griskevicius V (2008) Normative social influence in underdetected. Society Personal Social Psychol 34:913-923
60. OECD (2003) Environmentally sustainable buildings: challenges and policies. OECD, Paris
61. OECD (2007) Instrument mixed for environmental policy. OECD, Paris
62. Oikonomou V, Jepma C, Becchis F, Russolillo D (2008) White certificates for energy efficiency improvement with energy taxes: A theoretical economic model. Energy Econ 30:3044-3062
63. Popp D (2006) R&D subsidies and climate policy: is there a "free lunch"? Clim Change 77:311-341
64. Revelt D, Train K (1998) Mixed logit with repeated choices: households' choices of appliance efficiency level. Rev Econ Stat 80:647-657
65. Ryan L, Ferreira S, Convery F (2009) The impact of fiscal and other measures on new passenger car sales and CO_2 emissions intensity: evidence from Europe. Energy Econ 31:365-374
66. Ryan L, Moarif S, Levina E, Baron R (2011) Energy efficiency policy and carbon pricing. Energy efficiency series, information paper. IEA, International Energy Agency, Paris
67. Sammer K, Wüstenhagen R (2006) The influence of eco-labelling on consumer behavior—results of a discrete choice analysis for washing machines. Bus Strategy Environ 15:185-199
68. Ščasný M, Urban J (2009) Residential energy efficiency: a cross-country empirical analysis. Paper prepared for the OECD Conference on Household Behaviour and Environmental Policy. OECD Environment Directorate, Paris
69. Schultz PW, Nolan JM, Cialdini RB, Goldstein NJ, Griskevicius V (2007) Association Psychol Sci 18:429-434
70. Sorrell S (2003) Carbon trading in the policy mix. Oxford Rev Econ Policy 19:420-437
71. Sorrell S (2007) The rebound effect: an assessment of the evidence for economy-wide energy savings from improved energy efficiency. UK Energy Research Center Report, London
72. Sterner T (2007) Fuel taxes: An important instrument for climate policy. Energy Policy 35:3194-3202
73. Sterner T (2011) Fuel taxes and the poor, the distributional effects of gasoline taxation and

their implications for climate policy. RFF Press with Environment for Development initiative, Routledge

74. Suerkemper F, Thomas S, Osso D, Baudry P (2012) Cost-effectiveness of energy efficiency programmes. Evaluating the impacts of a regional programme in France. Energ Effi 5:121-135
75. Thorsnes P, Williams J, Lawson R (2012) Consumer responses to time varying prices for electricity. Energy Policy 49:552-561
76. Tinbergen J (1952) On the theory of economic policy. North Holland Publishing, Amsterdam
77. Train KE, Atherton T (1995) Rebates, loans, and customers' choice of appliance efficiency level: combining stated-and revealed-preference data. Energy J 16:55-70
78. Wesselink B, Harmsen R, Eichhammer W (2010) Energy savings 2020. How to triple the impact of energy savings in Europe. Final version. A contributing study to Roadmap 2050: A practical guide to a prosperous Low-carbon Europe. ECOFYS and Fraunhofer
79. Yoshira J, Sugiura A (2011) Which 'Greenness' is valued? Evidence from Green Condominiums in Tokyo. Working Paper. Pennsylvania State University and Tokyo Association of Real Estate Appraisers

第五章
集群工业生产和碳排放配额价格的相互关系

J. Chevallier[1]

5.1 概 述

毫无疑问，欧盟排放交易系统是欧盟实现2020年碳排放目标（–20%）的最佳气候政策。作为一套限额交易体系，欧盟排放交易系统代表了一类适用于实现成本效率和向低碳经济平稳过渡的主要经济手段。但是，当许多国家将碳市场作为解决温室气体减排问题的主要政策时，当前的碳经济前景并不乐观。目前，仍然有许多需要在2012年后实现的具有约束力的全球目标（“后京都议定书”）。2011年12月，德班缔约方会议（COP/MOP）确定了清洁发展机制（CDM）的临时发展方向，但并未确定其长期方向（2015年以后）。

因此，市场未来的不确定性、对欧盟排放交易系统过度分配的担忧以及各国排放政策衰减的影响，使得碳排放配额价格仍然处于相对较低的水平。尽管如此，由于缺少具有约束力的国际协议，一些新兴体系和区域倡议活动应运而生，各类新的国内市场如雨后春笋般涌现[区域温室气体减排行动（RGGI）、加利福尼亚州排放标准、西部气候倡议、澳大利亚、中国、韩国、REDD+（减少发展中国家毁林导致的温室气体排放）等]。

在此制度背景下，经济活动很可能是最明显、最难以理解的碳排放配额价格变动驱动因素。随着经济的增长，能源需求不断增长，工业产值增加。除了在碳排放配额价格模型方面的诸多作用外（如供需基本要求、预期的管控措施），需要解决的涉及欧盟排放配额（EUA）价格驱动因素的最后一个问题，就是通过二氧化碳排

1 Julien. Chevallier (✉)
IPAG Business School, IPAG Lab,，184 Boulevard Saint-Germain, 75006, Paris, France
e-rnail: julien.chevallier04@univ-paris8.fr
© Springer, International Publishing Switzerland 2015
A. Ansuategi *et al.* (eds). *Green Energy and Efficiency*, Green Energy and Technology，DOI 10.1007/978-3-319-03632-8_5

放水平确定经济活动产生的影响。

通过二氧化碳排放价格与工业生产水平变化间的相互关系可以确定碳市场和经济活动的关系。事实上，宏观经济领域普遍承认，工业生产能力利用率的变化预示着未来国内生产总值（GDP）水平的变化。因此，工业生产可视为受欧盟排放交易系统约束的工业领域中经济活动发展的最佳指标。

我们可以很直观地理解这一关系：工业产量增加，相关的二氧化碳排放量增加，经营者就需要更多二氧化碳排放配额，以满足其排放需求。这一经济逻辑导致碳排放配额价格增加，而其他条件保持不变。在这方面还需要进行更多研究，尤其是了解适应宏观经济环境所需的碳排放配额价格调整程序，例如重点关注数据的潜在非线性特点。2008 年以来，经济危机导致经济深度衰退，并已波及商品领域（包括二氧化碳），导致碳排放配额价格信号持续走低。当前，最权威的文献尚未对为适应全球经济衰退而进行的碳排放配额价格调整进行综合研究，本章将填补这一空白。

本章其余部分设置如下：第二节对欧盟排放交易系统当前状态的背景进行探讨。第三节讨论与碳排放配额价格和宏观经济相互关系相关的主要机制，并列出了此前文献提出的结论。第四节根据 TVAR 模型的类别进行实证分析。第五节进行简要总结。

5.2 当前欧盟排放交易系统中存在的问题

应了解，欧盟排放交易系统覆盖了欧盟二十七国约 11, 000 个主要能源消费和排放行业的企业，其碳排放量约占欧盟温室气体总量的 45%。

此外，欧盟排放交易系统属于流动性市场，每天通过场内交易和场外交易出售数百万份碳排放配额。例如 2011 年，欧盟排放配额日均交易量达 2,300 万份（含期货），全年交易总量达 60 亿份。截至 2012 年 6 月末，欧盟排放配额期货累计交易量达 204 亿份。

本节我们首先讨论 2011 年至 2012 年合规数据显示的数据资料，并探讨一些与欧洲碳市场未来发展相关的不确定性因素。

5.2.1 2011—2012 年合规数据回顾

根据 Point Carbon 公司收集的原始数据，[2] 进入欧盟排放交易系统第二阶段的氮排放超出 17 亿个二氧化碳单位，其中几乎一半源自 2012 年。在此，我们分解 2011 年和 2012 年两个最近合规年度的相关数据。

2 参见 www.pointcarbon.com 2013 年 4 月 2 日新闻稿《欧盟碳市场超额供应 17 亿单位：分析人员》。

5.2.1.1 2011 年情况分析

根据碳市场数据（Carbon Market Data），[3] 2011 年，企业碳排放量比配额少 8,700 万吨，这意味着比分配的碳排放配额（共 19.85 亿配额单位）少 4.9%。类似地，当年记录的二氧化碳排放量下降约 2.1%。

2011 年，燃烧领域的二氧化碳排放量（占欧盟排放交易系统排放量的 70%）降低约 2.2%。其他工业领域二氧化碳排放均有下降，包括陶瓷（–32.3%）、水泥（–20.2%）、钢（–14.1%）。

根据发布的 2011 年二氧化碳排放认证报告[4]，莱茵集团（RWE）、瓦腾福（Vattenfall）和意昂集团（E.ON）是欧盟排放交易系统内二氧化碳排放量最大的三个企业，二氧化碳排放量分别为 1.41 亿吨、9,200 万吨和 8,600 万吨。意大利能源巨头意大利国家电力公司（Enel）位列第四，二氧化碳排放量为 7,800 万吨；法国电力集团（EDF）以 6,700 万吨的排放量位列第五。

2011 年的其他数据资料如下：

● 欧盟排放配额余量最多的三家企业分别为两家制钢企业和一家水泥制造企业，分别是阿塞洛米塔尔钢铁集团（ArcelorMittal，3,400 万吨）、康力斯（Corns，1,600 万吨）和拉法基（Lafarge，1,100 万吨）。与去年相比，排名仍未改变。

● 2011 年欧盟碳排放配额缺量最多的三家企业均涉及发电业务，[5] 分别为莱茵集团（RWE，缺少 4,900 万吨）、瓦腾福（Vattenfall，缺少 2,700 万吨）和德拉克斯电站（Drax Power，缺少 1,200 万吨）。

● 向欧盟成员国让与核证减排量最多的三家企业分别为阿塞洛米塔尔钢铁集团（ArcelorMittal，2,500 万吨）、拉法基（Lafarge，1,100 万吨）和意大利国家电力公司（Enel，750 万吨）。

● 根据 2011 年合规数据，让与减排单位最多的三家企业分别为蒂森克虏伯（ThyssenKrupp，820 万吨）、阿塞洛米塔尔钢铁集团（ArcelorMittal，400 万吨）和雷普索尔（Repsol，350 万吨）。

表 5-1 列出了各国（英国、德国、法国、意大利和西班牙）二氧化碳排放量最大的五家企业的排名情况。该排名顺序以国家地域分别排序，而非在欧盟范围内排序。

---

3 参见 www.carbonmarketdata.com。最后一次访问时间：2012 年 10 月 4 日。

4 以上数据均在集团层面上计算所得，并考虑了集团在欧盟排放交易体系内其他公司的少数和多数控股股权。以上数据不含免费向新加入者分配的欧盟碳排放配额，因为欧盟独立交易登记系统（CITL）中并未显示此类数据。在设立欧盟排放交易系统的欧盟指令中，将“新加入者”定义为新企业，或在“性质或功能方面有所改变或营业范围有所扩展”的现有企业。欧盟碳注册中并未公开向此类新加入者分配的欧盟碳排放配额数量的相关数据，只是公布了此类企业的排放报告。

5 上述三家企业的能源构成中燃煤发电或褐煤发电所占比例较大。

表 5-1　2011 年二氧化碳排放量最大的企业排名（各国分别排序）

	企　业	领　域	2011 年二氧化碳排放量（百万吨）	2011 年免费二氧化碳排放配额（百万吨）
英国				
1	英国电网	供电供热	22.4	16.0
2	南苏格兰电力公司	供电供热	22.1	15.3
3	德拉克斯电站	供电供热	21.5	9.5
4	意昂集团	供电供热	19.0	17.6
5	莱茵集团	供电供热	15.7	17.0
德国				
1	莱茵集团	供电供热	114.3	62.3
2	瓦腾福	供电供热	72.9	48.8
3	意昂集团	供电供热	42.4	32.8
4	赢创工业集团	化学	20.4	20.2
5	蒂森克虏伯	钢铁	17.6	25.6
法国				
1	阿塞洛米塔尔钢铁集团	钢铁	18.8	24.5
2	法国电力集团	供电供热	15.7	19.2
3	道达尔	油气	10.4	13.1
4	苏伊士集团	供电供热	6.3	8.9
5	拉法基	水泥石灰	4.6	6.0
意大利				
1	意大利国家电力公司	供电供热	36.8	32.2
2	埃尼集团	油气	24.0	25.5
3	爱迪生公司	供电供热	19.7	17.3
4	里瓦集团	钢铁	10.4	13.8
5	意昂集团	供电供热	7.6	8.1
西班牙				
1	恩德萨公司（意大利国家电力公司）	供电供热	34.5	23.4
2	雷普索尔	油气	14.2	16.0
3	西班牙天然气公司	供电供热	14.2	11.9
4	hc energía（EDP）	供电供热	8.3	5.3
5	伊比德罗拉公司	供电供热	7.3	8.3

资料来源：碳市场数据。

这些数字特征反映了广泛宏观经济环境下的需求（配额和能源）下降，这主要是由于所考察的年份经济衰退且环境温和。

需要注意的是，该分析并不适用于所有欧盟排放交易系统产业领域。例如，玻璃产业的二氧化碳排放量就有所增加（+3%）。

5.2.1.2 2012 年情况分析

2012 年，企业设备二氧化碳排放量比其获得的免费二氧化碳排放配额规定的允许排放量少 1.64 亿吨。[6] 这一数值来自碳排放交易体系覆盖的 11,300 个主要能源消费和排放行业中 95% 的企业的核证排放数据（以体积计）。这一数值表明，欧盟排放交易系统企业的二氧化碳排放总量比其免费排放配额少 8%。

欧盟国家共向企业分配 20.34 亿份排放配额。截至目前，提交的核证排放数据表明，所述企业同期排放的二氧化碳为 17.86 亿吨。这说明，与 2011 年相比，各企业 2012 年的二氧化碳排放量平均减少 1.4%（该数据仅考虑了已提交排放报告的企业）。

大多数分析人员已预测到了二氧化碳排放量的减少，除了较低的煤炭价格和碳排放配额价格外，主要原因是欧洲经济萧条的影响以及能源效率和可再生能源政策的作用。

2012 年，莱茵集团、瓦腾福和意昂集团是欧盟排放交易体系中二氧化碳排放量最大的三家企业，分别为 1.57 亿吨、9,200 万吨和 9,000 万吨。2012 年，莱茵集团有 4,500 万份碳排放配额缺口。

2012 年的其他数据资料如下：

● 欧盟排放配额余量最多的三家企业分别为两家制钢企业和一家水泥制造企业，分别为阿塞洛米塔尔钢铁集团（ArcelorMittal，余量 3,700 万份）、塔塔钢铁（Tata Steel，余量 1,700 万份）和拉法基（Lafarge，余量 1,200 万份）。

● 2012 年欧盟碳排放配额缺口最大的三家企业均涉及发电业务，分别为莱茵集团（RWE，缺少 4,500 万吨）、瓦腾福（Vattenfall，缺少 2,800 万吨）和意大利国家电力公司（Enel，缺少 1,700 万吨）。

● 向欧盟成员国让与核证减排量数量最多的三家企业分别为意昂集团（E.ON，2,700 万）、意大利国家电力公司（Enel，1,650 万）和法国燃气苏伊士集团（GDF-Suez，850 万）。

● 根据 2012 年合规数据，让与减排单位最多的三家企业分别为莱茵集团（RWE，15,000,000 ERU）、CEZ 能源集团（12,500,000 ERU）和意昂集团（11,000,000 ERU）。

2012 年，仅有两个国家向其企业分配的免费排放配额数量低于实际排放量：德国（2,900 万吨）和英国（250 万吨）。其他所有国家向其各自企业分配的排放配额数量都高于各企业 2012 年的实际碳排放量。罗马尼亚（−2,600 万吨）、法国（−2,500 万吨）、捷克（−1,700 万吨）、西班牙（−1,700 万吨）和波兰（−1,600 万吨）在欧盟碳排放配额余量榜中名列前茅。

---

6 上述数据包含欧盟二十七国（保加利亚和塞浦路斯除外）的数据。

在 2011 年和 2012 年排放量变化方面，九个国家的二氧化碳排放量增加，其中马耳他（+7.5%）、爱尔兰（+7%）和英国（+4.7%）二氧化碳排放量增幅最大。部分国家的二氧化碳排放水平在 2012 年出现下降，主要是芬兰（–15%）、丹麦（–15%）、爱沙尼亚（–8.5%）和瑞典（–8.3%）等北欧国家。去年，芬兰和丹麦的情况极为相似，即 2010 年至 2012 年，两国均成功将其二氧化碳排放量降低了 30%。

图 5-1 所示系各国 2012 年排放上限比。图 5-1 表明，在政策执行年度 2012 年，仅有两个国家（德国和英国）的免费排放配额不足，其他国家均保持有利形势，分配的排放配额数量明显多于该年的核准二氧化碳排放量。

在分析欧盟排放交易系统排放数据最新报告后，下面讨论与欧盟排放交易系统发展相关的各类管控问题。

5.2.2 不断增加的不确定性

首先，市场供应端的不确定性极高。转入第三阶段的累计盈余已达 15 亿吨二氧化碳当量（或欧盟排放交易系统内各企业二氧化碳年排放量的 80%）。为了响应二氧化碳排放配额供需的不平衡，当前较低的欧盟排放配额价格（每吨二氧化碳约为 6~7 欧元）比较符合逻辑。

鉴于当前的经济前景，管理者可采取哪些措施稳定当前情形？解决方案之一就是永久取消预留配额，这将对恢复供需平衡产生直接影响，从而提高碳排放配额价格。

2011 年 12 月，欧洲议会环境委员会（EP ENVI）对 14 亿份永久预留配额的看法进行了投票。为了进一步了解这个问题，欧盟委员会于 2012 年 11 月发表了碳排放交易系统市场回顾，作为解决造成市场低迷的碳排放许可庞大盈余的计划的一部分。[7]

此外，欧洲议会于 2013 年 4 月 16 日拒绝了延迟二氧化碳排放许可拍卖（折量拍卖）的提议，并提交欧洲议会环境委员会，安排于 2013 年 7 月上旬召开新一轮全体会议，组织投票。对于上述问题，一些评论家指出，欧盟排放交易系统是一套“僵尸”公共政策（Tendances Carbone[28]，以 4 欧元价格路径为特征）。

其次，已于最近扩展了欧盟排放交易系统的范围。2012 年 1 月 1 日开始，将航空领域纳入欧盟排放交易系统，从而解决了源自交通运输领域的二氧化碳排放问题。但是，部分欧盟和非欧盟国家提起诉讼，反对将航空纳入欧盟排放交易系统。鉴于欧盟排放交易系统内其他领域（非航空）的过度分配，我们也许会怀疑将欧盟排放交易系统范围扩展至航空领域是否有效，在管理方面的此类大胆尝试是否正合时宜。

7 http://www.pointcarbon.com/news/1.1999756，查阅 Point Carbon 新闻文章。查阅访问时间：2012 年 10 月 4 日。

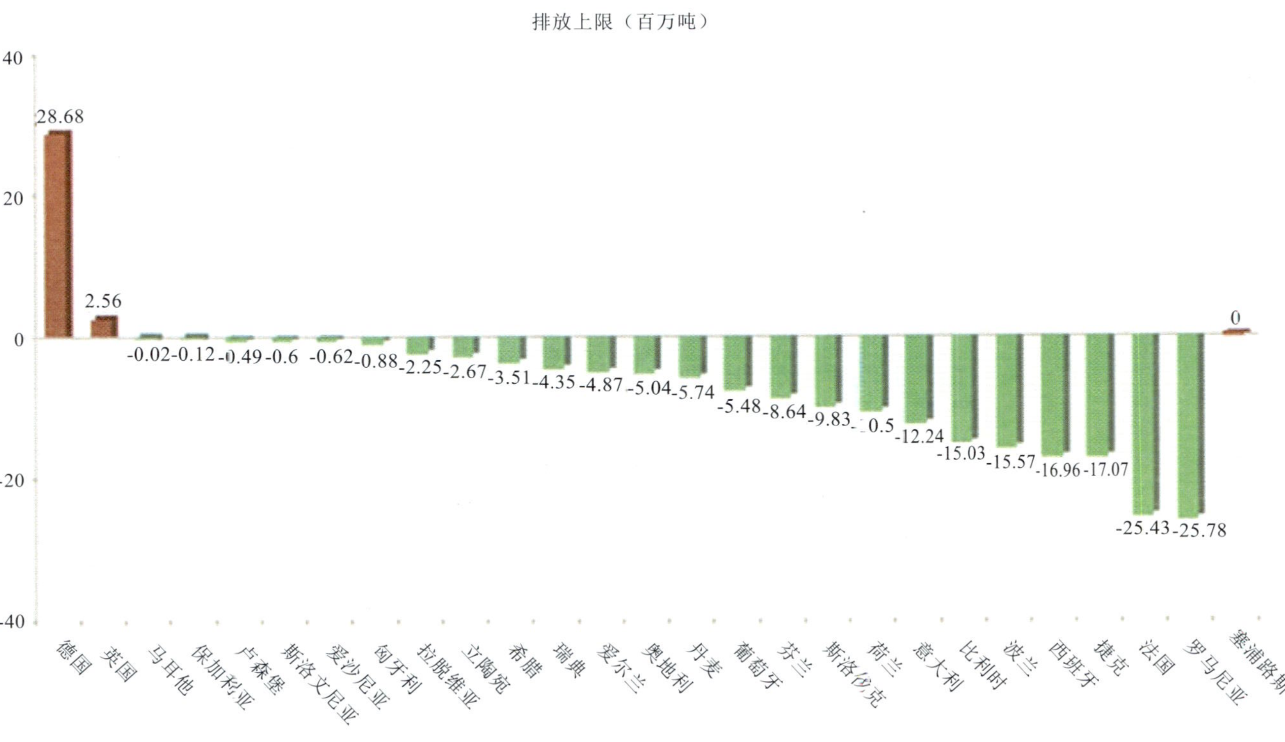

图 5-1　2012 年各国排放上限比

资料来源：碳市场数据。

美国航空运输协会就欧盟把航空纳入欧盟排放交易系统提起诉讼，这得到了国际航空运输协会（IATA）和加拿大航空委员会（NACC）的支持，欧洲法院大审判庭于 2011 年 12 月 21 日对此做出了裁定。不出所料，欧洲法院确认了欧盟排放交易系统的有效性。[8] 诉讼期间，提出了将航空纳入欧盟排放交易系统时与域外性质相关的复杂问题，包括是否侵犯了非欧盟国家的领空主权，欧盟排放交易系统是否涉及非法收取费用或燃油税[20]。

虽然欧盟排放交易系统涉及航空的部分得以存续，但欧洲法院的这一案例并未完全解决法律和政治纠纷。航空公司继续积极地考虑其在欧盟范围内采取进一步法律措施；ICAO（国际民航组织）支持的争议解决程序很可能成为解决进一步难题的平台。美国正在寻求建立本国立法，旨在禁止美国航空公司加入欧盟排放交易系统。部分国际航空公司和行业协会也正在逐步偏离欧盟排放交易系统。

因此，Point Carbon[9] 指出，政治压力将迫使欧盟在解决将航空公司纳入碳市场的争议时采取一些较为灵活的措施，即在体系监督方面适当放宽力度或在适当的时间废除某些规定。

最后这一点也很重要，如“概述”部分所述，由于没有“后京都议定书”（2012 年 12 月以后），清洁发展机制的状态以及与欧盟排放交易系统的进一步联系逐渐被忽略。综合考虑，所有上述因素造成了影响全球和区域碳市场未来发展的诸多不确定性。

5.3 二氧化碳排放配额价格和工业生产的关系

本节中，我们首先回顾二氧化碳排放、工业生产和碳排放配额价格理论上相互联系的经济机制，然后对与本话题相关的现有文献进行概述。

5.3.1 机制

从实证角度来看，经济活动会对碳排放配额价格增长率产生何种影响？在不考虑能源效率提升的情况下(至少短期内不考虑)，增长率和碳排放配额定价关系如下：

（1）经济活动增加了对工业生产商品的需求。

（2）相反，为了满足消费者的需求，受欧盟排放交易系统监管的企业必须生产更多商品，因而排放更多二氧化碳。

（3）为了满足不断增加的工业排放需求，企业对二氧化碳排放配额的需求增多，从而促使碳排放配额价格上涨。

---

8 美国航空运输协会，能源与气候变化国务大臣，案例 C-366/10。

9 http://www.pointcarbon.com/news/1.2004752。查阅访问时间：2012 年 10 月 4 日。

当然，最好是直接从企业层面处理二氧化碳排放相关事宜，但是评估此类数据的复杂程度较高，并且计量经济学家不易获得此类数据。因此，我们在本章选择将工业生产指数作为评估经济活动的最佳指标。

5.3.2 以往的研究

众多早期研究中，我们可以参考以下研究二氧化碳排放配额价格驱动因素的理论文献综述[13, 27]：

● 欧盟排放交易系统政策和监管问题。此类问题包括《国家分配计划》（NAP）、排放配额份额拍卖、银行借贷配额可能性、新加入者储备配额、新覆盖领域等。

● 排放水平。影响二氧化碳排放的所有因素中，我们可以区分以下因素：

（1）经济活动：涵盖企业、其他领域电力需求的工业生产；

（2）能源价格：布伦特原油、天然气、煤炭；

（3）气候条件：温度和降雨。

因此我们发现，设立欧盟排放交易系统前发布的所有文献均直接将经济活动视为碳排放配额价格的根本驱动因素之一。

但是，首批实证研究忽略了这一影响，更加关注其他能源市场在确定碳排放配额价格方面的作用。在这一系列文献中，我们主要引用了以下文章：

● Kanen[22]：作者发现，煤炭、天然气和石油价格对 2006 年 12 月到期的碳排放期货产生的影响；

● Mansanet 等人[25]：据记录，布伦特洲际交易所期货（ICE）和天然气国家平衡点（NBP）对 2005 年 1 月至 11 月的碳排放现货价格产生的影响；

● Bunn 和 Fezzi[6]：在协整向量误差修正模型中，作者指出了天然气和碳排放配额价格会共同对电力平衡产生影响。

有趣的是，直到 2008—2009 年度末方可找到已刊发的研究论文，这些论文明确地将工业生产（作为经济活动指标）确定为潜在影响碳排放价格路径的附加因素。首批程式化的分析主要起因于文献[2, 3]，它们提供了严苛的计量经济模拟，用以缓解生产和环境条件对碳排放配额价格的潜在影响。在欧盟排放交易系统层面上综合分析工业生产指数后，作者通过实证分析证明，经济活动水平的波动是燃烧领域、造纸领域和钢铁领域（共占分配排放配额的 80%）和四个国家（德国、西班牙、波兰和英国）碳排放配额价格收益水平的关键确定因素。尽管如此，此类研究仍然存在局限性，即此类研究仅仅考虑线性计量经济学模型，而涉及的潜在关系从本质上是被视为非线性的（例如，只有在高于或低于一定阈值时才能检测到温度对碳排放配额价格的影响）。下面的研究解决了这一问题。

在不同的环境中，Hintermann[21] 在假设欧盟排放交易系统第一阶段市场高效的前提下，推导出了二氧化碳排放配额价格结构模型。模型中，减排最优值的变化是温度、降水、燃油价格等变量的函数，但也是欧盟整体经济表现的指标：FTSE Eurotop 100。后一变量代表欧洲资本化程度最高的 100 家蓝筹公司的可交易指数，因此可划归为金融市场指标类。

应注意的是，确定经济活动指标时，计量经济学家有两种选择。可通过定义宏观经济选择一个变量，并将其与经济体中真实的实物交易相对应（如工业生产流程）。或者选择经济化程度更高的方法，此时，假设流动性市场和高效市场可即时反映现成的经济体状态相关的公共信息（如宏观经济总量相关的新闻报道）。

当然，根据选择的不同，也将得出不同的结论。如果采用真正的宏观经济法，工业生产指数无疑是计量经济学家的最佳选择。如果选择另一种方法，可将以下文献进一步划分为两个子类。

5.3.2.1 “金融市场”法

此类研究不仅包括 Hintermann[21]，还包括 Creti 等人[14]，在碳排放配额价格驱动因素（还包括布伦特原油和转换价格）估算策略中，他们将道琼斯欧洲 Stoxx 50 指数作为股价指数。在其他能源市场基本要素中，Aatola[1] 将 FTSE350 作为其经济活动指数。

应注意的是，文献 [7] 中针对欧盟排放交易系统进行的宏观经济风险因素[10] 调查以及[8] 开展的因素增强型向量自回归（FAVAR）框架中的脉冲响应函数分析均划归这一类。

5.3.2.2 “宏观经济”法

在这个分类中，我们将通过文献 [2，3] 探讨此前开展的研究及一系列新研究。

第一，Chevallier[9] 针对工业生产和碳排放配额价格的一元时间序列进行了一些非线性检验，可与自我激励阈值自回归（SETAR）模型完全拟合。此外，包含两个变量的平滑转换自回归（STAR）模型中将工业生产作为逻辑转换函数的多元经济计量策略也取得了卓有成效的结果。一方面，工业生产指数的同期变化对碳排放配额价格变动产生负面影响（即工业生产的减少先于碳排放配额价格的降低）。另一方面，滞后一个时间段的工业生产变动会对碳排放配额价格变动产生积极影响（即经济活动的开展有助于促进碳排放配额价格的增长）。

第二，Chevallier[10] 再次采用了欧盟统计局用作欧盟排放交易系统范围内经济活动指数的欧盟二十七国工业生产指数。根据包含多个候选变量（货币、工业和金融变量）的初步预测对 Chevallier 的选择进行了评估。通过评估可知，工业生产指数使所有标准最小化。然后，文章独具创新地应用了欧盟工业生产和碳排放配额价

10 即 Fama-French 文献中的股息收益、垃圾债券收益、短期国库债券利率和市场组合超额收益。

格间的两机制阈值协整。阈值向量误差修正模型（VECM）估算表明，欧盟工业生产指数对欧盟排放配额（EUA）期货价格产生积极影响：碳-宏观经济关系从欧盟工业生产指数（延迟一个时段）延伸至碳排放配额期货价格。与之相反，欧盟排放配额期货价格对欧盟工业生产指数并无显著影响。简言之，工业生产指数确定了模型短期平衡到长期平衡的调整。如果出现短期偏差，工业生产指数将作为一种反馈力，重建长期平衡关系。因此，可以得出结论：工业生产可引起碳排放配额价格的非线性均值回归，反之则不然。

第三，Chevallier[11] 证实，非线性的存在可以解释为什么早期的回归研究无法准确地获取碳-宏观经济关系。在工业生产和碳排放配额价格的两机制马尔可夫转换模型中，作者表明，工业生产对碳排放配额价格产生两类影响：扩展机制时产生积极影响，回归机制时产生负面影响。由于该环境市场的特定制度限制，宏观经济活动可能影响碳排放配额价格，但是需要一段时间。此外，马尔可夫转换模型获取了碳市场的大部分变动（2005 年 1 月至 4 月，2006 年 4 月至 6 月，2008 年 10 月以及 2009 年 4 月至今）。与此前研究一致，未发现碳排放配额价格对工业生产产生任何显著影响（即无“回弹效应”）。研究结果表明，可以引入能量动力学法（即布伦特原油、天然气和煤炭）。

在欧盟排放交易系统第三阶段，碳-宏观经济关系的发展似乎仍然存在诸多不确定性，并且已逐步向拍卖转变，还需要满足欧洲委员会设定的 20/20/20 目标。该研究的本质内容可总结如下：与线性模型相比，两机制阈值误差修正模型和两机制马尔可夫转换模型可充分获取碳-宏观经济关系。

5.3.2.3 “混合股权 / 工业生产”经济计量策略

- Bredin 和 Muckley[5] 采用了欧盟统计局计算的工业生产指数，识别经济活动对第二阶段碳排放配额价格（包括能源价格、股权价格和温度偏差）平衡模型的影响。采用的金融市场指数是欧洲期货交易所的道琼斯欧洲 Stoxx 期货合同。根据作者的分析，之所以考虑该变量，是因为该变量可按要求每日提供与金融和经济条件预期相关的最新指数。此外，考虑到标的资产的金融本质，则视为其包括所述指数信息。我们同意与混合金融 / 宏观方法效益相关的陈述。

- Mansanet-Bataller[24] 结合欧盟经济信心指数、欧元区收益曲线斜率、与欧盟排放配额市场相关的 Reuters 动量变量以及 CBOE VIX 波动率指数等财务指标，采用 Tendances Carbone 计算了工业生产指数。欧盟排放交易系统第二阶段，仅发现欧盟碳排放配额动量变量具有统计显著性。

表 5-2 所示为此前研究用作经济活动的各类指标。

表 5-2　早期研究中采用的碳市场经济活动指标

文　献	时　段	经济活动指标	
		金融法	宏观经济法
Aatola 等 [1]	2005 年 1 月—2010 年 12 月	FTSE 350	
Alberola 等 [2]	2005 年 7 月—2007 年 4 月		*Tendances Carbones* EU ETS 领域工业生产
Alberola 等 [3]	2005 年 7 月—2007 年 4 月		*Tendances Carbones* EU ETS 领域工业生产
Chevallier[7]	2005 年 4 月—2008 年 10 月	Euronext 100	
Hintermann[21]	2005 年 1 月—2007 年 6 月	FTSE Eurotop 100	
Bredin 和 Muckley[5]	2005 年 7 月— 2009 年 12 月	欧洲期货交易所道琼斯欧洲 Stoxx 指数	欧盟统计局欧盟二十七国工业生产指数
Chevallier[8]	2008 年 4 月—2010 年 1 月	金融时间序列广义数据集	宏观经济时间序列广义数据集
Chevallier[9]	2005 年 1 月—2010 年 7 月		欧盟统计局欧盟二十七国工业生产指数
Chevallier[10]	2005 年 1 月—2010 年 7 月		欧盟统计局欧盟二十七国工业生产指数
Chevallier[11]	2005 年 1 月—2010 年 7 月		欧盟统计局欧盟二十七国工业生产指数
Creti 等 [14]	2005 年 6 月— 2010 年 12 月	道琼斯欧元 Stoxx 50 指数	
Mansanet-Bataller 等 [24]	2007 年 3 月—2009 年 3 月	欧盟经济信心指数、欧元区收益曲线斜率、与欧盟排放配额市场相关的 Reuters 动量变量以及 CBOE VIX 波动率指数	*Tendances Carbone* 工业生产指数

5.4 实证分析

在实证分析中，我们希望开发一套用于确定碳-宏观经济关系的阈值向量自回归模型（TVAR）。本节重点研究欧盟二十七国工业生产指数和非线性框架内碳排放配额价格间的内在关系。

与先前主要采用线性回归法的研究相比，文献[12]进一步记录了采取该方法论视角的必要性。作者研究表明，在二氧化碳排放配额价格驱动因素的主要研究结论中，此前得出的结论可因时间序列数据中较高或较低机制的不同而不同。

在下文中，我们将通过分析 TVAR 框架下的这一关系进一步研究有关碳-宏观经济关系的现有文献。该计量经济学策略可帮助我们将碳排放配额价格和工业生产的连变分解为较高和较低两类机制。

这样，将对 Chevallier[9] 自我激励阈值自回归（SETAR）模型和平滑转换自回归（STAR）模型、Chevallier[10] 两机制阈值协整，以及 Chevallier[11] 两机制马尔可夫切换 VAR 模型提供有益扩展。

5.4.1 数据

首先来考察本研究使用的数据。数据集包括二氧化碳期货价格以及欧盟二十七国工业生产指数，此类数据均取自欧洲气候交易所（ECX）、汤姆森金融数据库（Thomson Financial Datastream）和欧盟统计局。数据采集从 2005 年 4 月 22 日欧洲气候交易所开市起直至 2013 年 1 月 25 日（即采集了 2,008 天的日观测数据）。

碳排放配额价格是指每吨二氧化碳的 ECX EUA 期货价格区间（单位：欧元），并通过即期月份合同付款。此外，对于利益的宏观经济变量，我们完全采用文献[10]所述方法，将欧盟统计局的欧盟二十七国工业生产指数选作用于经济活动影响指标的利益变量（解决无法观测厂内实际二氧化碳排放量的问题）。[11]

图 5-2 所示系上述两个序列。对于欧盟工业生产（右侧 Y 轴），我们可以在研究期限内划分为三个不同的阶段。第一，将 2005 年 1 月至 2008 年 5 月划分为经济增长阶段。第二，我们注意到，2008 年 5 月后工业生产突然下降，主要表现在欧盟经济体进入经济衰退期。随后，美国经济发展延迟，美联储于 2007 年 7 月首次降息。美联储降息被视为经济滑坡的开端，因为住房领域的经济衰退已初步显现。第三，2009 年 4 月至 2010 年 7 月，我们可以看出工业生产出现了小幅增长。因此，我们的研究期经历了经济增长、衰退和恢复这一比较有趣的过程，我们旨在分析 EUA 期货价格的动向（左侧 Y 轴）。后一时间序列看似以同样的模式发展，且欧

11 欧盟二十七国工业生产指数基数为 100/2000，并按季节性调整。L. Shure 采用 Matlab 函数将指数从每月指数转换为每日指数，并进行了线性插值，将原始数据和其理想值间的均方误差最小化。

盟排放交易系统的制度特征使其在2005—2007年间有所变化（了解本论题的详细信息参见文献[16]）。

表5-3所示系描述统计数据。这些数据提供了与所述时间序列分布特征（尤其是其非高斯性）相关的实用信息。当以原始形式来考察数据时，价格序列并非静止不变；当转变为对数收益[即 I（1）]时，价格序列则表现为静态。为节约篇幅，此处并未再给出常用的单位根检验（ADF、PP、KPSS）。

表5-3　二氧化碳和宏观经济变量汇总统计

	D（欧洲气候交易所欧盟碳排放配额期货价格）	D（工业生产指数）
均　值	−0.000573	−8.58E−07
最大值	0.269001	0.000980
最小值	−0.288246	−0.001910
标准偏差	0.030103	0.000515
偏　度	−0.191 137	−1.169207
峰　态	13.66459	5.358974
JB	9527.929	923.0890
Prob(JB)	0.000000	0.000000
Obs.	2008	2008

注：EUAFUT指欧洲气候交易所欧盟碳排放配额期货价格，PRODIND指欧盟统计局统计的欧盟二十七国工业生产指数。运算符D(.)指时间序列的对数收益率转变。JB指雅克-贝拉检验统计量，Prob (JB)指雅克-贝拉检验统计量临界值，Obs.指每日观测数量。

5.4.2 TVAR模型

接下来，我们将正式介绍使用的TVAR模型。在此，我们以文献[4]的记法建立等式：

$$X_t = A^0(L)X_{t-1} + \left[A^1(L)X_{t-1}\right]I(c_{t-d} > r) + \varepsilon_t \tag{1}$$

式中，X_t表示向量时间序列，$A^0(L)$和$A^1(L)$表示滞后多项式，ε_t表示误差项，c_{t-d}表示系统确定采用何种机制的阈值变量，r表示阈值临界值，$I(c_{t-d} > r)$是指示函数（$c_{t-d} > r$时该指示函数等于1，否则为0）。阈值r未知，必须进行估算[18]。

在TVAR模型估算前，需进行非线性检验，正式检验是否拒绝阈值行为。该检验是Hansen[19, 23]对多种阈值进行的线性检验多变量扩展。在单变量的情况下，根据一系列阈值和延迟潜在值，通过条件最小二乘法（CLS）估计首个阈值参数。然后，对于第二阈值，进行了一次迭代条件搜索。采用了比较各模型的协方差矩

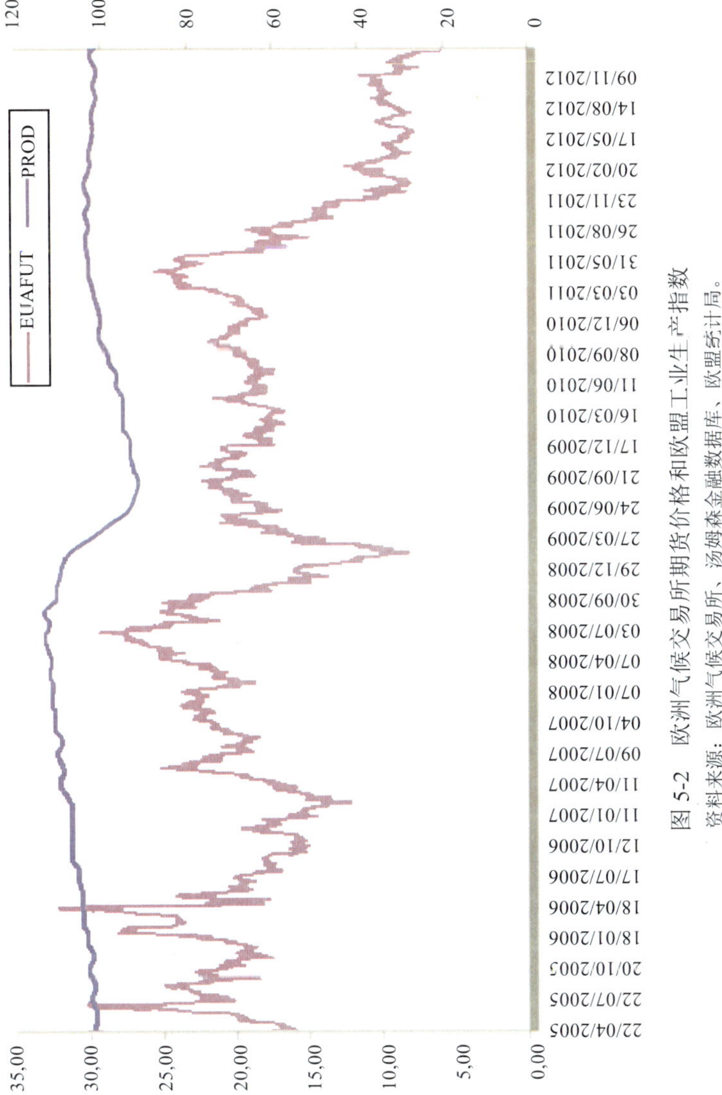

图 5-2 欧洲气候交易所期货价格和欧盟工业生产指数

资料来源：欧洲气候交易所、汤姆森金融数据库、欧盟统计局。

阵的相似比（LR）进行计算，而未采用单变量情况下比较残差平方和（SSR）的 *F*-检验：

$$LR_{ij} = T\left[\ln\left(\det\hat{\Sigma}_i\right) - \ln\left(\det\hat{\Sigma}_j\right)\right] \tag{2}$$

式中，$\hat{\Sigma}_i$ 是带 *i*- 机制（和 *i* 阈值）的模型的估算协方差矩阵，det 是矩阵行列式的符号，*T* 是观测的数量。三个检验呈列如下：

（1）检验 1 与检验 2：线性 VAR 与一值阈值 TVAR；

（2）检验 1 与检验 3：线性 VAR 与二值阈值 TVAR；

（3）检验 2 与检验 3：一值阈值 TVAR 与二值阈值 TVAR。

计算旨在确定是否否定纯线性模型（支持一个阈值或二个阈值）。在第二步，一旦确认存在阈值，我们将识别具有一个阈值或二个阈值的模型是否适用（参见文献 [29] 了解详情）。

根据一系列潜在数值 [12]，运行自动搜索，确定模型超参数（即可能存在的阈值和延迟值）（参见文献 [23] 了解详情）。对于固定阈值变量，模型为线性模型，因此，可通过条件最小二乘法直接估计两个较高和较低的机制。本模型的标准误差系数取自线性回归理论，并且是渐近的 [17，30]。

5.5 研究结果

5.5.1 TVAR 模型应用结果

本节为包含二氧化碳期货价格和欧盟工业生产指数的 TVAR 模型提供了估算结果。本程序旨在评估欧盟国家与宏观经济活动相关的碳排放配额价格的敏感度，由工业生产的影响表示。

表 5-4 顶部栏所示为相似比线性检验结果。在第一步，由于数据存在一个阈值或二个阈值，明确地否定了线性的零假设。在第二步，我们断定，具有二个阈值的 TVAR 模型比较合适。表 5-4 还表明，延迟 $d = 1$ 时，阈值等于 0.0072；延迟 $d = 2$ 时，阈值等于 0.0302。

为了正确认识这些数值，图 5-3 勾绘出了使用二氧化碳和宏观经济变量估算的 TVAR 模型的阈值变量和阈值。图 5-3 顶部绘出了使用的阈值变量，底部则分别列出了截尾参数为 10% 的有序阈值变量 [23] 和格点搜索程序阈值结果（作为 SSR 的函数）。

12 对特定超参数的所有可能的数值组合进行了穷举搜索。为节约篇幅，此处未列出搜索结果。如需了解搜索结果，可联系作者。

表 5-4　用于欧盟排放配额和欧盟工业生产的 TVAR 模型

诊断检验	统计数据	p- 值
线性相似比检验（1 和 2）	39.2378	0.0000
线性相似比检验（1 和 3）	77.3049	0.0000
TVAR(l) 与 TVAR(2) 相似比检验（2 和 3）	38.0671	0.0000
最佳阈值（延迟值 = 1）	0.0072	
第二步阈值（延迟值 = 2）	0.0302	
较低机制	D(EUAFUT)	D(PRODIND)
常量	0.0346***	0.0555***
	(0.0007)	(0.0006)
D(EUAFUT)-1	–7.4624e–06***	5.4364e – 05
	(4.1612e – 07)	(1.1713e – 01)
D(PRODIND)-1	–2.5196e – 02***	– 0.9221***
	(7.3649e – 06)	(– 0.0004)
D(EUAFUT)-2	1.6839e – 02***	5.5582e – 05
	(2.4155e – 05)	(1.9330e – 01)
D(PRODIND)-2	–5.8173e – 02***	– 0.9687***
	(– 6.9728e – 06)	(– 0.0008)
较高机制	D(EUAFUT)	D(PRODIND)
常量	0.09878***	0.09020***
	(0.0003)	(0.0002)
D(EUAFUT)-1	5.0073e – 03***	– 0.0938
	(2.7073e – 06)	(– 0.1770)
D(PRODIND)-l	5.8413e – 02***	– 0. 0270***
	(3.225e – 06)	(– 0.0001)
D(EUAFUT)-2	– 0.0824***	– 0.4474
	(0.0009)	(0.7693)
D(PRODIND)-2	0.0187***	0.3778***
	(0.0007)	(0.0003)

注：EUAFUT 指欧洲气候交易所欧盟碳排放配额期货价格，PRODIND 指欧盟统计局统计的欧盟二十七国工业生产指数。运算符 D(.) 指时间序列的对数收益率转变。*** 指 1% 水平时的统计显著性，** 指 5% 水平时的统计显著性，* 指 10% 水平时的统计显著性。括号内的数值为估计系数的标准误差。

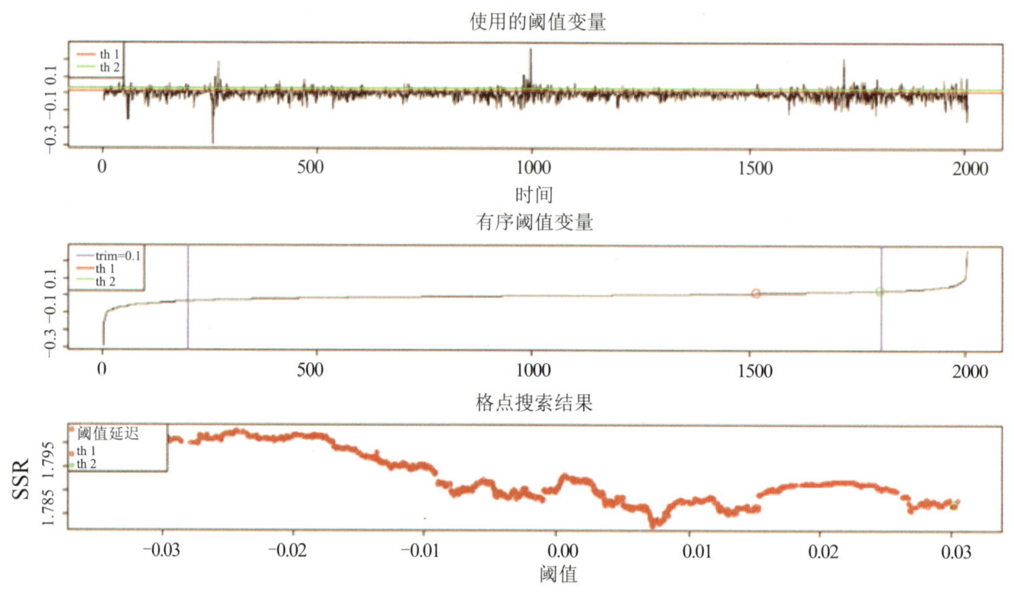

图 5-3 欧盟碳排放配额和欧盟工业生产 TVAR 估算结果

表 5-4 底部收录了 TVAR 估算结果。通过将 AIC 最小化为常用准则，TVAR 中延迟的数量被设置为 2（参见文献 [4] 了解更多详情）。随后，我们评论了较低和较高的机制估算值。根据第 5.3.2 所述“宏观经济法”，分析结果表明，二氧化碳期货价格和宏观经济活动 [2, 3, 5, 9-11, 24] 间存在重大影响。这里的创新点在于，根据文献 [12] 的建议在非线性框架下对此类关系进行了研究和分析。

从定性方面来看，较低和较高机制的结果较为相似。也就是说，在较低机制中，除了自回归组分外，我们还发现工业生产指数对碳排放配额价格有很大影响。对此，我们通过逻辑分析发现，较低机制时期，（向下斜率）累计工业生产指数会对碳排放配额价格产生负面影响。相反，碳排放配额价格不会对欧盟工业生产产生“回弹效应”，只是发现指数的滞后值具有较高统计显著性（1% 水平）。

较高机制中，我们不仅可以检测到 AR(1) 和 AR(2) 流程对碳排放配额价格的统计学影响，还可以检测到滞后一个和两个时段的宏观经济活动指标（均为 1% 水平显著）对碳排放配额价格的影响。工业生产量增加时，根据潜在的经济体制（如第 5.3.1 所述），工业生产会对碳排放配额价格产生积极影响。因此，碳-宏观经济关系根据识别的阈值的不同呈非线性变化。

较低体制中，碳排放配额价格主要与体制事件相关（Conrad *et al.*，2012），较高体制的研究结果与此前文献的研究结果一致 [25, 21, 26]。Alberola 等人 [2] 此前注意到，碳排放配额价格和其主要推动因素间的关系在结构断裂前后有所改变。我们可以根据 TVAR 非线性模型更直观地对此加以确认，TVAR 非线性模型表明数据中存在一些机制。

因此，无论是在较低机制下还是较高机制下，我们关于碳市场宏观经济驱动因素的观点和解释都能站得住脚，最近的文献 [5, 9 −11, 24] 对此有所记录。综合考虑，与线性回归框架 [2,3] 相比，这些结果让我们对二氧化碳排放配额价格和宏观经济间的关系有了新的理解。

5.5.2 诊断检验

下面我们主要讨论一些通过残差分析进行模型诊断的形式化统计方法 [15]。也就是说，我们根据一些残差自相关程度的综合度量考虑一元混成检验的通用性。残差的依赖性使得运算过程中必须采用残差自相关的二次式：

$$B_m = T_{\mathrm{eff}} \sum_{i=1}^{m} \sum_{j=1}^{m} q_{i,j} \hat{\rho}_i \hat{\rho}_j \tag{3}$$

式中，$T_{\mathrm{eff}} = T - \max(p_1, p_2, d)$，指有效取样数；$(p_1, p_2)$ 为延迟阶数，d 为延迟参数，$\hat{\rho}_i$ 为标准化残差值的第 i 次延迟取样自相关，$q_{i,j}$ 为文献 [15] 中给出的模型相关常量。如果真实模型为 TVAR 模型，$\hat{\rho}_i$ 可能接近零，B_m 亦是如此。但是，当模型设定不准确时，B_m 值会更大。计算采用了二次式，因此，B_m 大约分布为 x^2，自由度为 m。实际运算中，为了对标准误差的独立性假设进行更全面的评估，B_m 的 p- 值与 m 值进行拟合，其范围可能超出 m。

图 5-4 所示系模型诊断结果。顶部所示为欧盟碳排放配额和宏观经济变量 TVAR 模型标准化残差的时间序列图。除部分可能存在的异常值外，时间序列图未显示出任何特殊形式（标准化残差几乎为 0）。中部所示为标准化残差的自相关函数（ACF）图。可信区间以简单的 $1.96/\sqrt{T}$ 规则为基础，应视为对残差自相关函数显著性的粗略说明。未发现任何残差自相关延迟具有显著性。底部列出了更严苛的一元混成检验的 p 值。对于所有 m 的 p 值都很大。由于未发现任何显著性较高的 p 值（即我们不否定残差中非自相关的无效假设），于是我们可以推断，TVAR 模型比较适用。

5.6 结 论

本章旨在分析对欧洲气候交易所提供的碳期货价格和欧盟统计局统计的欧盟二十七国工业生产指数代表的宏观经济活动进行的调整。虽然经济活动被划分为主要的碳排放配额价格驱动因素（如果不是中央驱动因素），但其经常在实证研究被忽略，这些实证研究为了研究股权变量（即道琼斯欧元 stoxx50 指数）而常常忽略经济活动。

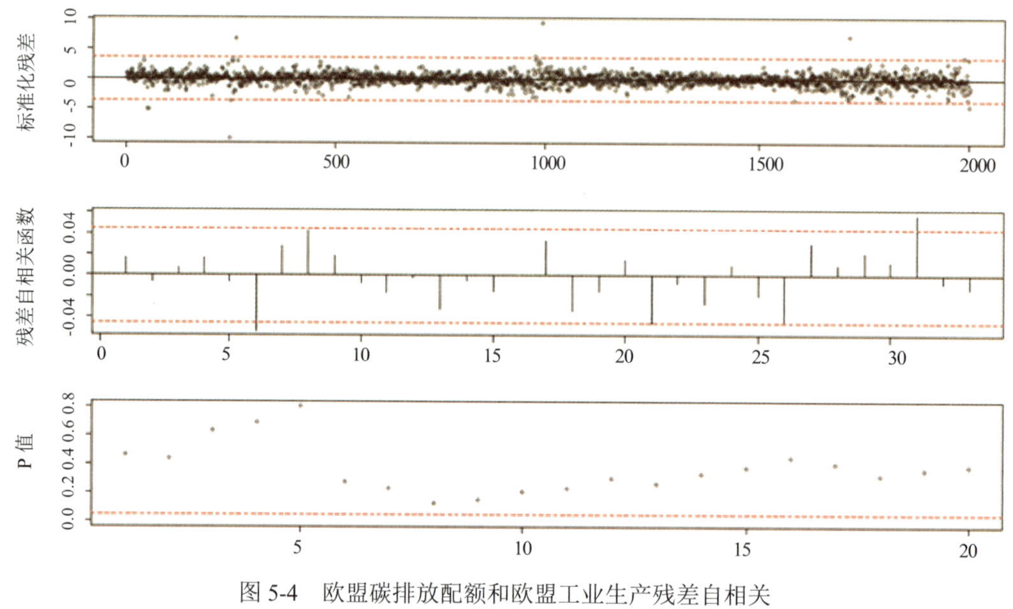

图 5-4 欧盟碳排放配额和欧盟工业生产残差自相关

在当前的文献中，似乎共存两套主要方法：（1）“金融市场法”；（2）“宏观经济法”。部分学者已尝试建立股权-宏观经济混合策略。我们的主要贡献是在考虑能源和制度变量的同时，还能了解当前生产水平（如工业生产能力是“紧张”还是“闲置”）的状态会对碳排放配额价格产生什么影响。

潜在的经济逻辑是：经济活动（此处将工业生产作为副产品）增加时，二氧化碳排放量相应增加（不存在短期能源效率增益），最终转换为碳排放配额价格增加，而其他条件不变。我们能够在 TVAR 框架下验证这一关系，数据取样时间段为 2005 年 4 月至 2013 年 1 月。本研究已延伸至非线性时间序列计量经济学领域。[13]

本章提要：本章评估了经济活动与碳排放配额价格相互关联的程度。碳排放配额价格驱动因素主要与能源和制度变量有关。但是，不可忽略宏观经济环境的影响。文献采用了许多分析方法，与宏观经济变量相比，文献更倾向金融市场变量。作者在综述欧盟排放交易系统的情况后，以集群工业生产为手段，回顾了宏观经济活动变化与碳排放配额价格间的主要转变渠道。通过研究 2005 年至 2013 年阈值向量自回归（TVAR）模型中碳排放与宏观经济的关系，展开了首次实证应用，并在非线性计量经济学领域进行了深入研究。

13 简介请参见 [9]。

致谢： 鉴于对此前版本非常有帮助的评述，特此向以下人员致以最诚挚的谢意：Bruce Mizrach，Daniel Rittler，Neil R. Ericsson，Hans-Martin Krolzig，Emilie Alberola，Benoît Sévi，Anna Creti，Philipp Koenig，Fabien Roques，Benoît Leguet，Kenneth Roskelley，Alexander Kurov，Mikel Gonzalez，Ibon Galarraga，Alberto Ansuategi，Georg Zachmann，Paulina Beato，Jobst Heitzig，Jürgen Kurths，Philipp Ringler，Matthias Reeg，Antoine Mandel，Nicola Botta，Eric Smith，Doyne Farmer，Florian Landis，Robert Schmidt，Ulrike Konneke，以及非线性动态学和计量经济学会第十九届年会（华盛顿特区）、计量经济学会第六十五届欧洲会议（奥斯陆）、HEC 能源和金融主席“碳排放配额价格行为”研究会（巴黎）、东方金融协会第四十八届年会（波士顿）、“绿色能源和能效经济学”BC3 低碳项目研讨会（毕尔巴鄂）、“碳排放配额价格建模——风险条件下的交互型代理网络和策略”（波茨坦）的所有与会人员。

参考文献

1. Aatola P, Ollikainen M, Toppinen A (2013) Price determination in the EU ETS market: Theory and econometric analysis with market fundamentals. Energy Economics 36:380-395
2. Alberola E, Chevallier J, Cheze B (2008) The EU Emissions Trading Scheme: the effects of industrial production and CO_2 emissions on European carbon prices. Int Econ 11:93-126
3. Alberola E, Chevallier J, Cheze B (2009) Emissions compliances and carbon prices under the EU ETS: a country specific analysis of industrial sectors. J Policy Model 31(3):446-462
4. Balke NS (2000) Credit and economic activity: credit regimes and nonlinear propagation of shocks. Rev Econ Stat 82(2):344-349
5. Bredin D, Muckley C (2011) An emerging equilibrium in the EU emissions trading scheme. Energy Econ 33:353-363
6. Bunn DW, Fezzi C (2009) Structural interactions of European carbon trading and energy prices. J Energy Mark 2(4):53-69
7. Chevallier J (2009) Carbon futures and macroeconomic risk factors: a view from the EU ETS. Energy Econ 31(4):614-625
8. Chevallier J (2011) Macroeconomics, finance, commodities: Interactions with carbon marketsin a data-rich model. Econ Model 28(l-2):557-567
9. Chevallier J (2011b) Econometric analysis of carbon markets: the European Union Emissions trading scheme and the clean development mechanism. Springer
10. Chevallier J (2011) Evaluating the carbon-macroeconomy relationship: Evidence from threshold vector error-correction and Markov-switching VAR model. Econ Model 28(6):2634-2656
11. Chevallier J (2011) A model of carbon price Interactions with macroeconomic and energy dynamics. Energy Econ 33(6): 1295-1312

12. Chevallier J (2011) The impact of nonlinearities for carbon markets analyses. Int Econ 126-127:131-150
13. Christiansen A, Arvanitakis A, Tangen K, Hasselknippe H (2005) Price determinants in the EU emissions trading scheme. Clim Policy 5:15-30
14. Creti A, Jouvet PA, Mignon V (2012) Carbon price drivers: Phase I versus Phase II equilibrium ? Energy Econ 34:327-334
15. Cryer JD, Chan KS (2008) Time series analysis with applications in R. Springer Texts in Statistics, 2nd eds. Springer, New York
16. Ellerman AD, Convery FJ, De Perthuis C (2010) Pricing carbon: the European Union emissions trading scheme. Cambridge University Press, Cambridge
17. Franses PH, van Dijk D (2003) Non-linear time series models in empirical finance, 2nd eds. Cambridge University Press, Cambridge
18. Hansen B (1996) Inference when a nuisance parameter is not identified under the null hypothesis. Econometrica 64:413-430
19. Hansen B (1999) Testing for linearity. J Econ Surv 13(5):551-576
20. HFW (2012) EU Emissions trading scheme becomes reality. Client Brief, Holman Fenwick Willan. http://www.hfw.com/_data/assets/pdf_file/0019/17713/Client-Brief-EU-Emissions-Trading-Scheme-Becomes-Reality-for-Airlines-A4-6pp-January-2012.pdf
21. Hinterman B (2010) Allowance price drivers in the first phase of the EU ETS. J Environ Econ Manag 59:43-56
22. Kanen, J.L.M. 2006. *Carbon Trading and Pricing*, Environmental Finance Publications
23. Lo MC, Zivot E (2001) Threshold cointegration and nonlinear adjustment to the law of one price. Macroecon Dyn 5(4):533-576
24. Mansanet-Bataller M, Chevallier J, Herve-Mignucci M, Alberola E (2011) EUA and sCER PhaseII price drivers: unveiling the reasons for the existence of the EUA-sCER spread. Energy Policy 39(3):1056-1069
25. Mansanet-Bataller M, Pardo A, Valor E (2007) CO_2 prices, energy and weather. Energy J 28 (3):73-92
26. Pinho C, Madaleno M (2011) CO_2 emission allowances and other fuel markets interactions. Environ Econ Policy Stud 13:259-281
27. Springer U (2003) The market for tradable GHG permits under the Kyoto Protocol: a survey of model studies. Energy Econ 25(5):527-551
28. Tendances Carbone (2013) The EU ETS, a good example of a "zombie" public policy. Tendances Carbone 80, CDC Climat, Paris, France. http://www.cdcclimat.com/IMG//pdf/tendances_carbone_cdc_climat_research_no80_veng.pdf
29. Teräsvirta T, Tjostheim D, Granger CWJ (2011) Modelling nonlinear economic time series: advanced texts in econometrics. Oxford University Press, Oxford
30. Tong H (1990) Non-linear time series: a dynamical system approach. Clarendon Press, Oxford

第六章
绿色能源标签

J. Lucas, I. Galarraga[1]

6.1 概 述

能源效率可谓是一个难题。投资能源效率项目面临多种障碍。Gillingham 等 [19] 将此类障碍总结为：能源市场失灵、资本市场失灵、创新市场失灵、信息问题和行为失灵。其中，有关信息问题需给予特别关注。

通过能源标签解决信息问题是提高能源效率的有效方法之一。能源标签种类各异，包括认证标签、对比标签和信息标签。其中对比标签特别有趣，常用于家用电器、汽车、房屋或轮胎等耐用品。在对比标签中，又以欧洲的对比能源标签最为知名。

虽然已有许多研究分析了欧洲能源标签，但是能源标签对消费者行为的影响并不广为人知。文献 [14，17，18] 等研究分析了巴斯克地区消费者对节能冰箱、洗碗机和洗衣机的支付意愿（WTP），并得出需求的自价格弹性和交叉价格弹性。

本章将对冰箱、洗碗机和洗衣机支付意愿的分析延伸至西班牙，获取具有全新数据的文献，提高对能源效率和欧洲能源标签的认知和了解。

本章具体设置如下：第一节主要探讨提升能源效率时信息问题的重要性，以及采用标签计划解决该类信息问题的相关事宜。第二节简要地讨论能源生态标签（认证标签）和对比标签，并重点探讨欧洲能源标签的成功案例。第三节主要分析标签计划取得成功的一个重要因素：消费者对贴标商品的支付意愿。此外，还针对西班

1 Josu Lucas •Ibon Galarraga (✉)
Basque Centre for Climate Change (BC3), Bilbao, Spain
e-mail: ibon.galarraga@bc3research.org
Josu.Lucas
e-mail: josu.lucas@bc3research.org

© Springer, International Publishing Switzerland 2015
A. Ansuategi *et al*. (eds). *Green Energy and Efficiency*, Green Energy and Technology，DOI 10.1007/978-3-319-03632-8_6

牙市场的洗衣机、洗碗机和冰箱进行了分析，并估算消费者对各类电器的支付意愿，分析需求的价格弹性。在设计和实施旨在鼓励消费者使用贴标商品的补贴或税收等政策时，价格弹性估计必不可少。最后一节进行总结。

6.2 信息问题及其解决政策

信息问题主要包括以下方面：首先，由于缺少节能产品可用性及节能量方面的相关信息，导致消费者做出次佳决策，结果在能源效率方面投入不足。其次，信息不对称，主要因为制造商、零售商和消费者获取不同级别的信息（如产品的能效信息），且其目标、激励（称为“激励分离”）或行为各不相同也不可见，导致出现投机取巧行为（称为“道德危害”）。此外，还存在委托-代理问题，当必须进行投资的代理商不是所购产品的使用者时，其可能选择不购买节能产品，这种情况有可能出现在业主与租户或同一机构的各部门之间，最终出现与“用后才明白”相关的外部效应[23]。

但是仍然存在其他一些行为问题，主要源自消费者做出决策时产生的系统性偏差。这些行为问题范畴很广，包括：第一，损失厌恶，即人们面对同样数量的收益和损失时，认为损失更加令他们难以忍受[26]。因此，当消费者无法确定其可通过能源效率投资获得的能源节省量时，他们往往决定放弃进行能源效率投资。第二，锚定效应，指当人们需要对某个事件做定量估测时，会将某些特定数值作为起始值，起始值像锚一样制约着估测值，并以此为参照进行对比。第三，现状偏见，即在做出改变决定或投资新产品时，需要下很大的决心延迟决策使其保持现状或继续使用现有的产品。第四，启发法，可使人快速做出决策，无需花费大量时间和精力进行思考，但有可能导致出现错误或偏见[29]。最后，有限理性，因为消费者通常不会像平常那样理性地思考[23]。上述所有行为问题都与信息以及消费者处理信息的方式密切相关。

但是，可以分别或综合实施各种政策手段解决这些障碍。最常用的政策手段是信息公开计划、税收和补贴、最低能效标准（MEPS）及总量管制和交易计划。信息计划用于解决信息和行为障碍，旨在通过提供能源效率投资成果相关的信息，不断促进能源效率投资。此方法中通常认为，向消费者提供充足的信息可帮助其做出最佳选择。但是一些研究表明，消费者不一定会根据他们接收到的信息理性合理地做出选择。研究还指出，信息和实际行动存在差别，且家庭成员意见和社会压力也是信息管理的相关因素[2]。

能源效率标签是一项众所关注的与信息相关的政策。能源标签是贴于产品的信息标签，用于描述产品的能源效率，向消费者提供做出明智采购决策所需的信息[30]。标签可向消费者提供仪器和设备的能耗和成本信息，可帮助消费者直接对比不同型号产品的能耗和能效[16,23]。当消费者购买产品却不能区分节能产品和非节能产品时，有了能源标签，问题便迎刃而解。Cason 和 Gangadharan[4] 通过实验表明，只靠名声和一纸空谈根本无法实现节能目标，但公共和私人第三方认证有助于帮助消费者解决遇到的信息问题。

标签是一种混合手段，在特定市场实行标签制度有助于提高产品的质量和能源效率。如此一来，能效最低的产品将被市场淘汰，从而提升市场产品的整体能效。

此外，可将标签计划与最低能效标准、补贴以及税收等其他政策有机结合。事实上，一些标签是以政府补贴最节能产品的能效体系为基础的。西班牙国内家用电器市场采用的家电更新补贴计划（Plan Renove）政策便是最好的例证。文献 [14，17] 对这一计划进行了深入研究。

Wiel 和 Mcmahon[30] 区分了三类能源标签：认证标签、对比标签和信息标签。认证标签适用于满足或超过一定能效水平的产品，表明贴标产品能效优越。对比标签可帮助消费者通过产品能效等级分类或连续能效标度对比同一产品两种或多种型号的能效。最后，信息标签只是简单地提供产品能效相关的信息。部分情况下，不同种类的标签可结合使用。

另一个相关点在于，标签是自愿性标签还是强制性标签，以及认证（标签使用权）是否是独立进行[22]。强制性标签通常由法律规定，并受到消费者的广泛认可和支持[22]。国际标准化组织（ISO）将自愿性标签划分为三类：第一类标签标识了具有第三方认证计划的产品，所述第三方认证计划采用了与被认证产品相关的商标，并通常受政府支持；第二类标签含有制造商提出的单方面介绍性环境声明，并提及了产品的特殊属性；第三类标签采用了预设指标，并提供了经独立认证测得的产品量化信息[16]。第一类标签即为“生态标签”。因此，从定义来看，认证标签属于自愿性标签（图 6-1）。

标签计划的有效性取决于标签格式、市场支持水平和标签计划发起人的可信度等因素[30]，其他因素包括消费者对标签的认识和了解以及对贴标产品的支付意愿[8]。Home[22] 认为，很有必要将消费者、生产商和政府纳入标签计划的实施和管理范围，因为很多消费者都不太信任产业主导型标签。事实上，人们认为，市场中不断增加的自愿性生态标签使得消费者无法区分第三方认证标签和生产商自制的标签[27]。从这层意义上讲，一些未受第三方认证的标签很容易受到“漂绿”质疑，影响环保企业及其产品的声誉[8]。

认证标签

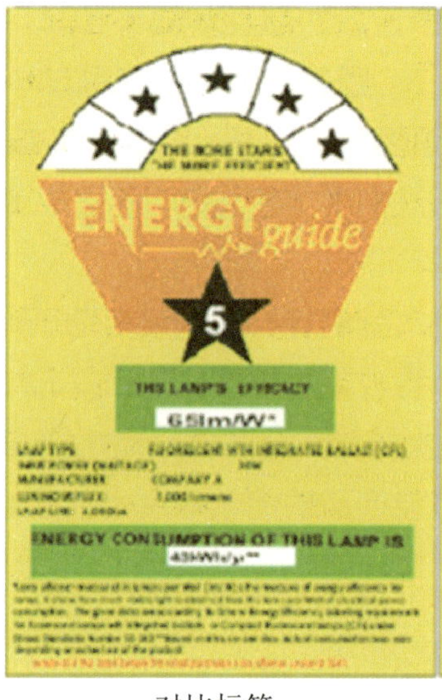

对比标签

En todos los puntos de venta puede obtenerse gratuitamente una guía sobre el consumo de combustible y las emisiones de CO_2 en la que figuran los datos de todos los modelos de automóviles de turismos nuevos.

Marca/modelo:

Tipo de carburante:

CONSUMO OFICIAL (SEGÚN LO DISPUESTO EN LA DIRECTIVA 80/1268/CEE)	
Tipo de conducción	l/100 km
En ciudad	
En carretera	
Media ponderada	
EMISIONES ESPECÍFICAS OFICIALES DE CO_2 (SEGÚN LO DISPUESTO EN LA DIRECTIVA 80/1268/CEE)	
g/km	
El consumo de combustible y las emisiones de CO_2 no sólo dependen del rendimiento del vehículo; también influyen el comportamiento al volante y otros factores no técnicos. El CO_2 es el principal gas de efecto invernadero responsable del calentamiento del planeta.	

信息标签

图 6-1　能源标签类型

6.3 能源标签类型

6.3.1 能源生态标签

世界范围内的能源生态标签种类众多。能源标签通常说明与最佳能源效能和可再生资源使用相关的信息。此外，还有其他类型的生态标签，主要以生命周期分析为基础。此类能源标签涵盖所有类型产品，而不仅仅是与能源相关的产品。文献 [1，21] 分析了世界范围内的各类标签，可从中查阅针对部分能源标签进行的深入研究。

最知名的能源生态标签当属美国环境保护署（EPA）于 1992 年颁布的能源之星计划。现在，世界范围内的多个国家和地区都已实施能源之星计划，包括欧盟、加拿大、日本、中国台湾、新西兰和澳大利亚。签订正式的国际协约后，对于在某一国家经认证的产品，其能源生态标签在其他参与国同样适用，各国共享产品信息。虽然美国仍然保留制定认证标准的责任，但是制定新规范时，会征求所有伙伴国家的意见 [22]。

能源之星是美国政府开展的一项自愿计划，旨在通过倡导消费者使用节能产品，降低空气污染和改善气候变化。当制造商满足美国环境保护署为某一特定产品类别设定的能源效率标准时，可获得环境保护署出具的可在该产品和广告中使用的能源标签。

在能源浪费现象广泛存在的领域实施了许多类型的能源之星计划，包括办公设备能源之星计划、能源之星住宅计划（节能住宅建造）、能源之星建筑物计划（商业建筑物建设）。目前，已将办公设备领域首个和最佳的能源之星计划扩展至多种产品，包括消费性电子产品、家用电器、供热供冷系统、照明器材、出口标志和变压器 [1]。

据环境保护署 [9] 透露，约五分之四的美国家庭认可能源之星标签，美国消费者已购买 10 亿余件贴有能源之星标签的产品，节约的能源足以为 2,000 万户家庭供电。因此，能源之星计划被视为能源生态标签的一个成功案例（图 6-2）。

图 6-2　能源之星标签

图 6-3　欧盟生态标签

但是，并非所有生态标签计划都能取得成功。事实上，很多实例表明，有些标签并未达到期望效果，计划均以失败告终。一个很好的例子就是欧盟生态标签，即“花朵标志”（图 6-3）。因为宽松的标准、高昂的成本和极低的消费者认同度，欧盟生态标签成了人们批评的对象，甚至遭到部分一流企业的抵制 [8]。超过 3,000 种商品（部分商品与能源相关）采用了这一生态标签，且每种产品采用的标准截然不同。为此，标签无法明确地说明可以实现哪些特定的环境效益，因而极易受到“漂绿”质疑。事实上，欧盟国家于 2006 年开展的一项研究表明，近半数受访者表示并不了解该标签的具体含义 [8]。

正如文献 [8] 所指出的那样，选择生态标签时，管理人员应考虑以下因素：（1）选择可以简单、清楚地向消费者传达讯息的生态标签；（2）选择带有简短说明和描述的标签；（3）最好选择多产品共用标签；（4）最好选择经政府和大型零售商认证的标签。

表 6-1 列出了世界范围内其他各类能源生态标签。

表 6-1 世界范围内部分能源生态标签

标 签	描 述
“100% Energia Verde” 	欧盟 / 国际和国内自愿性标签（源自意大利） 具有国际价值，以 RECS（可再生能源证书体系）为基础，确保使用的能源均为可再生能源。标签根据能源生产商和交易商的环境承诺证明其资质，并寻求创建自愿型市场体系，提高可再生能源产量。
“AENOR” 	一类生态标签计划，旨在标识西班牙的环保产品或服务。认证方式为评审和实验室试验相结合。标签将标识出环境影响最小的产品，该类标签主要用于消费品。
“节能电器标签” 	与行业就节能家用电器、办公设备和 IT 设备领域自愿信息活动展开合作的欧洲国家能源机构和政府部门代表论坛。
“蓝色天使” 	蓝色天使由德国政府发起，并被独立评审委员会授权用于环保型产品。 各标签规定了产品或服务的以下任意一种保护目标：健康、气候、水和资源。 蓝色天使标准由以下四个实体管理：环保标签评审委员会、德国联邦环境部、自然保育及核能安全部和联邦环境部。RAL gGmbH 是授予标签的机构。
“OK Power” 	“Öko-Institut”、世界自然基金会（WWF）德国分会、德国北莱茵-威斯特法伦州消费者保护机构共同设立了“EnergieVision e.V.”协会，在德国发行“ok-power”标签。 “ok-Power”已于 2000 年开始实施，为满足或超过可再生能源法要求的可再生能源电站的扩建提供了保障。经认证的独立实验室每年对“ok-Power”标准进行审核，确保标签保持较高的可信度。
“节能推荐标签” 	该节能推荐标签源自英国。可以通过节能推荐标签快速、轻松地识别市场上能效最高的产品。根据节能信托基金会推荐方案，只有满足最严苛的能源效率标准的产品才能加贴节能推荐标签。
“EKOenergy” 	EKOenergy 是一套用于电力产品的国际生态标签，源自芬兰。除了 100% 可再生外，还可满足其他可持续性标准。EKOenergy 标签基于市场原则，可增加可持续能源生产所占份额。

表 6-1　世界范围内部分能源生态标签（续）

标　签	描　述
“RECS 国际质量标准” 	“RECS 国际质量标准”标签可将源自可再生资源的电力认证为拟提供和（或）消耗的产品。由于无法从电力市场追踪电力，因此必须认证电力来源和电力消耗。一套基于可追溯绿色证书的审核和认证程序有助于确保产品质量，避免出现双重买卖和计费的情况。 可将基于生命周期评估的碳排放信息和电力来源可持续性相关信息纳入标签范围。
“绿色生态能源” 	绿色生态能源认证可确保美国和加拿大的消费者和企业降低其用电作业对环境的影响。 绿色生态能源始于 1997 年，旨在通过明确的指南、披露和标准在新兴和未经调节的自愿性可再生能源市场向消费者提供保护。 非营利性资源解决方案中心负责管理绿色生态能源项目。
“中国节能计划”（CECP） 	CECP 是一项自愿计划，旨在通过鼓励制造商生产更多资源节约型产品及帮助消费者做出可持续性更高的采购决策实现节能减排。
“中国台湾能源标签” 	本标签适用于中国台湾地区，旨在促进节能技术的部署和市场激励机制的应用，并鼓励制造商投资高效节能产品的研发。

资料来源：生态标签指数[10]。

6.3.2 对比标签：欧盟能源标签

事实上，世界上所有国家都会对部分产品（最常见的是家用电器、房屋和汽车）采用能源对比标签。多数情况下，采用的能源标签都是政府规定的强制性标签，而部分国家采用的则是自愿性标签。各国采用的标签的种类和设计各不相同。Harrington 和 Damnics[21] 主要将标签分为以下三类。

● 刻度盘标签。此类标签的能效高低与计量器显示值相关（能效随顺时针圆弧递增）。此类标签常见于澳大利亚、泰国和韩国。

● 条码标签。此类标签采用条形图，表示能效等级从最佳到最差排列。标签上显示所有能效等级，并标识出产品对应的能效等级。此类标签常用于欧洲和南美。

● 线性标签。此类标签设置有线性标度，表明市场上各类型号产品的最高和最低能耗，并在线性标度内显示特定型号产品的能耗水平。此类标签常用于北美。

标签的初始设计非常重要，因为初始设计会影响消费者对标签的理解，一旦消费者对标签的理解形成定势，就很难改变。此外，当需要重新划分标签标度时，部分设计难以更新。

在标签设计方面，欧盟能源标签是比较成功的案例，这些标签的使用淘汰了市场中许多能效极低的电器产品[12]。1992 年，指令 92/75/CE 通过了欧盟能源标签。如今，欧盟能源标签已涵盖冰箱、冰柜、洗衣机、洗碗机和电烤炉等家用电器。此外，已将另一版本的欧盟能源标签用于汽车、房屋、灯具、电视机和空调等产品，并计划逐步延伸至更多的能源产品。对于生产商和零售商，欧盟能源标签都是强制性的。最初，该类标签分为 A 类（能效最高）至 G 类（能效最低）。但是，在家用电器领域，欧盟能源标签涉及的技术变更影响深远，必须对标签进行变更和升级，因为对于部分电器，所有型号的产品能效等级都为 A 类。经过很长一段时间的争辩和商讨，最终认为必须落实一套更加完善的动态过程，将未来的技术创新纳入考虑范围[30]。2011 年，对冰箱、洗碗机和洗衣机的能源标签进行了升级更新，将标签等级重新划分为 A+++ 类至 D 类（指令 2010/30/EU）。

关于标签的争论开始于 2007 年，当时已有充分证据证明市面上大多数家用电器的能效等级都为 A 类[13]。这个过程是很困难的，牵涉了生产商、消费者和非政府环保组织等多方利益。最终，不同的利益主体分为三派，持有三种不同的观点。欧盟委员会、生产商和德国、意大利、波兰以及西班牙等成员国支持“开放式”标签，即可在 A 类的基础上增加新等级（新等级格式不同，如 A-20% 和 A-40%，或 A+ 和 A++）。但是，欧洲议会、非政府环保组织和消费者更倾向于重新划分 A 至 G 类，并改变评估参数，以适应市场上不断提升的能源效率。这个过程中，局面僵持不下，问题重重。最终，在 2010 年颁布了指令 2010/30/EU，采纳了将能效等级划分为 A+++ 至 D 类的标签计划[13, 30]。这凸显了出具标签前获得标签设计权的重要性，以及减少官僚障碍、促进技术创新的必要性（图 6-4 和图 6-5）。

尽管存在上述问题，但欧盟能源标签已广为消费者所知，并带动了欧洲的能源创新，1995—2005 年间，使欧盟白色家用电器产品耗电量降低 12%[3]。

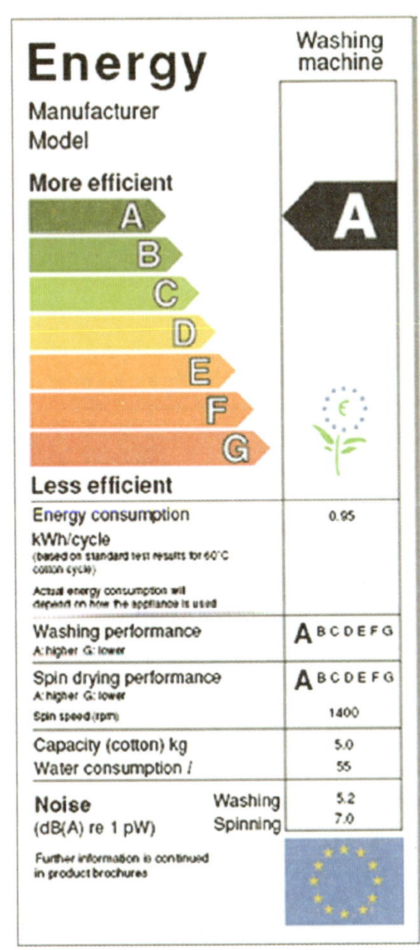

图 6-4　2011 年 12 月 20 日前采用的标签

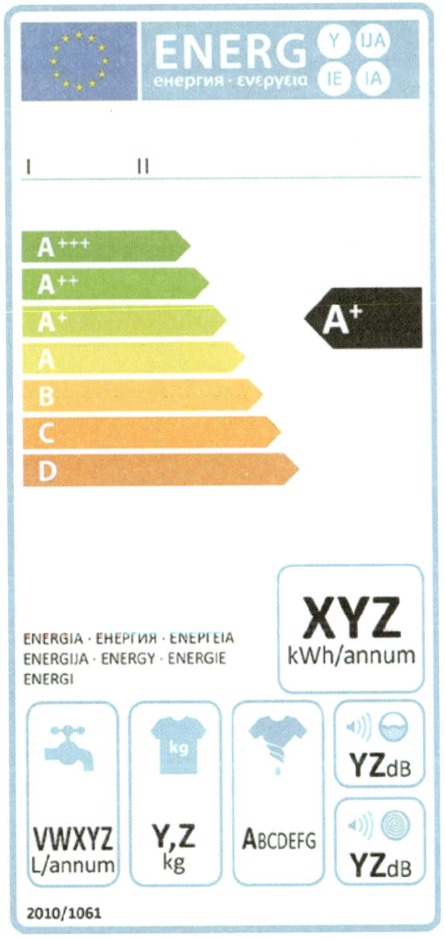

图 6-5　2011 年 12 月 20 日以来采用的新标签

6.4 西班牙节能家用电器支付意愿分析

本节旨在说明对节能产品的支付意愿的重要性，以及标签计划帮助消费者识别产品属性的方式。这里特别分析了西班牙的三类主要家用电器：冰箱、洗衣机和洗碗机。作为欧盟成员国，西班牙必须强制采用欧盟能源标签计划。为此，本节相当于间接地分析欧盟能源标签的有效性。此外，我们采用需求系统法估计此类家用电器的需求弹性，提高与之相关的可用信息，提高政策设计的有效性，完善标签计划。

本章所分析的数据由 *CPS, Estudios de Mercado y Opinión S.L.* 公司于 2012 年 1 月收集于西班牙六个地区的 11 类零售商，这六个地区分别是加利西亚、巴斯克、巴伦西亚、塞维利亚、马德里和巴塞罗那。由于各类家用电器属性各不相同，其变量也不尽相同。为此，应针对各类家用电器进行独立分析。

6.4.1 洗衣机

针对洗衣机采集了 1,876 项数据。在西班牙市场，共有 27 家制造商生产的 39 种不同品牌的洗衣机。表 6-2 所示系本章所分析考虑的变量。分析时已排除其他变量，这是因为缺少部分机型的信息（功率、残余含水量、控件）或者这些变量对首次估算（能耗和耗水量）无明显影响。最终，采用了 1,814 项数据结果。

表 6-2　所选变量及描述

变　量	描　述
价　格（P）	单位：欧元
位置样本（L1－L6）	若该位置，＝1；否则＝0
零售商样本（R1－R11）	若该零售商，＝1；否则＝0
品牌样本（B1－B39）	若该品牌，＝1；否则＝0
能源标签样本（A***）	若能源标签 A***，＝1；否则＝0
旋转甩干性能样本 A（sdpA）	若 sdpA，＝1；否则＝0
旋转甩干性能样本 B（sdpB）	若 sdpB，＝1；否则＝0
旋转甩干性能样本 C（sdpC）	若 sdpC，＝1；否则＝0
旋转甩干性能样本 D（sdpD）	若 sdpD，＝1；否则＝0
旋转速度	单位：r/min
高	单位：mm
宽	单位：mm
深	单位：mm
容量	单位：kg
白色	若白色，＝1；否则＝0

表 6-3 所示是各变量的主要描述性统计数据。平均价格为 477.44 欧元。在样本中，10.44% 的洗衣机标签等级为 A***，在旋转甩干性能方面，91% 的洗衣机为 B 类或 C 类。洗衣机平均高度、宽度和深度分别为 849mm、574mm 和 572mm。89.38 % 的洗衣机为白色。

为了估算能源效率对价格的影响，通过对数线性功能函数，采用了特征定价模型[5, 29]，具体如下：

$$\text{lprice}_i = \alpha + \beta \sum x_i + \varepsilon_i \tag{1}$$

式中，lprice 指价格对数，x_i 指含有标明洗衣机属性的自变量的向量，ε_i 指误差项。采用了最小二乘法，白色标准偏差较为稳定，避免异方差性等潜在问题。主要结果如表 6-4 所示。

表 6-3　主要描述性统计数据

变　量	平均值	标准偏差	最　小	最　大
价格（P）	477.449	173.668	179.000	1895.00
A***	0.104478	0.305961	0.000000	1.00000
sdpA	0.0656182	0.247681	0.000000	1.00000
sdpB	0.497289	0.500128	0.000000	1.00000
sdpC	0.417028	0.493201	0.000000	1.00000
sdpD	0.0168113	0.128599	0.000000	1.00000
旋转速度	1135.90	153.460	500.000	1600.00
高	849.329	8.63272	800.000	965.000
宽	574.240	62.6717	400.000	686.000
深	572.213	37.6484	425.000	785.000
容量	7.09600	1.15656	5.00000	12.0000
白色	0.893801	0.308176	0.000000	1.00000

地点、零售商和品牌的主要描述性统计数据见表 6-B-1。

表 6-4　模型估计

	系　数		
常数	7.25951 (0.597484)	a	
sdpB	– 0.100122 (0.0287652)	a	
sdpC	– 0.133373 (0.035283)	a	
sdpD	– 0.11889 (0.0473514)	b	
旋转速度	0.000271783 (6.53098e – 05)	a	
高	– 0.00201544 (0.000673553)	a	
宽	– 0.00110405 (9.26362e – 05)	a	
深	0.000607877 (0.000159054)	a	
容量	0.119305 (0.00635293)	a	
白色	– 0.193398 (0.0143089)	a	
A***	0.0415435 (0.0127833)	a	
决定系数	0.765241	修正后的决定系数	0.757068

a 表示显著性水平为 1%。

地点、零售商和品牌样本等变量的估算值见表 6-B-2。

结果表明，A*** 类标签会对价格产生很大的积极影响，影响系数为 0.0415，即标签显示类别为 A*** 的产品的成本比其他产品高 4.15%。如果平均价格为 477 欧元，则 A*** 标签的货币价值可换算为 19.79 欧元。

另一个比较重要的相关变量是旋转甩干性能，A 类和 B 类标签平均差为 10%，A 类和 C 类标签平均差为 13%。

可通过估算 A*** 类洗衣机及其他低能效洗衣机的价格弹性完成此次分析。为此，如 Galarrage 等 [14] 所述，采用了数量型需求体系（QBDS）（参见附录 6.A）。

本模型中，家用电器被分为可互相替代的两类产品。一类为 L，即高能效家用电器；另一类为 O，即低能效家用电器。可根据市场中各类家用电器的出现率以及家庭购买家用电器时支出款项的比例计算各商品的开支比例。根据西班牙国家统计局（INE）[2] 提供的数据可知，商品开支比例如下：

$$WO = 0.001492$$

$$WL = 0.000181$$

$$WX = 0.998326$$

收入弹性确定为 0.4，Dale 和 Fujita[6] 指出，家用电器的需求收入弹性接近 0.5，文献 [20] 测得烘干机的需求收入弹性为 0.26。此外，推测认定，低能效洗衣机自价格弹性范围为 – 0.5 ~ – 1.75。估计结果如表 6-5 所示。

表 6-5　需求的自弹性和交叉弹性（洗衣机）

	数量型需求体系（QDBS）（收入弹性 = 0.4）		
需求自价格弹性 O/O	交叉弹性 O/L	自弹性“L”	交叉弹性 L/O
– 0.5	0.1000	–1.2243	0.8243
– 0.75	0.3500	–3.2851	2.8851
– 1	0.6000	–5.3459	4.9459
– 1.25	0.8500	–7.4066	7.0066
– 1.5	1.1000	–9.4674	9.0674
– 1.75	1.3500	–11.5282	11.1282

可以看出，高能效洗衣机的价格弹性比低能效洗衣机的价格弹性更高。高能效洗衣机自需求弹性为 –1.2 ~ –11.5，低能效洗衣机价格每变化 1% 对高能效洗衣机需求的影响为 0.82 ~ 11.1，主要取决于假定的低能效电器需求的自价格弹性。

2 www.ine.es.

6.4.2 冰箱

所收集数据涵盖了由 33 家不同制造商制造，以 47 种不同品牌销售的 2,209 台冰箱。模型所含变量如表 6-6 所示。所选样本中，被划分为 A*** 类的冰箱的比例极低（0.18%）。因此，将 A** 和 A*** 两类样本合并为一类，称为超 A 类。

表 6-6　所选变量及描述（冰箱）

变　量	描　述
价格（P）	单位：欧元
位置样本（L1 – L6）	若该位置，= 1；否则 = 0
零售商样本（R1 – R11）	若该零售商，= 1；否则 = 0
品牌样本（B1 – B39）	若该品牌，= 1；否则 = 0
能源标签超 A 类（A***+A**）样本	若能源标签 A*** 或 A**，= 1；否则 = 0
高	单位：mm
宽	单位：mm
深	单位：mm
白色	若白色，= 1；否则 = 0

表 6-7 所示为主要描述性统计数据。冰箱的平均价格为 684 欧元 / 台，但价格范围较广，几乎可达 2,667 欧元。超 A 类冰箱的比例为 6.30%，其中 54.94% 为白色。

表 6-7　主要描述性统计数据（冰箱）

变　量	平均值	标准偏差	最　小	最　大
价格	684.454	298.699	132.000	2799.00
高	1820.76	224.731	500.000	2067.00
宽	614.153	79.6390	440.000	960.000
深	631.225	41.7874	440.000	770.000
白色	0.549431	0.497664	0.000000	1.00000
超 A 类	0.0630672	0.243139	0.000000	1.00000

地点、零售商和品牌的描述性统计数据见表 6-B-3。

表 6-8 为估计结果。

表 6-8　模型估计（冰箱）

	系　数		
常数	3.72337 (0.128229)	a	
高	0.000550754 (3.74114e – 05)	a	
宽	0.0017101 (0.000144917)	a	
深	0.00133327 (0.000292875)	a	
白色	– 0.147167 (0.00881035)	a	
超 A 类	0.12633 (0.0245919)	a	
决定系数	0.795812	修正后的决定系数	0.789523

a 表示显著性水平为 1%；b 表示显著性水平为 5%；c 表示显著性水平为 10%。
地点、零售商和品牌样本等变量的估算值见表 6-B-4。

结果表明，贴有超 A 类标签的冰箱的价格比能效标签等级较低的冰箱的价格平均高出 12.63%。冰箱平均价格为 684 欧元，则表明高能效冰箱的价格溢价为 86.39 欧元。

类似地，根据样本中冰箱比例和西班牙国家统计局提供的信息算得的开支比例如下：

$$WO = 0.001262$$
$$WL = 0.000096$$
$$WX = 0.998643$$

冰箱产品中，需求的收入弹性确定为 0.4，低能效冰箱的需求自价格弹性范围为 – 0.5 ~ – 1，结果如表 6-9 所示。数量型需求体系（QBDS）对模型提出了一些限制条件，要求采用不同的数值范围。可采用 Deaton 和 Muellbauer[7] 建立的近似理想需求系统模型（AIDS）放宽此类限制，如文献 [17] 所述。

表 6-9　需求的自弹性和交叉弹性（冰箱）

	数量型需求体系（QDBS）（收入弹性 = 0.4）		
需求自价格弹性 O/O	交叉弹性 O/L	自弹性“L”	交叉弹性 L/O
– 0.5	0.1000	– 1.7146	1.3146
– 0.75	0.3500	– 5.0010	4.6010
– 1	0.6000	– 8.2875	7.8875

6.4.3 洗碗机

样本中，洗碗机数量为 1,034 台，但只有 988 台可用于分析。表 6-10 描述了采用的变量。

表 6-10　所选变量及描述（洗碗机）

变　量	描　述
价格（P）	单位：欧元
位置样本（L1 – L6）	若该位置，= 1；否则 = 0
零售商样本（R1 – R11）	若该零售商，= 1；否则 = 0
品牌样本（B1 – B39）	若该品牌，= 1；否则 = 0
能源标签超 A 类（A***+A**）样本	若能源标签 A*** 或 A**，= 1；否则 = 0
声功率（AcPow）	
宽	单位：mm
深	单位：mm
餐具数量（NCut）	
计划数量（NProg）	
白色	若白色 = 1；否则 = 0

在样本中，只有 0.39% 的洗碗机被划分为 A*** 类，比例太低，无法得到良好的估计结果。因此，选择将 A** 类和 A*** 类融合，形成超 A 类。

表 6-11 列出了各变量的主要描述性统计数据，平均价格为 482 欧元，价格范围可达 1,119 欧元。超 A 类洗碗机比例为 5.51%，样本中 57% 的洗碗机为白色。

表 6-11　主要描述性统计数据（洗碗机）

变　量	平均值	标准偏差	最　小	最　大
价格（P）	482.039	459.000	199.000	1378.00
超 A 类	0.0551257	0.000000	0.000000	1.00000
声功率（AcPow）	49.4136	49.0000	41.0000	57.0000
宽	573.385	600.000	446.000	640.000
深	595.590	600.000	450.000	710.000
NProg	5.43254	5.00000	3.00000	13.0000
NCut	11.8820	12.0000	6.00000	15.0000
白色	0.570450	1.00000	0.000000	1.00000

地点、零售商和品牌的描述性统计数据见表 6-B-5。

估计结果如表 6-12 所示。

表 6-12 模型估计（洗碗机）

	系 数		
常数	8.43836 (0.262729)	a	
AcPow	– 0.0295622 (0.00290575)	a	
宽	– 0.0013798 (0.00017369)	a	
深	– 0.000956752 (0.000280104)	a	
NCut	0.041252 (0.00786865)	a	
白色	– 0.131303 (0.00901895)	a	
NProg	0.0203996 (0.00706321)	a	
超 A 类	0.0403683 (0.0200753)	b	
决定系数	0.823932	修正后的决定系数	0.813915

a 表示显著性水平为 1%；b 表示显著性水平为 5%；c 表示显著性水平为 10%。
地点、零售商和品牌样本等变量的估算值见表 6-B-6。

因此，在其他条件相同的情况下，超 A 类洗碗机价格比 A 类或 A* 类洗碗机平均高出 4.03%。平均价格为 482 欧元，即表明该类能效标签价值为 19.42 欧元。

开支比例计算如下：

$$WO = 0.001578$$

$$WL = 0.000096$$

$$WX = 0.998326$$

收入弹性确定为 0.4，根据相关文献 [20，25]，低能效洗碗机的需求价格弹性范围为 – 0.5 ~ – 1.25，结果如表 6-13 所示。

表 6-13 需求的自弹性和交叉弹性（洗碗机）

	数量型需求体系（QDBS）（收入弹性 = 0.4）		
需求自价格弹性 O/O	交叉弹性 O/L	自弹性“L”	交叉弹性 L/O
– 0.5	0.1000	– 2.0437	1.6437
– 0.75	0.3500	– 6.1531	5.7531
– 1	0.6000	– 10.2625	9.8625
– 1.25	0.8500	– 14.3719	13.9719

可以看出，高能效洗碗机自需求弹性为 –2.0 ~ –14.3，低能效洗碗机价格每变化 1% 对高能效洗碗机需求的影响为 1.6 ~ 13.9。

6.5 结 论

我们可将能源标签视为提升能源效率的有效手段。从这个意义上讲，不同种类的标签——认证标签或对比标签、自愿性标签或强制标签——可同时用于不同产品，但必须注意标签的使用不得使消费者混淆或厌烦。此外，必须注意，标签的设计、实施和管理是标签计划取得成功的重要因素。

一方面，上文所述特征定价分析表明，家用电器市场中，消费者更看重能源效率，但是对高能效类别产品和 A 类产品的重视程度差别不大。这可能是由于多年前 A 类是标签分类的最高级别，因此消费者认为 A 类电器已经足够高效。鉴于西班牙的家电更新补贴计划政策提供的补贴远远高于估计的价格溢价，有人认为家电更新补贴计划政策目前效率不高，必须进行必要修改。

最后，估算的需求自价格弹性和交叉价格弹性表明，仍需不断推行金融或财政激励政策，鼓励消费者购买高能效家用电器。

本章提要：本章对使用绿色能源标签计划提升全球能源效率这一问题进行了分析，并估算了西班牙市场所售电器能源效率标识的经济价值。在不考虑其他因素时采用特征定价法计算了电器能源效率标识价格的溢价。此外，采用数量型需求体系（QBDS）计算节能电器和其他电器所需的自价格弹性和交叉价格弹性。这种价格弹性对于改进能源效率促进政策非常有用。本章主要考察了 2012 年西班牙市场上的三类电器：洗衣机、冰箱和洗碗机。

致谢：本文所述研究得到了以下研究项目的支持：（1）“低碳经济环境下的消费者行为”（COBELOC）ECO2010-21264，西班牙经济与竞争力部。（2）“能源效率支持政策：税收和补贴（PAEE）”，Fundación Ramón Areces. X Concurso Nacional para la Adjudicación de Ayudas a la Investigación en Ciencias Sociales。

附录 6.A 基于数量的需求系统（QBDS）

假设电器可划分为两个子类——贴有“高”能效标签的电器和贴有“低”能效标签的电器，产品的其他特性相同。这种情况下，可确定以下变量：

V_i 对比单位内商品 V（电器）的质量 i（能源效率）的需求。

P_i 商品 V 质量 i 的价格。

M 总支出。

P 商品 V 总价。

w_j　商品 V 支出比例。

因此，商品 V（电器）的质量 i（能源效率）需求计算公式如下：

$$\frac{V_i}{V}=\beta_i\left(\frac{P_i}{P}\right)^{-\infty} \tag{2}$$

式中，$\beta_i \geqslant 0$ 为常数，$\alpha \geqslant 0$ 为价格敏感性参数。

此外，价格指数 P 的计算公式如下：

$$P=\prod_i P_i^{S_i}$$

式中，$s_i \geqslant 0$，且

$$\sum s_i=1 \tag{3}$$

所有质量类型总需求的计算公式为：

$$V=A\left(\frac{P}{M}\right)^{-\mu} \tag{4}$$

s_i 指商品 V 价格指数质量 i 的权重。$A>0$ 为常数，μ 是商品总需求的支出敏感性参数。

从公式可知，商品 V 的各质量 i 的需求是价格和收入的零次齐次函数，并且价格弹性 $\in_{ii}$ 的计算公式为：

$$\in_{ii}=-\alpha+(\alpha-\mu)s_i \tag{5}$$

对于商品 j 的价格，商品 i 的交叉价格弹性 $\in_{ii}$ 的计算公式为：

$$\in_{ij}=(\alpha-\mu)s_j \tag{6}$$

最终，通过斯勒茨基方程可得：

$$\frac{s_j}{s_i}=\frac{w_j}{w_i} \tag{7}$$

可通过适当地选择 s 的数值得出结果。

如果现在将预算限制与 M 区分，则可得出以下可加性条件：

$$\sum_i w_i e_i=1 \tag{8}$$

本系统与 Deaton 和 Muellbauer[7] 的 AIDS 需求系统相似，不过 AIDS 需求系统并不是由支出比例定义的，而是由数量比例定义的。但本系统存在一定局限性，要求对数量进行对比。但也有一定优势，比如可以轻易地处理近似代用品的子群，并

且可通过有限的数据得出比较可信的自价格弹性和交叉价格弹性。

尽管 QBDS 相对简单，并且与 AIDS 相比要求更低，但 QBDS 也必须满足以下附加条件：近似代用品的收入弹性必须相同。有时期望近似代用品的所有交叉价格弹性均为正，这种期望是比较合理的。因此，可通过齐次性限制得出以下条件：

若$e_i > |e_{i1}|$，则当$j \neq i$时，$\sum_j e_{ij} < 0$；因此，至少有一个交叉价格弹性必须为负。

若$e_i < |e_{i1}|$，则当$j \neq i$时，$\sum_j e_{ij} < 0$；因此，所有交叉价格弹性都可以为正。

由于并未要求提供复合型商品相关信息，因此可以简化本条件。假设$e_i<|e_{i1}|$，则可进一步简化为$\alpha > \mu$，此时便可满足所有近似代用品的交叉价格弹性均为正。这表明，需求收入弹性的绝对值必须小于任一代用品的需求自价格弹性绝对值。

附录 6.B　地点、零售商和品牌等不同变量的数据表

表 6-B-1　地点、零售商和品牌的主要描述性统计数据（洗衣机）

变　量	平均值	标准偏差
L1 加利西亚	0.146055	0.353256
L2 巴斯克	0.179104	0.383542
L3 巴伦西亚	0.188166	0.390949
L4 塞维利亚	0.170576	0.376238
L5 马德里	0.162047	0.368592
L6 巴塞罗那	0.154051	0.361094
T1 Alcampo	0.0954158	0.293867
T2 MediaMarkt	0.337420	0.472956
T3 家乐福	0.123667	0.329289
T4 Worten	0.135394	0.342236
T5 Miro	0.0890192	0.284847
T6 Eroski	0.0570362	0.231974
T7 Bermudez	0.0175906	0.131493
T8 Saturn	0.0549041	0.227854
T9 ElCorleInglés	0.0714286	0.257608
T10 Expert	0.00159915	0.0399680
T11 Milar	0.0165245	0.127515
M1 AEG-ELECTROLUX	0.0405117	0.197209
M2 ANSONIC	0.000533049	0.0230879
M3 ANTARTIK	0.000533049	0.0230879

表 6-B-1　地点、零售商和品牌的主要描述性统计数据（洗衣机）（续）

变　量	平均值	标准偏差
M4 APELL	0.00159915	0.0399680
M5 HOTPOINT-ARISTON	0.0218550	0.146249
M6 ASPES	0.0106610	0.102728
M7 BALAY	0.0602345	0.237984
M8 BEKO	0.000533049	0.0230879
M9 BENAVENT	0.000533049	0.0230879
M10 BOSCH	0.0730277	0.260251
M11 CANDY	0.0559701	0.229925
M12 CARREFOUR HOME	0.00692964	0.0829776
M13 COMFEE	0.00106610	0.0326424
M14 CORBERÓ	0.00213220	0.0461388
M15 DAEWOO	0.0255864	0.157940
M16 DE DIETRICH	0.00159915	0.0399680
M17 ECRON	0.00213220	0.0461388
M18 EDESA	0.0463753	0.210353
M19 ELEGANCE	0.00852878	0.0919813
M20 ESVAM	0.00266525	0.0515709
M21 EUROTECH	0.000533049	0.0230879
M22 FAGOR	0.131663	0.338214
M23 HAIER	0.00426439	0.0651803
M24 OTSEIN HOOVER	0.0565032	0.230952
M25 HOOVER	0.00159915	0.0399680
M26 ELECTROLUX	0.0437100	0.204504
M27 INDESIT	0.0581023	0.233999
M28 KUNFT	0.00159915	0.0399680
M29 LG	0.0746269	0.262858
M30 MIELE	0.0223881	0.147981
M31 PANASONIC	0.00319829	0.0564780
M32 SAIVOD	0.00746269	0.0860868
M33 SAMSUNG	0.0570362	0.231974
M34 SIEMENS	0.0479744	0.213769
M35 SMEG	0.00373134	0.0609869
M36 TEKA	0.00799574	0.0890844
M37 WHRILPOOL	0.0708955	0.256719
M38 ZANUSSI	0.0410448	0.198447
M39 BECKEN	0.00266525	0.0515709

表 6-B-2　地点、零售商和品牌估计量（洗衣机）

变　量	系　数	标准偏差	t-统计量	价　格	
L2 巴斯克	0.0389672	0.0134474	2.8977	0.00381	***
L3 巴伦西亚	0.00789793	0.0123531	0.6393	0.52268	
L4 塞维利亚	0.0253121	0.012861	1.9681	0.04921	**
L5 马德里	−0.0136283	0.0143559	−0.9493	0.34259	
L6 巴塞罗那	0.0215557	0.0133776	1.6113	0.10729	
T2 MediaMarkt	−0.00436503	0.0124692	−0.3501	0.72633	
T3 家乐福	−0.0055628	0.0163044	−0.3412	0.73301	
T4 Worten	−0.00372588	0.0140642	−0.2649	0.79110	
T5 Miro	0.0984963	0.016526	5.9601	<0.00001	***
T6 Eroski	0.0587101	0.0156516	3.7511	0.00018	***
T7 Bermudez	0.0639205	0.0295434	2.1636	0.03063	**
T8 Saturn	−0.0574855	0.0188037	−3.0571	0.00227	***
T9 ElCorteInglés	0.135949	0.0192525	7.0613	<0.00001	***
T10 Expert	0.107293	0.200332	0.5356	0.59232	
T11 Milar	0.0786691	0.0395448	1.9894	0.04682	**
M3 ANTARTIK	−0.320229	0.0303396	−10.5548	<0.00001	***
M4 APELL	−0.308838	0.0760774	−4.0595	0.00005	***
M5 HOTPOINT-ARISTON	−0.167652	0.040607	−4.1287	0.00004	***
M6 ASPES	−0.172976	0.0347359	−4.9797	<0.00001	***
M7 BALAY	−0.0806951	0.0298303	−2.7051	0.00689	***
M8 BEKO	−0.242431	0.0481439	−5.0356	<0.00001	***
M9 BENAVENT	−0.404878	0.0516738	−7.8353	<0.00001	***
M10 BOSCH	0.0514238	0.0305293	1.6844	0.09228	*
M11 CANDY	−0.109325	0.0300999	−3.6321	0.00029	***
M12 CARREFOUR HOME	−0.268835	0.0366859	−7.3280	<0.00001	***
M13 COMFEE	−0.563127	0.0307365	−18.3211	<0.00001	***
M14 CORBERÓ	−0.131661	0.032358	−4.0689	0.00005	***
M15 DAEWOO	−0.268479	0.0343806	−7.8090	<0.00001	***
M16 DE DIETRICH	0.100114	0.0871205	1.1491	0.25065	
M17 ECRON	−0.306936	0.0381686	−8.0416	<0.00001	***
M18 EDESA	−0.129944	0.0315743	−4.1155	0.00004	***
M19 ELEGANCE	−0.502077	0.0340738	−14.7350	<0.00001	***
M21 EUROTECH	−0.470297	0.0747785	−6.2892	<0.00001	***
M22 FAGOR	−0.0343031	0.0290377	−1.1813	0.23763	
M23 HAIER	−0.236081	0.0439073	−5.3768	<0.00001	***
M24 OTSEIN HOOVER	−0.0883697	0.0324471	−2.7235	0.00652	***
M25 HOOVER	−0.081751	0.100485	−0.8136	0.41601	
M26 ELECTROLUX	0.0101975	0.0324502	0.3143	0.75337	

表 6-B-2　地点、零售商和品牌估计量（洗衣机）（续）

变　量	系　数	标准偏差	t- 统计量	价　格	
M27 INDESIT	−0.197175	0.0316602	−6.2278	<0.00001	***
M28 KUNFT	−0.422858	0.0984073	−4.2970	0.00002	***
M29 LG	−0.0182841	0.0382439	−0.4781	0.63264	
M30 MIELE	0.741765	0.0328626	22.5717	<0.00001	***
M31 PANASONIC	0.0302363	0.072096	0.4194	0.67498	
M32 SAIVOD	−0.264099	0.0354476	−7.4504	<0.00001	***
M33 SAMSUNG	−0.121172	0.0327049	−3.7050	0.00022	***
M34 SIEMENS	0.13547	0.0313373	4.3230	0.00002	***
M35 SMEG	0.17567	0.272811	0.6439	0.51971	
M36 TEKA	−0.0894386	0.0526742	−1.6980	0.08969	*
M37 WHRILPOOL	−0.0926054	0.0324102	−2.8573	0.00432	***
M38 ZANUSSI	−0.141419	0.0320704	−4.4097	0.00001	***
M39 BECKEN	−0.39816	0.0442046	−9.0072	<0.00001	***

*：显著性水平 10%；**：显著性水平 5%；***：显著性水平 1%。

表 6-B-3　地点、零售商和品牌的描述性统计数据（冰箱）

变　量	平均值	标准偏差
L1 加利西亚	0.169760	0.375507
L2 巴斯克	0.194658	0.396027
L3 巴伦西亚	0.197374	0.398107
L4 塞维利亚	0.149842	0.356997
L5 马德里	0.144862	0.352041
L6 巴塞罗那	0.143504	0.350665
T1 Alcampo	0.0746944	0.262957
T2 MediaMarkt	0.344047	0.475164
T3 家乐福	0.103667	0.304897
T4 Worten	0.137619	0.344577
T5 Miro	0.106836	0.308974
T6 Eroski	0.0452694	0.207941
T7 Bermudez	0.0267089	0.161268
T8 Saturn	0.0674513	0.250859
T9 ElCorteInglés	0.0701675	0.255487
T10 Expert	0.00226347	0.0475328
T11 Milar	0.0212766	0.144338
M1 AEG-ELECTROLUX	0.0334993	0.179977
M2 HOTPOINT-ARISTON	0.00769579	0.0874072
M3 ASPES	0.00497963	0.0704065
M4 BALAY	0.0534178	0.224916

表 6-B-3　地点、零售商和品牌的描述性统计数据（冰箱）（续）

变　量	平均值	标准偏差
M5 BECKEN	0.00407424	0.0637140
M6 BEKO	0.00135808	0.0368355
M7 BOSCH	0.0760525	0.265142
M8 CANDY	0.0389316	0.193476
M9 CARREFOUR HOME	0.0104120	0.101529
M10 COMFEE	0.000452694	0.0212766
M11 CORBERÓ	0.00633771	0.0793750
M12 DAEWOO	0.0348574	0.183460
M13 DE DIETRICH	0.00407424	0.0637140
M14 ECRON	0.00769579	0.0874072
M15 EDESA	0.0602082	0.237926
M16 ELECTROLUX	0.0461747	0.209911
M17 ELEGANCE	0.00769579	0.0874072
M18 ESVAM	0.00181077	0.0425243
M19 EUROTECH	0.00543232	0.0735205
M20 EXQUISIT	0.000452694	0.0212766
M21 FAGOR	0.107288	0.309550
M22 HAIER	0.0113173	0.105803
M23 HISENSE	0.00135808	0.0368355
M24 HOOVER	0.00407424	0.0637140
M25 INDESIT	0.0633771	0.243695
M26 KUNFT	0.00316885	0.0562160
M27 KYMPO	0.000452694	0.0212766
M28 LG	0.0941603	0.292118
M29 LIEBHERR	0.0679040	0.251638
M30 MIELE	0.0135808	0.115769
M31 MYBALAY	0.00181077	0.0425243
M32 NORWOOD	0.000905387	0.0300828
M33 PANASONIC	0.00226347	0.0475328
M34 SAIVOD	0.00543232	0.0735205
M35 SAMSUNG	0.0683567	0.252414
M36 SEVERAL	0.00181077	0.0425243
M37 SEVERIN	0.00181077	0.0425243
M38 SHARP	0.000905387	0.0300828
M39 SIEMENS	0.0507017	0.219437
M40 SMEG	0.00814848	0.0899208
M41 TEKA	0.00679040	0.0821422
M42 TENSAI	0.000452694	0.0212766

表 6-B-3　地点、零售商和品牌的描述性统计数据（冰箱）（续）

变　量	平均值	标准偏差
M43 VANGUARD	0.000452694	0.0212766
M44 WESTWOOD	0.000905387	0.0300828
M45 WHITE WESTINGHOUSE	0.00362155	0.0600838
M46 WHIRLPOOL	0.0493436	0.216633
M47 ZANUSSI	0.0239928	0.153061

表 6-B-4　地点、零售商和品牌估计量（冰箱）

变　量	系　数	标准偏差	t- 统计量	价　格	
L2 巴斯克	0.0632133	0.0178257	3.5462	0.00040	***
L3 巴伦西亚	0.0321248	0.0139628	2.3007	0.02150	**
L4 塞维利亚	0.0341917	0.0141975	2.4083	0.01611	**
L5 马德里	0.0431768	0.0169523	2.5470	0.01094	**
L6 巴塞罗那	0.0413875	0.0149085	2.7761	0.00555	***
T2 MediaMarkt	0.0407181	0.0213245	1.9095	0.05634	*
T3 家乐福	0.0299728	0.0232492	1.2892	0.19747	
T4 Worten	0.0396041	0.0225399	1.7571	0.07905	*
T5 Miro	0.0909524	0.0235457	3.8628	0.00012	***
T6 Eroski	0.0150963	0.0298867	0.5051	0.61353	
T7 Bermudez	0.0720643	0.0364132	1.9791	0.04794	**
T8 Saturn	0.0293243	0.0257403	1.1392	0.25474	
T9 ElCorteInglés	0.181768	0.0283183	6.4187	< 0.00001	***
T10 Expert	0.161605	0.103329	1.5640	0.11797	
T11 Milar	0.0390694	0.0353885	1.1040	0.26971	
M2 HOTPOINT- ARISTON	– 0.419308	0.081028	– 5.1748	< 0.00001	***
M3 ASPES	– 0.307396	0.0356946	– 8.6118	< 0.00001	***
M4 BALAY	– 0.178103	0.027889	– 6.3861	< 0.00001	***
M5 BECKEN	– 0.457842	0.0338363	– 13.5311	< 0.00001	***
M6 BEKO	– 0.397844	0.0570477	– 6.9739	< 0.00001	***
M7 BOSCH	– 0.021943	0.028019	– 0.7831	0.43363	
M8 CANDY	– 0.287942	0.0312219	– 9.2225	< 0.00001	***
M9 CARREFOUR HOME	– 0.491218	0.0383342	– 12.8141	< 0.00001	***
M10 COMFEE	0.427415	0.0496321	8.6117	< 0.00001	***
M11 CORBERÓ	– 0.493611	0.0341462	– 14.4558	< 0.00001	***
M12 DAEWOO	– 0.472967	0.0316291	– 14.9535	< 0.00001	***
M13 DE DIETRICH	0.0835603	0.0497823	1.6785	0.09340	*
M14 ECRON	– 0.5339	0.0551673	– 9.6778	< 0.00001	***
M15 EDESA	– 0.302501	0.0278071	– 10.8786	< 0.00001	***
M16 ELECTROLUX	– 0.0757218	0.0370042	– 2.0463	0.04085	**

表 6-B-4　地点、零售商和品牌估计量（冰箱）（续）

变　量	系　数	标准偏差	t- 统计量	价　格	
M17 ELEGANCE	－0.65165	0.0627134	－10.3909	< 0.00001	***
M18 ESVAM	－0.64533	0.0395066	－16.3348	< 0.00001	***
M19 EUROTECH	－0.548656	0.0427469	－12.8350	< 0.00001	***
M20 EXQUISIT	－0.406128	2.9302	－0.1386	0.88978	
M21 FAGOR	－0.105422	0.0261036	－4.0386	0.00006	***
M22 HAIER	－0.513856	0.0695364	－7.3898	< 0.00001	***
M23 HISENSE	－0.579277	0.137648	－4.2084	0.00003	***
M24 HOOVER	－0.4937	0.0981807	－5.0285	< 0.00001	***
M25 INDESIT	－0.440609	0.0306288	－14.3854	< 0.00001	***
M26 KUNFT	－0.551497	0.0400949	－13.7548	< 0.00001	***
M27 KYMPO	－0.0733194	0.0287993	－2.5459	0.01097	**
M28 LG	－0.20566	0.0294761	－6.9772	< 0.00001	***
M29 LIEBHERR	0.132956	0.0295279	4.5027	< 0.00001	***
M30 MTELE	0.274463	0.0444984	6.1679	< 0.00001	***
M31 MYBALAY	－0.373192	0.16085	－2.3201	0.02043	**
M32 NORWOOD	－0.59957	0.0692358	－8.6598	< 0.00001	***
M33 PANASONIC	－0.0498537	0.0797589	－0.6251	0.53200	
M34 SAIVOD	－0.510927	0.145506	－3.5114	0.00046	***
M35 SAMSUNG	－0.205813	0.0309577	－6.6482	< 0.00001	***
M37 SEVERIN	－0.257007	0.0733404	－3.5043	0.00047	***
M38 SHARP	－0.430325	0.0822236	－5.2336	< 0.00001	***
M39 SIEMENS	－0.00517677	0.028145	－0.1839	0.85408	
M40 SMEG	－0.130258	0.103145	－1.2629	0.20678	
M41 TEKA	－0.331209	0.0683998	－4.8423	< 0.00001	***
M43 VANGUARD	－0.248279	0.0479215	－5.1810	< 0.00001	***
M44 WESTWOOD	－0.658148	0.140814	－4.6739	< 0.00001	***
M45 WHITE WESTINGHOUSE	－0.278013	0.0554739	－5.0116	< 0.00001	***
M46 WHIRLPOOL	－0.273367	0.0281256	－9.7195	< 0.00001	***
M47 ZANUSSI	0.216607	0.0330317	7.4651	< 0.00001	***

*：显著性水平 10%；**：显著性水平 5%；***：显著性水平 1%。

表 6-B-5　地点、零售商和品牌的描述性统计数据（洗碗机）

变　量	平均值	标准偏差
L1 加利西亚	0.133462	0.340238
L2 巴斯克	0.166344	0.372570
L3 巴伦西亚	0.200193	0.400339
L4 塞维利亚	0.148936	0.356198
L5 马德里	0.181818	0.385881

表 6-B-5　地点、零售商和品牌的描述性统计数据（洗碗机）（续）

变　量	平均值	标准偏差
L6 巴塞罗那	0.169246	0.375150
T1 Alcampo	0.0841393	0.277731
T2 MediaMarkt	0.332689	0.471404
T3 家乐福	0.134429	0.341278
T4 Worten	0.116054	0.320445
T5 Miro	0.0918762	0.288991
T6 Eroski	0.0464217	0.210498
T7 Bermudez	0.0251451	0.156641
T8 Saturn	0.0676983	0.251349
T9 ElCorteInglés	0.0822050	0.274810
T10 Expert	0.00773694	0.0876614
T11 Milar	0.0116054	0.107153
M1 AEG-ELECTROLUX	0.0647969	0.246286
M2 APELL	0.000967118	0.0310985
M3 ASPES	0.0135397	0.115626
M4 BALAY	0.0764023	0.265769
M5 BOSCH	0.140232	0.347396
M6 BECKEN	0.00290135	0.0538120
M7 BLUESKY	0.000967118	0.0310985
M8 CANDY	0.0367505	0.188240
M9 CARREFOUR HOME	0.00773694	0.0876614
M10 CORBERÓ	0.00386847	0.0621067
M11 DAEWOO	0.00580271	0.0759909
M12 DE DIETRICH	0.00290135	0.0538120
M13 ECRON	0.0116054	0.107153
M14 EDESA	0.0531915	0.224524
MI5 ELECTROLUX	0.0705996	0.256279
M16 ELEGANCE	0.00290135	0.0538120
M17 FAGOR	0.168279	0.374294
M18 HOME CARREFOUR	0.00773694	0.0876614
M19 HOTPOINT-ARISTON	0.00580271	0.0759909
M20 INDESIT	0.0454545	0.208400
M21 KUNFT	0.00290135	0.0538120
M22 LG	0.0232108	0.150645
M23 MIELE	0.0348162	0.183403
M24 NORDWOOD	0.000967118	0.0310985
M25 SAIVOD	0.00580271	0.0759909
M26 SAMSUNG	0.00580271	0.0759909
M27 SELECT LINE	0.0106383	0.102642

表 6-B-5　地点、零售商和品牌的描述性统计数据（洗碗机）（续）

变　量	平均值	标准偏差
M28 SIEMENS	0.0473888	0.212572
M29 SMEG	0.0125725	0.111474
M30 TEKA	0.0203095	0.141125
M31 WHIRLPOOL	0.0609284	0.239315
M32 WHITE WESTINGHOUSE	0.00290135	0.0538120
M33 ZANUSSI	0.0483559	0.214621
M34 GAGGENAU	0.000967118	0.0310985

表 6-B-6　地点、零售商和品牌估计量（洗碗机）

变　量	系　数	标准偏差	t- 统计量	价　格	
L2 巴斯克	0.0397859	0.0163064	2.4399	0.01488	**
L3 巴伦西亚	0.0233408	0.0143378	1.6279	0.10389	
L4 塞维利亚	0.0180421	0.0154505	1.1677	0.24322	
L5 马德里	– 0.00723976	0.0159277	– 0.4545	0.64955	
L6 巴塞罗那	0.037197	0.0155497	2.3921	0.01695	**
T2 MediaMarkt	– 0.00603457	0.0146125	– 0.4130	0.67972	
T3 家乐福	0.0693018	0.0190408	3.6397	0.00029	***
T4 Worten	– 0.0152746	0.0192584	– 0.7931	0.42790	
T5 Miro	0.0876567	0.0186384	4.7030	< 0.00001	***
T6 Eroski	0.0745703	0.0187256	3.9823	0.00007	***
T7 Bermudez	0.14968	0.0315102	4.7502	< 0.00001	***
T8 Satun	– 0.020249	0.020924	– 0.9677	0.33343	
T9 ElCorteInglés	0.143218	0.0183941	7.7861	< 0.00001	***
T10 Expert	0.0155095	0.082356	0.1883	0.85067	
T11 Milar	0.0970123	0.0410446	2.3636	0.01831	**
M2 APELL	– 0.40673	0.0288589	– 14.0937	< 0.00001	***
M3 ASPES	– 0.271245	0.0388819	– 6.9761	< 0.00001	***
M4 BALAY	– 0.029393	0.0282604	– 1.0401	0.29858	
M5 BOSCH	0.0478179	0.0280761	1.7032	0.08888	*
M6 BECKEN	– 0.281433	0.0643438	– 4.3739	0.00001	***
M8 CANDY	– 0.130722	0.0470269	– 2.7797	0.00555	***
M9 CARREFOUR HOME	– 0.499412	0.0380564	– 13.1229	< 0.00001	***
M10 CORBERÓ	– 0.427511	0.0545997	– 7.8299	< 0.00001	***
M11 DAEWOO	– 0.45207	0.0572378	– 7.8981	< 0.00001	***
M12 DE DIETRICH	– 0.147349	0.120745	– 1.2203	0.22265	
M13 ECRON	– 0.272183	0.054155	– 5.0260	< 0.00001	***
M14 EDESA	– 0.131679	0.0308893	– 4.2629	0.00002	***
M15 ELECTROLUX	0.0141147	0.0257229	0.5487	0.58333	
M17 FAGOR	– 0.0273468	0.0259217	– 1.0550	0.29171	

表 6-B-6 地点、零售商和品牌估计量（洗碗机）（续）

变 量	系 数	标准偏差	t- 统计量	价 格	
M18 HOME CARREFOUR	－0.484519	0.0414191	－11.6980	＜0.00001	***
M19 HOTPOINT-ARISTON	－0.187088	0.0553041	－3.3829	0.00075	***
M20 INDESIT	－0.290984	0.0345424	－8.4240	＜0.00001	***
M22 LG	－0.1288	0.0580258	－2.2197	0.02668	
M23 MIELE	0.506637	0.0408137	12.4134	＜0.00001	***
M24 NORDWOOD	－0.529087	1.68797	－0.3134	0.75401	
M25 SAIVOD	－0.365334	0.0588595	－6.2069	＜0.00001	***
M26 SAMSUNG	－0.0577015	0.0381582	－1.5122	0.13084	
M27 SELECT LINE	－0.603966	0.0345843	－17.4636	＜0.00001	***
M28 SIEMENS	0.118675	0.0387393	3.0634	0.00225	
M29 SMEG	－0.123677	0.0965571	－1.2809	0.20057	
M30 TEKA	－0.234249	0.0409149	－5.7253	＜0.00001	
M31 WHIRLPOOL	－0.129955	0.0305298	－4.2567	0.00002	
M32 WHITE WESTING-HOUSE	－0.329099	0.147629	－2.2292	0.02604	***
M33 ZANUSSI	－0.157279	0.0298118	－5.2757	＜0.00001	
M34 GAGGENAU	－0.19252	0.0296483	－6.4935	＜0.00001	

*：显著性水平 10%；**：显著性水平 5%；***：显著性水平 1%。

参考文献

1. Banerjee A, Solomon B (2003) Eco-Labeling for energy efficiency and sustainability: a meta-evaluation of US programs. Energy Policy 31:109-123
2. Bartiaux B (2008) Does environmental information overcome practice compartmentalization and change consumer's behaviours? J Clean Prod 16:1170-1180
3. CECED (2005) Energy-efficiency. A shortcut to Kyoto targets. The vision of European home appliance manufactures
4. Cason T, Gangadharan L (2002) Environmental labeling and incomplete consumer information in laboratory markets. J Environ Econ Manag 43:113-134
5. Chin TL (2003) A critical review of literature on the hedonic price model. Int J Hous Sci Appl 27:146-165
6. Dale L Sydny, Fujita K (2008) An analysis of the price elasticity of demand for household appliances. Lawrence Berkeley National Laboratory, University of California, California
7. Deaton A, Muellbauer J (1980) An Almost Ideal Demand System. Am Econ Rev 70 (3):312-326
8. Delmas M et al (2012) Lost in a sea of green: navigating the eco-label labyrinth. UCLA Institute of the Environment and Sustainability, California
9. EPA (2012) Celebrating 20 years of energy star. Environmental protection agency, office of air and radiation, climate protection partnerships division. https://www.energystar.gov/ia/about/20_ years/ES_20th_Anniv_brochure_spreads. pdf ? 1c89-fef6
10. Ecolabel Index www.ecolabelindex.com

11. European Commision (2010a) Commission delegated regulation (EU) No 1059/2010 of 28 September 2010 supplementing directive 2010/30/EU of the European parliament and of the council with regard to energy labelling of household dishwashers
12. Evrard A (2011) Beyond technical debates: the political influence of the EU over policy instruments. The case of the energy label. In: 6th ECPR general conference—Reykjavik, August 2011. Section 92—green politics. Panel 563 "European politics of climate change—evaluating policy instruments and national strategies"
13. Galarraga I (2002) The use of eco-labels: a review of the literature. Eur Environ 12:316-331
14. Galarraga I, González-Eguino M, Heres del Valle D (2011) Price Premium for high-efficiency refrigerators and calculation of price-elasticities for close-substitutes: combining hedonic pricing and demand system. J Clean Prod 19(17-18): 2075-2081
15. Galarraga I, González-Eguino M, Markandya A (2011) Willingness to pay and price elasticities of demand for energy-efficient appliances: combining the hedonic approach and demand systems. Energy Econ 33(l):66-72
16. Galarraga I, Abadie L. M (2012) Ecolabels. Encyclopedia of sustainability, titled measurements, indicators, and research methods for sustainability. Great Marrington, Berkshire publishing group, MA, US
17. Galarraga I, Lucas J, González-Egino M (2012) Evaluación económica del etiquetado de eficiencia energética: "El caso de las lavadoras en España." *Papeles de Econom ía Española*
18. Gillingham K, Newell R. G., Palmer, K (2009) Energy efficiency economics and policy. Ann Rev Resour Econ Ann Rev l(l):597-620
19. Golder P, Tellis G (1998) Beyond diffusion: an affordability model of the growth of new consumer durables. J Forecast 17:259-280
20. Harrington L, Damnics M (2004) Energy labelling and standards programs throughout the World, The National Appliance and Equipment Energy Efficiency Committee, Australia.Report 2004/04
21. Horne R (2009) Limits to labels: the role of eco-labels in the assessment of products sustainability and routes to sustainable consumption. Int Journey Consum Stud 33:175-182
22. IEA (2011) Energy efficiency policy and carbon pricing, energy efficiency series, IEA, Paris
23. IEA (2000) Energy labels and standards. IEA. Paris
24. Jain D, Rao R (2005) Effect of price on the demand for durables: modelling estimation and findings. J Bus Econ Stat 8(2): 163-170
25. Khaneman D, Tversky A (1984) Choices, values and frames. Am Psychol 34:571-582
26. OECD (2008) Promoting sustainable consumption. Organisation for economic co-operation and development, Paris. http://www.oecd.org/publishing/corrigenda. Accessed 3 Dec 2008
27. Rosen S (1974) Hedonic prices and implicit markets: product differentiation in pure competition. J Polit Econ 82(1):34-55
28. Sto E, Strandbakken P (2009) The future of energy label in Europe. A consumer and stakeholder approach to the revisions of EU Energy Label. Paper presented at the Joint actions on climate change conference, 8-10 June —City of Aalborg
29. Tversky A, Kahneman D (1974) Judgment under uncertainty: heuristics and biases. Science 185:1124-1131
30. Wiel S, McMahon J (2003) Governments should implement energy-efficiency standards and labels- cautiously. Energy Policy 31:1403-1415

第七章

住宅用能源领域的直接回弹效应评估——西班牙应用实例

P. Gálvez, P. Mariel, D. Hoyos [1]

7.1 概 述

自 1997 年签订《京都议定书》以来，众多欧洲国家一直致力于减少温室气体排放，缓解气候变化。因此，由于能源效率可以在不影响个人福利和经济发展的情况下促进减排，其在整个过程中发挥着基础性的作用。

在西班牙，住宅领域是最适合通过政策促进能源高效利用的领域之一。欧盟统计局数据显示，1990 至 2011 年，住宅领域是仅次于工业领域和交通运输领域的第三大能源消耗领域，能源消耗约占能源消耗总量的 17%。此外，该时段内，家庭能源需求每年以相对稳定的速率（4%）持续增长。

---

1 Pablo Gálvez (✉)
Área de Ingeniería Industrial, Escuela Universitaria de Ingeniería Industrial, Informática y de Sistemas, Universidad de Tarapacá (UTA), Arica, Chile
e-mail: pgalvezcastex@gmail.com
Petr Mariel; David Hoyos
Departamento de Economía Aplicada III, Facultad de Ciencias Económicas y Empresariales, Universidad del País Vasco (UPV/EHU), Bilbao, Spain
e-mail: petr.mariel@ehu.es
David Hoyos
Research Group on Ecological Economics and Political Ecology（UPV/EHU），EKOPOL，Bilbao, Spain
e-mail: david.hoyos@ehu.es

© Springer International Publishing Switzerland 2015
A. Ansuategi *et al*. (eds.), *Green Energy and Efficiency*, Green Energy and Technology， DOI 10.1007/978-3-319-03632-8_7

IDEA（西班牙多样化和节能研究所）[2]认为，仅采用电力供热和生活热水的家庭占总能耗的67%。这一结果证实了Freire-González[5]于2003年呈交的加泰罗尼亚家庭能耗的相关数据。该数据资料表明，供热和热水供应产生的住宅能耗比例将占62.3%。

住宅领域应用最为广泛的能源效率提升策略主要包括信息宣传活动、高能效电器替换低能效电器补贴政策、家用电器能源标签，以及最近审核通过的规定了“新建筑物和既有建筑物能源认证基本程序”的皇家法令235/2013。该法令规定了提供住宅二氧化碳排放报告和建筑物能效等级的义务。

由于有了这一新规定，家庭购置或租赁房屋时可获得更多信息。二氧化碳排放量低或能效等级较高的住宅能源效率更高。这就意味着，与二氧化碳排放量高并且能效等级较低的住宅相比，其在供热方面的花费更少。

但是，由于存在“回弹效应”，并不是住宅或其他生产系统中的所有能源效率提升都意味着成本节约。事实上，有时回弹效应极大，甚至可以超过通过技术改进实现的最大预期成本节约。

根据Berkhout等[1]和Sorrell等[15]的研究，回弹效应可分为三类[3]：“直接回弹效应”（一阶响应），是指高效节能体系提供的服务成本降低产生的替代效应。该类效应只对体系产生影响，若能源使用家庭在用更节能的供热系统替换旧供热系统后供热时间增加了，便会出现直接回弹效应。

“间接回弹效应”（二阶响应），是指个体采用更节能的技术后实际收益增长而产生的收益效应。当然，收益可用于可能产生能耗的其他活动，因此可能增加能源需求总量。

对整体经济的影响（三阶响应），包括市场中与技术变革相关的调整。因此，能源效率的提升改变了生产成本，进而改变与技术改进相关的所有商品的市场平衡关系。

Greening等[7]认为，还存在第四类效应，称为“转换效应”，此类效应包括改进技术后可能潜在增加或降低能耗的人类活动的所有潜在变化。Greening等将使用时间和劳动力结构的变化引证为实例。

有大量估算直接回弹效应的文献，特别是Roy[13]发表的论文。该论文指出，在使用更节能的太阳能系统更换煤油灯的家庭，煤油消耗量仅比最初预计的消耗量降低了20%~50%。造成这一情况的主要原因包括：此前并未满足的照明需求，在

2 欲了解更多信息，请参见SPAHOUSEC, Análisis del Consumo Energético del Sector Residencial en España最终报告，网址http:/www.idae.es/。

3 Sorrell与Dimitropoulos[14]提出了与时间相关的平行回弹效应；Brencic和Young[3]分析了 主要家庭活动中的时间回弹效应。

政府补贴下安装更节能电器的家庭支付的费用更低，以及节能政策和能源价格协调程度较差。

Brännlund 等 [4] 和 Mizobuchi[11] 的论文采用了线性近似理想需求系统模型。其论文将直接回弹效应计算为存在直接回弹效应和不存在直接回弹效应的各类情形下（即完全实现预期节能目标时）二氧化碳排放的差异。

Brannlund 等 [4] 的论文模拟了将交通服务和照明领域能源效率提升 20% 时对二氧化碳（CO_2）、二氧化硫（SO_2）和氮氧化物（NO_x）排放的影响。结果表明，气体排放量增加了约 5%，进行技术改进后，回弹效应超过 12%。作者认为，如果将二氧化碳排放税增加 130%，将有助于消除此类气体排放、减少二氧化硫输出并增加氮氧化物的排放。

Mizobuchi[11] 强调了资本成本在计算直接回弹效应中的重要作用。关键的假设条件是：高能效电器的资本成本高于低能效电器。该论文研究结果表明，如果忽略资本成本，则直接回弹效应为 115%，也就是说，能源效率的提升实际上增加了二氧化碳排放量。但是，考虑资本成本时，直接回弹效应大幅度减小，约为 27%。

Sorrell 等 [15] 的论文综述了直接回弹效应相关的文献。在供热方面，作者认为，直接回弹效应为 20%；而在生活热水供应方面，只是提及了 Guertin 等 [8] 得出的结果，据 Guertin 等估算，直接回弹效应为 34% ~ 38%。

Sorrell 等 [15] 确定了估算回弹效应时产生偏差的来源：（1）无法识别除能源成本外可能构成体系一部分的其他重大成本，如资本成本、维护成本和时间成本；（2）能源价格长时间偏高，使家庭对能源消耗更加敏感；（3）能源效率中存在的可能的内生性。

Freire-González[5] 可能是西班牙唯一一位对该问题进行了分析的学者，Freire-González 预计，加泰罗尼亚地区家庭用电设施产生的回弹效应在短期内约为 35%，在长期内为 49%。在论文中，作者将 1999 — 2006 年间影响加泰罗尼亚市政的总体经济和气象资料作为控制变量。

大多数论文的研究重点都在于产生回弹效应的机制，并侧重于估算产生的直接效应。为了估算高阶响应，需要更多与家庭成员各类活动相关的详细信息，以及他们与市场互动的信息。但此类信息并不总是可得的。此外，在直接回弹效应模型中，尚无论文将住宅二氧化碳排放量作为控制变量。

相应地，本章采用了 2012 年收集的与各家庭及其能源消耗量相关的详细信息，并提供了许多与西班牙住宅领域直接回弹效应相关的信息。此外，还尝试将各家庭的特点（以二氧化碳排放量为代表）与能源消耗（电力和天然气等）联系起来。

本章的一个显著特点在于使用了各家庭的能源消耗相关信息，包括采用了每度电和每立方米天然气的可变成本，以及 2012 年各家庭消耗的电力和天然气的额定电功率和付款总额。我们所评述的文献都是将平均价格作为住宅能源成本。

2012 年，西班牙家庭经历了极为不利的经济形势，而本研究的结果尤为引人注意。INE（西班牙国家统计局）资料显示，西班牙失业率高达 25%，住宅用燃料（电、气等）价格指数与综合物价指数相比上涨 7.3 个百分点。此外，INE 的《生活状况调查》表明，2011 年大约 17% 的西班牙家庭表示冬季暖气未达到规定温度 [10]。

本章主要有以下两个目的：（1）提升以电力和天然气为燃料的供热和生活热水系统的能源效率，估算直接回弹效应；（2）估算住宅二氧化碳排放对燃料消耗产生的影响。第一个目标中，我们假设住宅能源需求主要来自供热和生活热水供应。

本章的研究结果对设计提升能源使用效率、降低住宅二氧化碳排放量的相关政策时可能有用。例如，若减少一定量的住宅二氧化碳排放量产生的生活用电减少量已知，则有助于评估家庭用电系统改善和提升方面的投资是否经济可行。

本章主要包括五部分：除了概述外，第二节主要介绍采用的方法；第三节描述了估算直接回弹效应时采用的数据；第四节呈现了得出的结果；第五节对结果进行阐释，并得出了主要结论。

7.2 研究方法

7.2.1 直接回弹效应理论

Sorrell 和 Dimitropoulos[14] 将家庭描述为一个使用能源（E）、资金、时间和其他资源为其成员提供一整套服务的完整体系，如供热、安全、保护等。该类体系的特点即为能源效率，即通过自身能力将获得的能源转换为最终服务。可通过下式求得能源效率 ε：

$$\varepsilon = \frac{S}{E} \tag{1}$$

式中，S 指体系的有用功，是服务的计量单位。必须指出，同一服务可采用多种有用功计量方式，例如，可通过住宅建筑面积或用户数计算住宅供热能耗量。

与能源效率相关的能源消耗弹性 $\eta_\varepsilon(E)$ 可通过下式求得：

$$\eta_\varepsilon(E) = \frac{\partial E}{\partial \varepsilon}\frac{\varepsilon}{E} \tag{2}$$

将式（1）代入式（2），可得：

$$\eta_\varepsilon(E) = \eta_\varepsilon(S) - 1 \tag{3}$$

式中，$\eta_\varepsilon(S)$ 指有用功的需求效率弹性，并可确定直接回弹效应。由式（3）可知，如果直接回弹效应为 0，能源效率的提升可造成能源需求等量减少。

要确定回弹效应信号，必须分析需求成本。如果能源成本是唯一的主要成本，则有用功的成本如下所示：

$$P_S = \frac{P_E}{\varepsilon} \tag{4}$$

式中，P_E 为能源价格。从式（4）可知，P_E 固定不变时，能源效率提升将降低有用功成本，因而增加对服务的需求。这就表明，$\eta_\varepsilon(S)$ 始终为正。若 $0 < \eta_\varepsilon(S) < 1$，提升能源效率可节省能源；当 $\eta_\varepsilon(S) > 1$ 时，则会产生反效果，即 e 的增加将造成能源消耗 E 的增加。

从式（4）可知，若其他条件不变，ε 增加时对有用功成本产生的影响与 P_E 降低时产生的影响相同。这种情况被称为对称，假设 P_E 是外生性的（即假设能源价格与能源效率的改变不相关），则式（3）可转换为：

$$\eta_\varepsilon(E) = -\eta_{P_S}(S) - 1 \tag{5}$$

这种计算回弹效应的新方法主要用于计算能源服务需求有用功的价格弹性，在采用的数据中无充足的能源效率变量时非常有用。但是，由于很难客观地得出 S 的值，该方法仍然存在一些局限性。要解决这一问题，不仅需要假设满足上述对称性及外生性条件，还需要将能源效率视为常数。由此，可将式（5）转换如下：

$$\eta_\varepsilon(E) = -\eta_{P_E}(E) - 1 \tag{6}$$

现在，可通过能源需求的价格弹性计算回弹效应。该表达式则要求将用于计算价格弹性的燃料需求与能源效率得到提升的服务紧密相关。

7.2.2 模型

如果对称性、外生性和能源效率不变的假设均能满足，并且住宅燃料需求与供热和生活热水供应服务密切相关，则可通过估算电力和天然气的住宅需求计算此类服务的直接回弹效应。

考虑到样本中所有家庭的用电量，通过经典回归模型分析了电力需求。相应地，鉴于样本中各家庭的天然气消耗比仅为 38.9%，采用了 Heckman[9] 提出的模型估算了天然气需求量。

赫克曼（Heckman）模型亦称选择模型或 Tobit 2 模型，通过以下回归模型演算消费方程：

$$y_i = x_i'\beta + \varepsilon_i \tag{7}$$

式中，分类指数 i 指各个体和因变量 y_i，代表整个群体中无法观测的其他任何变量；[4] 模型的解释变量为 x_i 和 β；随机项为 ε_i。赫克曼（Heckman）模型还需选择变量 z^*，因此，只有当 z^* 超过设定阈值 0 时，方可得出 y_i。该变量的选择方程式如下：

$$z^* = w_i'\gamma + u_i \tag{8}$$

式中，向量 w_i 包含影响选择的解释变量，向量 γ 具有待定系数，μ_i 为随机误差项。

设误差 ε_i 和 μ_i 呈正态二元分布，且均值为零，相关系数为 ρ，可得：

$$\begin{aligned} E\left[y_i \middle| y_i observed\right] &= E\left[y_i \middle| z^* > 0\right] \\ &= E\left[x_i'\beta + \varepsilon_i \middle| w_i'\gamma + u_i > 0\right] \\ &= x_i'\beta + E\left[\varepsilon_i \middle| w_i'\gamma + u_i > 0\right] \\ &= x_i'\beta + E\left[\varepsilon_i \middle| u_i > -w_i'\gamma\right] \\ &= x_i'\beta + \rho\sigma_\varepsilon \left[\frac{\phi\left(\frac{w_i'\gamma}{\sigma_u}\right)}{\Phi\left(\frac{w_i'\gamma}{\sigma_u}\right)}\right] \end{aligned} \tag{9}$$

式中，误差的标准差可通过式（7）和（8）得出，分别为 σ_ε 和 σ_u。表达式 $\phi(.)$ 和 $\Phi(.)$ 分别为标准正态分布的密度和概率函数。大多数情况下，由于无法得出变量 z^*，推测 σ_u 等于统一。因此，式（9）与（7）对应，且有一个额外解释变量——米尔斯反比，以 $w_i'\gamma$ 得出。需要说明的是，在第一阶段（8）使用概率单位替换 γ。

从式（9）可知，如果 ε_i 和 u_i 相互独立（$\rho = 0$），则右侧第二项为 0，因此，可通过普通最小二乘法（OLS）直接估算消费方程。另一方面，如果 $\rho \neq 0$，则可通过 Heckman[9] 所列两阶段估算程序或将以下似然函数 [6] 最大化的方式估算式(9)：

$$\begin{aligned} \ln L = &\sum_{y_i=0} \ln\left[\Phi\left(-w_i'\gamma\right)\right] + \sum_{y_i>0} \ln\left[\sigma_\varepsilon^{-1}\phi\left(\frac{y_i - x_i'\beta}{\sigma_\varepsilon}\right)\right] + \\ &+ \sum_{y_i>0} \ln\left[\Phi\left(\frac{w_i'\gamma + \rho\sigma_\varepsilon^{-1}\left(y_i - x_i'\beta\right)}{\sqrt{1-\rho^2}}\right)\right] \end{aligned} \tag{10}$$

4 y_i 为住宅天然气消耗量。

7.3 数　据

本研究所用数据系通过专为本研究设计的调查获得。[5]该调查于 2013 年初在毕尔巴鄂、维多利亚、马德里、马拉加和塞维利亚等城市开展，反映了 2012 年各家庭的人口统计资料、各住宅区特点以及住宅能源消耗的具体信息。

研究选用的宅用燃料为电力和天然气，因为此类燃料是住宅能源系统采用的主要燃料。IDEA 数据显示，2010 年电力和天然气占所有宅用能源的 60%。此外，选择电力和天然气而不选择液化石油气或民用燃油，有助于获得更准确的年度消耗和成本信息。各家庭提供了以下方面的准确数据：2012 年其电力和天然气的消耗量、每度电的单价、额定电功率以及开票周期。

此外，通过根据皇家法令 235/2013 专为 IDEA 研发的软件包 CE3X（1.0 版）获取了住宅二氧化碳排放和能效等级相关信息。由于录入 CE3X 的数据需具备建筑围护结构热性能指标及其他特性的专业技术知识，[6]因此，必须识别出我们可能接触并可以同时为住宅二氧化碳排放和能效等级的计算提供良好基础的变量。幸运的是，C3EX 灵活性很高，只需一个家庭的数据集便可运行。

本研究采用了以下输入变量：住宅区邮政编码、建筑物年限或最后一次改建的时间（获得建筑许可证的年份）、住宅建筑面积、住宅是否为整栋建筑的一部分、住宅是否位于顶楼、是否能使用太阳能、空调使用情况以及供热和热水供应电器的性质（采用的燃料）。调查时，要求受访者填写建筑物朝向、正面外墙的表面积和遮光面积、采用玻璃的比例、采用的玻璃的类型以及窗框的类型等信息。

最初，对 1,507 户家庭进行了调查。为将异常值的影响降低到最小，将每年用于各类燃料的开支与在单位成本、固定期限增值税发票基础上计算出的年度开支的近似数据进行了比较。这样，可从样本中剔除那些通过两种方法所测开支的差额低于 10% 和高于 90% 的家庭。同时，还剔除了无法提供开展研究所需信息的家庭。最终，实际受访家庭数为 820 户。

表 7-1 为样本家庭供热和生活热水供应所用能源的主要来源。将所有家庭按地域分为 3 组：北部的毕尔巴鄂和维多利亚，中部的马德里，以及南部的马拉加和塞维利亚。

5 该调查根据欧盟委员会“温室气体减排战略对城市环境的公共健康影响（PURGE）”项目（FP7-ENV-2010）开展。

6 了解更多信息，请参见 CE3X 现有建筑能效等级用户手册，可登录西班牙工业、能源和旅游部网站 http://www.minetur.gob.es/ 获取信息。

表 7-1　宅用燃料（按区域）

家庭比例（按燃料种类分类）	北部区域（215 户）		中部区域（259 户）		南部区域（346 户）	
	供热	生活热水	供热	生活热水	供热	生活热水
天然气	60.0	62.3	47.1	52.1	0.9	15.0
燃　油	15.8	13.5	7.3	5.8	0.0	0.0
电　力	19.1	20.9	27.0	25.9	77.2	24.9
液化石油气	2.3	3.3	9.3	15.1	2.9	59.2
其他资源	0.5	0.0	1.2	1.2	1.4	0.9
无服务	2.3	0.0	8.1	0.0	17.6	0.0

其他资源 = 生物燃料、生物质 / 可再生能源和煤炭。
资料来源：自有数据。

上述数据表明，北部和中部区供热使用最广泛的燃料是天然气，其次是电力。在南部区域，民用燃油是第三大常用燃料，而在中部区域则为液化石油气（煤气罐）。北部区域安装供热系统的家庭比例最高，达 97.7%。

在南部区域，最常用的燃料为电力，用户比例达 77.2%。事实上，其他燃料的用户比例均不超过 3%。应注意的是，在南部区域，17.6% 的家庭表示并未使用供热系统。

所有受访家庭都表示安装有生活热水系统，且北部区域和中部区域主要使用天然气和电力，而南部区域主要使用液化石油气、电力和天然气。在样本中，煤和生物燃料等其他资源并未作为宅用燃料广泛使用。

表 7-2 表明，与使用天然气的家庭相比，将电力作为唯一能源来源的家庭通常会排放更多二氧化碳。在使用天然气的家庭中，能源损失较少，且比只使用电力的家庭多 100 多户。

表 7-2　使用电力或天然气供热和获取热水的家庭的二氧化碳排放量

单位：千克二氧化碳 /（m^2 · 年）

住宅用燃料	户　数	Avg CO_2	Sd	Min	Max
电　力	146	38.89	24.02	10.04	114.78
天然气	253	19.91	9.08	5.87	52.38

Avg CO_2 = 二氧化碳平均排放量，Sd = 标准偏差，Min = 最低，Max = 最高。
资料来源：自有数据。

表 7-3 总结了 CE3X 提供的结果。能效等级范围从 A（能效等级最高）到 G（能效等级最低）。不出所料，当能效等级趋于 G 时，三个区域的二氧化碳平均排放量均有所增加。但是，平均排放量并非呈线性增加。事实上，与能效等级最高的家庭相比，能效等级为 G 的家庭的二氧化碳平均排放量高出了 10 余倍。

表 7-3 各家庭能效等级和二氧化碳排放 单位：kg CO_2/（$m^2·a$）

等级	北部地区		中部地区		南部地区	
	比例	Avg CO_2	比例	Avg CO_2	比例	Avg CO_2
A	1.4	7.15	1.2	5.20	0.3	3.63
B	11.6	12.11	8.5	9.92	1.7	5.67
C	24.7	16.78	20.8	14.32	11.0	8.16
D	24.7	23.48	28.6	22.83	33.8	14.53
E	26.5	40.40	32.0	39.77	46.8	26.24
F	3.3	54.25	1.9	63.47	2.3	39.15
G	7.9	83.23	6.9	93.66	4.0	50.21

Avg CO_2 = 二氧化碳平均排放量。

资料来源：自有数据。

数据表明，上述三个区域的住宅能效等级主要集中于 C、D 和 E 三类，北部区域、中部区域和南部区域内能效等级为这三类的家庭所占比例分别为 75.8%、81.5% 和 91.6%。样本中，二氧化碳平均排放量最低的家庭所占比例最小。

值得注意的是，一些能效等级不同的家庭的二氧化碳排放水平可能较为相近。例如，北部地区能效等级为 D 的家庭与南部地区能效等级为 E 的家庭的二氧化碳平均排放量基本相同。这是由于各家庭所处的位置不同，评级程序会有所不同。

表 7-4 所示为研究存在的变量和一些描述性统计数据。数据表明，受访家庭通常为三口之家，且至少有一位成员有正式工作。样本中，36.6% 的户主为女性，38% 的家庭成员接受了中等教育，29.9% 的成员拥有高等学历。样本中，45% 的家庭月收入低于 1,500 欧元。

样本中，17.8% 的家庭使用电力供热和获取热水。327 户家庭使用天然气，其中，77.4% 的家庭（占总受访家庭的 30.9%）使用天然气供热和获取热水。样本中，平均每户家庭配有两台电视机。78% 的家庭配有电烤炉，近半家庭配有洗碗机，仅有 14.8% 的家庭配有滚筒式烘干机。住宅面积为 86.5m^2，有五个房间。

表 7-4　样本相关变量和描述性统计数据

变　量	平均排放量	标准偏差	最　低	最　高
天然气消耗量	4801.535	3464.492	141	20648
天然气价格	0.054	0.007	0.029	0.130
耗电量	2810.529	1654.557	29	21079
电价	0.147	0.007	0.107	0.175
家庭成员数量	2.722	1.180	1	7
从业人员数量	1.283	0.870	0	5
户主为退休人员	0.213	0.410	0	1
户主为女性	0.366	0.482	0	1
户主学历为初等教育	0.321	0.467	0	1
户主学历为中等教育	0.380	0.486	0	1
户主学历为高等教育	0.299	0.458	0	1
收入 <1,500 欧元 / 月	0.449	0.498	0	1
收入 l,500 ~ 2,500 欧元 / 月	0.380	0.486	0	1
收入 >2500 欧元 / 月	0.171	0.377	0	1
住宅建筑面积	86.477	34.433	25	500
房间数	4.591	1.455	1	12
租赁住宅	0.177	0.382	0	1
配有电烤炉的家庭	0.789	0.408	0	1
电视机数量	2.027	0.963	0	6
配有滚筒式烘干机的家庭	0.148	0.355	0	1
配有洗碗机的家庭	0.507	0.500	0	1
额定电功率	3.899	1.049	1.1	10.4
2 月期电费账单系统	0.541	0.499	0	1
北部区域住宅	0.262	0.440	0	1

“天然气消耗量”和“天然气价格”的统计数据根据使用天然气的家庭的数量计算，即 327 户。样本中所有其他变量涉及的受访家庭为 820 户。变量“天然气（全）”和“电力（全）”分别代表配有天然气和电力供热和生活热水系统的家庭。能源消耗量以“kWh”为单位计算，价格对应于变量的单位成本，单位为欧元 /kWh。二氧化碳排放量的计算单位为千克二氧化碳 /（m^2・年）。面积单位为 m^2。

资料来源：自有数据。

7.4 研究结果

本节介绍了电力和天然气住宅需求模型的相关结果。通过最小二乘法估算电力需求，通过最大似然率估算天然气的赫克曼（Heckman）模型。两种情况下，均采用了稳健标准误差。需要特别注意的是，二氧化碳排放变量包含了各住宅物理特性相关信息（包括住宅位置）。

7.4.1 电力需求

表 7-5 为住宅电力需求的两个线性回归模型分析。二者区别在于，（b）栏中存在两个相互作用项。

天然气（全）×ln（天然气价格）用于估算电力和天然气的交叉弹性。电力（全）× ln（电价）用于估算以下两类家庭的电力需求价格弹性：将电力作为唯一燃料的家庭 [电力（全）] 和综合使用电力和其他能源供热和提供生活热水的家庭。（a）栏中，变量电价和房间数量的显著性水平为 10%。变量电视机数量、配有滚筒式烘干机的家庭、额定电功率、2 月期电费账单系统和二氧化碳排放量的显著性水平为 1%。

每增加一位家庭成员，住宅耗电量增加 13.9%；每增加一个房间，住宅耗电量增加 2.9%。配备了滚筒式烘干机的家庭的耗电量比未配备滚筒式烘干机的家庭多 17.9%。每增加一台电视机，电力需求增加 10.8%；额定电功率每增加一个单位，耗电量增加 10%。配备 2 月期电费账单系统的家庭的耗电量比按月计费的家庭低 28%。

对于与变量相关的能源效率，电力需求的价格弹性为 – 0.722，这就表明电力需求是不具弹性的。因此，如果满足了对称性、外生性和固定效率等假设，直接回弹效应则为 0.722。根据（6）式可知，电力供热和生活热水供应系统的能源效率提升 10%，耗电量仅降低 2.78%。

研究发现，二氧化碳排放量这一变量也出现了预期迹象：住宅质量等级越低，二氧化碳排放量越高，供热需求也就越高。二氧化碳排放量降低 10%，耗电量仅仅降低 0.98%。

表 7-5 住宅电力需求

解释变量	(a)被解释变量：ln(耗电量)		(b)被解释变量：ln(耗电量)	
	系数	*p* 值	系数	*p* 值
ln(电价)	−0.722*	(0.053)	−0.708*	(0.055)
家庭规模(人数)	0.139***	(0.000)	0.138***	(0.000)
从业人员数量	−0.018	(0.544)	−0.019	(0.499)
户主为女性	−0.042	(0.347)	−0.030	(0.490)
户主学历为中等教育	−0.061	(0.209)	−0.075	(0.121)
户主学历为高等教育	−0.033	(0.512)	−0.067	(0.182)
收入 1,500 ~ 2,500 欧元 / 月	0.029	(0.558)	0.052	(0.288)
收入 > 2500 欧元 / 月	0.023	(0.720)	0.062	(0.326)
ln(住宅建筑面积)	−0.075	(0.349)	−0.117	(0.140)
房间数量	0.029*	(0.068)	0.045***	(0.004)
租赁住宅	0.063	(0.259)	0.019	(0.730)
配有电烤炉的家庭	0.083	(0.146)	0.126**	(0.026)
电视机数量	0.108***	(0.000)	0.099***	(0.000)
配有滚筒式烘干机的家庭	0.165***	(0.001)	0.165**	(0.001)
配有洗碗机的家庭	0.006	(0.893)	0.030	(0.450)
家庭额定电功率	0.100***	(0.000)	0.076***	(0.000)
2 月期电费账单系统	−0.329***	(0.000)	−0.295***	(0.000)
ln(二氧化碳排放量)	0.098***	(0.003)	0.020	(0.562)
天然气(全)×ln(天然气价格)			0.046***	(0.007)
电力(全)×ln(电价)			−0.158***	(0.000)
常数	5.426***	(0.000)	5.848***	(0.000)
调整后受访家庭 Ff	820		820	
	0.250		0.293	

因变量：log(耗电量)。

*：$p < 0.10$；**：$p < 0.05$；***：$p < 0.01$。

在(b)栏所示模型中，虽然增加了配有电烤炉的家庭和其他两个相互作用项，但重要变量大多与(a)栏中的变量相同。本模型中，每增加一个房间，耗电量增加 4.5%；每增加一台电烤炉，耗电量增加 13.4%。若配有 2 月期电力账单系统，耗电量降低 25.5%，即比(a)栏少降低 4 个百分点。

在(b)栏中的新相互作用项的显著性水平为 1%。从天然气(全)× log(天然气价格）可知，电力和天然气交叉弹性为正，即两套系统保持一致。通过电力（全）×log（电价）可得，仅使用电力的家庭比综合使用电力和其他能源的家庭更加敏感。对于两类家庭而言，需求都是不具有弹性的。如果对称性、外生性和能源效率不变的假设均能满足，则使用不止一种能源的家庭的直接回弹效应为 0.708，而只使用电力的家庭的直接回弹效应则是 – 0.866（– 0.708 和 – 0.158 的总和）。将此类数据代入（6）式，对于两类家庭，供热和热水系统效率每提升 10%，可分别节约 2.92% 和 1.34% 的电力。

7.4.2 天然气需求

表 7-6 所示为用于天然气需求的赫克曼（Heckman）模型。在（a）栏列出了消耗模型的系数，（b）栏则包含了概率单位模型的结果，概率单位模型的因变量是指天然气的使用。[7] 南部区域的家庭几乎不采用天然气取暖，因此，天然气模型中不包括此类家庭。因此，样本数量减少为 474 户，其中 271 户家庭使用天然气。

参数 ρ 是指选择和需求方程式中未观测误差项的相关性，显著性水平为 1%。分析结果验证了使用赫克曼（Heckman）模型分析天然气需求的方法。根据所选择模型可以推断，选择天然气时，电价和天然气价格并非重要变量。在北部地区，住宅建筑面积、租赁住宅、二氧化碳排放量以及家庭等变量的显著性水平为 1%。上述变量中，前三个变量会影响对天然气的选择，而后者则会增加使用天然气的可能性。

变量“房间数量”显著性水平为 5%，并会增加将天然气作为宅用燃料的可能性。收入 1,500 ~ 2,500 欧元 / 月、配有电烤炉的家庭和配有洗碗机的家庭等变量显著性水平为 10%，并会对天然气的选择产生积极影响。

对于天然气消耗，变量“住宅建筑面积”可解释为弹性变量，显著性水平为 1%。因此，家庭住宅面积增加 10%，天然气消耗量将增加 13.4%。

与收入相关的变量的显著性水平至少为 10%。此类系数表明，收入高于 1,500 欧元 / 月的家庭的天然气消耗量比低收入家庭大约低 30%。

变量“天然气价格”显著性水平为 5%，表明天然气需求略有弹性。如果对称性、外生性和能源效率不变的假设均能满足，则天然气直接回弹效应为 1.094。将数据代入（6）式，可得天然气供热和生活热水供应系统的能源效率每提高 10%，天然气消耗量增加 0.94%，即略有回弹 [15]。

7 为确保赫克曼（Heckman）模型正常运行，建议至少选取一个只对选择方程产生影响的变量（天然气模型中）作为重要变量 [12]。本研究假设有多种电器的家庭很有可能将电力与天然气等其他能源结合使用。

表 7-6 住宅天然气需求

解释变量	(a)被解释变量：ln(天然气消耗量)		(b)被解释变量：如果家庭使用天然气则为 1，其他则为 0	
	系数	p 值	系数	p 值
ln(天然气价格)	– 1.094**	(0.035)	– 0.440	(0.501)
ln(电价)	0.704	(0.546)	– 1.250	(0.293)
家庭规模(人数)	0.038	(0.528)	– 0.047	(0.474)
户主为女性	– 0.106	(0.389)	0.125	(0.377)
户主为退休人员	– 0.148	(0.394)	0.036	(0.847)
户主学历为中等教育	0.160	(0.315)	– 0.099	(0.590)
户主学历为高等教育	0.106	(0.527)	0.066	(0.747)
ln(住宅建筑面积)	1.342***	(0.000)	– 0.944***	(0.001)
房间数量	– 0.113*	(0.057)	0.123**	(0.046)
租赁住宅	0.209	(0.384)	– 0.865***	(0.000)
收入 1,500 ~ 2,500 欧元 / 月	– 0.322**	(0.047)	0.299*	(0.068)
收入 > 2,500 欧元 / 月	– 0.345*	(0.059)	0.341*	(0.063)
ln(二氧化碳排放量)	0.512**	(0.022)	– 1.150***	(0.000)
配有滚筒式烘干机的家庭			0.102	(0.642)
配有电烤炉的家庭			0.301*	(0.090)
电视机数量			– 0.087	(0.130)
配有洗碗机的家庭			0.216**	(0.041)
北部地区家庭			0.267***	(0.010)
常数	0.176	(0.951)	3.435	(0.281)
ρ	– 0.942			
X_1^2 ($\rho = 0$)	7.81***	(0.005)		
受访家庭	271	474		

因变量：log(天然气使用量)。

*：$p < 0.10$；**：$p < 0.05$；***：$p < 0.01$。

变量“二氧化碳排放量”显著性水平为5%，与住宅电力需求一样，其迹象与预期保持一致，但其幅度更大。因此，二氧化碳排放量降低10%，天然气消耗量降低5.12%。

7.5 结 论

本章旨在采用2012年的二氧化碳排放量、各家庭统计变量、能源消耗以及各家庭为使用电力和天然气支付的可变单位成本等数据，分析供热和生活热水系统的能源效率。根据西班牙政府审批通过的“新建筑和既有建筑能源认证基本程序”（欧盟指令2010/31/UE转换版本[2]）计算二氧化碳排放量。

使用不止一种燃料的家庭的能源需求直接回弹效应为0.71。这表明，住宅电力系统中大约29%的能源效率提升转化为能源节约。相应地，在只使用电力的家庭中，回弹效应较高，为0.87。这表明，由于耗电量增加，电力供热和热水系统的能源效率提升作用不大，只有13%的能源效率提升转化为能源节约。对于天然气模型，预计直接回弹效应为1.094。事实上，能源效率提升后，天然气消耗量增加0.094%。这与进行技术改进后的预期结果截然相反。

与先前的文献相比，本研究求得的直接回弹效应相对较高，主要是因为2012年西班牙失业率较高，并且能源价格增长比一般消费物价指数的增长高7.3%，这一经济状况对西班牙家庭产生了一定影响。此外，INE的《生活状况调查》表明，大约17%的西班牙家庭表示去年冬季暖气未达到规定温度。

因此，家庭对价格和降低其供热及生活热水方面的能源消耗愈加敏感[15]。这种情况下，由于家庭希望恢复到此前的供热和热水供应的舒适水平，而提升能源效率会降低服务成本，引起更大的直接回弹效应。

但是，由于缺少资本成本、维护成本和时间成本的重要信息，估算的直接回弹效应可能过高。Sorrell和Dimitropoulos[14]认为，较高的服务成本导致服务需求下降，因此回弹效应较小。事实上，Mizobuchi[11]的研究表明，考虑资本成本时，直接回弹效应从115%下降至27%。相应地，可将本文所列调查结果理解为能源消耗对能源效率改变的最高敏感级。

另一个要点是能源价格和能源效率可能存在的关联。如果能源价格增加，并且在较长时间内持续保持较高水平，行业则会研发更高效的设备。因此，外生性的假设将被打破，也就意味着，通过能源价格弹性测得的回弹效应将不再准确可信。本研究采用了截面数据，并假定外生性的假说成立。

对电力需求模型进行的对比表明，一旦能源得以控制，则对于耗电量来说，变量“二氧化碳排放量”将不再是重要变量。然而，对于天然气，情况恰好相反，二氧化碳排放量与天然气消耗量密切相关。

为了降低电力和天然气消耗量，家庭应通过提高其住宅的一些特性（如采用的玻璃类型、窗框类型等）来降低二氧化碳排放量。事实上，使用天然气作为供热和热水系统的能源，并提升建筑物能源效率等级，会提高住宅的市场价值。

此外，可进一步得出结论：降低住宅二氧化碳排放量的另一个方法是避免使用电力作为供热和生活热水系统的能源。另一方面，通过选择模型可以推断：可通过增加家庭收入和告知其租户将天然气作为优势燃料的方式，鼓励家庭使用天然气。

总之，本章为支持设计降低住宅能源消耗和住宅二氧化碳排放量的政策提供了实证证据。由于估算的直接回弹效应相对较高，供热和热水系统能源效率的提升只能小幅地降低能源消耗。事实上，若使用能源为天然气，能源效率的提升可能引起天然气消耗量的增加（反弹）。此外，本文研究还表明，住宅能源消耗降低，二氧化碳排放量随之降低，其中天然气是对此最敏感的燃料。

未来的研究可侧重分析供热和生活热水供应方面的直接回弹效应的趋势，从而确定在不同经济条件下，能源效率的改变是否可以减少更多住宅能源消耗。

本章提要：本章评估了2012年西班牙住宅供热和生活热水供应服务设施方面的直接回弹效应。所分析的燃料为电力和天然气。与之前的研究不同，本章采用能源单位可变成本相关数据、年度能源消耗量和住宅二氧化碳排放量计算直接回弹效应。估算的直接回弹效应相对较高，因此，预计能源效率提升对能耗降低的作用较小。另一方面，研究发现，住宅二氧化碳排放量降低可能导致住宅能耗下降，天然气是对此最敏感的燃料。

致谢：作者特此向通过PURGE项目GA No 265325以及通过IT-642-13、UFI11/03、US12/09和EHUA12/13项目为本研究提供资金支持的欧盟委员会和巴斯克自治区政府及巴斯克大学致以最诚挚的谢意。

参考文献

1. Berkhout PHG, Muskens JC, Velthuijsen JW (2000) Defining the rebound effect. Energy Policy 28(6-7):425-432
2. BOE (2013) « Real Decreto 235/2013, de 5 de abril, por el que se aprueba el procedimiento básico para la certificatión de la eficiencia energética de los edificios ». Núm. 89, 13 de abril de 2013. Sec. I, pp 27548
3. Brencic V, Young D (2009) Time-saving innovations, time allocation, and energy use:evidence

from Canadian households. Ecol Econ 68(11):2859-2867

4. Brannlund R, Ghalwash T, Nordstrom J (2007) Increased energy efficiency and the rebound effect: effects on consumption and emissions. Energy Econ 29(1):1-17
5. Freire-Gonzalez J (2010) Empirical evidence of direct rebound effect in Catalonia. Energy Policy 38(5):2309-2314
6. Greene W (2003) Econometric Analysis. Prentice Hall, London
7. Greening LA, Greene DL, Difiglio C (2000) Energy efficiency and consumption—the rebound effect—a survey. Energy Policy 28(6-7):389-401
8. Guertin C, Kumbhakar SC, Duraiappah AK (2003) Determining demand for energy services: investigating income-driven behaviours. International Institute for Sustainable Development,Ontario
9. Heckman JJ (1979) Sample selection bias as a specification error. Econometrica 47 (1):153-161
10. INE (2014) Indice de precios de consumo. Base 2011. Medias anuales. http://ww.ine.es/ dynt3/ inebase/es/index.html? padre=450&dh=1. Accessed 22 Jan 2014
11. Mizobuchi K (2008) An empirical study on the rebound effect considering capital costs. Energy Econ 30(5):2486-2516
12. Puhani P (2000) The Heckman correction for sample selection and Its critique. J Econ Surv 14 (1):53-68
13. Roy J (2000) The rebound effect: some empirical evidence from India. Energy Policy 28 (6-7):433-438
14. Sorrell S, Dimitropoulos J (2008) The rebound effect: micro-economic definitions, limitations and extensions. Ecol Econ 65(3):636-649
15. Sorrell S, Dimitropoulos J, Sommerville M (2009) Empirical estimates of the direct rebound effect: a review. Energy Policy 37(4):1356-1371

第八章
释放节能潜力的中性预算融资
——巴塞罗那 ESCO 模式分析

S. Bobbino, H. Galván, M. González-Eguino[1]

8.1 概 述

设计能源政策和环境政策时，必须考虑两个首要问题：不断增长的能源需求问题和减少全球温室气体排放问题[8]。如今大约 85% 的全球二氧化碳排放量来自能源消耗，这也是实现低碳经济亟需解决的核心问题。目前全球范围内已达成共识，各类新技术的发展和普及是解决气候变化和能源稀缺性的重要途径。

国际能源署（IEA）预计，能源效率[2]措施每年可降低 10%~15% 的全球二氧化碳排放，并且不会增加任何额外成本[14]。现有的减排方案中，更换旧窗户和采用隔热性能更好的材料被视为最有效的两种短期措施[20]。事实上，如果有一些比较有利的条件[16]，这些投资可带来极高的正经济回报[9, 21]。但是，在能源效率方面，并非总是看一眼就觉得经济合理，然后就进行私人投资。我们称之为“能源效率投资缺口”[15]，委托 – 代理问题及缺少资金渠道、信息不完全等现有问题可以很好地

1 Samuel Bobbino. Héctor Galván
Barcelona Graduate School of Economics（BGSE），Barcelona， Spain
Mikel. González-Eguino (✉)
Basque Centre for Climate Change (BC3), Bilbao, Spain
e-mail: samuel.bobbino@barcelonagse.eu

© Springer International Publishing Switzerland 2015
A. Ansuategi *et al.* (eds), *Green Energy and Efficiency*, Green Energy and Technology，DOI 10.1007/978-3-319-03632-8_8

2 能源效率和能源节约是两个不同概念。能源节约是指“与某些特定基准线相比，明显降低能源需求，以能源单位为单位”。能源效率是完善使用能源提供产品或服务的方法，单位为每能源单位的输出单位[19]。人们真正消耗的不是能源，而是能源服务。因此，能源效率有助于使用更少的能源提供相同水平的能源服务[1]。

解释为何存在“能源效率投资缺口”。设计有效的能源政策时，必须很好地了解此类问题。

ESCO模式是一种非常有趣的手段，它有助于解决上面列出的一些关键问题。能源服务公司（ESCO）主要从事效率导向型综合项目的研发、建立和融资，帮助提升能源效率或降低用户拥有或运营的设施的负荷[2，23]。众多案例研究[18，24，25]表明，ESCO模式是全球范围内用于提升能源效率的重要手段。此外，最近研究表明，在许多国家，ESCO行业具有极大的增长潜力。例如，近1,500个能源效率项目案例研究所得数据表明，2001年美国ESCO行业能源效率相关服务收益预计为18亿~21亿美元，并且最近10年以平均每年24%的速率猛增[10]。

本章分析了在西班牙巴塞罗那市区实施ESCO模式的可能性和限制因素，用于案例分析。研究旨在根据其他国家的经验，推荐用于进一步开拓ESCO市场的手段，并且在了解巴萨罗那此类手段的实施程度后，提出了挖掘节能潜力的方式。分析过程中我们采用的方法包括内容分析、半结构式访谈以及案例研究等定性数据采集方法。之所以采用半结构式访谈，是因为可通过此类方法“由下至上”地分析促进ESCO模式使用的现有政策的优势和局限。但是，分析不包括对加泰罗尼亚地区ESCO市场的综合分析，或对适用于加泰罗尼亚市场的相关法律和法规的详细审查。

本章安排如下：除概述外，第二节介绍了ESCO模式及其帮助解决能源效率投资缺口的方式；第三节概括了开拓ESCO市场遇到的主要障碍，并分析了西班牙现行政治和经济激励措施；第四节讨论巴塞罗那市场环境下公共领域和私营领域ESCO市场现状；最后一节进行总结。

8.2 能源服务公司模式

能源服务公司（ESCO）是一种通过提升能源效率和促进可再生能源资源使用以确保能源可持续利用的手段。ESCO的功能通常称为合同能源管理（EPC）。换言之，ESCO承担开发和实施提升能源效率措施的财务风险，通过采取该类干预措施产生的能源成本节约实现投资回报（图8-1）。

图8-2是ESCO与相关参与者互动的方式。由图8-2可知，ESCO的报酬与各参与者的良好表现直接相关。因此，可确保客户最大限度地实现能源节约。

ESCO项目的基本步骤可分为两个主要阶段：安装前和安装后。首先，初步分析能源消耗结构，评估节能潜力。然后，进行深入技术分析，发现需改进之处。如果客户决定继续安装，则签署正式合同，开始实施项目。一旦设备开始运行，则立即进入连续质保期，直至合同终止。质保期内，ESCO监控设备情况，并采取必要

图 8-1　使用 ESCO 模型实现的能源成本节约图例

资料来源：自有资料。

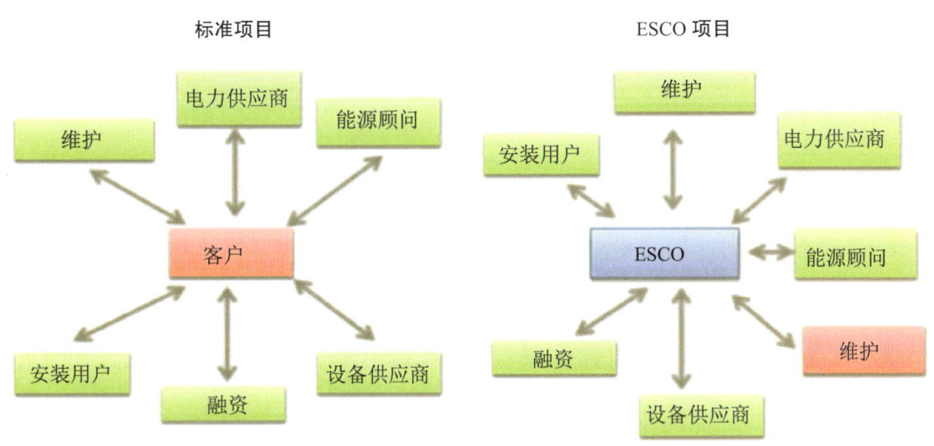

图 8-2　ESCO 与必要参与者的互动

资料来源：自有资料。

纠正措施。此外，通常在合同中加入一项条款，规定定期检查校正能源消耗，以便及时纠正任何偏差。比如，如果实际能源消耗低于预期能源消耗，则 ESCO 和客户可分享节约的能源费用。反之，如果客户的实际能源消耗超过了预期能源消耗，则 ESCO 可能向客户补偿差额，或者如果合同中另有明确规定，客户必须承担产生的差额。

8.2.1 适合采用 ESCO 模式的技术领域

通常，ESCO 模式的应用仅限于以下技术设备的安装、改造、运行和 / 或维护：照明、能源管理设备和软件、热水和环流供暖用太阳能、热电联产设备、保温隔热、暖通空调、厨具、制冷家电和产品制造设备 [5]。根据所采用技术、已采用技术组合以及安装各技术设备必须遵守的相关规定的不同，ESCO 项目的复杂程度不尽相同。确定 ESCO 项目整体风险和经济可行性的另一个要素是可确保未来能源节约的程度。例如，对于 ESCO 而言，安装 LED 灯泡是可以轻易实现的目标，因为可以轻易地计算节能量，并且需要采取的管理程序最少。另一方面，替换暖通空调涉及更多复杂的许可证和节能量计算，从而增加了客户和 ESCO 的感知风险。

8.2.2 ESCO 行业驱动因素

催生和促进 ESCO 市场持续发展的因素众多。过去数年，由于以下因素，全球 ESCO 行业有望维持或超过当前增长轨迹：（1）不断攀升的能源价格；（2）与不断增长的温室气体排放和气候变化相关的关注；（3）获得新电站和主要输电设施所需场地和许可面临的难题[11]。由此可见，此类 ESCO 公司的主要驱动因素不仅与“绿色”或环保相关，还涉及经济因素和法律因素。因此，对于欧盟成员国未来经济福利而言，能源效率也极具战略意义。

8.3 西班牙 ESCO 产业

自 20 世纪 90 年代初以来，ESCO 便已大规模应用，但是欧盟能源服务市场还远不能利用其所有潜力，即使 ESCO 领域高度发达的国家亦是如此。以西班牙为例，ESCO 模式可以视为西班牙用于降低对石油和天然气高度依赖性的重要手段。例如，2010 年，西班牙国内能源生产量仅占能源消耗的 25%，而欧盟平均水平为 47.2%[17]。

实际上，无法可靠地估计市场参与者的数量以及欧洲 ESCO 市场的整体规模，主要因为欧盟各国市场仍然相互独立，并且各具特色。在西班牙，并未要求 ESCO 进行官方注册，但欧盟委员会联合研究中心能源研究所[7]调查表明，预计 ESCO 领域在营企业约为 15 家。能源多元化和能源节约研究所（IDEA）是西班牙确定能源项目相关事宜的官方机构，IDEA 保存的非官方目录中，记载了西班牙 653 家（加泰罗尼亚 309 家）将自己归类为 ESCO 的企业[13]。鉴于两个机构的预测数据的明显差异，结合受访者的回答综合考虑，必须建立 ESCO 认证体系，并保存官方名录。该领域的乱象会对提供标准服务以及在西班牙广泛采用 ESCO 服务所必需的整体信任氛围产生不利影响。

欧洲建筑能效研究所[6]认为，大型企业主导了西班牙市场，主要因为它们具备承担长期投资和长期回报的经济能力。2007 年，ESCO 市场估价超过 1 亿欧元。但是，2010 年，私营企业预计西班牙 ESCO 行业潜在市场价值为 14 亿～40 亿欧元。对于近年来已扎根西班牙的经验丰富的外国企业而言，这一巨大潜力极具吸引力。

西班牙国内企业包括各类大型公用事业机构、建设和多元化服务企业以及中小企业。其中，大多数企业涉足能源服务领域，使其业务活动更加多样化。它们主要从事公共建筑、热电联产、区域供暖和街道照明服务[7]。

过去几年，西班牙大力推广和宣传 ESCO 模式。大量网络媒体每天都给予高度赞扬，并也常用做以建筑和能源效率为主题的商品交易会的中心话题。之所以如此，很可能是因为西班牙建筑市场急剧下降、最近涌现的信用和公共预算限制，以及不断攀升的能源成本。为了持续稳定运营，许多知名建筑和维护企业开始为改造项目提供 ESCO 服务，使其业务不断多元化。此外，许多新兴能源管理企业如雨后春笋般涌现，为私营企业和公共机构提供完全一体化的能源管理服务。例如，越来越多的西班牙城镇与 ESCO 签订合同，用更节能的 LED 灯更换传统的白炽路灯，不仅回报期短，还可节约数量庞大的稀缺公共资源。最后，西班牙能源成本的攀升迫使消费者将能源节约和能源效率提升当作重中之重。尽管已经证明 ESCO 模式是一套可以开发西班牙庞大能源节约潜力的有效手段，但仍然属于新技术，并不广为西班牙民众所知。

8.3.1 能源节约和能源效率项目的公共支持

从 2004 年开始，西班牙政府实施了各类项目，最引人注目的当属 E4 项目（西班牙国家能源效率战略）和 2000 年 ESCO 计划，以期促进实施在以下领域的需求的相关措施：建筑、工业、交通运输、农业、公共服务和电器。本计划对能源审计的实施提供了支持，补贴 75% 的审计成本。政府根据能源审计得出的结论提供补贴，帮助采取推荐的行动措施。此外，上网电费制度的实施极大地促进了风能和太阳能行业的能源审计。但是，考虑到当前的经济环境，政府被迫改变其重心。然而由于预算削减，IDEA 的资金将在当前基础上大幅下降，从 2011 年的 6,140 万欧元下降至 2012 年的 540 万欧元。

与预算相关的另外一个问题是财政支持的减少，电气企业必须对 IDEA《能源效率战略计划》框架下的各类项目出资。这些出资构成了一系列提升和促进能源节约技术的项目的主要财务支持来源。因此，现在不得不搁置许多本已计划好的能源效率项目。尽管各自治区都有自己的能源战略，但是国家对能源效率项目支持的连续减少成为西班牙 ESCO 市场发展的主要障碍。

8.3.2 西班牙立法

欧盟关于 ESCO 的主要立法是与能源最终使用效率和能源服务相关的 2006/32/EC 指令。该指令强调了控制最终用户能源需求的重要性，以及通过能源效率提升和增加可再生资源使用比例提高成员国能源供应安全性的必要性。此外，该指令还为实现国际温室气体减排目标，避免气候变化造成的灾难性影响提供了指导。该指令还指出，通过支持能源效率技术的发展，欧盟委员会将在全球舞台上更具创新力和竞争力。我们的研究侧重于增加能源服务可用性和提高能源服务需求需采取的措施。

各成员国必须负责落实适当的立法，践行指令，实现目标。在西班牙，实现这些目标最常用的立法是6/2010皇家法令——《可持续经济法》[23]。本法设定了用于描述促进ESCO市场发展的特定章节，列出了符合上述欧盟法令的措施。遗憾的是，从以下汇总表可知，公共实体和私营实体的受访者均表示，西班牙当局不能有效地践行欧盟委员会相关建议（表8-1）。

之所以不能完全满足此类框架措施要求，建立健全的ESCO市场，主要是因为受到了金融危机的负面影响，极大地限制了公共预算，影响了资源的分配。尽管如此，大多数受访者相信，只要西班牙现在开始实施已经确立的皇家法令法律，就能够建立和落实完善的政策框架。

表8-1　西班牙遵守ESCO相关立法的情况汇总表

欧盟2006/32/EC指令推荐用于ESCO市场发展的建议	西班牙遵守程度
设立基金会，资助ECE项目，促进能源服务市场的发展（包括创业基金）	未充分遵守
与其他成员国交换信息和最佳实践	未充分遵守
确保高质量能源审计的可得性	未充分遵守
促进第三方融资协议的使用	未充分遵守
确保能源服务和能源审计提供商资质及鉴定和认证体系的可得性	未充分遵守
确保ESCO等市场参与者（能源分销商、分销系统运营商和能源零售企业除外）具有公平竞争的环境，可独立提供和实施能源服务、能源审计和能源效率提升	未充分遵守
废除或修改限制使用能源节约项目金融手段的立法	未充分遵守

资料来源：根据欧盟2006/32/EC指令、6/2010皇家法令和受访者回答编制的自有材料。

8.3.3 西班牙ESCO行业遇到的障碍

除了西班牙政府不能完全遵守欧盟和西班牙立法引起的障碍外，我们还总结了一些阻碍西班牙ESCO市场发展的其他障碍，主要分为以下五类。

● 行政管理方面：总体而言，西班牙地方政府的决策机构办事效率低下，并且很难有所改变。政府采购程序烦琐低效，并且并未设立行政管理会计系统，高效地实现能源成本节约。

● 技术方面：目前尚无任何标准、已执行的衡量措施和认证协议；此外，缺少可认定特定 ESCO 责任的中立的第三方机构。

● 融资方面：并未对 ESCO 和 ESCO 项目的发展设立合适的融资方案。经济危机前，大多数 ESCO 通过商业银行融资。但是，该融资渠道几乎已经消失。现在，许多 ESCO 的融资项目都是依靠自筹资金，但是这不可持续。高昂的交易成本降低了客户和 ESCO 的收益。ESCO 无法证实以高昂的行政成本开展小型项目的合理性。

● 信息方面：市民对能源效率技术的认知和意识有限、技术和财务风险高、回报期长。分裂式激励：用户支付能源费用，业主负责设备改造。因此，由于节约的能源均由用户获益，对业主而言，并无任何激励鼓励其进行能源效率投资。同样地，用户不确定是否会在租赁的房产居住足够长的时间，不确定是否能收回投资成本。

● 市场方面：各自治区均设有各自的能源生产和能源节约立法和制度，阻碍了 ESCO 进入部分地区，导致无法达到预期规模，实现经营效率。

鉴于西班牙各自治区的能源政策和文化环境高度分散的事实，我们从巴塞罗那市的层面出发，对 ESCO 市场进行了分析。

8.4　巴塞罗那的框架

从人均温室气体排放量等一系列指标来看，与全球其他重要城市相比，巴塞罗那的污染相对较轻。例如，2008 年，巴塞罗那人均温室气体排放量约为伦敦的一半[4]。即使如此，加泰罗尼亚州和巴塞罗那市政府仍在继续努力，将巴塞罗那创建为“绿色节能”城市。

加泰罗尼亚能源研究所（ICAEN）是实现这些目标的主要平台，主要功能包括提供加泰罗尼亚能源领域相关信息、能源节约和能源效率培训内容、特定技术创新的财政补助、实施落实相关立法、能源市场统计数据和专题报告。ESCO 正致力于通过提供标准合同和条款，使 ESCO 项目在法律方面更加标准化。

新近成立的加泰罗尼亚能源效率工作组（CEEC）极力促进 ICAEN 及其他政府机构与私营 ESCO 之间的对话。此外，他们还致力于参与整个价值链，消除 ESCO 市场障碍，增强投资者信心，并与银行协商，为 ESCO 创造新的融资选择，向欧盟研发项目提供支持。目前，他们的主要目标是根据项目规模和内在特性确定项目，确保 ESCO 根据项目类型开展业务，这将成为保证风险投资质量和结果的一种方法。

对于促进使用节能产品和服务的地方政策手段，巴塞罗那表现得非常积极。最近刊发的《2011—2020 年能源、气候变化和空气质量计划》（PECQ）对巴塞罗那的能源消耗优势和劣势进行了综合分析，并为实现新目标拟定了清晰的路线。

8.4.1 太阳能法规

PECQ 的目标之一就是充分利用巴塞罗那主要的可再生能源：阳光。太阳能法规（STO）于 2000 年正式生效，要求所有新建企业和改造后的企业通过在屋顶安装的太阳能装置向建筑物提供至少 60% 的生活热水。

但是，与其他新政策手段一样，仍有许多缺口需要填补。巴塞罗那能源部太阳能项目负责人认为，由于性能不佳，许多太阳能装置只能向建筑物提供 30%~40% 的生活热水。这是道德风险问题引起的后果。STO 表示，将根据可采用的最先进的技术，在不同情况下逐步实施这一规定。但是，为了尽可能降低安装太阳能装置的成本，建筑公司通常使用劣质材料。此外，巴塞罗那市政府很少对太阳能装置进行质量检查，并且企业知道政府不会进行处罚。此外，政府雇佣的用于确保太阳能装置正常运行的维护公司也存在同样的道德风险。

PECQ 并不能直接克服 STO 存在的弱点，而是建议更新法规，通过鼓励安装太阳能和光伏装置，开发现有建筑物潜力巨大的楼顶区域（2006 年超过 100 万平方米）。已经通过 ESCO 在现有多用户公寓大楼安装太阳能装置，但单体装置规模较小，因而从经济方面来看，对 ESCO 没有吸引力。但是，随着太阳能和光伏技术日趋成熟，价格逐渐降低，投资回收期也越来越短，有助于降低安装用户和业主协会的感知风险。此外，将寻找一种方法将各业主协会的各类装置进行整合，形成创新性更高的 ESCO 合同，从而实现预期的营利能力阈值。在任何情况下，巴塞罗那新太阳能政策很显然能为 ESCO 的成立提供较好的政策框架，从而将市民和本地企业的利益最大化。

8.4.2 ESCO 模式在公共建筑改造中的应用

相关立法指出，公共行政管理应率先使用 ESCO 模式实施能源效率提升措施。公共行政管理领域必须与市民和 / 或公司沟通其采取的措施和取得的结果，促进 ESCO 模式的广泛使用。巴塞罗那能源部（在加泰罗尼亚为 AEB）负责政府建筑的能源效率和能源节约项目，能源部试图与 ESCO 公司签订改造合同。但遗憾的是，除了一些教育中心外，在巴塞罗那的各大公共建筑中，只有里西奥大剧院的改造项目采用了 ESCO 模式。AEB 代表在采访中表示，造成 ESCO 项目不多的原因，主要是以下几个因素。

● 行政管理方面：为了向 ESCO 支付必要款项，AEB 必须办理两个独立管理的市政账户：“投资账户”和“维护账户”。需要通过投资账户支付款项，但节约的能源成本必须计入维护账户。这样一来，导致激励措施分解，阻碍了项目的推进。最近，对政府采购规定相关法律进行了更改，为 ESCO 项目带来了两个问题。首先，现在投标程序冗长，导致 ESCO 交易成本过高。其次，法律框架允许投标商合谋。例如，投标的 ESCO 通过“互换”公共项目，实现“等价交换”。赢得首轮投标后，中标的企业将进入“竞争性对话”环节。如果未满足条件，则将被淘汰出局。为此，许多项目被迫放弃。

● 技术方面：通常，参与投标程序的 ESCO 未使用统一的协议衡量和验证节能量，导致 AEB 很难对标书进行比选。

● 融资方面：巴塞罗那许多公共建筑老旧不堪，必须进行综合改造才能实现节能，因此需要大量投资。考虑到当前经济情况，以及缺少资金来源，很少有 ESCO 能承接如此庞大的项目。

● 信息方面：AEB 进行了诊断式能源审计，并向相关 ESCO 出具了审计结果。遗憾的是，很多时候，ESCO 认为审计结果并不准确，因为他们并未实现预期利润率，导致许多项目无法正常推进。

为了克服上述障碍，AEB 采取了一定的措施。比如，现在正在通过通用型实时软件平台监控巴塞罗那 60 座（总量约为 2,000 座）公共建筑的能源消耗情况，以便收集准确数据，计算每座建筑的能源消耗基线，从而纠正上文所述信息不对称的问题。AEB 计划在不同地区的更多公共建筑中使用该软件。AEB 表示，为了解决行政管理问题，巴塞罗那教育财团进行了分权管理，使各教育中心在预算方面更加自主化。因此，一些教育中心开始实施 ESCO 项目。AEB 表示，其他公共设施也可复制这一模式，增加巴塞罗那市政建筑中 ESCO 项目的数量 [3]。

8.4.3 案例研究：ESCO 模式在私有领域的使用

索尔太阳能公司（Sol Solar）是一家位于巴塞罗那的企业，主要设计和安装太阳能装置。最近，索尔作为 ESCO 为巴塞罗那市区内一栋 30 年多用户公寓大楼开发和实施太阳能项目，包括 64.64m^2 的太阳能板、1,500L 水箱和监控系统。项目旨在将大楼内用于生活热水供应的天然气消耗量降低 50% ~ 60%。合同规定，索尔太阳能公司负责安装太阳能装置，并提供为期 6 年的维护服务，确保实现上述减耗目标。向索尔太阳能公司的付款则严格按照与两年期消耗基线水平相比节约的天然气的数量执行。

索尔太阳能公司表示，作为 ESCO，遇到了本分析前文所述的许多障碍，尤其是信息障碍，主要体现在此前不成功案例产生的不良影响，以及对摊销和节能量的计算方法缺乏信心。为了克服这些困难，确保项目的可行性，并签订用户易于理解的合同，索尔太阳能公司主要将能源消耗具有一定特点的建筑物作为目标。尤其是有利于成功实施项目的技术特征，即是否配备中央水暖系统。最初协议规定索尔太阳能公司必须承担 100% 安装费用，ICAEN 和巴塞罗那市议会分别向其补偿 30% 和 15%。但是，由于此类项目在巴塞罗那尚属首次，巴塞罗那法律并未明确规定该类项目中向 ESCO 付款的方式，最终，巴塞罗那市议会拒绝承担 15% 的安装成本。因此，业主协会同意承担尚未落实的 15% 的安装费用。此外，在六年的合同期内，业主协会按月支付已计算的基准金额，向天然气公司支付实际消耗的金额，而向索尔太阳能公司支付实际消耗金额与基准金额的差额。非常有趣的是，除了节约的电力外，索尔太阳能公司每月开具的发票还告知用户避免排放的二氧化碳的千克数以及无需进口的天然气的方数。每年结算与计算消耗量存在的任何偏差。合同终止时，装置的所有权转至业主协会；届时，业主协会只需支付其实际消耗金额（大约比基准消耗金额低 50% ~ 60%）。若需要，索尔太阳能公司应提供一份维护合同，确保装置可继续良好运转，但需以每年天然节能量的 10% 作为回报。

装置运行头 3 个月，共节约相当于 30,000 kWh 电量，与同时期历史消耗量相比，节约 32%。业主协会会长表示，在装置开始运行的 8 个月内，效果始终如一，业主对此非常满意。因此，庞大的节能量打消了一些邻居最初的疑虑。关于因为不熟悉合同条件和回报期计算而引起的障碍，受访者表示并未遇到任何困难。唯一没有预料到问题是，必须对楼顶加固，以便承受太阳能板的重量，但这微不足道。值得一提的是，项目的成功引起了国际关注，意大利的一个委员会亲自走访项目，希望将这一模式复制到意大利住宅领域中（表 8-2）。

表 8-2　索尔太阳能公司住宅项目所用太阳能技术的效果

太阳能板年度效率	1, 250 kWh/m^2 （捕获巴塞罗那 70% 的太阳能）
年度能源节能量	150,000 ~ 180,000 kWh
年度减排量	31,500 ~ 37,800 kg 二氧化碳
年度燃料进口节能量	天然气进口量降低 12,766 ~ 15,320 m^3
预计回收期	6 年

上述实例表明，现在的太阳能技术成熟可靠，可通过 ESCO 模式提供资助。但是，我们的案例分析表明，在巴塞罗那，仅少数“革新人士”采用了该类项目。索尔太阳能公司的实例表明，完善的地方政策框架机制有助于激发太阳能企业在尚未开发

市场中通过 ESCO 模式大胆尝试。在巴塞罗那住宅建筑领域推广该技术以及太阳能光伏技术，需要合理实施即将颁发的 STO 法规。STO 有望提供完善的机制，鼓励在现有建筑物屋顶安装采用了各类太阳能技术的装置。我们认为，更新版的 STO 提供了专项资金支持，承担了初始安装成本，从而降低了大多数小型 ESCO 在承接项目时面临的风险，全面打开了市场。随着太阳能技术价格的下降和市民的意识不断增强，这种资助将逐步淘汰，确保市场可自行良好发展。提供贷款担保也不失为降低 ESCO 金融风险的有效方式。

8.5 结 论

本章对用于缩小“能源效率投资缺口”的 ESCO 模式进行了讨论，并从公共领域和私营领域两个角度对巴塞罗那进行了案例研究，目的在于根据国际和西班牙国内相关经验，为促进西班牙 ESCO 市场进一步发展提供最佳手段。

我们的分析确定了 ESCO 生态系统在以下方面存在的薄弱环节：行政管理方面、技术方面、财务方面、信息方面和市场方面。因此，我们从以下方面进行总结。

8.5.1 行政管理方面

对巴塞罗那 ESCO 生态系统参与者进行的采访表明，西班牙和巴塞罗那行政管理体系的缺陷引发了许多限制因素。首先，采购程序过于烦琐，并未考虑 ESCO 模式的鲜明特点，因而导致 ESCO 交易成本过高。其次，根据最近几次 ESCO 项目的情况来看，巴塞罗那公开投标程序无法有效避免投标人间的合谋，许多项目被迫中止。另外一个重要的行政管理问题是，当前的市政厅会计系统无法确保通过补贴改造项目的基金实现能源成本节约。

研究发现，西班牙政府必须消除当前影响 ESCO 市场发展的障碍。在这方面，当地市议会 / 省级政府在消除这些障碍时可能比西班牙政府更加迅捷，因为他们更了解当地情况。此外，要收集有助于制定充足和完善的政策的信息，必须全面实施一套建筑物能源效率认证机制。

要从根本上更改和革新行政管理结构极为复杂，并且需要众多政府机构的积极参与。但是，我们认为，必须从两个方面改革当前 ESCO 项目的合同法：简化公共采购程序和充分考虑 ESCO 模式的鲜明特点。

8.5.2 技术方面

为确保在合约期实现承诺的节能量，必须落实一套国际公认程序，即《国际节能效果测量和认证规程》（IPMVP）。必须对政策进行合理改革，确保在巴塞罗那强制实施本规程，向客户保证不管气候、建筑物以及装置使用时间等变量如何变化，装置都能切实实现最初保证的节能量。

8.5.3 融资方面

索尔太阳能公司的案例只是全新节能技术提升能源效率的案例之一。由此可知，新节能技术的回报期较为合理，投资者承担的风险也在不断减少。

目前，由于缺乏足够的节能项目融资方法，许多中小型 ESCO 无法承接大型改造项目，这是抑制巴塞罗那 ESCO 市场进一步发展的主要因素。但是，由于经济危机影响，商业金融机构对“更易实现目标”的简单项目更感兴趣，从而限制了对一些长期项目和客户领域（如住宅领域）的投资。因此，以现金流为基础的融资是最适合 ESCO 项目的融资方式，因为银行愿意接受将能源成本节约产生的收入流作为抵押。

8.5.4 信息方面

研究发现，除了真正的 ESCO 外，还存在一些声称是 ESCO 的企业，但此类企业不会得到因改造实现能源成本节约的补偿。我们怀疑，当地 ESCO 生态系统可能通过专为此类公司设立的官方认证体系获益。ESCO 专为具有特定消耗特点（学校、体育中心、超市等）的客户提供高品质的服务，并消除潜在客户对 ESCO 的怀疑和疑虑。

再者，大多数受访者表示，缺乏建筑领域可靠数据是成功实施能源效率政策的主要阻碍之一。建议实施一套责任明确的专业化能源设计体系，从而收集与各建筑能源消耗情况相关的可靠信息。这类信息将有助于制定一套适用于未来改造项目的工作计划。

此外，应将 AEB 建筑监控项目延伸至巴塞罗那的其他公共建筑，最终延伸至住宅和工业建筑。这将有助于减少目前 AEB 和投标公司间关于审计结果的信息不对称的问题。

对已发现的另一个信息不对称的问题，我们认为将 ESCO 合同纳入新版 STO 可以有效地解决上述道德风险问题。要求建筑公司或维护公司严格按照装置产生节能量获得报酬，可激励该类公司使用最优质节能的材料安装装置，确保装置的效率，从而缩短回报期。

8.5.5 市场方面

从国家层面来讲，必须努力统一各地区互不相同的 ESCO 规定，以此创造更好的市场条件，扩大市场规模、提升市场吸引力，实现更高目标。更加激烈的竞争还有助于促使企业向消费者提供更高质、低价的能源服务。此外，规模更大、竞争更激烈的市场有助于将西班牙打造成为一个高能效、低污染、能源独立的国家。

总之，我们希望，本章所列研究成果有助于消除主要障碍，促进 ESCO 在巴塞罗那以及西班牙其他地区的全面实施。发现的部分障碍仅仅是由于不完整或不准确的信息所致，而其他一些障碍与西班牙的政治环境以及政府政策和规程的执行不力直接相关。事实上，鉴于政策框架条件发展缓慢，可能有必要对金融机构在能源效率领域创新业务模式中的驱动作用进行深入调查。

本章提要： 本章旨在介绍日益普及的能源服务公司（ESCO）业务模式，分别从公共领域和私营领域两个角度分析影响大规模实施 ESCO 模式的主要障碍。从本质上讲，ESCO 模式是一套“中性预算”融资方法，为采购、安装使用和维护节能技术提供资金支持。本方法结合了“第三方融资”和“合同能源管理”理念，已在美国、英国和德国等国家多次成功使用。本章将通过西班牙巴塞罗那城区具体案例研究分析实施 ESCO 模式的可能性和限制因素。

致谢： 在此，谨向和我们探讨重要问题并提供宝贵意见的受访者致以诚挚的谢意。他们让我们在公共领域和私营领域形成了当前具有现实意义的结论和观点。

附录 8.A　信息采集受访人员

下列受访者已于 2012 年 2－6 月期间通过私人邮件的方式接受采访和 / 或给予答复（表 8-A）。

表 8-A　信息采集受访人员

姓　名	工作单位	职　位	日　期
Marcos Morras	Efficient Home Energy	大客户经理	2012 年 3 月 20 日
Javier Boguña	Sol Solar	负责人	2012 年 4 月 3 日
David Martín	Balantia	项目经理	2012 年 4 月 20 日
Davide Cannarozzi	Enertika	财务经理	2012 年 5 月 2 日
Fermín Jiménez	Agència d’Energia de Barcelona	太阳能部项目经理	2012 年 3 月 12 日

表 8-A　信息采集受访人员（续）

姓　名	工作单位	职　位	日　期
Emma Santacana	Agència d'Energia de Barcelona	环境和城区住房服务负责人	2012 年 5 月 31 日
Luis Miguel	Ameresco Servicios	业务经理	2012 年 5 月 16 日
Barrientos	Energéticos	开发人员	
Jaume Enciso	Ajuntament de Sabadell	Servei de Sostenibilitat I Gestió d'Ecosistemes 经　理	2012 年 2 月 23 日
Mr. Franques	Homeowners' Association of Sol Solar case	会　长	2012 年 5 月 24 日
Núria Cardellach	Clúster d'Eficiència Energètica de Catalunya	经　理	2012 年 6 月 11 日

参考文献

1. Abadie LM, Chamorro JM. González-Eguino M (2012) Valuing uncertain cash flows frominvestments that enhance energy efficiency. J Environ Manag, 116, 113-124
2. Bertoldi P, Boza-Kiss B, Rezessy S (2007) Latest development of energy service companies across Europe: a European ESCO update. DG Joint Research Centre Institute for Energy, European Commission, Brussels
3. CEB (2012) Consorci d'Educació de Barcelona. http://www.edubcn.cat/ca/. Accessed June 2, 2012
4. Christopher KJS (2009) Greenhouse gas emissions from global cities. Environ Sci Technol, 43, 7297-7302
5. EU-ESCO (2012) European association of energy service companies. http://www.eu-esco.org/index.php?id=21. Accessed May 15, 2012
6. European Building Performance Institute of Europe. Europe's buildings under the microscope: A country-by-country review of the energy performance of buildings. http://www.europeanclimate.org/documents/LR_%20CbC_study.pdf
7. European Commission Joint Research Centre Institute for Energy (2010) Energy Service: Companies Market in Europe - Status Report 2010.http://publications.jrc.ec.europa.eu/repository/bitstream/111111111/15108/1/jrc59863%20real%20final%20esco%20report%202010.pdf
8. Fouquet R (2013) Handbook on energy and climate change. Edward Elgar Publications, Cheltenham
9. Galarraga I, Heres Del Valle D, González-Eguino M (2011) Price premium for high-efficiency refrigerators and calculation of price-elasticities for close-substitutes: a methodology using hedonic pricing and demand systems. J Clean Prod 19(17-18):2075-2081

10. Goldman CA., Hopper NC, Osborn JG (2005) Review of US ESCO industry market trends: an empirical analysis of project data. Energy Policy, 33(3), 387-405
11. Hansen et al (2009) ESCOs around the world: lessons learned in 49 countries. The Fairmont Press, Inc, Lilburn
12. ICAEN (2012) Institut Català d'Energia. http://www20.gencat.cat/portal/site/icaen. Accessed June 13, 2012
13. IDAE (2012) http://www.idae.es/index.php/relmenu.364/mod.empre.sasservicios/mem.fbusquedaEmpresas. Accessed May 21, 2012
14. IEA (2009) International energy agency. Implementing energy efficiency policies: are IEA member countries on track? OECD/IEA, Paris
15. Jaffe AB, Stavins RN (1994) The energy-efficiency gap: what does it mean? Energy Policy 22 (10):804-810
16. Gupta J, Ivanova A (2009) Global energy efficiency governance in the context of climate politics. Energ Elfic 2(4):339-352
17. La Caixa (2012) lnforme Mensual Marzo 2012. http://www.lacaixa.comunicacions.com/se/ieimon.php?idioma=esp&llibre=201206. Accessed June 5, 2012
18. Limaye DR, Limaye ES (2011) Scaling up energy efficiency: the case for a Super ESCO. Energ Effic 4(2):133-144
19. Linares P, Labandeira X (2010) Energy efficiency: economics and policy. J Econ Surv 24 (3):573-592
20. McKinsey and Co (2009) Impact of the financial crisis on carbon economics: version 2.1 of the global greenhouse gas abatement cost curve
21. Peretz N (2009) Growing the energy efficiency market through third-party financing. Energy L J, 30, 377-403
22. Real Decreto-ley 6/2010 (2010) de 9 de abril, de medidas para el impulso de la recuperación económica y el empleo (2010) Boletín Oficial del Estado
23. Singer T, Lockhart N (2002) IEA DSM task X—performance contracting, country report: United States. International Energy Agency, Paris
24. Soroye KL, Nilsson LJ (2010) Building a business to close the efficiency gap: the Swedish ESCO experience. Energ Effic 3(3):237-256
25. Vine E (2005) An international survey of the energy service company. Energy Policy 33:691-704

第九章
政策对能源效率技术的诱导效应——住宅领域实证分析

V. Costantini, F. Crespi, G. Orsatti, A. Palma[1]

9.1 概 述

能源效率（EE）是实现提高能源安全、增强国际成本竞争力、减少污染排放等目标的最有效途径之一。建立一个更安全、可持续、可负担的能源系统是未来世界发展的一个关键挑战[18, 32, 33]。在此情况下，由于能源效率技术影响能源效率水平，所以能源效率技术的可用性和使用是减少整体能源需求的主要驱动因素。这在住宅领域表现得尤为突出，在过去20年内，住宅领域家用电器电力能源需求不降反增。

弄清住宅领域能源效率技术研发的决定因素，是设计旨在促进提高能源效率环保技术的研发推广政策的关键一步。然而，住宅领域能源服务系统复杂多样，包括供暖系统、冷却系统、热水系统以及照明和多种电器的使用。这就意味着需要进一步研究来绘制住宅领域技术变革的图景，并为特定政策策略制定系统收集信息。

鉴于分析该领域创新驱动力的研究数量有限，我们提议对影响住宅领域节能技

---

1 Valeria Costantini; Francesco Crespi; Alessendro Palma (✉)
Department of Economics, Roma Tre University，Via Silvio'd Amico 77, 00145 Rome, Italy
e-mail: alessandro.palma@uniroma3.it
Valeria Costantini
e-mail: valeria.costantini@uniroma3.it
Francesco Crespi
e-mail: francesco.crespi@uniroma3.it
Gianluca Orsatti
Collegio Carlo Alberto, Moncalieri, TO, Italy
e-mail: gian.orsatti@gmail.com
© Springer International Publishing Switzerland 2015
A. Ansuategi *et al.* (eds), *Green Energy and Efficiency*, Green Energy and Technology，
DOI 10.1007/978-3-319-03632-8_9

术创新的因素进行全面分析，并密切关注公共政策在其中发挥的作用。这样，便能通过以下方式完善相关文献：（1）将电器领域纳入分析范畴，虽然对电器领域的研究程度相对较低，其在住宅能源消费中占据很大比例，因为单个电器所产生的倍增效应具有很大潜力；（2）对可能影响创新活动的一系列政策手段所带来的影响进行分析；（3）将实证分析的范围从国家扩大到高收入经合组织成员国。

本章内容安排如下：除概述外，第二节讨论住宅领域能源消费模式和能源效率创新动力，以便更好地了解发生在大多数经合组织成员国的能量增长解耦过程；第三节列出了关于分析计量经济的数据，尤其侧重于政策方面；第四节介绍实证策略，并列举了相关模拟结果；第五节通过阐述政策影响和进一步的研究线路对全文进行了概括总结。

9.2 住宅领域能源消费模式和能源效率创新动力

9.2.1 能源消费趋势和能源增长解耦过程

在第一次石油危机以后的几十年里，由于能源政策和消费行为的数次变化，使能源消费趋势发生巨大变化，这种变化在发达国家尤为突出。几乎在该经济体的各个领域都显示出了能源和碳强度的降低。其中，制造业降幅最大。在过去的 20 年（1990 － 2010）里出现了一些差异，在将住宅领域考虑在内时这些差异尤为明显。以 1990 年为基准年，将过去 20 年的指数，即选择的经合组织成员国的能源消费总量与国内生产总值（GDP）的比率（图 9-1）进行比较后发现，经合组织成员国的平均趋势和三大主要能源消费国（德国、日本和美国）的消费路径随着时间的推移不断降低。到 2004 年，只有日本消除了这种降低趋势。一般情况下，随着日本住宅领域价值不断增加以及德国不太明显的负增长趋势（图 9-2），住宅领域也在经合组织的经济中展现出相同的动力。基于住宅领域能源消费与最终用户消费支出的比率得出的指数表明了与先前总体趋势的差别，而日本与其他经合组织成员国之间的差别更大。

这为描述各个国家的具体特征提供了重要素材。同时还表明，相比其他领域，一些国家在住宅领域能源效率方面所做的努力相对较少；而其他国家则在住宅能源效率方面获得很高效益，导致这些差异的原因有很多。

研究期间，关于经合组织成员国住宅领域采取的能源效率政策有不同程度的解释。2000 年后，政策大量增加（详见第三节），日本、英国和美国这些国家也仅仅是最近才开始采用更严格更普遍的政策。而丹麦、芬兰和德国等其他国家虽然只引入相对少量的政策，但在 20 世纪 90 年代初期就已开始实行这些政策。还要值得

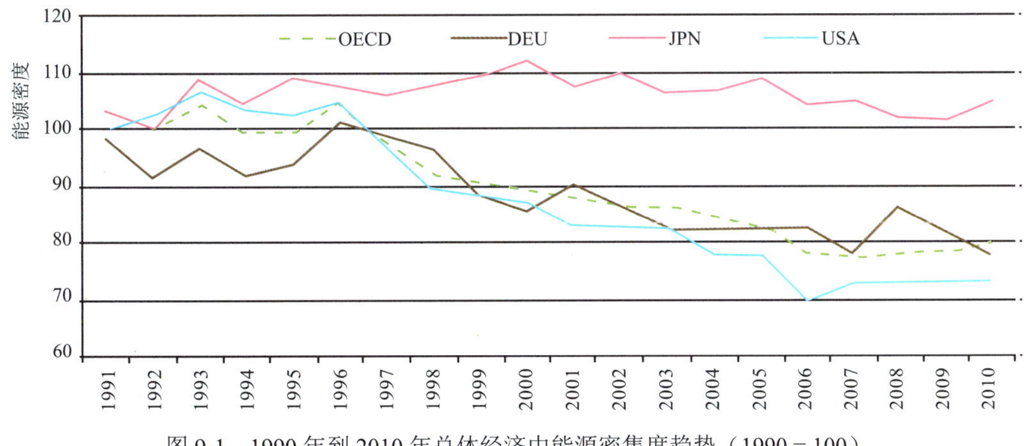

图 9-1　1990 年到 2010 年总体经济中能源密集度趋势（1990 = 100）
资料来源：国际能源署[34]和世界银行[79]。

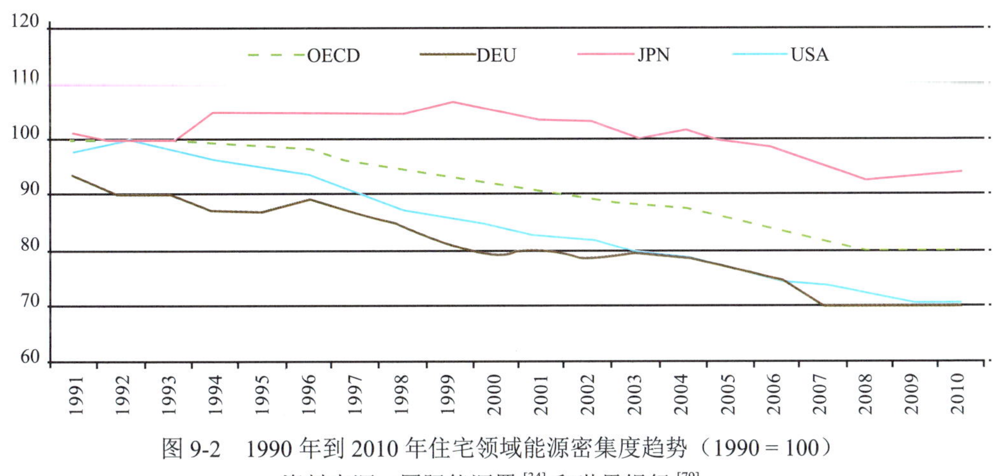

图 9-2　1990 年到 2010 年住宅领域能源密集度趋势（1990 = 100）
资料来源：国际能源署[34]和世界银行[79]。

注意的是，环保政策的有效性与所采取的方法紧密相关。当把指挥控制与基于市场的手段相比时就出现了一些差异，后者的成本效益更适合推动技术变革[71]。

事实上，分析这一领域需要一个复杂的框架，该框架中有多种驱动因素可以帮助解释不同的绩效趋势，比如体制和技术能力以及在国家层面上更为广泛的创新体系。同时，资源效率的提高必须严格遵循技术创新，并鼓励进行大量科学研究，以期使问题得到解决。

9.2.2 生态创新和能源效率

广义上讲，住宅总体能源需求的降低是能源效率发挥的作用。相反，这也依赖于新型能源效率技术的可用性和采用，比如智能建筑的设计和具有高效加热、通风和热水系统的高性能建筑。在这方面，住宅领域采用的技术动力是关键问题。

考虑到能源系统、环境和创新过程之间的密切联系，可以将能源效率包含在生态创新的大框架中[47，61]。我们在本节重点关注公共政策如何在国家层面上诱导创新。通过查阅不同技术环境领域的文献[4，8，10，27，31，44，46，48，53，54，62，67]，同时，缺少研发方面的具体数据，尤其是私营领域，所以我们建议基于专利的分析是学习该领域创新动力的最有效方法。

尽管有许多限制，但在关于创新经济的文献中，专利数据的使用仍很普遍（详见文献[2，3，13，24，25，42，49，50，52，64，66，74，75]）。的确，在相当长时间里，专利提供了大量关于发明专利和申请专利性质的公开信息，显示了发明专利的国家以及发明专利并运用新技术的国家。专利数据经常体现研发过程的直接结果，同时，也代表对创新成果的进一步认证。创新成果的作用在于，公司可以通过它制造新的利润来源。此外，通常需要早日提交专利申请[24]，如此，专利既可以作为对创新成果的检验也可以作为有关创新活动的代表而被理解[68]。除此之外，还值得注意的是，专利数据的信息更新是一个大规模的过程，因为国家及国际专利局会不断丰富专利的信息内容。另外，仅部分能源效率技术会在国际专利分类列表中粗略地表示出来。

最初对填补这一空白作出贡献的是 Noailly 和 Batrakova[57]，他们对少数国家的建筑业进行了分析，每年选定建筑环保技术领域申请的专利，并按申请人的国家和优先日期进行分类。为了鉴别相关专利，参考技术专家提供的有关具体技术的 IPC 课程以及一系列用来描述建筑行业最先进的能源效率技术的关键词。尽管本研究在能源效率技术研究方面做了贡献，但却没有考虑到国内电器的重要领域，而国内电器又在终端能源消费中占据很大比例。由于电器分布广泛，它们的乘数效应对能源效率效果具有很大的潜在影响[32]。近期，这一空白已被联合专利分类体系（CPC）填补一部分，联合专利分类体系由欧洲专利局（EPO）和世界知识产权组织（WIPO）共同管理和维护，包括能源效率和四种国内电器的具体专利课程。[2] 特别是关于建筑业的专利认证，我们采取的方法基于 Noailly 和 Batrakova 研发的关键词[57]，并将搜索扩大到 23 个经合组织国家在过去 21 年所申请的专利。在本研究中，我们也根据 Costantini 等近期发表的论文对国内电器的能源效率专利进行阐述[16]，Costantini 等的文章在对之前的领域保持同样的专利搜索方法的同时，为映射该技术领域做出了全面的最新贡献（也包括基于 CPC-Y02 分类的最新能源效率课程）。结果，通过运用均匀提取方法，我们获得 55,261 项不同住宅领域有关能源效率技术的专利申请。一旦运用汤森路透核心专利搜索引擎提取专利数据，专利数量就会

2 尤其是冰柜、冰箱、洗衣机和洗碗机。

按照申请日期[3]进行计算和分类，并将复印件丢弃以防重复计算专利数量。最后，整个技术领域被分成三个子领域：建筑领域、照明领域和大型住宅电器领域（详见第三节）。附录 9.A 中，表 9-A-1 和表 9-A-2 列出了一系列关键词。关于数据提取方法的全面介绍详见 Noailly、Batrakova[57] 和 Costantini 等[16]的论文。

9.2.3 能源效率专利的趋势

1990 年到 2010 年间，住宅领域能源效率技术专利数量急剧增长。图 9-3 展示了住宅领域能源效率专利趋势和在欧洲专利局（EPO）注册的所有专利的占比。这些专利来源于同一时期不同的国家，来源国见表 9-A-3。尽管 2005 年到 2007 年间，因为专利活动的普遍低迷，住宅领域能源效率专利数量略有下降，但能源效率专利总量却不断上升。2007 年后，能源效率专利活动再次增长，比以往更加强烈。这是因为欧盟法规在每个国家的应用越来越普遍（比如，欧盟地区能源效率行动计划（EEAP）的实施）。

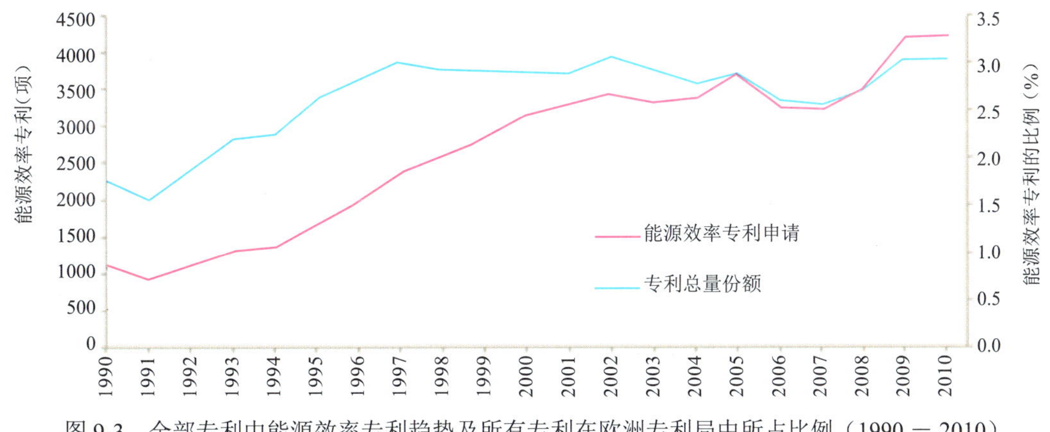

图 9-3　全部专利中能源效率专利趋势及所有专利在欧洲专利局中所占比例（1990 － 2010）

资料来源：欧洲专利局[19]。

图 9-4 展示了对住宅领域能源效率技术三个子领域（建筑、照明和大型电器）的部门分析，这也证实了专利数量不断增长的趋势。在建筑领域，专利活动的增长尤为活跃，尤其在 2006 年到 2010 年间。值得注意的是，高效电器的专利不受 2005 年专利活动普遍低迷的影响：它们在分析的整个周期内呈不断增长趋势。就部门贡献而言，能源效率技术中建筑部门的专利最多，然后是照明部门和电器部门，这两个部门在能源效率专利领域的占比差不多。对整个时期的专利数量进行统计，建筑业占 61.4%（33,973 项申请），照明占 21.2%（11,699 项申请），电器占 17.4%（9,619 项申请）。

3　特别是“申请日期靠前”的文件。此外，为了捕捉最具创新性的发明，仅仅考虑申请代码 A1 和 A2。

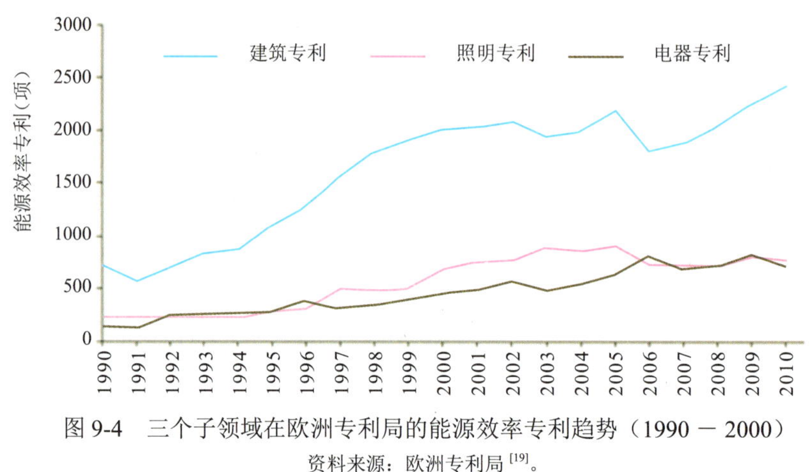

图 9-4 三个子领域在欧洲专利局的能源效率专利趋势（1990 － 2000）

资料来源：欧洲专利局[19]。

9.3 住宅能源效率技术的创新驱动力

许多文献通过理论模型和实证模型探寻推动和支持生态创新的主要动力。分析表明，选择一个系统的方法能够研究生态创新的决定因素及其传播形式[17，30，73]，因为这不仅可以明确需求拉动和供应推动之间的关系，还能够分析公共政策发挥的重要作用[31，55，69]。从总体上看，Coenen 和 Díaz López[12] 明确强调，理论框架的选择不会对系统方法的应用造成任何影响。不管分析背景中包含技术创新体系、社会技术体系还是领域创新体系，个人在创新能力、技术能力、体制能力以及不同公共支持政策上发挥的作用也不能忽略，应综合分析。

在此综合分析的基础上，提出的实证分析也考虑了其它不同因素，这些因素决定了相关行业中生态创新的发展速度和方向。尤其是因变量，一个典型的例子是 23 个国家在 1990—2010 年间向欧洲专利局提交的专利申请数量，这个数量随着一系列有关创新体系、市场体系、制度体系、能源体系和环境体系的解释变量的增强而衰退。

9.3.1 创新体系

有关国家创新体系和领域创新体系的文献很多[59]。最近，创新过程被解释为不同职能参与方共同推动和协作的结果，其中，参与方不仅包括市场主体还包括私营机构和公共机构、政府干预以及溢出效应和隐性知识流动等无形要素。研究中，我们特别强调公共政策在能源效率创新中的作用，同时也考虑了创新体系的其他方面。首先，我们检验国家层面上的创新能力和所作出的努力——使用国家研发支出总量表示知识存量，其中研发支出总量包括商业企业、高等教育机构、政府和私营非营利组织的支出（数据来源：经合组织主要科技指标 [63]）。除此之外，还应考虑能源技术体系的行业特征。事实上，能源行业的特点也会影响技术改进，例如，由于高资本密集度、资本存量寿命、学习和实验所需时间以及集群和溢出效应导致对创新刺激反应迟缓 [72, 80]。我们还借鉴了国际能源署（IEA）提供的数据，对能源效率研发支出的行业知识存量进行了验证 [36]。

假设技术知识呈累积式积聚，知识就会随着时间推移而不断增加。同时，知识要不断更新，以免被社会淘汰 [20]。根据相关文献可知，知识年折旧率应为 10% 到 40%（详见文献 [7，22，26，55]）。考虑到能源体系具有很大的“惯性”作用，我们决定将折旧率控制在 15% 。[4] 为了建立相应的国家和行业知识存量，应遵循经合组织推荐的永续盘存法 [60]，公式如下：

$$Stock_{R\&D} = \sum_{s=0}^{t} \left\{ R\&D_{i,s} \cdot e^{[-\gamma(t-s)]} \right\} \tag{1}$$

式中，γ 代表折旧率，i 代表国家，s、t 代表时间。所有能源效率的研发支出总量和研发价值都以 2010 年水平转换成定值美元。

9.3.2 市场体系

经济学中广泛分析了市场在推动创新中发挥的作用。Hicks[29] 认为，价格能推动更高效的投入替代，并且该过程在某个阶段依赖于创新。在此，我们对价格诱导效应进行了扩充解释，并将框架范围扩展至试图控制市场价格的政府干预。应注意的是，尽管最终的替代刺激与价格有关，但后者可以分成两种不同的创新驱动力。影响替代效果的最终价格通常包括被称为“公共”组成部分的政府市场手段，如税收或激励措施。除了税收和津贴，其它价格形式代表纯粹的市场部分，这些部分仅受市场力量影响而不受公共干预措施影响。

有很多论文分析了价格诱导效应的有效性（见文献 [9，67，76]），发现从长远角度看，价格在诱导更高效投入替代方面具有积极重要的作用。在特定能源效率领域，很少有研究分析价格和能源效率创新之间的关系。Jaffe 和 Stavins[39] 主要将实证分析集中在所采用的技术上，以 1979 年到 1988 年间的美国住宅建筑行业为例，对一般能源效率水平的能源价格、建筑规范及津贴补助进行对比。他们发现，与津贴相比，能源税对技术推广的影响虽然积极但相对较小。相比之下，建筑规范要求（通过技术标准直接监管的一种形式，用虚拟变量测量）对技术推广没有任何影响。在家用电器领域，仅 Newell 等 [56] 作了相关研究。通过评估 1958 年到 1993 年间美国能源价格和规范标准对新家用电器（如燃气热水器和空调）引进的影响，

4 作为一项敏感性分析，我们还测试了其他折旧率（具体为 10% 和 20%），但结果并未出现很大不同。

文章证实了价格诱导假说，即能源价格降低不利于节能电器的发展。Noailly[58] 所做的工作是最新，而且是唯一使用专利数据衡量能源效率创新的研究。其研究对象为选择性环境政策手段（建筑规范的能源监管标准、能源价格和具体政府能源研发支出）对建筑业节能技术创新的影响。研究涵盖了 1989 年到 2004 年间的 7 个欧洲国家，结果表明，相比能源价格和研发支持，监管标准对建筑创新的影响更大。

分析中，应将价格诱导效应视为一种价格包税，即能源税的总成本与能源消耗总成本的比值，公式如下：

$$Price-tax\ bundle_{it}=\frac{\Sigma_{n=1}^{3}\left(tax_{n,it}\cdot ener\_cons_{n,it}\right)}{\Sigma_{n=1}^{3}\left(price_{n,it}\cdot ener\_cons_{n,it}\right)} \tag{2}$$

式中，n 代表柴油、电和天然气。价格和税率来源于国际能源署的能源价格和税收统计 [35]，而能源消耗的数据来源于国际能源署的能量平衡统计 [34]。所有数据均严格参照住宅领域标准。

9.3.3 制度体系

在此实证框架中，我们以住宅领域在国家层面上实施的不同公共政策为基础分析该制度体系（表 9-1）。

我们运用政策数据对假说进行调查研究。该假说认为，尽管许多政策干预措施最初实施的目的并非是刺激新节能技术的产生，但是它们通过“政策诱导效应”推动了创新的复杂过程，尤其在创造阶段。政策数据来源于国际能源署的“能源效率政策数据库”[37]，该数据库可以提供 7 个行业（建筑业、商业 / 工业设备、能源事业、工业、照明、家用电器和交通）的最新能源效率政策信息，以及 23 个经合组织成员国在这些行业实施的政策措施。[5]

可依据不同标准考虑公共法规（例如，措施类型、目标对象、有效实施年限、管辖权和政策状态等）。该分析参考了 1990 年到 2010 年间所有有效或已失效的国家政策和超国家政策。为了使能源效率政策适用于住宅领域，我们根据国际能源署提供的三个主要住宅目标对象，即“建筑”、“照明”和“电器”（见表 9-1）选择相应的公共法规。然后，运用语义分析方法将这些住宅领域的能源效率政策从商业、工业和交通政策措施中分离出来。其中，该语义方法基于对政策进行主要说明的共词分析。表 9-2 列出了 6 种政策类型及其在公共法规中的相应手段。国际能源署提供的六种政策类型都包含在内。

5 http://www.iea.org/policiesandmeasures/energyefficiency/.

表 9-1　能源效率住宅领域主要目标和具体子领域

主要目标和子领域	具体子领域
建筑业	建筑规范
	建筑类型（仅限住宅）
	能源类别
	现有建筑
	新建筑
照明	住宅
家用电器	计算机
	做饭和洗衣
	家庭娱乐
	具他
	制冷
	空间供冷
	空间采暖
	备用
	通风
	水加热

资料来源：国际能源署[37]。

初看上去，能源效率政策与专利领域有着相同的发展趋势。这种趋势是最初实证证据的重要组成部分，有待进一步研究。过去十年，经合组织在住宅建筑、照明和电器领域实施的能源效率政策大幅增加，手段也逐渐多样化。国际能源署[33]有关数据显示，2011 年加拿大、韩国、卢森堡、荷兰和英国开始通过实施新政策来加强建筑规范；欧盟各成员国也开始实行建筑认证。业已系统地收集了有关现有建筑的能源效率信息，并在加拿大、德国、日本、韩国和新西兰进行了报道。许多经合组织成员国的最低能源效率标准（MEP）要求得到加强，并扩展到新的电器领域。澳大利亚、加拿大和日本在电视机、机顶盒和数字电视适配器领域推出新的最低能源效率要求和标签。同时，2009 年计划的有关大量备用电源的需求也得到全面实施。然而，仍然有许多经合组织成员国逐渐淘汰了低效白炽灯。加拿大、日本、荷兰、英国和美国支持通过国际努力帮助发展中国家的离网社区以高效照明替代燃料照明。

表 9-2　政策类型和手段

政策类型	手　段
经济手段	直接投资
	财政激励
	基于市场的手段
信息和教育手段	咨询 / 援助实施
	信息提供
	性能标签
	专业培训和资格
政策支持	体制创新
	战略规划
管理手段	审计
	规范和标准监测
	责任计划
	其他强制性要求
研发和部署	示范工程研究项目
自愿途径	谈判协议（公私部门）
	公众自愿计划
	单边承诺（私营部门）

资料来源：国际能源署 [37]。

尽管经合组织成员国一直以来都大力推行能源效率政策（可以追溯到 20 世纪 70 年代的两次石油危机），但有关住宅领域的能源效率规定到了 20 世纪 90 年代才开始持续推行。将 23 个经合组织成员国作为一个整体分析，在 1974 年到 2010 年间，共实施了 253 项政策，其中，245 项从 20 世纪 90 年代就开始实施（图 9-5）。

住宅相关政策实施的首个高潮出现在世纪之交（1999 年实施了 15 项新法规，2000 年实施了 18 项新法规），尽管 2006 年仅实施了 41 项，但却是实施政策最多的一年。2006 年后直到 2009 年，有关住宅能源效率政策方面的法律制定意义重大，每年实施的新规定平均超过 25 项。2010 年有所减少，仅实施了 9 项。

过去 20 年，经合组织成员国公共法规的政策框架呈现出了一种非常有趣的趋势。政策方案多样化，实施手段和目标多样化水平也日益提高。

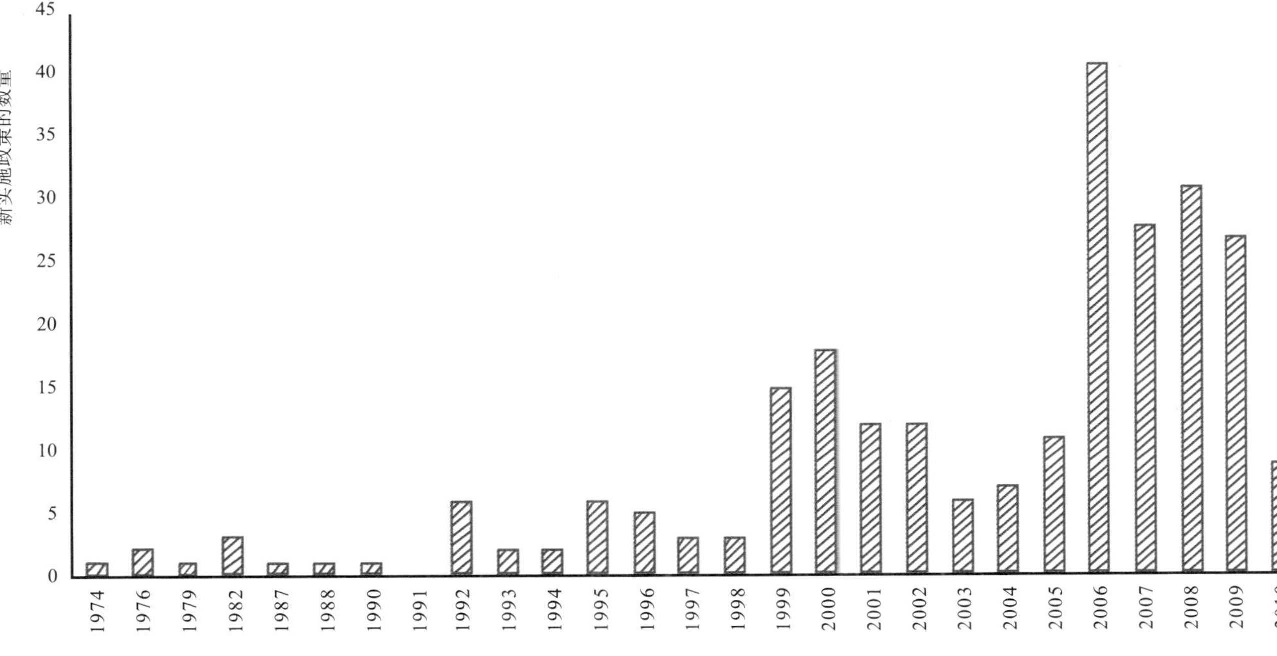

图 9-5　富裕的经合组织国家的整体住宅能源效率政策（1974 － 2010）

资料来源：国际能源署[37]

图 9-6 所示为经合组织成员国引入的选择性政策类型年表。图中的点表示该国家首次引入一项具体政策的年份。不同的政策类型首次实施的时间不同，这些国家似乎更倾向于首先实施监管手段（如规范和标准、责任计划）。到了 20 世纪 90 年代，进一步实施经济手段（如直接投资、财政激励）以及信息和教育手段（如性能标签）。对于政策支持手段、研发和部署手段以及自愿途径，除了在美国（20 世纪 70 年代全部实施）和丹麦（20 世纪 80 年代实施政策支持手段）很早实施外，在其他国家到了 21 世纪才开始实施。自 21 世纪头十年的中期以来，大部分上述国家开始实施住宅能源效率政策，从而使政策多样化水平大幅提高。

图 9-7 显示了 1990 年到 2010 年间实施的各项政策类型的水平。监管手段、信息和教育手段以及经济手段是最广泛的政策类型。然而，从 21 世纪头十年的中期开始，政策支持手段、研发部署手段和自愿途径的实施不断增加。如上所示，自 21 世纪头十年的中期开始，六项政策类型的实施持续增加，几乎在上述所有国家同时实施。

事实上，在经合组织成员国，手段多样化的政策数量大幅增长。此情况在住宅领域能源效率目标上也十分明显，该目标近几年表现出持续增长并不断发生同现的趋势（图 9-8）。

自 2006 年以来，照明和电器领域的法规数量分别增加一倍多。但建筑相关法规是本分析时期内实施最为广泛的政策干预措施，其特点在于大规模引进经济、监管以及信息和教育手段。对于照明领域的政策，监管手段似乎是首选；而在电器领域中，信息和教育手段则是实施最广泛的政策手段，比如住宅性能标识。尽管如此，正如上面强调的：自 21 世纪头十年的中期开始，六项政策类型的实施大幅增长，与其他手段产生同现的情况也越来越多。

从国家层面分析来看，欧盟十五国实施的住宅能源效率公共法规数量最多。其中，自 21 世纪头十年的中期以来实施新政策 81 项。尤其是 2006、2007 和 2008 年，分别实施新政策干预措施 27、19 和 19 项。从 1970 年到 21 世纪头十年的中期，美国的法规实施水平持续提高，尤其是 2008 年和 2009 年。相比之下，日本的法规实施水平在 1995 年到 2000 年间达到顶峰，2000 年代初期有所放缓，2006 年再次达到顶峰。如上所述，在具体的政策组合中，这些趋势会发生很大改变。随着时间的推移，政策的多样化水平不断提高，多目标政策和多手段政策都得到实施。其中欧盟和美国在这方面表现得尤为明显，其在上述领域实施的政策数量最多（图 9-9）。

在计量经济学模型中，我们将离散变量作为能源效率政策的备用建构体制框架，并在 i 国家的 t 时间内，计算实施政策的累计数量，如下所示：

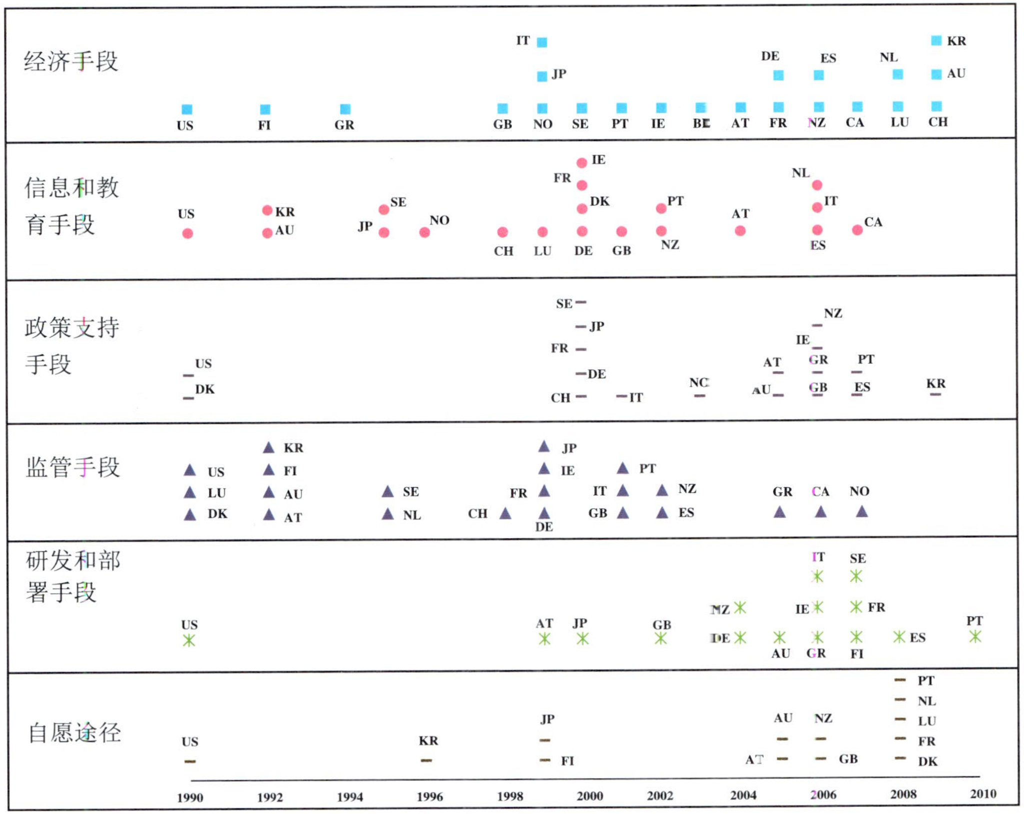

经济手段
IT JP DE ES NL KR AU
US FI GR GB NO SE PT IE BE AT FR NZ CA LU CH

信息和教育手段
IE FR DK NL PT IT SE US KR AU JP NO AT CA
CH LU DE GB NZ ES

政策支持手段
SE JP FR DE NZ IE AT GR PT US DK CH IT NC AU GB ES KR

监管手段
KR JP US FI IE PT LU AU SE FR IT NZ GR CA NO DK AT NL CH GB ES DE

研发和部署手段
IT SE NZ IE FR US AT JP GB PT DE ES AU GR FI

自愿途径
PT NL JP AU NZ LU US KR FR AT GB DK FI

1990 1992 1994 1996 1998 2000 2002 2004 2006 2008 2010

图 9-6　23 个经合组织国家首次实施不同类型住宅能源效率政策

注：23 个经合组织国家缩写代码详见表 9-A-3。

资料来源：国际能源署 [37]。

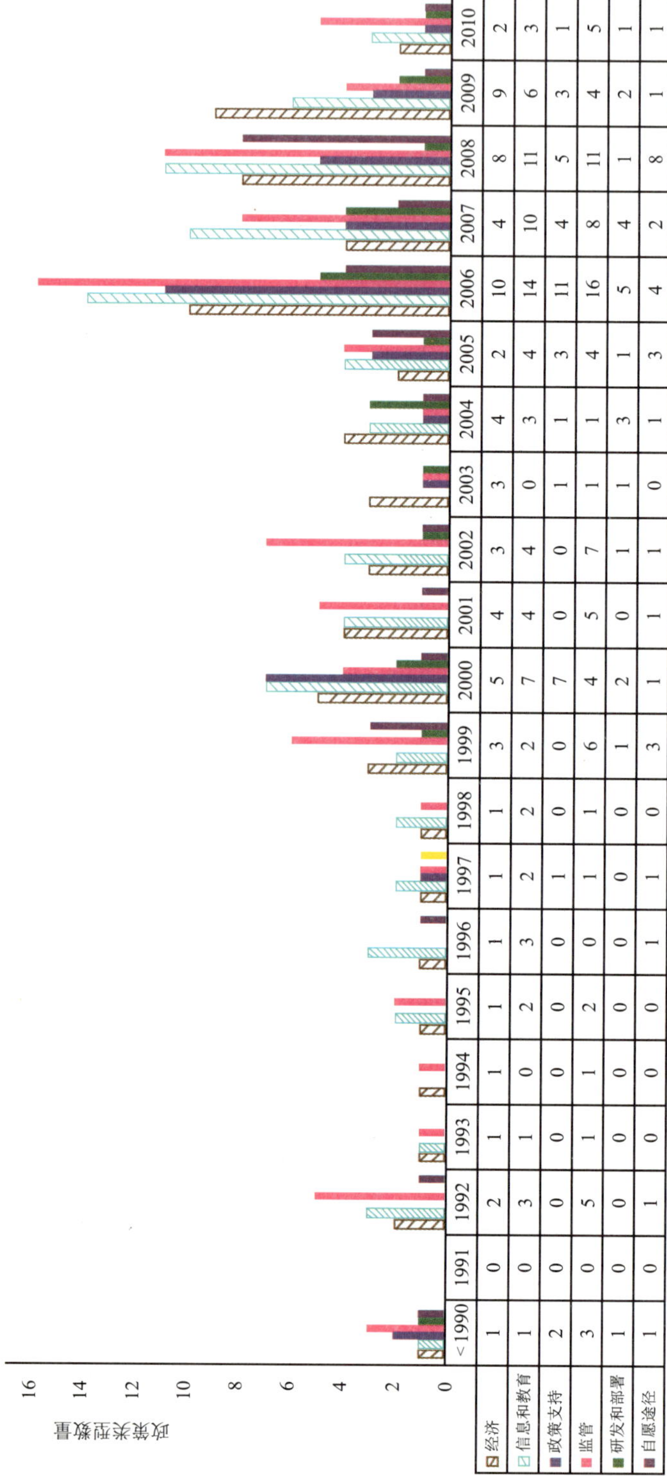

	<1990	1991	1992	1993	1994	1995	1996	1997	1998	1999	2000	2001	2002	2003	2004	2005	2006	2007	2008	2009	2010
经济	1	0	2	1	1	1	1	1	1	3	5	4	3	3	4	2	10	4	8	9	2
信息和教育	1	0	3	1	0	2	3	2	2	2	7	4	4	0	3	4	14	10	11	6	3
政策支持	2	0	0	0	0	0	0	1	0	0	7	0	0	1	1	3	11	4	5	3	1
监管	3	0	5	1	1	2	0	1	1	6	4	5	7	1	1	4	16	8	11	4	5
研发和部署	1	0	0	0	0	0	0	0	0	1	2	0	1	1	3	1	5	4	1	2	1
自愿途径	1	0	1	0	0	0	1	1	0	3	1	1	1	0	1	3	4	2	8	1	1

图 9-7　不同手段类型政策数量（1990—2010 年）

资料来源：国际能源署[37]。

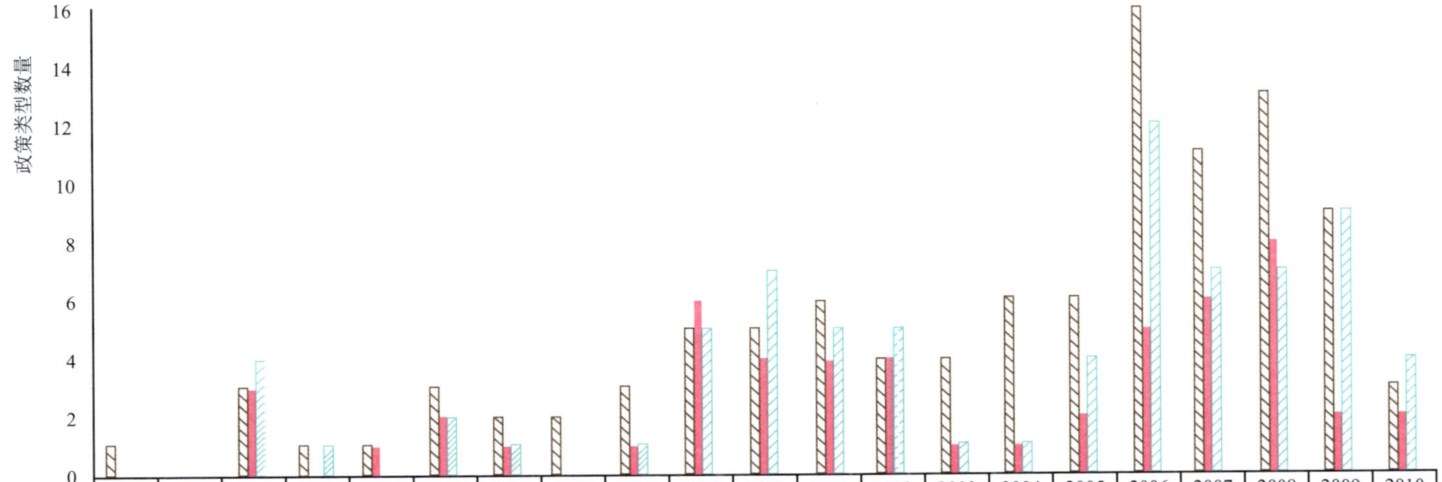

	<1990	1991	1992	1993	1994	1995	1996	1997	1998	1999	2000	2001	2002	2003	2004	2005	2006	2007	2008	2009	2010
建筑	1	0	3	1	1	3	2	2	3	5	5	6	4	4	6	6	16	11	13	9	3
照明	0	0	3	0	1	2	1	0	1	6	4	4	4	1	1	2	5	6	8	2	3
电器	0	0	4	1	0	2	1	0	1	5	7	5	5	1	1	4	12	7	7	9	4

图 9-8　目标子领域政策手段数量（1990—2010）

资料来源：国际能源署[37]。

$$KPOL_{it}=\sum_{s=1}^{t}POL_{is} \quad (3)$$

表 9-1 和表 9-2 分别列举了住宅领域的 3 个子领域和所实施的 6 种政策手段。这种选择模型法可以帮助我们对 t 时间段内每年实施的政策进行分析。不仅体现了依赖于能源效率措施实施与否的单一推动力，也是衡量整体制度体系优势和复杂性的标准。

9.3.4 能源体系

能源效率性能通过作用于能源体系的各个组成部分来提高其效率[21]。事实上，节能技术涉及能源体系各个方面，如能源生产和消费。然而，能源效率性能受能源体系自身特点的影响。比如，能源短缺会促使开发和实施更高水平节能技术，以平衡能源供应。在此内生机制中，对能源的整体性评价尤为重要，尤其是对所有领域中能源的整体评价。

近来一项研究定义了“能源技术创新体系（ETIS）”，认为该体系是“对能源体系中各方面能源技术的系统性创新（供应和需求）；包括技术发展循环的所有阶段；以及所有创新过程、反馈、行为主体、制度和网络”（参见文献 [22] 第 139 页）。该体系取决于创新在全面提高能源效率中所发挥的作用，严格遵循特定的环境和激励机制。这意味着我们必须考虑该体系的工作过程和工作机制，包括私营参与者、网络和机构在其中发挥的作用。

鉴于此，我们通过一系列变量来分析某个国家能源体系的本质特征，具体如下：

● 能源独立水平。当前的机制基于这样的假说，认为“如果给定的国家是一个净能源出口国，那它极有可能储备着丰富的供应能源，而不会急于创新节能技术”。换句话说，能源储备越多，通过创新技术提高国家能源体系效率的动力就越小。

● 核电站等其他主要的非煤炭能源的作用。在许多国家，核能在能源生产中占据很大比例，是提高能源效率的额外能源。然而，核电站的存在反映了国家长期的能源战略，这是因为建造一座核电站需要很长时间才能获得投资回报。该变量预期会在低核能生产国产生积极影响。

● 能源强度水平既能检验能源体系的整体效率，又是评价国家层面上不同能源战略的指标。Patterson[65] 表示，评估能源体系整体效率的指标多种多样。虽然按人口水平划分的能源消费指标应用广泛，但不免有所偏差。[6]

在实证模型中，通过研究核能发电与能源强度水平间的相互作用，将这两个变量相互结合起来。

6 例如，Wilson 等[77] 强调了该指标测量能源效率的非技术性能；Jenne 和 Cattel[43] 也指出了由于特定国家不同部门经济混合导致的偏差。

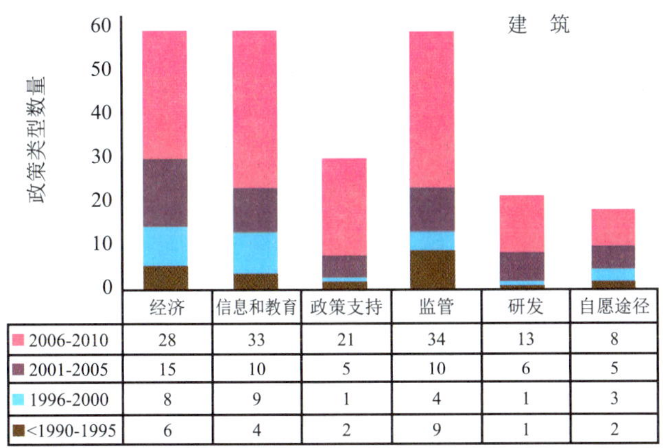

	经济	信息和教育	政策支持	监管	研发	自愿途径
2006-2010	28	33	21	34	13	8
2001-2005	15	10	5	10	6	5
1996-2000	8	9	1	4	1	3
<1990-1995	6	4	2	9	1	2

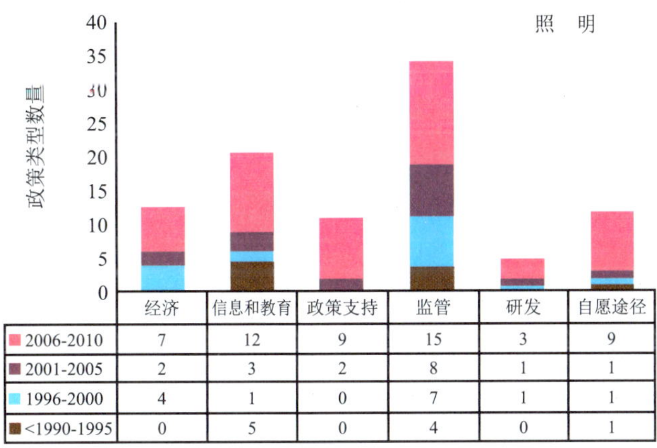

	经济	信息和教育	政策支持	监管	研发	自愿途径
2006-2010	7	12	9	15	3	9
2001-2005	2	3	2	8	1	1
1996-2000	4	1	0	7	1	1
<1990-1995	0	5	0	4	0	1

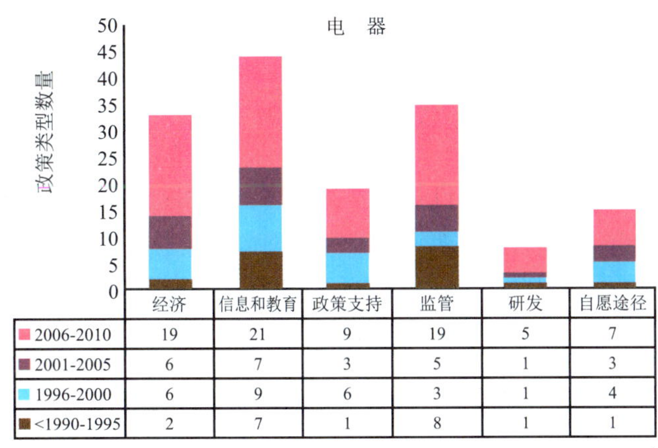

	经济	信息和教育	政策支持	监管	研发	自愿途径
2006-2010	19	21	9	19	5	7
2001-2005	6	7	3	5	1	3
1996-2000	6	9	6	3	1	4
<1990-1995	2	7	1	8	1	1

图 9-9　特定国家内目标子领域的政策类型数量（1990—2010）

资料来源：国际能源署[37]。

9.3.5 环境体系

标准环境经济理论认为，公共干预是减少污染、改善环境的合理措施。首先假定环境本身良好，污染（比如温室气体排放）是外部产生的不良影响。事实上，在没有公共干预的情况下，企业不会对污染做出任何赔偿。因此，企业便可能会以牺牲环境质量为代价创造利润。这种情况下，政府干预需要通过平衡个人生产成本（由企业承担）和社会污染成本（由社会承担）建立最佳生产水平。内化污染成本最典型的干预措施是税收，但创新在诱导公司为生产过程引进高效清洁资源中同样发挥重要作用。第二种情况同样被称作环境诱导创新。

环境监管在培育创新中的作用越来越受到关注，即使一些负面作用也会引发公开讨论。在波特假说中，许多文献认为环境监管是创新过程和商业竞争的驱动力[70，71]。这进一步证明了绿色公共干预措施的合理性。根据 Jaffe 和 Palmer[40]，波特假说有三个不同版本：第一个是“弱式波特假说”，认为环保法规可能会刺激创新；第二个是“狭义波特假说”，认为灵活的监管政策在绿色技术方面可以给予企业更大的创新激励；最后一种是“强式波特假说”，认为兼容的公司甚至可以从节约成本和源于生态创新的技术领导力中受益。但是在过去几十年里，这三个版本在实证调查过程中又衍生出许多不同结论。比如，Ambec 和 Barla[1] 认为波特假说仅仅在不同市场缺陷共存时才有效。Lanoie 等人[51] 发现公司合规程度与波特假说的影响成反比；而 Costantini 和 Mazzanti[15] 在欧盟贸易竞争的基础上对波特假说的强式和狭义版本进行了验证，发现环境政策可以通过不同的互补机制在生产过程中产生更高效率。

鉴于上述国家都实施了环境政策，我们将一个特定国家变量（住宅二氧化碳排放水平）作为环境体系的控制变量，该变量体现了不同的环境法规所产生的诱导效应。我们试图以此检验环境法规作为诱导技术变革的运行机制所产生的潜在影响，而这对于实施环境法规的国家有着积极的影响[14]。确切地说，我们所依据的假说认为，“人均二氧化碳排放水平越低，由专利数衡量的技术能力水平越高”。因为该变量用于衡量环境法规的最终目标——降低碳排放强度，该强度受国家所有部门的整体排放水平影响（以人口计算），所以，我们须实施有关环境诱导效应的政策。然而，因该变量所具有的共性，在那些绿色法规虽然薄弱但其他内隐机制仍行之有效的国家，该分析同样有效，如意大利[23]。我们使用的二氧化碳排放数据来源于国际能源署的燃料燃烧统计数据[38]，其中二氧化碳以吨计量。

9.4 经济策略和实证结果

使用专利数据代替创新相关活动，意味着我们必须控制好计算变量，即具有非负整数值的变量。分析中，我们将专利数作为变量进行仔细审查。根据相关政策数据，将能源效率在住宅领域的专利数据分为三个子领域：建筑领域、照明领域和四种电器领域（冰箱、冰柜、洗衣机和洗碗机）。经 Hausman 等 [28] 和 Baltagi[5] 证实，这些数据通常会高度偏离离散指数的上尾（中位数相对较低，算术平均数相对较高），而且大量数据取值为零。该特征既反映出一些可观察到的因素，如公司规模（相比小规模公司，较大规模公司通常备案更多专利）；又反映出一些观察不到的异质性问题（如某公司的专利数可能比另一个公司少，但却能研发出突破性技术）。实证文献中，处理专利的特定模型策略可简化为两类：泊松回归模型（PRM）和负二项回归模型（NBRM）。当大量零取值对因变量产生影响时，零膨胀负二项模型也是一个很好的选择（详见文献 [11，78]）。但在我们的数据集中，因变量中的零取值忽略不计，因为 Vuong 检验并没有证明使用零膨胀负二项模型的合理性 7。鉴于此，我们决定使用负二项回归模型，该模型将方差变成二次项（NB-2）。公式（4）是对所评价模型的一般表达，其中包括影响上述创新动力的五组变量：

$$
\begin{aligned}
= +\beta_0 &+ \beta_1\left(Innov\_Sys_{i,t-1}\right) + \beta_2\left(MarketSys_{i,t-1}\right) \\
&+ \beta_3\left(EE\_Policy_{i,t-1}\right) + \beta_4\left(Energy\_Sys_{i,t-1}\right) \\
&+ \beta_5\left(EN\right)\left(Controls_{i,t}\right) + \varepsilon_{i,t} \qquad (4)
\end{aligned}
$$

我们运用双对数固定效应来分析特定国家未观察到的异质性问题；Hausman 检验使我们更加确定对固定效应的选择 8。最大似然法用于评价模型参数。为了在减少潜在内生性偏差的同时保护标准的诱导效应框架，所有与研究体系相关的变量都会延迟一年发挥作用。延迟一年可以降低内生性偏差，作为解决该问题的标准方法，促进创新过程的弹力。反过来，则会导致一些性能损失。

运用不同模型规格来检验上述体系所发挥的作用。除了包含在所有规格中的政策变量外，我们同样检验了其它用来衡量体系作用的变量。此外，通过对表 9-2 数据集进行分解，进一步预测了各项政策类型的影响。

表 9-3 检验了一般政策诱导效应和创新体系的两种变量的影响。具体来说，估算值（1）—（4）包含研发支出总量衡量；而估算值（5）—（8）则由能源效率中具体的研发总量衡量。广义上说，将三个子领域的专利总数作为衡量标准时，国家创新体系的作用表现得尤为积极显著。但是，由于丢失了大量有关具体能源效率研发总量的数据，产生了几项的缺失值。因此，在下面的评估中，我们仅用研发支出总量来衡量国家创新体系的作用。

7 根据要求，可获得测验数据。

8 根据要求，可获得测验数据。

尽管研发总量的统计稳健性不高，但以价格包税为代表的价格诱导效应同样对因变量有着积极显著的影响。因为要基于终端使用水平衡量价格，生产商会更加关注由需求驱动带来的价格变化。在需求驱动下，消费者对能源消费高度敏感，因此更倾向于选择高效商品来平衡能源价格的上涨。

电器领域和照明领域的特点在于能源使用强度大、能源效率意识强，原因有两方面：第一，灯具和电器的使用寿命比建筑短，因此消费者更倾向于选择高效产品。此外，在建筑领域，从能源效率中获益并支付能源费用的一方（业主）不同于建筑商（承包商）。文献中将此称为委托代理问题：在描述的框架中，“代理商”（建筑商）的操作不可能总对“委托人”（建筑业主或用户）有利。有时，建筑商可能会通过降低能源效率性能来减少建筑投资，而把更高的能源费用投入给其他用户 [41]。

关于政策效应，在一般模型规格中，可以发现能源效率政策发挥着积极稳定的作用：不但有助于发明新专利，还能够证实公共法规在推动研发新实用经济技术上所发挥的重要作用 [45，69]。此外，能源效率政策的作用似乎和创新体系有着相同的趋势，即在高度依赖研发的领域，政策会发挥更大作用。例如，电器领域中公共法规的灵活性是建筑领域的 3 倍。运用具体的能源效率研发支出代替研发支出总量同样可以产生相同的趋势。

表 9-3　特定技术领域的一般政策诱导效应

	（1）	（2）	（3）	（4）	（5）	（6）	（7）	（8）
	能源效率领域总专利数	建筑领域能源效率专利数	照明领域能源效率专利数	电器领域能源效率专利数	能源效率领域总专利数	建筑领域能源效率专利数	照明领域能源效率专利数	电器领域能源效率专利数
研发支出总量库存	0.51***	0.52***	0.58***	0.66***				
	(8.87)	(8.74)	(6.41)	(5.84)				
能源效率研发库存					0.20***	0.20***	0.37***	0.32***
					(4.65)	(4.03)	(4.81)	(4.89)
价格包税	0.17**	0.13	0.45***	0.70***	0.13	0.04	0.50***	0.47***
	(2.19)	(1.49)	(4.44)	(4.90)	(1.33)	(0.36)	(4.20)	(3.38)
能源效率政策总量	0.22***				0.28***			
	(8.58)				(9.66)			
建筑领域能源效率政策数量		0.19***				0.26***		
		(5.59)				(6.44)		

表 9-3　特定技术领域的一般政策诱导效应（续）

	(1)	(2)	(3)	(4)	(5)	(6)	(7)	(8)
	能源效率领域总专利数	建筑领域能源效率专利数	照明领域能源效率专利数	电器领域能源效率专利数	能源效率领域总专利数	建筑领域能源效率专利数	照明领域能源效率专利数	电器领域能源效率专利数
照明领域能源效率政策数量			0.47***				0.44***	
			(6.04)				(5.00)	
电器领域能源效率政策数量				0.71***				0.74***
				(10.41)				(9.62)
常数	–5.64***	–5.94***	–7.00***	–7.94***	1.10***	0.82***	0.81*	0.11
	(–6.47)	(–6.67)	(–4.84)	(–5.18)	(4.20)	(2.96)	(1.81)	(0.26)
N	317.00	317.00	317.00	303.00	298.00	298.00	298.00	284.00
chi2	306.39	184.38	132.86	216.83	198.66	101.10	111.11	170.35

括号中为 t 统计；*：$p<0.1$，** p：<0.05，*** p：<0.01。

表 9-4 所列的估算值可用于稳健性检验，通过扩大分析框架继续发挥能源体系（估算值（1）—（4））和环境体系（估算值（5）—（8））对创新的推动作用。尽管大部分结果并未发生改变，但在能源体系和环境保护强度的影响下，能源效率创新活动仍有所变动。更详细地说，当检验能源强度与代表核能存在的虚拟变量间的相互作用时，新专利就会受到负面影响。但这种情况仅存在于大量用电的领域（照明和电器）。这意味着能源储备丰富的国家会在能源效率创新上缺乏动力；这进一步证实了我们的假设，即丰富的能源储备会降低节能技术创新的动力。使用住宅二氧化碳排放量衡量环境强度时，也会出现相同的情况。

表 9-4　能源和环境体系的作用

	(1)	(2)	(3)	(4)	(5)	(6)	(7)	(8)
	节能专利总数	建筑领域节能专利数量	照明领域节能专利数量	电器领域节能专利数	节能专利总数	建筑领域节能专利数	照明领域节能专利数	电器领域节能专利数
研发支出总量	0.50***	0.49***	0.73***	0.81***	0.53***	0.52***	0.84***	0.87***
	(7.67)	(7.20)	(6.14)	(6.77)	(7.39)	(6.81)	(6.32)	(6.96)
价格包税	0.17**	0.11	0.60***	0.81***	0.15*	0.09	0.54***	0.74***
	(2.06)	(1.28)	(4.60)	(5.12)	(1.73)	(1.01)	(3.97)	(4.54)
能源强度与核生产相互作用	0.02	0.06	−0.32*	−0.66***	0.05	0.09	−0.23	−0.58**
	(0.21)	(0.77)	(−1.83)	(−2.81)	(0.53)	(1.01)	(−1.29)	(−2.50)

表 9-4　能源和环境体系的作用（续）

	(1)	(2)	(3)	(4)	(5)	(6)	(7)	(8)
	节能专利总数	建筑领域节能专利数量	照明领域节能专利数量	电器领域节能专利数	电器领域节能专利数	建筑领域节能专利数	照明领域节能专利数	电器领域节能专利数
住宅领域二氧化碳排放量					−0.05	−0.05	−0.20*	−0.12
					(−0.86)	(−0.82)	(−1.72)	(−1.24)
能源效率政策数量	0.22***				0.21***			
	(8.39)				(7.44)			
建筑领域能源效率政策数量		0.20***				0.19***		
		(5.62)				(4.85)		
照明领域能源效率政策数量			0.39***				0.33***	
			(4.40)				(3.51)	
电器领域能源效率政策数量				0.59***				0.56***
				(7.64)				(6.82)
常　数	−5.55***	−5.59***	−8.79***	−9.86***	−5.86***	−5.93***	−9.86***	−10.53***
	(−5.76)	(−5.58)	(−5.14)	(−6.24)	(−5.75)	(−5.51)	(−5.40)	(−6.37)
N	317.00	317.00	317.00	303.00	317.00	317.00	317.00	303.00
chi2	306.52	185.50	134.95	222.17	302.52	182.12	134.31	219.20

括号中为 t 统计量；*：$p < 0.1$，**：$p < 0.05$，***：$p < 0.01$。

最后，表 9-5 检验了各种政策手段对节能专利申请起到的作用，最后一组估算值为分析不同政策的作用提供了一些见解。最重要的评估是关于不同政策类型作用的大小，但我们发现它们在各领域中的作用比较相似。更有趣的是，与旨在提高消费者信息和意识水平的法规相比，经济理论更喜欢倾向于标准的经济手段（如直接投资、税收和津贴）。

表 9-5　选择性政策手段对所有专利的诱导效应

	(1)	(2)	(3)	(4)	(5)	(6)
研发支出总量	0.56***	0.54***	0.59***	0.52***	0.63***	0.66***
	(8.79)	(8.05)	(9.27)	(8.07)	(9.97)	(9.84)
价格包税	0.20**	0.18**	0.18**	0.17**	0.15*	0.12
	(2.43)	(2.02)	(2.12)	(2.05)	(1.69)	(1.29)

表 9-5　选择性政策手段对所有专利的诱导效应（续）

	(1)	(2)	(3)	(4)	(5)	(6)
能源强度与核生产相互作用	− 0.02 (− 0.20)	− 0.02 (− 0.23)	− 0.07 (− 1.01)	− 0.04 (− 0.51)	− 0.09 (− 1.19)	− 0.12 (− 1.62)
经济手段能源效率政策数量	0.26*** (6.93)					
信息教育领域能源效率政策数量		0.25*** (6.15)				
政策支持领域能源效率政策数量			0.21*** (4.59)			
监管手段能源效率政策数量				0.25*** (7.12)		
研发部署能源效率政策数量					0.20*** (3.73)	
自愿途径能源效率政策数量						0.15 (1.50)
常　数	− 6.39*** (− 6.76)	− 6.13*** (− 6.18)	− 6.90*** (− 7.30)	− 5.89*** (− 6.14)	− 7.57*** (− 8.10)	− 8.07*** (− 8.09)
N	317.00	317.00	317.00	317.00	317.00	317.00
chi2	261.32	237.14	220.22	268.11	196.40	161.15

括号中为 t 统计；*：$p < 0.1$，**：$p < 0.05$，***：$p < 0.01$。

事实上，尽管经济手段对创新活动的影响积极显著，但我们在分析中发现同样有其他手段可以增加节能专利的申请数量。除了不太重要的自愿途径之外，其他政策手段的影响都达到了 0.23% 左右。其中信息和教育政策的作用最为突出，包括上述三个领域的能源标签和性能规范。

此外，除了像规范、性能标准以及强制性需求这样的监管手段外，公共研究项目和示范项目等监控活动同样可以提高节能技术。它们在丰富政策组合的异质性、提高整体政策诱导效应上共同发挥作用。

9.5 结 论

本研究以住宅领域为例，广泛分析了能源效率创新的动力。对能源效率形式和公共政策干预趋势的描述性分析表明，这种跨国家的特性与经合组织成员国在过去20年里所采取的不同程度的政策有关。原始数据集包含部门专利数据及特定政策手段信息，在此数据集的基础上，经济分析证实了公共政策对创新的驱动作用。

更具体地说，本研究从国家创新体系和行业创新体系两方面论证了住宅领域节能技术创新的趋势。同时，大量廉价能源（如核能）的存在可能会降低创新动力，所以我们需要运用环境和能源体系来调整住宅领域技术变革的速度和方向，提高能源利用率。

鉴于一般公共政策和行业公共政策的特定作用，能源税等经济手段似乎能够诱导节能技术的创新。此外，用于提高能源效率的公共政策在推动技术创新上同样发挥重要作用，从而使资源效率达到更高标准。而对不同政策影响的分析为此提供了新的见解。经济计量结果显示，当采取直接投资、税收和津贴等标准手段时，政策诱导效应不仅会推动创新，而且有利于提高消费者信息意识水平。在这些政策中，信息和教育政策包含特定领域的能源标签和性能规范，从而在诱导住宅节能技术创新方面具有很大作用。此外，承担能源费用的代理商与采用高效技术的代理商之间的关系越密切，相关技术领域的创新动力就越强，这在照明和电器领域表现得十分明显。

这些研究结果不仅具有重要的政策启示，还为该领域提供了进一步的研究方法。首先，创新体系、能源体系和环境体系共同影响该领域中的创新活动，从而证实采取系统性观点分析生态创新的重要性。其次，这也表明，同时作用于创新动力和创新体系的不同政策维度应相互结合成一个设计合理的政策组合。同时，标准的环境经济理论认为，合理的政策组合不仅包含基于传统市场的手段，还包含基于信息和教育的手段或自愿途径的政策手段。而且，政策手段应该提前规划，尽可能与最终的技术应用市场紧密联系，从而为投资节能技术的代理商提供正确的信号。最后，该领域政策组合中的复杂性要求我们在问题协调上给予特殊关注，以加强整体政策策略的一致性和持久性。关于这个问题，科学界和政策社群还要努力加深对政策相互作用的理解，不断加强所采用政策框架的有效性。

本章提要：能源效率技术是减少能源需求的主要驱动力，可带来环境效益和经济效益。这在住宅领域表现得尤为突出。在过去的20年，住宅对能源需求并没有任何减少趋势。1990年到2010年期间，通过对23个经合组织成员国的住宅领域进行观察，我们的研究针对能源效率技术创新驱动因素进行了广泛的实证分析。同时，研究还强调在检验生态创新时要采取系统性观点的重要性，尤其是能源效率系统与环境和能源系统在国家和产业领域两个层面的创新均受到鼓励，从而确保了住宅领域技术变革的速度与方向。这与总的政策诱导效应密切相关，但若将各类政策措施一并考虑，政策诱导对新能源效率技术贡献的大小就会有变化。我们注意到，不仅标准、法规有积极显著影响，而且旨在改进消费者信息和意识水平的政策也具有同样的作用。该项发现既有值得关注的政策含义，又指出了该研究领域进一步发展的途径。

致谢：我们诚挚感谢以下机构给予的财政支持：（1）欧盟 D.G. 研究中心（“创新环境宏观指标”研究项目 283002 号授权协议）；（2）罗马大学-欧洲事务研究所-欧洲核能机构联盟；（3）意大利教育部、大学和研究中心（2010 年国家科学研究项目“地中海地区气候变化：环境、经济影响、减排政策和技术创新”）。普通免责声明适用。

附录 9.A　不同领域的专利

表 9-A-1　按技术领域和关键词划分的专利类别

主领域	子领域	联合专利分类	子　类	关键词
隔热	蓄　热	E06B	3/24，3/64，3/66，3/67	
		E06B	3	High perform+ OR insulate + OR low energy
		C03C	17/00，17/36	Low e
		E06B	3/67F	Vacuum
		E06B		Aerogel
		E06B	3/20	
	蓄　热	E06B	1/32，3/ 26	Thermal break
		E04B	1/74，1/ 76	
		E04B		Polyurethane OR PUR OR polystyrene OR EPS OR XPS OR heavy gas+ OR pentane OR insulate+
		E04B		Flax OR straw OR (sheep + AND wool)
		E04F	15/18	
		E04F		Sea shell
		E04D	11	Insulate+
		E04D	11	Green roof
		E04D	11，9	Thatch+
	节　水	F16L	59/14	
		F24H		Water AND (sav+ OR recover +)
		F16 K	1	Water AND (sav+ OR recover +)
	节　水	E03C	1	Water AND (sav+ OR recover +)

表 9-A-1 按技术领域和关键词划分的专利类别（续）

主领域	子领域	联合专利分类	子 类	关键词
隔热	冷却降温	E04F	10	
		C03		Glass AND (reflect+ OR sun-proof OR heat resist+)
		E06B	3	Glass AND (reflect+ OR sun-proof OR heat resist+)
		B32B	17	Glass AND (reflect+ OR sun-proof OR heat resist+)
高效锅炉	高效锅炉	F23D	14	Low
		F24D	1	
		F24D	3，17	
		F24H（不包括F24H7）		
冷热分配和热电联产	加热系统	F24D	5，7，9，10，11，13，15，19	
	电蓄热器	F24H	7	
	热交换	F28F	21	
	制 冷	F25B	1，3，5，6，7，9、11，13，15，17	
	供热和制冷系统结合	F25B29		
	热泵	F25B30		
	热电联产	X11-C04		
		R24H240/ 04（ICO 代码）		
通风	通 风	F24F	7+	
太阳能和其他RES	太阳能	F24J	2	
		H01L	31/042，31/058	
		H02N	6	
	生物质	F24B		Wood+
	地 热	F24J	3	
建筑材料	建筑结构	E04B	1	Building+ or house+
	材 料	C09K	5	Building+ or house+
气候控制系统	温度控制	G05D	23/02	
	电热器	H05B	1	
照明	照 明	F21S		Not vehicle, not aircraft
		F21K	2	Not vehicle, not aircraft
		H01J	61	Not vehicle, not aircraft
		F21V	7	House or home or building
	LED	H01L	33	Light and LED
		H05B	33	Light and LED

资料来源：Noailly 和 Batrakova[57]。

表 9-A-2　按技术领域和关键词划分的专利类别

每种电器的联合专利分类		旨在提高家电效能的技术	描　述
冰箱和冰柜	F25D 详见 http://www. cooperative patent classification.org/cpc/ scheme/F/scheme-F25D.pdf	Y02B 40/32	控制压缩机或风机的电机速度
		Y02B 40/32	隔　热
洗碗机	A47L 15/00 详见 http://www. cooperative patent classification. org/cpc/ scheme/A/scheme-A47L.pdf	Y02B 40/42	控制泵的电机速度
		Y02B 40/44	热回收，如洗涤水
洗衣机	D06F （不包括 D06F31/00、D06F43/00、 D06F47/00、D06F58/12、 D06F67/04、D06F71/00、 D06F89/00、D06F93/00、 D06F95/00 及其子群） 详见 http://www. cooperative patent classification. org/cpc/ deinition/D/deinition-D06F.pdf	Y02B 40/52	控制滚筒和泵的电机速度
		Y02B 40/54	热回收，如洗涤水
		Y02B 40/56	水量优化
		Y02B 40/58	太阳能加热

资料来源：Costantini 等 [16]。

附录 9.B　部分国家代码

表 9-A-3　部分国家及其代码

国　家	代　码	国　家	代　码
奥地利	AT	爱尔兰	IE
澳大利亚	AU	意大利	IT
比利时	BE	日　本	JP
加拿大	CA	韩　国	KR
瑞　士	CH	卢森堡	LU
德　国	DE	荷　兰	NL
丹　麦	DK	挪　威	NO
西班牙	ES	新西兰	NZ
芬　兰	FI	葡萄牙	PT
法　国	FR	瑞　典	SE
英　国	GB	美　国	US
希　腊	GR		

参考文献

1. Ambec S, Barla P (2005) Can environmental regulations be good for business? An assessment of the Porter hypothesis. Cahiers de recherche 0505, Université Laval. Département d'économique
2. Archibugi D, Pianta M (1996) Measuring technological change through patents and innovation surveys. Technovation 16(9):451-468
3. Arundel A, Kabla I (1998) What percentage of innovations are patented? Empirical estimates for European firms. Res Policy 27(2): 127-141
4. Arundel A, Kemp R (2011) Measuring eco-innovation, UNU-MERIT working paper Series No. 2009-017, Maastricht, The Netherlands
5. Baltagi B (1994) Econometric analysis of panel data. John Wiley and Sons Ltd. The Atrium, Southern Gate, Chichester, West Sussex, UK
6. Baumol WJ, Oates WE (1988) The theory of environmental policy. Cambridge University Press, Cambridge
7. Benkard CL (2000) Learning and forgetting: the dynamics of aircraft production. Am Econ Rev 90:1034-1054
8. Berkhout F (2011) Eco-innovation: reflections on an evolving research agenda. Int J Technol Policy Manag 11:191-197
9. Binswanger H (1974) A microeconomic approach to innovation. Econ J 84(336):940-958
10. Borghesi S, Costantini V, Crespi F, Mazzanti M (2013) Environmental innovation and socio-economic dynamics in institutional and policy contexts. J Evolut Econ 23(2):241-245
11. Cameron AC, Trivedi PK (1998) Regression analysis of count data. econometric society monograph no. 30. Cambridge University Press, Cambridge
12. Coenen L, Díaz López FJ (2010) Comparing systems approaches to innovation and technological change for sustainable and competitive economies: an explorative study into conceptual commonalities, differences and complementarities. J Clean Prod 18:1149-1160
13. Cohen WM, Nelson RR, Walsh JP (2000) Protecting their intellectual assets: appropriability conditions and U.S. manufacturing firms patent. NBER working paper No. 7552
14. Costantini V, Crespi F (2008) Environmental regulation and the export dynamics of energy technologies. Ecol Econ 66:447-460
15. Costantini V, Mazzanti M (2012) On the green and innovative side of trade competitiveness? The impact of environmental policies and innovation on EU exports. Res Policy 41:132-153
16. Costantini V, Crespi F, Palma A (2014) Mapping innovation systems through patent analysis. The case of technologies for energy efficiency in the residential sector. In: Pier PP (ed) The economics of knowledge generation and distribution, Routledge (forthcoming)
17. Del Río P (2009) The empirical analysis of the determinants for environmental technological change: A research agenda. Ecol Econ 68:861-878
18. European Commission (EC) (2011) Communication from the commission to the European parliament, the council, the European economic and social committee and the committee of the regions. energy efficiency plan 2011. COM(2011)-109
19. EPO (European Patent Office) (2013) European patent service, Espacenet patent search,

European patent office edition, Vienna, Austria
20. Evenson RE (2002) Induced adaptive invention/innovation and productivity convergence in developing countries. In: Grubler A, Nakicenovic N, Nordhaus WD (eds) Technological change and the environment, Resourse Future Ref. 131, Washington, DC, pp 61-96
21. Florax R, De Groot H, Mulder P (2011) Improving energy efficiency through technology: trends, investment behaviour and policy design. Edward Elgar Publishing Inc, US
22. Gallagher KS, Grübler A, Kuhl L, Nemet G, Wilson C (2012) The energy technology-innovation system. Annu Rev Environ Resour 37:137-162
23. Ghisetti C, Quatraro F (2013) Beyond the inducement in climate change: do environmental performances spur enrivornmental technologies? A regional analysis of cross-sectoral differences. Working papers 2013112, University of Ferrara, Department of Economics
24. Griliches Z (1998) Patent statistics as economic indicators: a survey. In: Zvi G (ed) R&D and productivity: the econometric evidence. National Bureau of Economic Research. University of Chicago Press, Chicago
25. Hall BH, Jaffe A, Trajtenberg M (2005) Market value and patent citations. Rand J Econ 36 (1): 16-38
26. Hall BH (2007) Measuring the returns to R&D: the depreciation problem. NBER working paper 13473, Cambridge, MA
27. Haščič I, de Vries F, Johnstone N, Medhi N (2009) Effects of environmental policy on the type of innovation: the case of automotive emission-control technologies. OECD J Econ Stud 1:79-90
28. Hausman JA, Hall B, Griliches Z (1984) Econometric models for count data with an application to the patents-R&D relationship. Econometrica 52:909-938
29. Hicks JR (1932) The theory of wages. MacMillan, London
30. Horbach J (2008) Determinants of environmental innovation-new evidence from German panel data sources. Res Policy 37:163-173
31. Horbach J, Rammer C, Rennings K (2012) Determinants of eco-innovations by type of environmental impact. The role of regulatory push/pull, technology push and market pull. Ecol Econ 78:112-122
32. IEA (International Energy Agency) (2009) Gadgets and Gigawatts, policies for energy efficient electronics. OECD-IEA Publishing, Paris
33. IEA (International Energy Agency) (2012) Progress implementing the IEA 25 energy efficiency policy recommendations. OECD-IEA Publishing, Paris
34. IEA (International Energy Agency) (2012) OECD energy balance statistics. OECD-IEA Publishing, Paris
35. IEA (International Energy Agency) (2012) Energy prices and taxes statistics. OECD-IEA Publishing, Paris
36. IEA (International Energy Agency) (2013) RD statistics. OECD-IEA Publishing, Paris
37. IEA (International Energy Agency) (2013) Energy efficiency policy online database. OECD-IEA Publishing, Paris
38. IEA (International Energy Agency) (2013) CO_2 emissions from fuel combustion statistics. OECD-IEA Publishing, Paris
39. Jaffe AB, Stavins RN (1995) Dynamic incentives of environmental regulations: the effects of alternative policy instruments on technology diffusion. J Environ Econ Manag 29(3):S43-S63

40. Jaffe AB, Palmer K (1997) Environmental regulation and innovation: a panel data study. Rev Econ Stat 79:610-619
41. Jaffe AB, Newell RG, Stavins RN (2004) Economics of EE. Encyclopaedia of energy, vol 2, pp 79-90. Elsevier, Amsterdam
42. Jaffe AB, Trajtenberg M (2004) Patents, citations, and innovations: a window on the knowledge economy. J Econ Lit 42(4): 1158-1160
43. Jenne CA, Cattell RK (1983) Structural change and energy efficiency in industry. Energy Econ 5(2): 114-123
44. Johnstone N, Haščič I, Popp D (2010) Renewable energy policies and technological innovation: evidence based on patent counts. Environ Res Econ 45:133-155
45. Johnstone N. Haščič I, Poirier J, Hemar H, Michel C (2011) Environmental policy stringency and technological innovation: evidence from survey data and patent counts. Appl Econ 44 (17):2157-2170
46. Kemp R, Oltra V (2011) Research insights and challenges on eco-innovation dynamics. Indus Innov 18:249-253
47. Kemp R, Pearson P (2008) Measuring eco-innovation, final report MEI project. UNU-MERIT, Maastricht
48. Lanjouw JO, Mody A (1996) Innovation and the international diffusion of environmentally responsive technology. Res Policy 25(4):549-571
49. Lanjouw J, Pakes A, Putnam J (1998) How to count patents and value intellectual property: uses of patent renewal and applications data. J Indus Econ 46(4):405-433
50. Lanjouw J, Schankerman M (2004) Patent quality and research productivity: measuring innovation with multiple indicators. Econ J 114(495):441-465
51. Lanoie P, Lucchetti L, Johnstone N, Ambec S (2011) Environmental policy, innovation and performance: new insights on the Porter hypothesis. J Econo Manag Strat 20:803-842
52. Malerba F, Orsenigo L (1996) The dynamics and evolution of industries. Ind Corp Change 5 (l):51-87
53. Markard J, Raven R, Truffer B (2012) Sustainability transitions: an emerging field of research and its prospects. Res Policy 41:955-967
54. Nameroff TJ, Garant RJ, Albert MB (2004) Adoption of green chemistry: an analysis based on US patents. Res Policy 33 (6-7):959-974
55. Nemet G (2009) Demand-pull, technology-push, and government-led incentives for non-incremental technical change. Res Policy 38:700-709
56. Newell RG, Jaffe AB, Stavins RN (1999) The induced innovation hypothesis and energy-saving technological,change. Quart J Econ 114 (3): 941-975
57. Noailly J, Batrakova S (2010) Stimulating energy-efficient innovations in the Dutch building sector: Empirical evidence from patent counts and policy lessons. Energy Policy 38:7803-7817
58. Noailly J (2012) Improving the energy efficiency of buildings: the impact of environmental policy on technological innovation. Energy Econ 34(3):795-806
59. OECD (1997) National innovation systems. OECD Publishing, Paris
60. OECD (2009) The perpetual inventory method—overview. In: OECD, measuring capital. OECD manual 2009. 2nd edn. OECD Publishing. Paris

61. OECD (2010) Eco-Innovation in industry: enabling green growth. OECD Publishing, Paris
62. OECD (2011) Fostering innovation for green growth, OECD green growth studies. OECD Publishing, Paris
63. OECD (2013) Main science and technology indicators. OECD Publishing, Paris
64. Oltra V, Kemp R, De Vries FP (2010) Patents as a measure for eco-innovation. Int J Environ Technol Manag 13(2): 130-148
65. Patterson MG (1996) What is EE? Concepts, indicators and methodological issues. Energy Policy 24(5):377-390
66. Pavitt K (1984) Sectoral patterns of technical change: towards a taxonomy and a theory. Res Policy 13(6):343-373
67. Popp D (2002) Induced innovation and energy prices. Am Econ Rev 92:160-180
68. Popp D (2005) Lessons from patents: using patents to measure technological change in environmental models. Ecol Econ 54(2):209-226
69. Popp D (2010) Innovation and climate policy, NBER working paper series, no. 15673
70. Porter ME (1991) Towards a dynamic theory of strategy. Strat Manag J 12:95-117
71. Porter M, van der Linde C (1995) Toward a new conception of the environment-competitiveness relationship. J Econ Perspect 9:118-1995
72. Smekens KEL, Lako P, Seebregts AJ (2003) Technologies and technology learning, contributions to IEA's energy technology perspectives. Energy Research Centre of the Netherlands Republic ECN-C-03-046, Petten, Netherland
73. van den Bergh JCJM, Faber A, Idenburg A, Osterhuis F (2007) Evolutionary economics and environmental policy, survival of the greenest. Elgar,Cheltenham
74. van Pottelsberghe B, Dernis H, Guellec D (2001) Using patent counts for cross-country comparisons of technology output. STI Rev 27: 129-146
75. van Zeebroeck N, Van Pottelsberghe De La Potterie B, Han W (2006) Issues in measuring the degree of technological specialisation with patent data. Scientometrics 66 (3):481-492
76. Verdolini E, Galeotti M (2011) At home and abroad: an empirical analysis of innovation and diffusion in energy technologies. J Environ Econ Manag Elsevier 61(2):119-134
77. Wilson B, Trieu LH, Bowen B (1994) Energy efficiency trends in Australia. Energy Policy 22 (4):287-295
78. Winkelmann R (2008) Econometric analysis of count data. Springer, Germany
79. World Bank (2013) World development indicators (WDI), online database. The World Bank Group, Washington DC, US
80. Worrell E, Biermans G (2005) Move over! Stock turnover, retrofit and industrial energy efficiency. Energy Policy 33:949-962

第三篇　可再生能源

第十章
可再生能源发电的成本分析

I. Mauleón[1]

10.1 概 述

本研究[2]对可再生能源的成本进行了分析。研究基于截至2013年底的最新成果资料。之所以一开始就要强调这一点非常重要，是因为可再生能源发展十分迅速，甚至在一两年内成本就可能出现大幅降低。世界上一些机构正就这个问题展开深入研究，因此对迄今取得的主要结果进行汇总不仅有必要，而且有价值。这是因为能源世界正在经历重大变革，很多人认为至多在一二十年内彻底改变工业的未来[34]。因此，投资者和政府等均面临重大机遇，但对于固守旧式能源生产和生成方式的人而言，这也意味着潜在损失。一些领域可能会很快受到影响，尤其是电力行业，而对交通行业的影响来得较为缓慢，但迟早都会受到影响。各行业受影响程度也不尽相同，取决于各自所处的发展阶段，因为可再生能源需要一个截然不同的网络，即必须适于离网生产和消费。因此，发展中国家甚至欠发达国家具有比较优势，因其没有发达的电网。

本章将重点放在了成本方面，主要有以下几方面的考虑。第一，从经济角度比较不同技术是一种简单有效的方式，它涵盖了可再生能源及化石燃料。重要的是选取的核算方法要清晰明确，而且还能精确地进行估算，具有可比性。这也是所有研究都重点关注平准化能源成本（LCOE）的原因。LCOE是业内普遍认可的一种核

1 Ignacio Mauleón (✉)
Dpto. de Fundamentos del Análisis Económico., Universidad Rey Juan Carlos,Paseo de los Artilleros s/n, 28032 Vicálvaro, Madrid, Spain
E-mail: ignacio.mauleon@urjc.es
© Springer International Publishing Switzerland 2015
A. Ansuategi *et al.* (eds), *Green Energy and Efficiency*, Green Energy and Technology，DOI 10.1007/978-3-319-03632-8_10

2 感谢MCyT和ERDF就项目ECO2012-32299所提供的帮助，同样感谢编辑们所提的建议。如有纰漏，皆属作者本人之失。

算方法，借助该方法能够对技术、地理位置和不同的研究进行合理比较。在一开始就需指出，本研究未考虑任何外部性，尤其是补贴或其他形式的公共支持。为便于比较，我们还介绍了化石燃料发电的等价核算方法，其中也没有考虑到补贴因素[15]。第二，一些可再生能源技术在价格方面仍不具市场竞争力，尽管这种情况正在改变（如下文中讨论的情况），但仍无法根据回报率对其进行分析。

在有些情形下可再生能源发电成本会骤然下降，所以很难及时更新市场信息。信息的缺乏以及对成本的消极看法会对能源的部署产生负面影响。对投资者而言，这种成本波动意味着更大的风险，因此需要更高的回报率。但是由于前期资本成本是可再生能源成本的主要组成部分，这对项目的最终成本有着重大影响，后续章节会对此类问题进行详尽论述。政府缺乏制定有效的或低成本的支持政策方面的信息，且向消费者及全社会提供客观信息，可能会引起毫无根据的负面看法和偏见。

本章重点讨论电力行业，而没有考虑供热能量和交通方面的内容。而且，仅研究有足够数据技术领域。之所以没有考虑太阳热能技术、所有形式的海洋能源技术及多数生物能源技术（不一一列举），是因为这些领域缺少足够的数据支持。但绝不应认为这些技术不重要，或者说至少不应当认为当前正处在研究或示范阶段的技术在最近或遥远的将来不会成为重要技术。

正如有的研究报告所述：“定量报告或研究的质量取决于其采用的数据及其他信息。”[41] 因此，本章介绍的结果来自各种研究，但主要基于 Irena 成本系列。Irena 成本系列来源于一个海量数据库，该数据库包含约 8,000 个正在实施或拟议的大中型可再生能源发电项目以及世界范围内的大量数据源[18-23]。同时，本章还探讨了其他更为全面但基于估计或更具体的数据源[8, 29, 41]。最后，本章介绍的大部分结果只在特定时间段内有效，由于这个领域发展非常快，要想这个分析不会很快过时，必然要做一些预测或推测。最后以已呈现出的发展趋势、最近调查中市场参与者的评论与观点为基础进行了讨论。

除了上面的概述外，本章结构如下：第二节介绍本研究所用的成本核算方法，并进行较为详尽的分析。附录中对 LCOE 进行了更深入的探讨。第三节是本研究的主要部分，报告了所研究的六项技术的结果，包括聚光太阳能热发电、太阳能光伏发电、风力发电、水力发电、生物质发电和地热发电。此外，还分别讨论了每种技术在未来发展和降低成本方面的评估。第四节简要讨论了主要的结果并对市场和不同技术的未来趋势进行了评估。虽然此类评估必然带有一定程度的假设性，但尽量以各种技术的详细分析及相互关系为基础。特别值得注意的是，单独成本的概念将会被联合评估所取代。章末的附录比较详尽地介绍了 LCOE 核算，并列出了报告中所用到的缩略词表和参考文献。

10.2 成本核算

成本核算方法在拟议投资计划的财务分析中十分重要，当投资项目的市场价格不具竞争力时尤其如此（正如现在大部分可再生能源的情况一样，不过这种情况会快速变化）。因此，无论如何，拟议投资计划通常需要得到某种公众支持。当这些技术在市场条件下具有竞争力时，可考虑其他成本核算方法，如净价或纯收益等。然而，在竞争前期阶段，为了评估与电网平价或广义竞争力的差距并对几种技术进行比较，成本核算方法事关重要。这就是几乎所有市场竞争者实际考虑主要成本核算方法的目的。有几种可用的成本核算方法，每一种都有各自的优缺点，但同时都包含对特定目的的深刻见解。虽然还没有明确一种通用的成本核算方法，但目前这些核算方法足以被正确认识并用于特定目标。

本节将根据选取的文献类型对成本核算问题进行讨论。在出版的许多学术著作中，研究人员一般从两个基本方面解决成本核算问题：通过可再生能源技术降低的二氧化碳成本以及并网发电的成本。虽然第一个问题直接影响成本核算，但却很难以货币形式对其进行衡量。而且，除了可再生能源外，也有一些低成本的方法可以用来降低二氧化碳成本（文献 [26] 是一个典型例子）。相比之下，第二个问题受到的关注更多，即并网发电。由于受风能和太阳能变化性的影响，可再生能源本身具有间歇性和不可预测性。但较之风能，我们可以提前几天预测到太阳能在未来 24 小时内的变化。由于目前很难甚至不可能大量储存电力，所以必须随时调整对电力的需求。因此，当利用风能和太阳能等不可预测的可再生能源发电时，我们需要准备备用能源。水能是一个不错的选择，但在实际操作中，我们通常会选择基于化石燃料的燃气联合循环汽轮机（GCCT）。燃气涡轮机作为备选设备只能在合理的成本范围内的低水平条件下运行，而且由于技术限制不能短时内迅速启动，因此使用涡轮机的成本较高。

某种程度上，我们会根据电力市场的实际运营，从市场参与者角度分析该问题。而事实上，根据可再生能源在一些市场（德国、丹麦、西班牙等）的普及率及相关调查显示，实际情况在很大程度上与学术研究不符。以欧洲光伏产业协会（EPIA）针对系统运营商的调查为例，结果表明，即使是目前的电网，在没有严重干扰的情况下，也能容纳大量可再生能源 [10]。考虑到电网设计之初并非用于存储可再生能源，该调查结果更具有重大意义。由于电网本身耗电且采取分散式方法输电，所以我们应该建立一个统一的密集电网，从而使长距离连接能够输送更多电力 [32]。同时，在分布式输电过程中，密集电网产生的网络投资成本和损失也大大降低。

当然，这仅仅是可再生能源成本核算中一个外部效应。其他外部效应的重要性将在本节后面进行讨论。因为不是所有的外部效应都能以货币衡量，所以目前这个案例中我们只考虑这一个外部效应，但这并不意味着我们可以将其他效应排除在外。相反，我们应该对那些能以货币衡量且具有研究意义的成本进行简单的成本核算，比如平准化能源成本（LCOE）。

目前，我们通常会从投资者角度（无论是私企、个体还是国企）进行成本核算。严格意义上说，推动投资的市场价格在成本核算中起到决定性作用。因为投资者的购电价格决定了设备供应商和其他服务供应商的利润，所以特定市场的竞争情况直接影响供应商的利润。另外，利润还与设备交易的难易程度有关，比如风力发电机交易困难，而太阳能光伏电池板却很容易以低价进行交易。

目前，从消费者角度分析成本核算受到了越来越多的关注。通常情况下，消费者支付的电费是投资者售电价的三四倍。最近，太阳能光伏电池板技术成本大幅下降，这使得世界各地的消费者纷纷使用该技术发电自给，这意味着“电网平价”现象正在消费者群体中逐渐显现。此外，市场电价越恒定，平准化能源成本（LCOE）越有可能实现。而且，这在一定程度上取决于消费者而不是投资生产商；消费者通常需要在一天内对价格变化进行处理。这一点会在附录中进行详细讨论。

本章主要列举了三种主要核算方法，并在下一节中进行了详细说明：（1）设备出厂价成本；（2）建设总费用，通常包括准备设备场所所需的大量现金成本、银行收取的财务费用等；（3）平准化电力成本（LCOE）。

LCOE 是市场竞争者评估和对比不同技术（下文简述，在附录中详细说明）成本最常采用的方法。前两种核算方法的货币单位按每容量单位计（如美元 / kWh），概念非常直接，因此无须赘述。第三种核算方法的关联性也许是最强的，它提出了每单位时间生成能源的货币价值，即美元 /kWh。最后一个概念需要准确的定义，下文对其进行了详述。需要注意的是，本文未考虑任何外部效应或公共支持措施，其中定义非常笼统并在一定程度上有所简化，因此评估特定实际项目时，必须考虑更多细节。但是，为了对技术和地理位置进行对比，如果在某些情况下无法获得需要的所有信息，规定过多细节可能会对更好的核算方法产生误导，从而导致结果产生偏差。

LCOE 被定义为电站生命周期内的成本现值 / 电站生命周期内发电量现值，系用某一项技术生产 1MWh（或其他计量单位）电力全生命周期内的成本。计算公式如下：

$$LCOE=\frac{\Sigma_{t=1}^{t=n}\left(\frac{I_t+O\&M_t+F_t}{(1+d)^t}\right)}{\Sigma_{t=1}^{t=n}\left(\frac{E_t}{(1+d)^t}\right)}$$

式中：

I_t 指 t 年度的资本成本支出；

$O\&M_t$ 指 t 年度的运营和管理成本；

F_t 指 t 年度的燃料成本；

E_t 指 t 年度生产能源的量；

d 指贴现率；

n 指预计的投资寿命。

资本成本包括可能存在的债务和利息还款以及股权（如果有的话），包括投资者要求的投资回报。计算时，一般假定存在加权平均资本成本（WACC，通常为10%）。因此，其还包括市场中考虑的投资的标准利润，包括风险溢价。若为可再生能源（生物质除外），则燃料成本为零。但是，为方便对比，燃料成本的定义也可相应地用于非可再生能源。运营和管理成本通常只占可再生能源总成本的一小部分，且以先期成本为主。这与非可再生能源形成了鲜明的对比。非可再生能源中，燃料成本比例更高，而且可变性也很大（核能除外）。生产的能源不仅取决于生命周期，更多取决于利用率，即设备可有效生产能源的小时数（核能项目中利用率接近 90%，太阳能项目中根据地点的不同，利用率为 20% ~ 35% 不等）。能源投资预期寿命为 30 ~ 50 年，水利和核项目约为 80 ~ 90 年。因此，所选的贴现率将对 LCOE 产生极大的影响。

虽然核算方法可能在某些方面存在疑问，但其计算和理解相对简单，可确保不同市场竞争者间的有效沟通。间歇性可再生能源（vRES）的支持者和反对者通常同意在市场中采用此类方法，我们在附录中对这些观点做了必要的讨论和澄清。

结束这一话题前，有必要对针对并网发电的新核算方法（即网络系统总成本）作一评述。vRES 技术令人惊讶之处在于它的研究重点在具备热电存储（TES）技术的聚光太阳能热发电（CSP）方面[6]。此类太阳能技术获得支持的原因在于此类技术的存储容量，它可以将需求和价格较低时段的电力转移至需求和价格较高的时段出售，即可在几小时或者甚至几天内灵活调度。此外，还可通过比现行调价程序成本更低的程序（以 GCCT 为基础）轻松调价。支持该技术的人还认为，除了可比公认的核算方法（如 LCOE）创造更多利润外，该技术还可通过旋压和辅助服务、提供低成本备用容量及保持电压、频率不变等其他服务确保电网的稳定性。该技术的 LCOE 极高，且无明确迹象表明 LCOE 会在短期内快速降低。虽然其优势都很明显，但是这种技术很难衡量，而且也无法在此深入研究（但这并不意味着我们反对此类技术）。

探讨可再生能源这一话题时，通常会有多种正面和负面的外部因素。至少包括以下四个正的外部因素。

第一个是与气候变化和二氧化碳及其他污染性气体的排放相关的外部性。这一相关性非常明确，并且在政府间气候变化专门委员会发布报告[17]（2014 年更新）后，这类相关程度越来越高，几乎无人对此提出异议。但该类外部因素的权重差异较大，有时对其重视程度相当低，而有时将其视为人类面临相关度最高的问题之一。

第二个是与宏观经济绩效高度相关的正外部性。这是指可再生能源可实现绿色就业、降低当前的账户赤字（若账户金额为正，则增加账户金额），从而提高能源供应的安全性。不过，此类优势主要适用于化石燃料和天然气储量稀缺、失业率较高的国家，如现在的欧盟（尤其是西班牙）。但是，即使对于某种化石燃料资源非常丰富的国家，可再生能源也有助于使其经济结构更多元化，避免所谓“荷兰病”的冲击[4]。这也正是许多油气资源丰富的国家（沙特阿拉伯、阿拉伯联合酋长国、巴西、挪威、丹麦等）大力投资可再生能源并出口其燃料资源的原因。最后，可再生能源适用于分布式发电和电力供应，并可极大地降低供电网络巨大的投资成本，减少从主要供电设施向大型用电场所（城市、大型工厂等）传输电力过程中产生的电力损耗。

第三个是最容易识别的正外部性。这是指由于与前期固定资本成本相关的可变成本较低，通常运营多电站并网发电比各自单独运营更加营利。这势必会降低电力市场价格，并产生极大影响，尤其是对标准边缘市场而言（即降低后的最高价格）。此前探讨丹麦和德国风能配置的相关文献就对此有所涉及，并称之为“优先次序效应”[11]。这为支付可再生能源“上网电价”提供了正当理由。最后，即使“上网电价”成本已被纳入电力价格，但可再生能源总体上是对消费者有益的。

第四个是通常最容易被忽略的正外部性。这是指与化石燃料能源相比，可再生能源具有相对较低的可变成本（生物质燃料没有任何燃料成本）。随着未来化石燃料供应不确定性的增加，评估项目的成本将会更加困难，因此，投资者必须在确定资本成本时考虑承担的风险。如果采用可再生能源，便可避免产生此类额外成本。

正如 Loskow[13，14，26] 和 Ueckerdt[39] 所述，主要负外部性是与并网发电相关的成本。由于 vRES 技术本身的性质，需要采用备用能源，但这不利于降低二氧化碳排放成本（唯一的正外部性）。他们认为，还可通过更便宜的方法实现二氧化碳减排，如碳捕获与封存（CCS）技术。CCS 技术是石油天然气开采公司常采用的一种技术，它是指在燃烧化石燃料时捕获二氧化碳，并将其封存在深层矿区和枯竭油气储层。需要指出的是，在这种背景下，燃煤和燃油发电站也需要备用能源，因为它们无法以合理成本快速实现升温和降温。天然气处理厂是最常使用的电力系统平衡选择，但也无法实现以合理成本快速实现升温和降温，因此也必须采用备用能源，从而会产生一定的额外成本。再者，其他学者认为很难核算此类综合成本，而且此类成本与并非专为可再生燃料设计的传统电网相关，需要不同类型的供电网络[32]。一些文献深入探讨了并网发电和电网平衡能力，结果表明，对于具备热电存储（TES）技术的聚光太阳能热发电（CSP），应考虑它的正外部性，而非负外部性。

在这里必须说明的是，上述讨论适用于供电网络足够发达的国家，而不适用于世界上很多地方。本研究之所以探讨电网和供电网络，是因为将其视为新兴和不发达经济体的主要对比优势之一。电网的设计可以从零开始，也可根据可再生能源的要求重新设计。对于完善的传统电力网络，可建立离网电力系统或小规模局域电网。因此，可以通过全新的分布式发电和用电模式，极大地降低配置传统电网产生的巨大成本，并减少长距离传输电力产生的电力损耗。总而言之，对 vRES“并网发电”进行合理评估后，vRES 将不会再是一个明确的负外部性，并且在某些情况下，这甚至是一种优势。最后，公平地说，其他许多学术论文并未对 vRES 持有批评态度（文献 [5，12，33] 为最近事例）。

最后但同样重要的一点是，Passing[15] 论及了化石燃料能源补贴。事实上，此类能源得到的补贴是可再生能源补贴的数倍，并且此类能源也确实能够生产更多电力。但令人惊讶的是，即便是两个世纪（煤）、一个半世纪（石油和天然气）和数十年（核能）发展后，为确保正常运行，这些能源仍然需要补贴和公共支持。与之形成鲜明对比的是，可再生能源只是在过去二十年得到了较大规模的补贴，然而还遭到了强烈的批评。

最后，外部性可能代表着巨大的成本或利益，必须尽一切努力进行评估，但做到这一点比较困难，且外部性也在很大程度上受到不确定性和相关意见的影响。因此，无法确定它们确切的货币价值。在很好地理解 LCOE 等明确、简单的核算方法后，可以以此类核算方法为切入点，即不包括任何性质的公共支持或外部性。如果政策制定者希望在评估时考虑外部性，则应考虑所有正负面外部性。

10.3 各项技术的成本

本节探讨了本章的主要目的，即各项技术的成本。涉及的技术包括太阳能热发电（CSP）、太阳能光伏发电、风力发电、水力发电、生物质发电和地热发电。选择此类技术，是因为有足够与之相关的可信监测数据，可准确地得出结论。

世界范围内各类技术的可用性和成本具有明显差异，但是在某种程度上，这些技术又是相通的，这表明了此方法的通用性。但是，风能和太阳能资源可用性程度高，获得了公众关注，并因此得到了大规模推广利用。相应地，“做中学”效应极大地降低了成本。成本的降低（单位：百万）推进了此类技术的应用。因此，这一

“良性循环”促进了该类技术的进一步实施。对于其他技术，虽然同样以至关重要的方式与可再生能源共同配置，但是该效应并不明显。

下面，我们对各项技术进行简要介绍，并对其最近的发展历史进行了总结。根据以上分析对其现状和前景展望进行了概述。本节末尾，通过两个压缩表格列出了特定成本，讨论了两套成本核算方法：LCOE 和总资本成本。此外，还在必要时罗列并讨论了一些关于运维成本（O&M）和燃料成本的数据结果。

10.3.1 聚光太阳能热发电（CSP）

聚光太阳能热发电（CSP）技术（简称太阳能热发电）是以日光反射装置（曲面镜）表面的法向直接辐射辐照度（DNI）为基础的一项技术。曲面镜可以将阳光集中于线性抛物面槽式集热器（PTC）或塔式太阳能热发电系统的焦点上。随后，阳光聚焦于高温（400 ~ 600℃）液体上，直接产生蒸汽和电力，或以热能的形式存储于其他适用液体（通常为熔盐）中，用于在后期生产蒸汽和电力。此外，还可采用一些不常用的技术，如线性菲涅耳集热器和碟式斯特林太阳能热发电装置（参见文献[17，20]）。这些技术的共同点在于，都需要面积大、相对平坦的空间安装反射镜，并且需要大量清水清洗反射镜。这主要是因为技术方面的原因，系统通常比较庞大。

该系统的复杂性在于，需要确保日光反射装置可以全天候精准反射太阳光束，并可以准确地将太阳光聚集在规定的接收点上。由于必须事先准备场地（包括布置日光反射装置）并采取相应技术机制确保系统精准聚光，该系统的前期安装成本较高。在经合组织成员国，可存储 6 小时的 100MW 的系统，其前期安装成本为 8 亿美元。假设 CSP 系统目标发电规模为 1GW，则初步安装成本支出相当高昂。

从上面的简要介绍可知：该技术不适合继续发展，因为这需要巨额的前期投资，并需要法向直接辐射照度，而且无法捕捉间接或散射辐射；同时还需要大面积的平坦空间。该技术可以将光能以热能的形式直接储存，在整个过程中不会产生较大的能源损失。此外，与其他形式的太阳能技术（即太阳能光伏技术）相比，在多个方面也有很大的不同。

由于通过该技术获取的能量可储存数小时，因此可在数小时至一两天的时间内随意配置。这就表明，可以将发电与用电分离，并且可以将辐射照度较高的时段生产的电力转移至需求较高的时段或峰值需求时段（电力价格通常较高但辐射度较低时）。这是具备热电存储（TES）技术的聚光太阳能热发电（CSP）系统的重要特性，与其他间歇性可再生能源和技术相比，这种技术的营利性更高。相比之下，该技术只适用于太阳辐射照度强而恒定的地点，尤其是靠近赤道的地区，但是，太阳能光伏技术适用于任何情况，甚至是多云天气。由于规模较大，CSP 系统适用于当前的发电和用电模式，即 CSP 系统需要使用当前大型发电站向大型用电站点（通常是大城镇和工厂）传输电力的电力网络，因此不适用于根据其他可再生能源技术共同使用的模块化技术研发的分布式发电模式。

从成本比较的角度看，必须说明的是 LCOE 更适用于电力的持续销售价格（见附录 10.A），因此与本案例研究相关性不高。事实上，一些研究人员提出了他们认为更加有效的另一种核算方法，即 LCOE 总成本（SLOCE，参见文献 [6]）。这一核算方法考虑到了通过峰值需求和价格获取收入，同时也向电网提供了“备用”能源。由于能量是以热能的形式储存，因此可在大约几秒（甚至更短时间）内转换为蒸汽和电力，从而确保向电网提供辅助服务（稳定电压和频率及其他属性）。与其他技术相比，上述优势使得该技术更具价值。

发展中国家的抛物面凹槽集光器发电系统不具备能量储存技术，其资本成本较低，每装机 1kW 为 3,500 美元。而经合组织成员国的塔式太阳能热发电系统能量储存时间可达 6～15 小时，资本成本高达 10,500 美元 /kW，是前者的 3 倍。通常，由于塔式太阳能热发电系统可达到更高温度，其效率也更高，因此比 PTC 系统更加昂贵。前者的能量储存技术也导致了资本成本的增加，而在发展中国家，由于人力成本和其他本地成本较低（表 10-1），其资本成本自然相对较低。对于 LCOE，考虑到前述所有情况，PTC 系统的平均 LCOE 约为 0.20～0.36 kWh。由于相对较高的温度提升了效率，塔式太阳能热发电系统的 LCOE 相对较低，为 0.17～0.29，而在条件较好的安装场所，LCOE 甚至低至 0.14 kWh（表 10-2）。这些数据表明，面对真正具有竞争力的技术或实现电网平价前，要推广该技术还任重道远。但是，由于前述其他因素的影响，必须对该类技术做出权衡，因此本案例研究可能还需要对系统进行成本分析。

尽管该技术本身可追溯至 20 世纪初期的埃及，但也只是在最近才开始在市场推广，而且主要着重于 PTC 系统。虽然大多数新装置都属于具有能量储存功能的塔式太阳能热发电系统，但这却是在最近才增加了塔式太阳能热发电系统和能量储存功能。这主要是由于该类系统效率高、便于配置。对于成本前景，很难根据估算的原有费率做出准确预测，因为没有足够的长期历史性数据资料。为此，该值一般可以保守地估计为 10%。该技术的市场发展前景并没有太阳能光伏技术市场的发展强劲，因其更适合于受限程度更高的发电 / 用电系统。尽管如此，全球仍有许多项目采用这项技术，主要用于新兴经济体或一些相对发达的经济体（如南非和美国）中条件较好的地点，也包括一些中东国家（尤其是沙特阿拉伯和波斯湾地区酋长国）以及一些北非国家（摩洛哥和阿尔及利亚）。因此，有望继续采用“做中学”准则，最终实现降低成本。

表 10-1 可再生能源技术总资本成本（2012 年）

可再生资源种类	总资本成本（美元 /kWh）
风能	
近海，经济合作与发展组织	1,800 ~ 2,200
近海，中国 / 印度	925 ~ 1,470
近海	4,000 ~ 4,500
太阳能光伏	
地面型实用规模	1,720 ~ 2,160
（c-Si；中国、印度、德国）	
住宅屋顶	3,100 ~ 3,400
（中国、美国加利福尼亚、意大利）	
聚光太阳能热发电（CSP）	
抛物面槽	
无能量储存技术	
经济合作与发展组织	4,600 ~ 8,200
发展中国家	3,500 ~ 4,000
6 小时存储，经济合作与发展组织	7,100 ~ 9,800
塔式太阳能热发电系统，6 ~ 15 小时，带储存技术	6,300 ~ 10,500
生物质发电	
共燃发电	140 ~ 850
机械加煤锅炉	
发展中国家	660 ~ 1,860
经济合作与发展组织	1,880 ~ 4,260
气化	2,140 ~ 5,700
热电联产（CHP）	3,700 ~ 6.800
地热	
冷凝闪蒸	2,000 ~ 4,000
二元循环	2,440 ~ 5,900
水力发电	
大型水电站	1,050 ~ 4,200 (7,600?)
（附加）	500 ~ 1,000
小型水电站	1,300 ~ 5,000 (8,000?)
发展中国家	500 (min.)

成本包括设备和安装成本。

括号中的数据为观测到的极端值。

表 10-2　可再生能源技术平准化电力成本（2012 年）

可再生资源种类	LCOE（美元 /kWh）
风能	
近海	0.06 ~ 0.14
最佳地点，美国	0.04 ~ 0.05
近海	0.15 ~ 0.19
小型	0.16 ~ 0.40
太阳能光伏	
实用规模	0.13 ~ 0.31
良好地点	0.11
住宅 / 离网	0.20 ~ 0.45
聚光太阳能热发电	
抛物面槽	0.20 ~ 0.36
塔式太阳能热发电系统	0.17 ~ 0.29
良好地点	0.14 ~ 0.18
生物质发电	
标准	0.06 ~ 0.15
良好地点	0.02 ~ 0.06
地热发电	
标准	0.09 ~ 0.14
良好地点	0.05
水力发电站	
小型	0.02 ~ 0.13（0.27）
大型	0.02 ~ 0.19
改造 / 翻修	0.01 ~ 0.05
化石（经济合作与发展组织）	0.06 ~ 0.13
柴油发电	0.35 ~ 0.50

括号中的数据为观测到的极端值。

对于能源效率提升，尽管仍在进行研究，但并没任何重大结果表明会有较大突破。不过，与在其他领域一样，如果继续采用、配置新技术，则有望在未来实现能源效率显著提升。综合来看，塔式太阳能热发电系统成本有望在 2020 年下降 28%，PTC 系统成本有望下降 17% ~ 40%（表 10 - 3）。有趣的是，增加太阳能领域能量储存容量并不会增加 LCOE，这表明，由于具有能量储存功能的聚光太阳能热发电可调度能力较强，大型太阳能热发电站可以创造更高的利润[20]。必须注意的是，LCOE 与太阳辐射照度密切相关。一些计算结果表明，辐射照度增加，LCOE 同步降低，即法向直接辐射辐照度（DNI）增加 10%，LCOE 即可降低 10%[27]。综上所述，在未来，发电站可能集中于太阳辐射照度最大（DNI 达 2,500 ~ 2,900）的地点，塔式太阳能热发电系统的能量储存可达 18 小时或更长，并可建立大型太阳能热电站更方便地储存备用发电热能。

尽管如此，最近提出了具备储存功能的线性菲涅耳技术。尽管该技术资本成本低于塔式太阳能热发电系统或 PTC 系统，但其效率也相对较低。因此，尽管可能在未来会有所改变，但并不能将其视为最合适的选择。表 10－3 所示为 2020 年的一些预测数据。尽管并未说明实现“电网平价”，但必须注意，LCOE 成本核算方法可能并非本案例研究的最佳选择。塔式太阳能热发电系统的 LCOE 可能降低至 0.12 ~ 0.16 美元 /kWh，PTC 系统的 LCOE 可能降低至 0.11 ~ 0.14 美元 /kWh。

最后，需要注意的是，一旦可再生能源占据大部分市场份额，就必须从整体的角度看待，从而找出潜在的协同效应。在太阳能领域尤是如此，因为太阳能光伏和 CSP 技术在很多方面相辅相成。

10.3.2 太阳能光伏技术

目前来看，太阳能光伏能源还不能满足人们的期待，但最近通过各种方法得知太阳能光伏能源成本在快速下降，这使曾经并不支持这一技术的政府官员、主要公用事业和市场感到意外。无论怎么强调该项技术在能源领域的重要性都不为过，但这里只是对一些要点进行概述。可用的成本数据主要为模块和太阳能光伏电池（以 W 或 kW 计）方面的数据，关于 LCOE（kWh）的数据较少，这是本研究的局限性。但是，由于最近对太阳能光伏发电系统的大规模采用和推广，这种局限性难以避免。也许，其最具相关性的特征是 1979 年至 2012 年间成本的持续下降，平均下降率约为 22%。最常用的技术——晶体硅（c-Si）和碲化镉（CdTe）薄膜组件成本从 14 美元 /W 下降至 0.9 美元 /W，2011 － 2012 年累计降低 70% ~ 80%，这得益于世界范围内对该技术的持续支持，尽管在国家层面上出现了间歇性。德国在 20 世纪 80 年代取得了较大突破，并延续至今，其他一些欧洲国家也已加入这一行列中，尽管不像德国那样普遍。紧接着，中国和美国也向前迈进了一大步。德国首次确定并实施了上网电价，随后，其他国家也纷纷效仿。从本质上来讲，这为生产电力提供了价格保障。

作为持续不断大规模配置技术的结果[28]，在技术的应用中进行研究这一过程降低了成本。德国研发了流水作业线技术和工艺，完成了这一过程的最后一步。随后，该技术被售往中国，得到大规模推广和应用，并且其所需成本远远低于欧洲。如其他行业所知，最终，德国和其他欧洲工厂纷纷停业，几乎全球所有太阳能光伏组件生产厂都集中到了中国。由于欧元危机的影响，欧盟国家被迫减少了对可再生能源提供的公共支持，这一趋势在 2013 年有所缓解。

由于太阳辐射照度、采用技术类型（屋顶式或地面式，配备一个、两个或不配备太阳跟踪轴）的不同，以及人力成本、竞争力、落实的公共支持措施等特定市场特点的差异，太阳能光伏发电系统的成本有很大差异。因此，这极大地影响了对成本的精准计量，尤其是与水力和生物质发电等更加成熟的技术相比。尽管如此，仍然可以提供一些数据：2012 年末，在最具有竞争力的地区（中国、印度、德国），地面式公共适用规模太阳能光伏装置总成本或系统总成本为 1,700 ~ 2,200 美元 /kW，具有竞争力的屋顶式系统（中国、美国的加利福尼亚、意大利）的总成本为 3,100 ~ 3,400 美元 /kW。公共适用规模项目的 LCOE 为 0.13 ~ 0.31 美元 /kWh，在条件较好的地区，甚至低至 0.11 美元 /kWh。对于住宅和离网系统（主要为屋顶式），LCOE 为 0.20 ~ 0.45 美元 /kWh。此类数据与电网平价接近，很具有竞争力，无需公共支持。在部分地区，该水平已经赶上了公用设施和住宅系统。需要注意的是，对于消费者而言，不含税的电力价格比全球许多市场中发电商的电力价格水平高 3 ~ 4 倍。对于离网系统，与柴油发电相比，带电池的太阳能光伏发电系统是成本更低的选择，几乎在任何地方都用作常用的备用系统。当然，这也包括孤岛系统。

以上数据为 c-Si 组件的数据。对于主要基于 CdTe 电池和组件的薄膜技术，每瓦电力的成本通常略低，但是这并不表示 LCOE 也相对偏低，因为各类系统的效率存在较大差异：对于 CdTe 电池，这一数据约为 6% ~ 10%，而对于 c-Si，这一数据为 15% ~ 20%，是前者的两倍多。尽管规模较小，但由于薄膜组件可轻易地接入建筑物，尤其是装有允许光线透过的玻璃的建筑物（光伏–建筑一体化），我们通常将薄膜组件用于商业用途。

此次讨论中最难也是最具挑战性和相关性的部分涉及持续降低所有类型太阳能光伏发电系统成本、大规模配置采用太阳能光伏发电系统的前景展望。可以明确的是，该技术用途广泛（可从家用规模系统扩展至公用事业规模，适用于不同类型的用户——住宅、工业、商用，以及包括岛式电网在内的离网系统），在全球范围内应用前景广阔 [3]。对于尚未合理开发现代化电网的国家和地区尤是如此，即世界上大多数国家和地区，包括所有新兴市场、整个非洲及欠发达国家。对于发达国家（主要是经合组织成员国），由于其可扩展性缘故，该技术特别适用于分布式发电和用电网络，即住宅用电、中小型工业和商业公司。

除上述所有因素外，该类技术的未来主要取决于组件的未来发展、系统价格和

LCOE；反过来，这三个方面也取决于可能实现的能源效率提升。一方面，由于太阳能光伏组件价格已经降低至相对较低的水平，很明显不可能一直以过去的比率持续下降。此外，太阳能光伏组件价格在系统总成本所占份额已经明显减少，已不再是系统总成本的主要组成。因此，只有通过降低逆变器、其他电器设备、安装支架、各类行政管理成本、劳动力和现场准备等系统平衡成本组成从而降低成本。随着过去两三年的持续性大规模配置，太阳能光伏组件价格仍然存在较大的下降空间。但是，欧洲市场上该组件价格的下降趋势已经在一定程度上出现暂停，而拉丁美洲、中东和其他新兴市场已经开始一路前行，正在大力投资包括太阳能光伏在内的各类可再生能源。因此，该技术的成本有望持续降低。

通过提高能源效率也可以降低主要的成本核算指标（即 LCOE）。目前市场上的能效等级分别为 15% ~ 20%（c-Si 电池）和 8% ~ 10%（CdTe）。但是，研发实验室的研究人员曾经报告，在投入商业运营前的阶段，能效等级分别高达 40%（c-Si 电池）和 30%（CdTe）。应当注意的是，尽管聚光太阳能光伏技术仍然处于早期实验室研发阶段 [22]，但报告的聚光太阳能光伏电池可获得能效最高为 90%。尽管如此，大规模的配置和成本的降低将为其带来更大利润和更多研究基金，因此，非常有希望在未来实现能源效率提升。此外，公共支持计划预计将逐渐减少以鼓励降低成本，因为需求方获得的部分支持源自太阳能光伏组件制造商和系统安装公司，并且由于市场中供求的相互影响，增加了需求方的利益。最后，尽管太阳能光伏组件可追溯性较高，可确保全球范围内价格一致，但是由于存在许多影响太阳能光伏系统安装成本和 LCOE 的其他因素，太阳能光伏系统的价格和成本仍会变动。

总之，由于太阳能光伏系统的众多优点，并持续受到世界许多地区的支持，各类太阳能光伏系统有望在不久的将来实现实质性的价格和成本降低，并在两至五年内实现效率显著提升。因此，在全球许多地区，各类太阳能光伏系统将在不久后实现电网平价。在这方面需要注意，最近一段时间，实际成本降低要比预计的结果更好 [31]。通过对比表 10-1 和表 10-2 中一些研究智库 2011 － 2012 年提供的数据，以及 2013 年末编撰本章节内容时收集的随机市场观测数据，使这一结果得到进一步证实。

10.3.3 风力发电

最常见的风力发电技术是陆上塔式风力发电机，这种设备架设于风能资源较好的风场（即风速快、风能密度大、风力发电装机容量大的地方）。通过风力发电技术生产的电量与风速的立方及风轮直径的平方成正比。海拔越高，风速也就越快。因此，这就是为什么风力发电机的高度总是不断加高的缘故。此外，风电机较低时常常以不规则地形引起的湍流影响较为明显，导致发电效率降低。通常，风电机组在 15 ~ 45kph 的风速下运行：风速过快，可能会损坏风电机组。因此，如果风速超过限制，风电机应停止运行。转轴可与塔架垂直或平行，但很少采用转轴与塔架平行的设计形式，这种方式通常用于小型低功率风电机（小型风力发电技术）。最近，人们对海上技术的关注度不断提高，即使用相对较浅的塔架将风场安装在海上。这是由于海上的风更加有规律、更加频繁，风速也更高。但是，此类技术的范围更加有限，因为这要求必须将较浅的塔架设置在离海岸足够远的地方，而且海洋气候不能太恶劣。北欧、欧洲——苏格兰、丹麦和德国北部等地是最佳的选择。

早在电气时代初期，人们就已了解了风力发电这项基本技术，并于 20 世纪 70 年代和 80 年代开始在试验水平上进行部署应用。此后，风力发电技术在欧洲应用推广，丹麦走在前列，德国和西班牙紧随其后。如今，风力发电技术的应用仍在继续发展，但是增长速率稍有减缓。部分是由于欧洲对可再生能源的支持普遍下降，但更主要是因为太阳能技术（特别是太阳能光伏技术）的竞争性发展。尽管如此，新兴的市场对风力发电技术提供了持续支持。事实上，风力发电在全球可再生能源技术中占有较高的份额，所占份额仅次于水力发电。

自从风力发电机初期配置以来，一直持续不断发展，并且安装高度越来越高。这一方面是因海拔高风速就快，另一方面可以增加叶片直径。这样，虽然能源效率大幅提升了，但风电机成本也随之上升，以致 LCOE 并未得到显著改善。因此，造成这一状况的一个原因在于：不断增加的前期成本形成了金融壁垒，阻碍了规模较小的竞争者的加入。.

人们已经熟知风电机组的工作原理，但必须进行严密监测和频繁调整。因此，运维成本相当可观，尽管每 kWh 只有几美分，但极大地提高了 LCOE，因而与太阳能光伏和水力发电等其他可再生能源技术相比，这是风力发电的一个劣势 [23]，对于海上风电机尤其如此。由于海洋环境恶劣，海上风力发电成本是陆上风力发电成本的两倍。资本成本主要为风电机成本。根据全球平均水平，风电机组成本约占资本成本的 75% ~ 85%。相应地，风电机成本极大地取决于钢、铜和水泥等原材料的价格。因此，若风电机制造技术成熟，其价格便很难降低，因为风电机组的最终价格更多取决于原材料价格，而非其他因素。由于风电机组是风力发电系统总成本占比最大的组分，风电机价格进一步降低的空间也迅速缩小。海上风力发电系统中，风电机组成本占最终总成本的比例相对较小（55% ~ 65%），因此可通过系统的其他组成降低成本，如与陆上设施的连接，以及海上发电点、监控装置等与一般电网的连接。尽管如此，仍然无法通过这几个方面实现成本大幅降低。

最近，一些新兴经济体（以中国和印度为代表）开始大规模部署风电。事实上，中国的风电装机容量在全球已是首屈一指。由于当地廉价的劳动力以及其他因素，这些新兴经济体的风电机组制造成本远远低于更发达的经合组织成员国。由于风电机组很难长途运输，因此在这些国家通过市场竞争不太可能将制造成本降低至最低水平。

与成本相关的历史数据表明，2000 － 2004 年刚开始大规模部署风电机时，成本保持着持续下降的趋势。此后，成本不再持续下降，甚至在最近再次出现适度下降前曾一度有所上升[40]。人们普遍认为，这意味着风电机制造工艺已经成熟，观测到的价格增长主要是由于钢、铜和水泥等原材料价格的增长。由于价格的增长很可能是由于新兴经济体较高的增长率所致，因此当前增长率的减缓可归因为原材料价格（最终为风电机价格）的降低。但是，这些结论都是推测，是否在未来得到证实上不得而知。

小型风电机技术最近受到了广泛关注。[3] 此类风电机组通常为水平轴式风电机，更容易装入建筑物和其他小型住宅、商用和工业设施。其实这是太阳能光伏技术成本降低衍生的副产品，开创了发电 / 用电的全新模式，即分布式发电模式。在这种新型发电、配电和用电模式中，中小型消费者也可演变为生产商，而小型风能技术则成为太阳能光伏技术的自然补充。由于小型风电机组技术尚处于研发初期，与其他风能和可再生能源技术相比成本和价格较高，但其采用的风电机组为陆上风电机。这表明，小型风电机组的制造工艺可以借鉴大型风电机领域的先进工艺技术。

本章对风力发电当前的成本和价格进行了简要分析（参见表 10-1 和表 10-2）。在未来的开发项目中，与其他已成熟的技术一样，其成本有望稍有下降。风力发电技术的应用将会以更快的速度继续推行，但太阳能光伏技术和具备热电存储（TES）技术的聚光太阳能热发电（CSP）将成为增长最快的可再生能源技术，部分原因是此类技术有待成熟，成本降低潜力巨大。在欧洲和其他经合组织成员国，风力发电技术的增长主要集中于北海的海上平台，以及用于支持全新分布式发电和用电模式中太阳能光伏系统的小型风力发电系统。还有一个原因是最佳的陆上场地已被占用。在世界上其他地区，这一新模式（主要基于太阳能光伏技术和小型风力发电系统的分布式发电和用电模型）正在逐步获得支持。但是，需要指出的是，该模式受到了传统公用事业（甚至是一些政府）的强烈反对。因此，该技术的成功应用和配置取决于这场博弈的结果。装机容量较低的新兴经济体和其他非经合组织成员国仍将在很长一段时间内进行陆上开发。

在一些情况下，该技术已具备市场竞争力并实现了电网平价，并且有望逐步成为技术领域和各国的规范。此外，若考虑到其他可再生能源，由于可再生能源发电份额增加，必须综合考虑所有可再生能源技术，因为此类技术的协同效应巨大，并

3 “小型风电机”可能指功率为数瓦至 100kW 或更高的风轮机，但是尚未有公认的定义。

且有助于确保供应安全、能源独立性、能源网稳定性和成本竞争力。

总之，风力发电技术比太阳能发电更加成熟，因此预期可实现的成本降低范围更小。由于风电机成本高度依赖于原材料（主要是铜、钢和水泥）价格，成本甚至有可能增加。海上风力发电成本更高，但是风能资源也更优，因此，LCOE 不会大幅增长。有望在全新的分布式发电 / 用电模式中结合采用太阳能光伏技术和小型风电机组。欧洲及经合组织成员国对其陆上资源已经开发到一定程度，因此海上资源很可能成为未来风力发电领域的新趋势。在其他新兴经济体和欠发达国家，陆上和海上技术的未来配置和应用具有广阔前景。

10.3.4 水力发电

水能是一种开发历史悠久、成熟、极具竞争力的可再生能源，其性能优异，装机容量在可再生能源技术中最高。在所有发电技术中（包括各类化石燃料资源），水力发电成本通常是最低的[21]。水力发电站主要分为三类：（1）蓄能水库：通过人工大坝蓄水，确保能源需求与储能分离，装机容量设计范围大，可与太阳能光伏技术媲美；（2）径流式电站：不蓄水；（3）抽水蓄能电站：从下水库抽水至上水库（注：通常使用电能抽水），通过放水至下水库发电。因此，可以通过此种方式储存任何可以发电的能源（太阳能光伏和风能）。

水力发电的用电与储能是相互独立的。由于可立即启动和停止水轮发电机，可以在一秒至数小时内随意调度电力，并且不会产生明显的额外成本，所以该技术可向电力网络提供从辅助服务到各类能量储备（旋压、运营等）的各类支持。该技术还具备抽水蓄能功能，水力发电可提供更高的可调度性以及数周、数月甚至数年的长时间后备能量储备。正因为具有上述特性，水力发电技术特别适用于平衡太阳能和风能等其他可再生能源面临的间歇性问题。因此，当水能被广泛利用时，可创造极大的附加值。

可调度性意味着具有两个基本的运行模式：（1）满足基本负荷需求的连续运行模式：此种模式下利用率极高，接近 80% ~ 90%；（2）峰值需求模式：即系统只是在需求和价格较高时运行，并在该段时期内获得更多收益。在这种模式下，利用率较低，通常为 40% ~ 60%。这种模式对库容要求较低，因此前期成本也相对较低。在特定情况下，应具体情况具体分析，选择最适合的设计。最后，根据特定用途进行设计，还可提供防洪抗旱、灌溉和饮用水等其他非电网相关服务。综上所述，必须特别注意标准 LCOE 成本核算方法，正如在 CSP 相关讨论中所述，尽管难以估算总的系统 LCOE（SLCOE），但 SLCOE 仍是较好的核算方法。

水力发电的前期资本成本高，而且是总成本的主要组分：包括发电装置和土建工程，即修建大坝及相关设施（压力管道和尾水渠、进场道路以及连接系统与一般电网的电力线缆）。表 10-1 所示为世界范围内一系列在用装置的相关数据。如表 10-1 所示，数值范围较宽，表明了当地和工程条件的差异。大型系统的电力的价格从 1,050 ~ 4,200 美元 /kW 不等，在一些极端案例中，价格甚至高达 7,600 美元。对于小型开发项目，尽管绝对值稍高一些（1,300 ~ 5,000 美元，极端案例为 8,000 美元），但价格范围相似，这也表明缺少适当的经济规模。值得注意的是，对于发展中国家，小型水电开发项目的电力价格甚至低至 500 美元 /kW。这一价格的确很低，可能有助于在太阳能、风能和生物质等其他可再生能源的协同下实现离网电力配置。

相反，水力发电的运维成本仅占总成本的一小部分。水力发电项目前置期较长（通常为 7 ~ 8 年），极大地限制了项目融资 [7]。此类系统的生命周期较长（通常为 70 ~ 90 年），且无须重大翻修，因此必须进行权衡。此外，较长的生命周期也会对 LCOE 的计算产生影响。系统的生命周期超出了标准贴现法的范畴（即 30 ~ 40 年），使得数据变得基本不相关。如果添加到可能不准确并且过高估计的贴现率，则所得结果也会过高，得到的 LCOE 数值也不准确（关于这一点的详细说明见附录）。表 10-2 为通过大量在用装置获得的 LCOE 估算值。根据推测的具体地点的不同，小型和大型系统所得结果都显著较低，最低数值为 0.02 美元 /Wh。但是，正如表 10-2 所示，数值范围较广，一些小型系统的数值可达 0.13（一些更小的系统甚至为 0.27），而一些较大的系统的数值则为 0.19。如前所述，根据特定的和本地的条件确定某些特定项目的最终数值前，需要在方程式中考虑很多因素。水力发电系统的改造和翻新成本极低，约为 0.01 ~ 0.05 美元 /kWh。虽然改造翻新成本较低，但须与其他潜在的环境和社会成本一并考虑。

由于特定地点的情况及其他本地成本变化较大，项目的价格范围较广，因此必须注意评估表 10-1 和表 10-2 或其他报告中列出的数据。事实上，四分之三（甚至更多）的总投资成本取决于特定场地的条件。因此，合理的选址和方案设计非常重要，因为这样可以避免出现代价过高的错误 [7]。必须指出的是，较小规模的项目（即 50 或 100kW）可能与规模经济相关，但是超过该规模的项目关联性不大 [1]。目前尚无太多适合的资料，因此无法可靠地估计收益率。但是，鉴于水力发电技术的成熟度，大幅降低成本的可能性不大。事实上，许多国家的情况恰好相反，因为最好的场地已被开发。

一些预测 [21] 表明，全球发电量可达现有大型水电项目现有装机容量的 5 倍，是中小型系统装机容量的 20 倍 [16]。这表明，如果只是考虑电力，则当前全球能源消耗总量约为 80%，甚至更高。估算这一数值非常困难，因此这一结论只是一种主观判断。但也表明，仍然存在有待开发的能源，因此水力发电技术未来的发展前景仍然可观。

总之，水能是一种开发历史悠久、成熟、极具竞争力的可再生能源，其装机容量在可再生能源技术中最高，尽管其他技术的应用在全球范围内飞速增长。在条件良好的地方，水力发电通常是所有发电技术中（包括各类化石燃料资源）成本最低的技术。此外，水力发电可确保能源的独立性和能源供应安全。水能的可调度性很强，成本较低，甚至无需任何成本，并且全球可用水能规模较大。水力发电还是一项可以轻松扩展的技术，因此适用于传统的集中式系统以及分布式发电和离网系统。由于具有上述优点，且在全球范围内具有较大的未开采规模，因此水力发电有望在未来实现大规模利用。由于水力发电技术业已成熟，并且极具竞争力，因此难以继续大幅降低成本，在一些国家，由于理想的发电场地已被占用，水力发电成本甚至会有所增加。

尽管具有以上优点，但必须意识到可能产生的气候变化影响，因为天气和其他更永久的气候特征的变化可能引起降雨量的大幅减少，从而减少原本条件较好、开发成熟的场地的水资源量[36]。这是一个需要在未来密切关注的问题。

10.3.5 生物质发电

生物质发电的主要特性之一是可用作发电的电力系统和燃料原料具有多样性。由于成本和其他相关数据差异巨大，所以对一般模式做出结论时，尚无长期历史数据可用[19]。截至目前，至少有三种技术业已成熟，并且在某些情况下具有商业竞争力：锅炉直燃（占全球所有系统的 80% ~ 90%）、热电联产（CHP）和共燃。共燃是指将生物质燃烧与其他类型燃料的燃烧相结合。虽然研究者们最近尝试将生物质发电与 CSP 系统结合，但更多的是与煤或石油燃烧结合，也因此增加了太阳能技术的可调度能力。对于中小型项目，热电联产系统更为适用，也可为内部发电 / 用电模式提供良好的支持。

生物质发电的潜在原料的种类繁多，对系统的最终竞争力有较大影响。此类系统的唯一共同点在于，必须在燃烧车间附近发电，否则昂贵的运输成本会极大地影响系统的经济可行性。生物质发电与其他技术的一个重要区别在于，燃烧原料来自某些类型的废物，或是特定的栽培作物。使用的废物主要为：农业废物、林业废物和城市固体废物，因此成本很低，甚至没有成本，而专用作物的成本则相对较高。由于种植并运输，因此必须将燃油成本扣除。这又涵盖了可能在食品生产中使用的资源，从而使问题更加复杂。相应地，资本成本可能对最终成本产生影响，根据原料成本的不同，资本成本占最终成本的 50% ~ 60%，甚至 80% ~ 90%。其余成本则为运维成本，根据 Irena[19]，运维成本约占 5% ~ 20%。

表 10-1 所示为业已成熟的主要技术的资本成本相关数据。锅炉燃烧技术是迄今为止最常用的技术之一。在发展中国家，该类技术的资本成本很低，约为 660 美元 /kW（最高为 1,860 美元 /kW），但发展中国家排放标准和其他本地成本较低，因此应谨慎使用该数据。在经合组织成员国，该类技术的资本成本标准值为 1,880 ~ 4,260 美元 /kW。热电联产技术的成本明显较高，但必须根据热电联合发电容量权衡这一差额，因此最终 LCOE 并不一定偏高。增加现有系统共燃能力的设备比较便宜，成本为 140 ~ 850 美元 /kW，这对于扩大 CSP 太阳能装置的可调度性具有重要的意义。在条件良好的地点，LCOE 可低至 0.02 美元 /kW，最高为 0.06 美元 /kW（参见表 10-2），因此该技术在很多情况下都比较有竞争力。更典型的数据为 0.06 ~ 0.15 美元 /kW，但是根据当地的可选方案，该系统仍然可能具有较高竞争力。

如果生物质发电的原料在任何时候（尤其是全年）都可以获得，其燃烧效率通常为 25% ~ 35%，利用率通常较高（80% ~ 90%），但对于农业废物和其他废物来说并非总是如此。不过，人们至今为止仍未充分讨论该技术的可调度性。在未来大规模配置和利用其他间歇性可再生能源资源（太阳能和风能）时，这一点将显得非常重要。水力发电章节中谈论的两个运行模式（即连续运行模式和峰值需求负荷模式），在生物质发电中同样适用，并且也会对 LCOE 产生影响。可调度性以燃烧技术为基础，因此测的数据可能与燃气发电站（而非水力发电站）的数据更加相似。但是，在大规模配置和利用可再生能源时（尤其是地方性项目），此类发电站仍然具有很大相关性。利用率可能也取决于系统运行的模式，与水力发电几乎完全一样，即连续运行模式和峰值负荷模式。峰值模式的利用率较低，但是最终 LCOE 可能提高。事实上，正如在探讨其他可调度式可再生能源技术 [尤其是水能和具备热电存储（TES）技术的聚光太阳能热发电（CSP）] 的章节中所述，在此类情况下，LCOE 这一概念不太适用。

由于大多数生物原料的能源密度较低，运输成本可能对总成本产生巨大影响。这就意味着，由于原料收集区的地理半径不能过大，燃烧厂的规模应控制在最合理的范围内，因此只能实现较低或极低水平的规模经济。由于生物质发电等已经成熟的技术，因此未来不太可能实现较大的成本降低。但是，目前有众多系统正处于试商用前研究和实验室研究阶段，可能在未来上市，并形成较强竞争力。

由于生物质具有可调度性，因此以生物质作为供电电源具有良好的前景。此外，生物质发电技术特别适合作为其他间歇性可再生能源配置和推广的支持技术。该技术还可为当地发电和用电模式提供支持，尤其是考虑到该技术具有良好的储热功能。

总之，生物质发电技术和原料种类众多，但是只有三类技术已经成熟并具有商业竞争力：锅炉直燃、热电联产（CHP）和共燃。机械加煤锅炉直燃技术是迄今为止最常采用的技术，其采用的原料是农业废物、林业废物、城市固体废物或专用作物。而对于共燃技术，成本明显在增加。在不发达的国家，成本非常低，但是，对气体排放的控制力度也相对较弱。生物质发电是一项可控制的技术，因此常被用作其他间歇性可再生能源的备用技术和配套技术。将生物质发电与供热相结合，这会在不断增加的可再生能源市场和全新的本地分布式发电和用电模式中发挥更加重要的作用。所有这些因素使得生物质发电技术具有广阔的前景。

10.3.6 地热发电

“地热”通常用于描述储存在地表以下（深 3,000 或 4,000 米）以蒸汽、热岩和过热水（通常超过 180℃）等形式存在的能源。基本的地热发电技术主要分为以下两类：（1）“闪蒸”：以蒸汽或通过降压转化为蒸汽的高温水为基础；（2）“双工质”：在温度较低时，通过额外加工将低沸点的液体工质转化为蒸汽输入汽轮机备用。双工质地热发电成本更高 [18]。

通常，寻找具有良好的地热资源不仅成本高，也非常耗时。确定场地后，通常需要较高的钻探设备成本、生产井实钻成本以及与系统安装相关的其他资本成本。由于地热技术已经成熟，因此不太可能大幅减少此类初始成本。事实上，过去十年，由于寻找其他化石能源的钻探活动的不断增加，此类成本已经上涨了近 60%。冰岛、尼加拉瓜和美国等少数国家的地热能源储量不大，但在条件较好的地区，地热能源仍然极具竞争力。“闪蒸”地热发电站的资本成本为 2,000 ~ 4,000 美元 /kW，“双工质”地热发电站的资本成本稍高一些，为 2,440 ~ 5,900/kW（参见表 10-1）。标准 LCOE 为 0.09 ~ 0.14 美元 /kW，在条件良好的地区，可低至 0.05 美元 /kW（参见表 10-2）[17]。

地热发电技术存在的一个问题是其使用生命周期的不确定性，最好情况下通常不会超过 25 年，且优质资源可能逐渐消解。这也增加了资本成本的风险，由于前期投资占据了总成本的大部分份额，有可能导致最终 LCOE 显著增加。当无法以零成本获得原料时，这是所有可再生能源资源都普遍会遇到的问题（除生物质燃料外）。但是，由于地热发电技术的不确定性更高，因此这一问题更加严重。必须指出的是，由于资源储藏生命周期有限，因此不能将地热资源视为可再生能源资源。然而，地热资源不会产生污染性气体，所以不会对气候产生影响。

地热发电系统通常以连续时间模式运行，因此可以满足基本负荷需求。但是，从原则上讲，并无任何技术理由可以阻止采用峰值需求负荷或备用储能等其他模式运行地热发电系统。尽管如此，由于此前并无任何实际运行经验，对此类替代模式的利弊都必须经过仔细评估。

最后，此类技术的发展前景并不理想，部分是因为该技术已经足够成熟，不太可能再降低成本，而且还有更好的替代选择。但这并不意味着我们可以将其忽略，因为该技术还具有一些可能在将来发挥作用的特性。

10.3.7 成本数据综述

如表 10 - 3 所示，所选的数据主要用于可再生能源的 LCOE 和总资本成本。第 10.3.1 — 10.3.6 节详细讨论了此类数据。所列表格主要以国际可再生能源机构（Irena）成本系列数据为基础 [8, 18-23]，但同时也考虑其他系统性不强的数据和预测数据 [29, 41]。表中所列数据为不同地理区域的加权平均数，因此具体数值可能超出所列范围。在本阶段，需要进行整体比较评价。下一节对所述评价进行了详述。

表 10 - 3 可再生能源技术

	LCOE		资本成本	
	2012	2020	2012	2020
风能				
陆上	0.06 ~ 0.14	0.04 ~ 0.13	1,750	1,350 ~ 1,450
海上	0.15 ~ 0.23	0.15 ~ 0.19		
太阳能光伏				
实用规模 / 电网	0.13 ~ 0.31	0.09 ~ 0.36		0.4 ~ 0.5
CSP				
塔式太阳能热发电	0.17 ~ 0.29	0.12 ~ 0.16		28 %[a]
抛物面槽				17% ~ 40 %
不储能	0.18 ~ 0.38	0.16 ~ 0.28		
储能（6 ~ 15 小时）	0.17 ~ 0.26	0.11 ~ 0.14		

a. 比例降低。

LCOE 单位为美元 /kWh；资本成本单位为美元 /kW。

10.4 结论和观点

无论本章所列成本分析多么详尽、时效性多强，但最多也只是对当前形势的概述，对未来情况提出了一些提示。尽管如此，笔者仍然尽力提供有助于洞察未来趋势的数据和分析。在这一领域，这一点非常重要，可再生能源的加速部署使其成本大大降低，并不断涌现出新的问题和可能性。[35] 例如，全球范围内，发电领域新增的近半发电量都源自可再生能源（2011 年，风能 41GW、太阳能光伏 30GW、水能 25GW、生物质 6GW[18]）。通过三个基本方面塑造了能源的前景：不断增长的巨大能源需求，主要源自新兴经济体；获取传统化石燃料的难度不断增加；可再生能源资源的部署。最后一种方法能够大幅降低所有能源资源的成本。如今，在大多数情况下，水力发电、生物质发电和地热发电在市场价格方面都极具竞争力。事实上，如果仅从经济角度来看，可再生能源已经是离网电气化和所有主要依靠柴油发电的电力系统（如岛屿和偏远地区的发电系统）的缺省选择。

另一个问题在于，是否可以降低成本。如果可以，采用何种技术的可靠性最高？可通过上述论述直接得出一些结论：对于水力发电、生物质发电或地热发电技术，不太可能显著降低成本；对于陆上风力发电技术，成本降低主要取决于材料商品价格（钢、铜和水泥）的未来趋势，但是在条件较好的地区，该技术已具备市场竞争力。尽管随着风力发电技术的不断部署和推广，可能降低成本，但海上风力发电成本仍然很高。对于采用内部用电和分布式发电模式的小型风力发电机，成本下降的前景则更加乐观，因为这类系统可以充分利用陆上风力发电系统已经成熟的技术优势。对于太阳能发电、具备储热功能的 CSP 塔式太阳能热发电技术，100MW ~ 1GW（甚至更高）大型电站的成本有望继续降低。太阳能发电、具备储热功能的 CSP 塔式太阳能热发电技术目前尚不具竞争力，但是随着进一步部署和推广，虽然不会出现较大的技术改进和提升，但该类技术的安装和系统平衡成本将会下降。由于太阳能发电、具备储热功能的 CSP 塔式太阳能热发电技术可以以热能形式储存能量，并快速转换为蒸汽和电力，其将在完整的可再生能源战略中起到非常重要的作用。最后（也是最关键的技术）为太阳能光伏技术。从 1979 年有记录以来，太阳能光伏电池和组件的成本每年以惊人的速度（20% ~ 22%）下降，2011 － 2012 年，这一速度已超过 30% ~ 35%[17，25，31]。

2012 年末，太阳能光伏组件成本下降至大约 0.7 美元 /W，占中小型太阳能光伏系统最终总成本的份额低于 50%。因此，即使组件价格始终保持这一趋势，安装成本将占据系统总成本的绝大部分。这就表明，最终总成本不太可能以较高速度下降。由于技术的持续发展以及规模经济的实现，有望进一步降低系统平衡成本，但是这更多地取决于当地条件，不太会受到竞争力的影响。尽管如此，还有另外一方面发挥着重要作用：研发部门已经实现技术改进，且部分技术已经投入市场。事实上，在最好的情况下，商用系统中的电池效率接近 20%，但是一些研究团队已经宣布将电池效率提升至 40% 或更高。对于聚光太阳能光伏电池，效率接近 90%[22]。最后一种技术不太可能立即上市，但是太阳能光伏发电 LCOE 成本可能在不久后可降低至 1/4。

如果这些趋势延续，太阳能光伏技术将有望成为所有可再生能源技术甚至是所有能源（包括化石燃料）中成本效益最高的技术。在有充足直射或散射辐照度的地区，可部署太阳能光伏系统，将太阳能用作最主要的能源，不仅仅是另一种形式的能源，而是一类新能源。笔者早在数十年前就已提出，并在最近做出强调[37]。但是，仍然存在一个难题：如何储存太阳能，确保可在无太阳辐照时使用。不过，这一问题可以通过在实用规模装置中结合使用风能、抽蓄水能、生物质和具备储热功能的CSP等其他可再生能源技术加以解决。目前，涉及这一主题的研究并不多，但是可以促进太阳能光伏技术适用性的进一步变革。太阳能光伏技术成本的利用率和实现的效率提升同样适用于c-Si和CdTe电池。由于CdTe电池更适用于建筑应用，因此有望采用更多BIPV应用。

有时，有人认为推动成本降低的另一个因素来自新兴经济体（主要为中国和印度），这类新兴经济体中，所有技术的总成本均比发达国家低。但是，必须要适当权衡中国货币的汇率贬值，这意味着此类新兴经济体生产产品的国际价格降低，将会加大出口。此外，与欧洲和其他发达国家相比，此类新兴经济体的人力成本普遍较低，但是，当中等阶层达到可接受的福利水平后，这一情况会有所改变。

总之，CSP和风能技术成本有望大幅降低，并伴随太阳能光伏系统的成本显著降低、效率显著提升。水力发电、生物质发电和地热发电等其他技术已经成熟并具有竞争力，因此，成本不太可能有较大变动。表10－3列出了目前尚未成熟但有望在不久后发展成熟的可再生能源技术在2020年的资本成本和LCOE预测。值得注意的是，在一些情况下（尤其是太阳能光伏发电），实际数据已经超过此类预测。在最近快速发展的技术中，这一点非常常见，对于可再生能源，尤其如此[31]。

尽管这是可能出现的结果，但是预测可再生能源竞争力时仍然存在风险，因为水泥和钢等用作风力发电机原材料的一些商品的价格可能升高，化石燃料价格可能下降。但是，如上所述，鉴于新兴经济体不断增长的能源需求，化石燃料价格不太可能下降。事实上，只有当可再生能源很大程度上满足了不断增加的需求后，化石燃料的价格才会停止增长。勘探和开发化石燃料的风险和成本较高，并且容易发生事故，需要高额的保险费用。

另一个问题是，实现的成本降低如何改变能源前景。如果的确可以降低成本，由于经济可行性范围限制，可再生能源的应用将进一步增加。首先，必须注意，太阳能光伏、生物质、水力和风能等都是高度模块化、可扩展的能源资源，可与小型系统结合，为独立社区供电，并扩展现有电力网络。各种不同可再生能源资源间的互补性与带蓄水水库的水电站或其他储能选择结合，有助于消除电力供应的波动性，提供更加低成本的电力。因此，可再生能源看似可以力挽狂澜、改变局面。其中，太阳能光伏又是制胜法宝。有鉴于此，政策制定者不得不改变曾为各类技术提供的专项支持，以便将大量采用间歇性可再生能源的电力系统的总成本最小化。事实上，这已经成为市场趋势，市场经常以这种方式降低其对政治支持的依赖程度，这类做法宜早不宜迟。

可通过一种非常有趣的方式确定成本降低影响能源前景的方式，即深入研究咨询顾问公司[34]针对全球一些能源公司首席执行官展开的调查。尽管还存在一定程度的争议，但可得出以下一般结论：（1）几乎就此达成一致意见：电力企业的业务模式已经彻底发生了重大改变；（2）过半受访者表示，分布式发电将迫使电力企业改变其业务模式，而且也已达成共识：集中发电和配电模型将逐渐失去领导作用；（3）但是，超过 80% 的受访者将分布式发电视为一种机遇，而非冲击；（4）许多受访者仍然期望页岩气和石油气等非常规能源资源可以起到非常重要的作用。但是，受访者都对这些资源对社会造成的负面影响表示担忧，并对可再生能源带来的利益表示认可，这也是发展可再生能源技术的立足点。

在电网不发达、能源需求高的新兴经济体，会希望更快地改变模式。相反，经合组织成员国和其他发达国家主要选择集中式发电和配电系统，并且更加反对改变模式。因此，不会对可再生能源的发展产生经济壁垒，也不会改变模式（行政、政治等）。欧洲则是一个比较恰当的实例，反对者利用欧洲现在面临的经济危机来阻碍可再生能源的推广，而支持者则认为这只是一个借口而已。

尽管最后的反思超出了本章研究的范围，但是值得注意的是，在未来二三十年，世界能源丰富很有可能变成现实，其中化石燃料占据相当大的份额：换言之，能源问题可能得以解决。但是，必须注意的是，全球不断增长的资源需求（尤其是不久以后对食物和水的需求）不可能一直持续下去。也就是说，即使克服了能源问题，也应适时做出改变，不能再一味地注重通过国家核算标准体系衡量的实质增长，而应提高福利，最终实现“繁荣”[24]。

本章提要：本章介绍了近期进行的一项对可再生能源发电成本估算的总体情况和调查结果。该研究结果基于已实施或正在实施的项目的实际数据，并对其尽可能分类收集，以便进行比较。研究讨论了两种主要成本核算方法：一是总资本成本及其两大主要组成部分——机器设备及其他装置成本；二是平准化电力成本（LCOE）。附录中还对后一成本核算方法的定义和含义作了进一步讨论。本章末尾对未来数年内电力行业可能出现的情景进行了展望和预测。

附录 10.A LCOE 成本核算与计算方法

本附录旨在阐明平准化度电成本（LCOE，有时简写为 LCE）提供的电力成本核算方法的优势、劣势和准确含义。标准成本核算方法必须确保每个人都能轻易地理解其含义，以便准确地交流和估算不同技术和投资的相对成本。一旦确定了成本核算的确切含义，则成本核算将完全有效。此外，还有其他公认的标准核算方法，最典型的就是通过某一特定技术生产 1kW 电力的成本，这就要求计算特定项目所需的初始资本投资。显然，平准化电力成本与此有关，因为，如果对某一项目所需大量资源融资（如核电或大型水电站大坝），且与其预期回报率无关，则该类资源可能成为严重障碍。

相比之下，LCOE 旨在提供一种可以与特定项目电力售价（即其竞争力）进行比较的核算方法。该核算方法主要取决于特定国家和地理位置等一些因素，以及采用的技术和相关范畴下的子技术。比如，对于屋顶式太阳能光伏和大型实用规模地面式装置，采用的技术完全不同。特定的国家可能对推广技术所需的成本、人力成本、市场竞争程度和与供应商利润空间直接相关的其他因素产生影响。位置主要影响利用率，即电站在给定时段内实现运行和发电所需的时间（通常为一个日历年）。例如，太阳能的有效日照时数和风能的有效风时，这两种情况下都可相应地加权为“密度”（风速和太阳辐照度）。

通常，LCOE 指电站生命周期内的成本现值 / 电站生命周期内发电量现值。因此，可表示为特定时段内生产的一定数量电力的货币价值（如美元 /MWh）。LCOE 表示使用特定技术生产 1MWh 电力的寿命周期总成本。LCOE 的另一个定义是实现某一项目收入与成本（含投资资本的回报）平衡所需的电力价格，即收支平衡。电力价格越高，产生的资本回报就越高，电力价格越低，资本回报就越低，甚至会出现亏损，即某一特定投资的价值与电力的当前价格平衡或相等。这种情况通常被称为“电网平价”，或者特定技术在给定地区在此时具有竞争力，即不再需要国家或其他各方的经济支持。这种看待问题的方式使得我们必须探讨一些理念，尤其是必须采用的贴现率、可能存在的通货膨胀率和定义中出现的货币量级的未来趋势预测。

计算能源投资 LCOE 的特定公式如下：

$$LCOE=\frac{\Sigma_{t=1}^{t=n}\left(\frac{I_t+O\&M_t+F_t}{(1+d)^t}\right)}{\Sigma_{t=1}^{t=n}\left(\frac{E_t}{(1+d)^t}\right)}$$

式中，

I_t 指 t 年度的资本成本支出；

$O\&M_t$ 指 t 年度的运营和管理成本；

F_t 指 t 年度的燃料成本；

E_t 指 t 年度生产的能源总量；

d 指贴现率；

n 指投资的预计生命周期。

常用于可再生能源的时间单位通常为一个日历年，因为超过一个日历年后，资源的自然周期通常将会在一定程度上重新更新，但是这些都是随机的。对于大多数可再生能源（生物质除外），燃料成本 F_t 为 0。资本成本包括可能涉及的各种形式的融资（可能包括股权）。适用于各类资金来源的资本回报可能不尽相同，并且可能包括风险溢价。若为股权，风险溢价通常较高。计算 LCOE 时采用的资本回报通常是加权平均资本成本（WACC）。因此，LCOE 包括任何股权的正回报（若有）。可以将其理解为机会成本，以便将相关市场的当前资本回报和适当的风险溢价考虑在内。虽然在一些情况下会有微小的变动（能源情报署采用了稍微不同的方法[8]），但是这是最被普遍接受的定义[18，29，41]。

有必要讨论 LCOE 的概念，以便更好地了解其含义。可以表达如下：

$$LCOE= DLC/ DLG$$

式中，分子是生命期折算成本（*DLC*），分母是生命期折算发电量（*DLG*）。现在，可以列出以下表达式：

$$LCOE \times DLG - DLC = 0$$

若现在使用能源当前销售价格 *PE* 替代 *LCOE*，可得以下公式：

$$PE \times DLG - DLC \geq 0$$

销售价格高于 *LCOE* 时（$PE > LCOE$），表明投资将产生比“正常”或当前市场回报更高的资本回报；如果销售价格低于 *LCOE*，则表明产生投资回报较低。如果二者相等，则“超额回报”为零，投资收支平衡（“超额”是指“高于市场标准”），这通常被称为“电网平价”，在这个时间，达到这一数量时，特定技术达到市场竞争力，不再需要任何其他形式的公共（财务）支持。但是，可能需要其他形式的支持，如缓解行政方面的障碍。

最近开始探讨的另一个要点是电力价格这一重要概念。但是，对具有储能能力的技术而言，这不太公平。因为对于这类技术，可以根据随着时间不断变化的电力价格，在不同时间销售电力 [如具备抽水蓄能功能的水力发电以及具备熔盐热电存储（TES）技术的聚光太阳能热发电（CSP）]。事实上，这在一定程度上适用于所有具有间歇性或非恒定电力输出的技术，即所有可再生能源技术。很有必要对这个问题进行讨论。考虑特定投资产生的所有未来能源收益的现期贴现值（DLP），表达式为：

$$DLP = \sum_{t=1}^{t=n}\left(\frac{P_t \times E_t}{(1+d)^t}\right)$$

式中，P_t 指特定未来时间 t 时的电力售价（其余符号如上述 LCOE 表达式所示）。现在，$D_t = [1/(1+d)^t]$。为方便解释，表达式可调整如下：

$$DLP = \sum_{t=1}^{t=n} P_t \times E_t \times D_t$$

$$= \left(\sum_{t=1}^{t=n} E_t \times D_t\right) \times \left(\sum_{t=1}^{t=n} P_t \times \left(\frac{E_t \times D_t}{\sum_1^n E_t \times D_t}\right)\right)$$

括号内第一个求和项式是指未来生产的所有能源的现期贴现额，即 LCOE 标准定义中的分母；第二个求和项式是指所有未来电力价格的加权平均数，其中，加权数本身贴现为现值。在财务方面，也存在一个非常相似的区别（参见 Bierwag[2]）。最后，必须将加权价格与 LCOE 进行对比，得出有意义的结论，而非“电力价格”的抽象概念，电力价格在实际运用中很少为常数值。

实际上，使用 LCOE 的概念时，通常并未深入考虑很多支撑基础。本章并不涉及全面研究和探讨此类支撑基础，但是提及了一些比较基础的理念。对一些要点进行了简要评述，具体如下：（1）价格 P_t 和电力 E_t 均指未来一个日历年的价格和电力，并且会随时间的推移不断变化；即使在同一日历年，价格也会逐时变化。因此，预测 P_t 和 E_t 的方式将对最终计算产生影响。（2）计算此类技术的 LCOE 时，应考虑可能存在的非可再生能源价格的增长。（3）通常，进行计算时假设价格固定不变（文献 [41] 的情形除外）；但是，即使通货膨胀率长时间保持较低水平，仍然有可能具有相关性，因此必须妥善处理。（4）贴现率可能对最终计算值产生重大影响。例如，国际可再生能源机构采用了 WACC，并取值 10%；代表英国政府开展的一项研究建议采用的贴现率为 3.5%[38]。文献 [9] 建议采用较低的贴现率，否则未来收入将不会产生任何作用；（5）进行国际对比时，兑换率的选择是可能对最终评估产生决定性影响的另一个因素。文献 [30] 对此进行了讨论。（6）在可再生能源中，分配给资本平均成本（或 WACC）的数值的相关性更高，因为总成本中资本成本比例最高，因此会对 LCOE 的计算值产生重大影响。许多报告中假设的共同值为 10%[18，29，41]。（7）另一个相关点则是选择从生产商－投资者的角度还是从消费者的角度核算成本。对于后者，消费者支付的价格可能是直接向电网售电的投资者获得的价格的四倍。还需注意的是，讨论“电网平价”这一概念时，这种区别依然至关重要。

附录 10.B　缩写词汇表

BNEF	彭博新能源财经
BIPV	光伏建筑一体化
BoS	周边系统成本
CCS	碳捕获与封存
CdTe	碲化镉（光伏电池）
CHP	集中供热供电
CSP	聚光太阳能热发电
c-Si	晶体硅（光伏电池）
DLC	生命期折扣成本
DLG	生命期折算总费用
DNI	法向直接辐射 [千瓦时 /（平方米 • 年）]
EIA	美国能源信息署
EPIA	欧洲光伏产业协会
EWEA	欧洲风能协会
GCCT	燃气联合循环汽轮机
GHG	温室气体
IMF	国际货币基金组织
IPCC	政府间气候变化专门委员会
IRENA	国际可再生能源协会
kW	千瓦
MW	兆瓦
kWh	千瓦时
MWh	兆瓦时
LCE	平准化度电成本（同 LCOE）
LCOE	平准化度电成本
NREL	美国国家可再生能源实验室

$O\&M_t$	t 时段内的运营和管理成本
PTC	抛物面槽式集热器（亦简写为 PT）
PV	光伏
PwC	普华永道会计师事务所
REN 21	21 世纪可再生能源政策网络
SLCOE	总系统平准化度电成本
TES	热电存储
USD	美元
vRES	可变可再生能源
WACC	加权平均资本成本
WEC	世界能源理事会

参考文献

1. Alvarado-Ancieta CA (2009) Estimating E and M powerhouse costs, international water power and dam construction, pp 21-25. (http://www.waterpowermagazine.com/storyprint.asp?sc=2052186)
2. Bierwag GO (1987) Duration analysis. Managing interest rate risk, Ballinger, Cambridge, Massachussets
3. Breyer CH (2010) The photovoltaic reality ahead: terawatt scale market potential powered by pico to gigawatt PV systems and enabled by high learning and growth rates. 26th European photovoltaic solar energy conference, Hamburg, Germany, 5-9 Sept 2010
4. Corden WM (1984) Boom sector and dutch disease economics: survey and consolidation, vol 36. Oxford Economic Papers, Oxford, pp 362
5. Denholm P, Hand M (2011) Grid flexibility and storage required to achieve very high penetration of variable renewable energy, Energy Policy, vol 39. Elsevier, Amsterdam, pp 1817-1830
6. Denholm P, Wan Y, Hummon M, Mehos M (2013) An analysis of concentrating solar power with thermal energy storage in a California 33 % Renewable Scenario, Technical Report 6A20-58186, National Renewable Energy Laboratory (NREL), Golden, Colorado, USA
7. Ecofys, Fraunhofer ISI, TU Vienna EEG and Ernst and Young (2011) Financing Renewable Energy in the European Energy Market: Final Report, Ecofys, Utrecht
8. Energy Information Administration (2013) Levelized Cost of New Generation Resources, in the Annual Energy Outlook 2013. US Energy Information Administration, US Department of Energy Washington, DC 20585
9. Evans D (2008) Social project appraisal and discounting for the very long term. Econ Issues 13(l):61-70
10. European Photovoltaic Industry Association (EPIA) (2012) Connecting the sun: How Europe's

electricity grid can integrate solar photovoltaics, EPIA Brussels, Belgium (www. epia.org)
11. European Wind Energy Association (EWEA) (2010) Wind energy and electricity prices. Exploring the ‘merit order effect’. EWEA, Brussels, Belgium
12. Heide D et al. (2010) Seasonal optimal mix of wind and solar power in a future, highly renewable europe. Renewable Energy 35(11):2483-2489
13. Hirth L (2012a) Integration costs and the value of wind power. Thoughts on a valuation framework for variable renewable electricity sources. In USAEE-Working Paper. http://papers.ssrn.com/sol3/papers.cfm?abstract_id=2187632
14. Hirth L (2012b) The market value of variable renewables. in USAEE-Working Paper. http://papers.ssrn.com/sol3/papers.cfm?abstract_id=2110237
15. International Monetary Fund (IMF) (2013) Energy subsidy reform: lessons and implications. IMF, Washington
16. International Energy Agency (IEA) (2008) Energy technology perspectives 2008. IEA,Paris
17. IPCC (2011) IPCC Special Report on Renewable Energy Sources and Climate Change Mitigation. International Panel on Climate Change, Geneva
18. Irena (2013) Renewable power generation costs in 2012: an overview, Abu Dhabi, United Arab Emirates. (www.irena.org)
19. Irena (2012a) Biomass for power generation, Cost Analysis series, issue 1/5, Abu Dhabi, United Arab Emirates (www.irena.org)
20. Irena (2012b) Concentrating solar power, Cost Analysis series, issue 2/5, Abu Dhabi, United Arab Emirates (www.irena.org)
21. Irena (2012c) Hydropower, Cost Analysis series, issue 3/5, Abu Dhabi, United Arab Emirates (www.irena.org)
22. Irena (2012d) Solar Photovoltaic, Cost Anaiysis series, issue 4/5, Abu Dhabi, United Arab Emirates (www.irena.org)
23. Irena (2012e) Wind Power, Cost Analysis series, issue 5/5, Abu Dhabi, United Arab Emirates (www.irena.org)
24. Jackson T (2009) Prosperity without growth. Economics for a finite planet. Earthscan, London
25. Jäger-Waldau A (2013) PV Status Report 2013, European Commission, DG Joint Research Centre, (September 2013). Ispra, Italy
26. Joskow PL (2011) Comparing the costs of intermittent and dispatchable electricity generating technologies. Am Econ Rev 101(3):238-241
27. Kearney AT, Estela (2010) Solar thermal electricity 2025, ESTELA, Brussels. (http://www.estelasolar.eu/index.php?id=22)
28. Kersten F (2010) PV learning curves: past and future drivers of cost reduction, 26th European photovoltaic solar energy conference, Hamburg, Germany, 5-9 Sept 2010
29. Kost CH et al (2012) Levelized cost of electricity renewables energies, Fraunhofer Institute for Solar Energy Systems ISE, Heidenhofstral 3e 2, 79110 Freiburg, Germany
30. Mauleón I, Sardá J (2000) Income measurements and comparisons. Int Adv Econ Res 6 (3):475-188
31. Naam, R. (2011) Smaller-cheaper-faster-does-moores-law-apply to solar cells? http://blogs.scientificamerican.com/guest-blog/2011/03/16/

32. Nelder CH (2012) Designing the grid for renewables. http://www.smartplanet.com/blog/take/designing-the-grid-for-renewables
33. Philibert C (2012) Solar integration. Econ Energy Enviro Policy 1(2):37-45
34. PwC Annual Global Power and Utilities Survey (2013) Energy transformation. The impact on the power sector business model, PricewaterhouseCoopers. bttp://www.pwc.com/gx/en/utilities/index.jhtml)
35. REN 21 (2013) Renewables Global Futures Report, Renewable Energy Policy Network for the 21st Century, Paris
36. Schaeffer R (2010) Can renewable energies be vulnerable to climate change?, mimeo, energy planning program, COPPE. Federal University of Rio de Janeiro, Brazil
37. Scheer H (2005) The solar economy. Renewable energy for a sustainable global future, reprint, first published in English in 2002, Earthscan, London
38. The Green Book Appraisal and Evaluation in Central Government (2011) HM treasury, London. http://www.hm-treasury.gov.uk/d/green_book_complete.pdf)
39. Ueckerdt F, Hirth L, Luderer G, Edenhofer O (2012) System LCOE: what are the costs of variable renewables?, Electronic copy. http://ssrn.com/abstract = 2200572
40. Wiser R, Bolinger M (2011) 2010 Wind Technologies Market Report. DOE/GO-102011-3322. Washington, DC, USA
41. World Energy Council—Bloomberg New Energy Finance (WEC-BNEF) (2013) Cost of Energy Technologies, Joseph Salvatore, (lead author). WEC, London

第十一章 电力行业中气候政策的相互作用

P. Beato, J. Delgado[1]

11.1 概 述

在《联合国气候变化框架公约》的背景下，各国一致认为，必须减少温室气体排放量，控制全球气温升幅在 2℃以内。

为实现这一目的，各国政府设计了种类繁多的政策手段，以减少碳排放，从而限制全球气温上升（除了旨在减少气候变化影响的缓解措施以外）。这些措施包括碳排放税、对可再生能源进行碳市场补贴、对研发环节进行补贴以及节能措施。通常情况下，会针对不同的手段设定不同的目标，如欧盟 20/20/20 就是为减排、可再生能源应用和节能设定的目标。

手段和目标可能会相互补充，但有时它们之间的相互作用可能导致减排的效率降低及成本增加。当手段和目标设置和设计不一致时就会出现这种情况。例如，为满足一个潜在的可再生能源目标，所采取的措施会影响排放价格，从而降低碳政策的有效性。如果这些措施意味着向一些昂贵或无效的技术提供资金，最终结果将是次优的（因为其他更有效的减少碳排放的方式可能会被取代）。设计最佳气候政策时，应牢记所要追求的目标，判断拟议手段是否能够满足这些目

* 作者诚挚感谢 Héctor Otero 提出宝贵建议和意见，以及 Jaime Pingarrón 对本文在研究方面提供的鼎力支持。如有纰漏，皆属作者本人之误。Paulina Beato：独立经济和财务顾问。Juan Delgado：低碳项目（BC3）研究助理、全球经济集团董事。

1 P. Beato
Independent economic and financial advisor, Madrid, Spain
J. Delgado (✉)
BC3 - Low Carbon Programme, Bilbao, Spain
e-mail: juan.delgado@bc3research.org

© Springer International Publishing Switzerland 2015
A. Ansuategi *et al.* (eds.), *Green Energy and Efficiency*, Green Energy and Technology，DOI 10.1007/978-3-319-03632-8_11

标，并考虑到目标和手段之间的相互作用是否会降低政策组合的有效性。

最佳政策组合应保证能够有效地实现其终极目标，例如以最有效的方式减少排放。

欧盟电力领域就是一个很好的例子，可以证明不同的气候政策手段和目标能够共存。电力领域参与了欧盟排放交易体系（ETS）碳市场，发电机需要有许可才能排放温室气体。此外，大多数欧盟国家都设有可再生能源发电（RES-E）部署的配套机制，采取上网电价（FIT）政策或绿色证书交易（TGC）制度，满足其指定的可再生能源发电配额。

在某些情况下，从效率的角度看，一些政策手段的共存可能是有意义的：例如，由于存在市场失灵或设计缺陷，如果碳市场不能正常运转，那么可再生能源发电配套机制可以弥补碳市场的不足。此外，由于存在创新外部效应，促进可再生能源发电的应用（假如这种外部效应在实践中学习形成）或为可再生能源发电的研发或碳高效技术提供资金（假如这种外部效应在研发驱动的创新中形成）可能会帮助增强创新，降低碳减排成本，以及加快脱碳进程。

总之，为使政策组合有效，必须进行精心设计。首先，应采取额外的政策手段应对市场失灵；其次，在设计新的政策手段时，应使政策之间潜在的相互作用内在化，以保证各种手段之间最低限度发生掣肘。

本章针对电力行业的资料，分析了应对气候变化的不同政策手段的共同作用以及它们之间的相互作用。作者首先回顾了有关电力领域气候政策手段共存造成的影响的实证依据；然后，利用一个简单的理论模型分析何时比较适宜综合使用若干种手段，以及应如何设计这些手段。本研究把碳减排作为气候政策的唯一目标，不对创造就业、产业政策相关目标或能源独立性等其他目标进行分析。

本章结构如下：除了第一节外，第二节简要介绍当前欧盟气候政策框架中存在的潜在的矛盾和缺陷，用以说明不同手段之间的不协调情况；第三节综述了一些政策手段相互作用方面的实证依据，以及碳排放配额价格、电价和政策成本的含义；第四节讨论一种简单的理论模型，用于分析可能会使用额外政策的不同政策方案；第五节通过理论模型分析在设计最优政策时如何使不同的市场缺陷和失灵内在化；第六节总结并提出了一些政策建议。

11.2 政策手段的相互作用：以欧盟气候政策为例

欧盟委员会近期宣布了欧盟 2030 年气候目标：将温室气体排放量削减至比 1990 年水平减少 40%，并保证可再生能源在欧盟能源结构中至少占 27%。[2] 新的

---

2 见 IP/ 14/54（22/01/2014）：“针对竞争性、安全、低碳的欧盟经济提出的 2030 年气候和能源政策目标”，网址：http://europa.eu/rapid/press-release_IP-14-54_en.htm.

2030 年目标是继续推行欧盟委员会于 2009 年提出的 20/20/20 规划。[3]

欧盟气候政策路线证明，多个不一致的目标和手段可以共存。造成这种不一致的原因有两种：一是缺乏不同目标之间和不同手段之间的互补性；二是由于不同国家制定了不同政策手段，使得欧洲通用手段（如排放交易系统的）与配套机制的国内政策（如可再生能源发电）相结合过程中没有出台明确的成员国间协调机制。[4]

欧盟框架针对温室气体减排和可再生能源国家配额设定了目标。排放交易系统是降低排放的最宏大手段，包含总量管制和交易计划，该计划涉及欧盟近 50% 的温室气体排放量。除排放交易体系外，在其他领域也有许多旨在降低排放的国内措施。

实现可再生能源目标主要依赖于各国政府。各成员国可以自行设计必要的手段，以满足各自国内目标。尤其是在电力领域，已广泛应用了两项可再生能源发电配套手段促进可再生能源的推广：绿色证书交易（TGC）制度和直接补贴可再生能源发电的生产。前者以生产一定量的可再生能源义务为基础（每生产一个单位的可再生能源，就会得到一份绿色证书）；后者对每生产一个单位的可再生能源进行直接补贴或上网电价补贴政策。

排放交易体系是欧盟气候政策的核心部分。该体系灵活性较高，适用于所有领域的碳减排，无需规定特定的技术。然而，因为设计问题和缺乏可预测性，该计划并不是那么有效。

新增政策手段和目标（如可再生能源发电配套机制）似乎弥补了人们对排放交易体系的信心不足。但是，没有证据表明这些目标与温室气体减排目标一致。[5] 而且，由于可再生能源发电支持政策由各国自行设计，并不能保证各种政策之间具有一致性。此外，也没有证据表明，政府在设计这些政策时，考虑了国家政策和欧盟排放交易体系之间的相互作用。这就导致以下结果：一方面，在一些技术领域（如西班牙和德国太阳能光伏）出现投资过剩；另一方面，排放交易体系却表现不佳。

很多因素影响了排放交易体系的作用，这也证明了采取新增政策手段的合理性。

3　气候与能源一揽子计划为欧盟气候政策设定了指导原则：到 2020 年将温室气体排放量削减至比 1990 年水平减少 20%，可再生资源在欧盟能源消费结构中所占份额提高至 20%，欧盟国家能效提高 20%。

4　Batlle 等人 [2] 对欧盟电力领域气候政策手段之间的相互作用提供了全面综述。

5　事实上，根据欧盟委员会对 2009 年气候一揽子计划影响的分析（影响评估附件。文件随附欧盟 2020 年气候变化与可再生能源目标一揽子实施措施，第 34 页），为满足温室气体减排目标，只需保证可再生能源占能源消费总量的 15.8%。这意味着，其余 4.2% 增加了减排成本，因此，这并不是一个减少温室气体排放的经济有效的方法。欧盟委员会简单地认为，实施可再生能源政策将使碳排放配额价格从 49 欧元 / 吨二氧化碳降至 39 欧元 / 吨二氧化碳，这对实现温室气体减排承诺很有必要，但并未根据不同的情况评估满足温室气体排放目标的总成本。

首先，排放许可数量过多，致使排放交易体系效果不佳。很多公司得到了大量许可，限制了其碳减排义务。据估计，排放许可超额在第一阶段（2005—2007）为267兆吨 CO_2 排放，[6] 在第二阶段（2008—2012）为970兆吨 CO_2 排放。[7] 许可数量过多导致碳排放配额价格降低，导致排放交易体系表现不佳。

第二，许可的系统性免费分配导致行业内出现“暴利”。经济学理论认为，企业将部分转嫁免费获得许可的成本，在高耗能行业分配免费许可证明了这一点。Bruyn 等[8] 认为，碳排放配额价格对多种产品的价格有显著影响。他们还估计，在2005—2008年间，炼油、钢铁和化工领域的暴利达140亿欧元。

第三，许可价格大幅波动可能会阻碍对低碳技术的投资，并威胁到碳减排目标。自碳市场出现以来，价格大幅波动一直存在。举例来说，从2006年1月到4月底，许可价格保持在26欧元左右，2005年认定数据下降到了约10欧元。[8]

第四，艰巨的可再生能源目标和一些国家计划的宽松对碳排放配额价格产生了负面影响，降低了排放交易体系的有效性。

第五，经济危机导致经济活动减少，碳排放许可需求量相应减少，这使得许可价格大幅跌落。许可价格从2008年7月的30欧元降到2009年的10.15欧元。[9] 最近，该价格一直保持在5欧元左右。为了应对这种情况，欧盟最近批准了“荷载后延”计划，旨在通过从市场移除碳排放许可提高碳排放配额价格。

由于欧洲碳市场缺乏有效性，一些作者建议采取额外的政策手段。然而，在某些情况下（如可再生能源发电配套支持机制），此类手段反而会削弱碳市场的有效性。

下一节讨论一些气候政策相互作用方面的实证证据以及对碳排放配额价格、电价和政策成本造成的影响，旨在说明错误的政策组合如何扭曲碳市场和电力市场，并降低市场福利。

11.3 政策手段的相互作用：实证证据

在定量评估政策手段间相互作用的影响时，要求在不同政策情景下对电力行业进行模拟研究。由于超国家和国内政策的组合，政策手段相互作用的实证研究非常复杂，而气候政策的长期性以及不同政策间复杂的相互作用使得实证研究愈加复杂。本节回顾了一些与政策相互作用的量化相关的现有证据，并通过电力领域[10] 复杂的

6 CTW[9]。

7 Kossoy 和 Ambrosi [19]。

8 Betz [3]。

9 Morris 和 Worthington[23]。

10 例如，Götz 等 [15] 采用的以模型生成器 TIMES 为基础，并在国际能源署（IEA）的能源技术系统分析项目（ETSAP）的范围内研发的 TIMES-D 模型，以及 Unger 和 Ahlgren[24] 采用的 MARKAL 模型。

局部均衡模型或程式化模型模拟[11]进行了定量评估。

特别地，讨论侧重于对仅采用碳排放配额价格政策情景同结合采用碳排放配额价格及可再生能源发电配套机制政策情景进行对比分析。由于假设条件和参数不同[12]，无法对不同研究进行对比。但是，可以得出以下一般结论。首先，实证证据表明，碳排放配额价格的可再生能源发电配套政策是一种可能使碳排放配额价格趋于零的极端案例，使得排放交易系统已成为一套多余的政策手段；第二，可再生能源发电配套机制降低了批发电价，但是如果通过增加最终消费者的电价对其提供资金支持，则最终可能提高零售电价；第三，可再生能源发电配套机制成本较高，会增加减排成本，降低消费者的福利。表 11-1 列出了主要结果。

11.3.1 对碳排放配额价格的影响

事实上，所有研究分析表明，碳市场和可再生能源配套机制的结合使用降低了碳排放配额价格。可再生能源发电配套机制为投资可再生能源提供了激励，降低了对碳排放许可的需求。这就降低了碳市场限制的约束性，从而降低了许可价格。De Jonghe 等[10]指出，对于配额相对较高的可再生能源，与碳排放限制相比，碳排放许可价格对配额的依赖程度更高。在极端情况下，如果可再生能源配额足够高，则碳排放配额价格接近零。[13]

基于可再生能源目标的政策对碳排放配额价格的影响因具体情况不同而明显不同。但是，大多数情况下，碳排放配额价格下降的幅度超过 50%。

11.3.2 对电价的影响

组合型政策手段对零售电价的影响因具体情况不同而明显不同。一些利害攸关的问题可能产生负面影响。一方面，可再生能源配额的增加降低了碳排放配额价格，进而降低了电价；并且，由于可再生能源生产通常以接近零的价格进入现货市场，从而将降低批发电价。另一方面，如果通过提高零售电价的方式恢复上网电价或可交易绿色证书，则会增加零售电价。因此，对电价产生的最终影响尚不确定。但是，如果通过其他方式对配套可再生能源发电的成本提供资金，则组合型政策手段将有助于降低零售电价。

总之，由分析可知，由于零售电价的补贴额比批发电价更高，如果可再生能源

11　例如，Fischer 和 Newell[11]。

12　由于涉及的政策情景和参数较多，不同研究方式的假设条件、目标、地理覆盖范围以及时间框架不同，对比不同分析结果的复杂程度较高。例如，国家层面的分析要求考虑一些与其他国家存在的干扰相关的简化假设。

13　Abrell 和 Weigt[1] 在配额为 20% 的情况下，得出了这一结果。但是，与 Götz 等[15]相比，Abrell 和 Weigt 得出的结果极低。

表 11-1　气候政策间相互作用的相关证据

研究	国家	情景：二氧化碳目标	情景：可再生能源发电目标	手段	影响：二氧化碳排放配额价格（欧元/吨二氧化碳）	影响：零售电价[无政策（*）或仅有碳排放配额价格（**）时的百分比]（%）	影响：政策成本
Götz 等[15]	德国	21%	—	TEP	19.10	—	2020 年前，FIT 附加成本强势增长，达 150 亿欧元 / 年。2030 年前，随着可再生能源竞争力逐渐增强，FIT 附加成本大幅降低。尽管 FIT 系统削弱了对 ETS 证书价格的影响，但该支持体系的额外成本负担导致德国能源体系成本上涨，2015 年至 2030 年累积差额达 73 亿欧元 / 年。
		21%	无明确目标	TEP +FIT	14	6.3 **	
Abrell 和 Weigt[1]	德国	20 %	—	TEP	3.43	2.16 *	与单纯的降低情况（–0.019%）相比，可再生能源政策导致的福利损失更高，因为电力生产商逐渐偏离了其成本最小化发电组合。对于差异化上网电价（–0.0194%）而言，产生的负面影响仅仅稍高一点。
		20 %	20 %	TEP + TGCs	0	1.11 *	
		20 %	20 %	TEP+FIT	0	1.12 *	
Böhringer 和 Rosendah[15]	德国	25%	—	TEP	20	12 *	排放目标愈加严苛及绿色配额体系的引入增加了实现排放目标的合规成本。也就是说，如果目标只是降低二氧化碳排放，则针对排放上限采取具有约束力的绿色配额将会产生巨额的超额成本。
		25 %	23 %	TEP +TGCs	8	4 *	
Unger 和 Ahlgren[24]	北欧国家	30 %	10 %	TEP + TGCs	14	0 **	通过配额仅为 10% 的 TGC 体系实现的二氧化碳减排成本是采用 TEP 体系实现等量二氧化碳减排成本的 7 倍。TGC 配额为 30% 左右时，成本差异最低，大约为 3 倍。当 TGC 配额超过 30% 时，由于几乎所有供电都已实现零排放，很难再进一步减少二氧化碳排放。
		30 %	20 %	TEP + TGCs	6	– 3.22 **	
Hindsberger 等人[16]	波罗的海地区	55.9MtCO_2	—	TEP	18	14.49 （现货价格）	
		55.9MtCO_2	23.60 %	TEP +TGCs	7.50	– 3.42 （现货价格）	
De Jonghe 等[10]	比荷卢经济联盟	20%	—	TEP	20	25 *	
		—	20 %	TGCs	—	17.5 *	
	法国	20 %	—	TEP	20	0 *	
		—	20 %	TGCs	—	17.5 *	
	德国	—	—	TEP	20	40 *	
		20 %	20 %	TGCs	—	17.5 *	
Linares 等[21]	西班牙	30 %	—	TEP	22.05	34.91*（批发）	尽管政策手段组合存在一定协同效应，但其产生的成本更高。若只采用排放交易体系，同时实现减排和可再生能源高渗透性的成本仅仅增加 3%。
		30 %	17.5 %	TEP+RPS	14.71	32.04 *（批发）	
Fischer 和 Newell[11]	美国	4.8 %	—	TEP	—	– 2.2 *	最有效的政策为排放价格体系，可将多余成本降至最低。排放绩效标准是成本效益第二高的政策手段，成本比排放价格体系高 41%。其他政策可描述为提供不同的激励组合，会对配电以及满足减排目标负担的总体水平产生不同影响。
		4.8 %	—	排放价格	$7	5 *	
		4.8 %	—	RPS	—	– 0.9 *	
Morris 等[22]	美国	80.0 %	—	TEP	$235	–	RPS 政策的引入会对福利产生负面影响，尤其是使当前总量管制和交易计划的 RPS 要求增加 20%。这表明，2030 年，福利将降低 1.50%；2050 年，福利将降低 2.3%。
		80 %	20 %	TEP + RPS	$191	–	

FIT：上网电价；TEP：可交易排放许可；RPS：可再生能源组合标准；TGCs：可交易绿色证书。

配额较高，通常将提高零售电价。如果可再生能源配额较低或通过提高消费者电价补贴可再生能源成本，批发电价效应将占主导地位，零售电价可能降低。

实证研究结果证实了上述效应。例如，Unger 和 Ahlgren[24] 的研究表明，采用可再生能源配额后，批发电价降低。但是，若可再生能源配额低于 25%，零售电价降低；若可再生能源配额等于或高于 25%，零售电价增加。需要注意的是，一旦特定目标的 FIT 或 TGC 为正，可再生能源政策成本将快速增加，因为通常会向所有可再生能源生产（甚至是不通过可再生能源发电支持体系生产的能源）提供补贴。

组合政策的净影响很大程度上取决于能源组合。例如，正如 De Jonghe[10] 的研究所示，法国具有相对较多的无碳能源组合，因此碳排放配额价格实际上不会对电价产生影响。但是，可再生能源配额费会对电价产生影响。相反，对于德国及比荷卢经济联盟，征收 20% 的可再生能源配额将降低零售价格（如果设置最佳 FIT）。最后，Götz 等 [15] 的研究表明，如果可再生能源配额达 40%，则会对零售电价产生正影响。

11.3.3 政策成本

正如预期所料，所有研究均表明，在成本或福利方面最有效的政策是可交易排放许可体系。由于其他政策会采用可能但并非最有效的特定技术，因此这类政策会产生较高的政策成本。事实上，可再生能源发电配套机制引起了较高的成本。例如，Unger 和 Ahlgren[24] 的研究表明，通过配额仅为 10% 的 TGC 体系实现的二氧化碳减排的成本是采用 TEP 体系实现等量二氧化碳减排的成本的 7 倍。但是，成本差异并非恒定不变：配额为 30% 时成本差异最小（3 倍）；配额超过 30% 后，对碳减排几乎没有任何影响（因为所有能源均产自可再生能源、水能和核能）。

Böhringer 和 Rosendahl[5] 预估，在德国通过绿色配额实现 25% 碳减排的合规成本是不采用绿色配额的成本的两倍（分别为 22 亿欧元和 11 亿欧元）。当可再生能源渗透增加 10% 时，合规成本翻倍。

11.4 气候政策手段：简单模型

我们开发了一套简单的理论程式化模型，分析电力领域不同政策间的相互关系和政策设计建议。我们将重心放在占据经济体排放接近 40% 并且同时实施了减排政策和可再生能源政策的电力领域。该模型的设计比较简单，以便确定争论的主要方面（更全面的程式化模型见文献 [11，12]）。

11.4.1 供需

假设存在一个采用以下两种技术发电的垄断企业：化石燃料技术和可再生能源技术。

使用化石燃料技术生产 q_1 单位电力的成本为 $c_1(q_1)$。生产 q_1 时，传统技术排放 $e_1=f(q_1)$ 碳单位，其中 $f(q_1)>0$。

使用可再生能源技术生产 q_2 单位电力的成本为 $c_2(q_2)$。对于所有 q, $c'_2(q) > c'_1(q)$，[14] 相关排放量 e_2 为 0。

假设电力逆需求为 $P(Q)$，其中 Q 为所需电量，P 为电价。且假定可再生能源和化石燃料发电则是最佳替代品。

11.4.2 政策

最初，我们考虑两类政策：可再生能源补贴和碳市场。可再生能源政策包括使用可再生能源资源生产的每单位电力的补贴 r 和目标 R。碳市场由经济体碳排放总额限额 E 和根据供求定价的可交易证书组成。经济体其他领域的碳排放是碳排放配额价格 p_e 的函数，可通过以下方程确定：

$$e(P_e) = H - hp_e$$

式中，H 是经济体其余领域的排放水平，排放价格趋于零，h 是其余领域对碳排放配额价格变化的反映。

市场清算电价由平衡电力领域证书需求 e_1、经济体其余领域的需求 $e(p_e)$ 和排放上限 E 确定：

$$e_1 + e(p_e)=E$$

$$e_1 + H-hp_e=E$$

于是，垄断企业可将其受到政策激励和限制的利润最大化：

$$\text{Max } P(Q)(q_1 + q_2) - c_1(q_1) - c_2(q_2) + rq_2-p_e e_1$$

$$\text{S.t.} e_1 + H-hp_e \leq E$$

式中，r 使 $q_2 \geq R$。

14 可再生能源严格的边际成本接近于零。但是，可再生能源发电站规模较小，在特定点提高化石燃料装机容量的成本将低于增加可再生能源装机容量的成本。简言之，我们将边际发电容量成本代入可再生能源成本函数，因此，边际成本将不仅包括运营成本，还将包括扩大装机容量所需的投资成本。

将方程变形：

$$\mathrm{Max}P(Q)(q_1+q_2)-c_1(q_1)-c_2(q_2)+rq_2-p_e f(q_1)$$

$$\mathrm{S.t.}f(q_1)+H-hp_e\le E$$

11.4.3 最优政策

制定环境政策最主要的原因是负外部效应。特别地，气候政策的设计旨在降低产生负外部效应的温室气体（GHG）排放。化石燃料能源生产商通常排放温室气体。如果不内化温室气体排放的成本，将会出现更多外部效应，对福利产生负面影响。根据传统经济理论，对外部效应征税（或对“避免”外部效应提供补贴）以恢复社会经济效率。[15]

引入化石燃料发电排放税可有效恢复效率。碳市场和碳税旨在内化排放外部效应成本，从而恢复效率。[16] 或者，对避免的碳排放提供补贴也可实现相同效果：即通过向减少的排放（以预先设定的基准对比）提供补贴，还可实现整体效率优化。[17] 在一些情况下，两种政策手段可实现相同目的。

原则上，通过设置可交易“黑色”[18]（二氧化碳）配额系统（如欧盟排放交易系统）或通过碳税两种措施来确定碳价，使其足以确保减少排放、恢复政策最优。碳价向企业提供了企业纳入其生产和投资决策的价格信号，使企业可做出最高效的决策，确定其降低碳排放的方式和数量。

没有任何政策时，电力组合的选择应确保化石燃料发电和非排放领域的边际成本相等，即：$c'_2(q_2)-c'_1(q_1)=0$

在我们的简单模型中，碳市场的存在（及无可再生能源补贴）等同于设 $r=0$（和 $R=0$）。使用化石燃料技术多生产一个单位电力，则意味着增加生产成本和排放成本。这将增加对碳排放许可的需求，从而造成排放价格增长。因此，使用化石燃料技术多生产一个单位电力的边际成本比没有碳排放配额价格的情况下产生的成本更高。这将促进非排放发电的发展。

---

15 由于生产产品时存在负外部效应，对外部效应征税和向避免产生外部效应的方法提供补贴，二者作用是等价的。但绿色能源补贴会对化石燃料能源价格产生负面影响，造成化石燃料消耗的无效增加。Gelabert 等[13] 估计，可再生能源产量每增加 1GWh，则每 MWh 的电价就会降低 2 欧元。此外，鉴于能源资源的不均质性，很难设计一套可以反映避免过多温室气体排放的补贴措施（如果选择征税，则可更轻松地识别是否实现税收目标）。Borenstein[6] 对该问题进行了深入探讨。

16 Bowen[7] 详细探讨了碳排放配额价格的作用和确定因素。美国并未实行碳排放配额价格，因此温室气体排放成本的内化与可再生能源配套机制相对应，请参见 Joskow[18]。

17 但是，需要注意的是，该类补贴并不表示向不同的无排放技术提供不同类型的补贴。

18 Böhringer 和 Rosendahl[5]。

这种情景下，电力组合的设计应确保所有技术的边际成本相等，即 $c'_2(q_2)-c'_1(q_1)-p_e f'(q_1)-p'_e f'(q_1)\leq 0$。现在，化石燃料发电技术的边际成本将更高（因为需要将排放成本内化）。因此，碳市场足以恢复政策的最优性。

因此，原则上讲，碳市场将足以解决排放外部效应的问题。设定最优的碳排放价格将向碳市场内的经济主体提供一个降低其碳排放的信号，而该信号将促进可再生能源的投资。一旦将排放的外部效应内化，比较生产非排放能源的相对成本与生产化石能源的成本后，将促进做出投资可再生能源的决策。由于经济主体可能决定通过向其他减排成本更低的领域进行清洁投资来实现减排，所以碳市场并不一定会带来可再生能源领域的发展。

与其他替代政策组合相比，碳定价政策的优越性在于可再生能源发电（RES-E）配套机制产生的减排额外成本、可再生能源发电在碳减排方面的低效率以及可再生能源发电应用对排放价格的负面影响，这些都有可能延迟对其他更有效的减排方案的投资。[19] 因此，可再生能源发电配套机制在最好的情况都很可能产生多余成本。

11.5 额外的政策手段

如何证明存在比碳定价政策更有效的其他政策手段？经济学文献表明，采取其他政策手段降低碳排放主要有两大原因 。[20] 首先，如果碳市场存在不足，将导致碳排放配额价格过低；其次，促进非专用研发投资的正外部效应，帮助降低碳减排成本。[21]

还有许多其他原因说明了政府可能支持可再生能源的原因，如将可再生能源作为工业政策推进、创造工作机会或实现能源独立性。但是，此类原因似乎并不能解释为什么存在市场失灵，或者，至少无法解释为什么能源行业存在市场失灵。

11.5.1 碳市场的不完善

我们首先讨论与碳市场不完善或设计缺陷相关的问题。这种市场不完善或设计缺陷导致碳排放配额价格政策在实现特定目标方面无明显效果。引起这种无效性的原因较多，比如分配过量碳排放额度，导致二氧化碳目标不具约束性（因此，碳排放配额价格趋于零），或者短期碳市场和长期气候目标不一致，导致碳排放配额价

19 请参见 Del Río[20]、Böhringer 和 Rosendahl[5]、Abrell 和 Weigt[1]。

20 见 Borenstein[6]。

21 文献讨论的其他常见市场失灵均为不对称且不完全的信息和委托 - 代理问题（可以解释家庭在可再生能源技术方面投资不足的原因，但不太适用于 Gillingham 和 Sweeney[14] 中描述的企业）。对于能源安全性、创造就业机会及降低化石燃料价格等其他原因，通常未进行全面的经济分析。

格路径低效。

如第二节所述，欧盟排放交易系统已经显现出一些导致价格下降的市场不完善，主要原因在于市场中分配的许可过量。

在模型中，这相当于将限额 E 设置过高，导致排放许可价格趋于零。将限额 E 设置过高可能是由于政治原因，即政府可能不希望向其国内行业施加沉重的负担，因此可能选择放宽排放限额；也可能因为技术原因将限额 E 设置得过高，即：一是因为无法确定确切的排放水平，二是因为市场本身就不完善。

在这种情景下，第二类目标（如可再生能源发电配额）可作为一种确保实现最低减排水平的安全政策。换言之，通过向可再生能源提供补贴的方式实现减排的政策可能增加减排成本，但是也可能是唯一可行的选择。

在我们的模型中，设最优排放水平为 E^*，由于政治原因或计量误差，设 $E > E^*$（或者因为市场不完善，直接假设碳市场无法实现 E^* 的限额）。如果碳市场无法确立，则可以将补贴可再生能源应用作为一种用于减排的备选政策手段。

采用可再生能源发电配额实现设定减排目标，要求设定可再生能源目标 R^*，R^* 将确保排放水平为 E^*，即 R^* 为

$$f(q_1^*) + H - hp_e \leq E^* \leq E,$$

式中 q_1^* 为：

$$\text{Max}\ P(Q)(q_1 + q_2) - c_1(q_1) - c_2(q_2) + rq_2 - p_e f(q_1)$$

$$\text{S.t.} f(q_1) + H - hp_e \leq E^* \leq E$$

式中，r 使 $q_2 \geq R^*$。求解上述方程式，生产 R^* 所需补贴将等于可再生能源和传统技术的边际成本减去化石燃料技术排放边际成本的差值，即

$$r^* = c'_2(R^*) - c'_1(q^*) - p_e f'(q_1^*) - p'_e f(q_1^*)。$$

需要注意的是，如果 R^* 较大，将增加生产可再生能源的边际成本，同时降低排放价格。因此，R^* 越大，所需补贴就越多。

但是，排放价格低，减排成本也就低，因而就不能补偿对可再生能源补贴带来的较高成本。如果对超过了最优水平的可再生能源提供补贴，将增加总减排成本。

总之，对可再生能源发电提供支持，克服碳市场的不完善，是仅次于最佳政策的备选。减排的最佳政策是固定碳市场。但是从政治上讲这并不可行，并且可能耗费时间。未来排放量的不确定性过高可能导致最佳政策不可行，或者，碳市场的不健全将导致最佳政策效率低下。与此同时，如果向可再生能源应用直接提供补贴，将会付出较高成本。此类补贴应内化可再生能源配额对碳市场的影响。

11.5.2 非专用技术外部效应

我们这里讨论非专用技术的外部效应问题。可再生能源配套机制存在就在于非专用技术外部效应的存在。许多领域都存在创新的正外部效应，从本质上讲，这无法证明特定补贴的有效性。创新外部效应证实了对研发横向支持的合理性，而非证明以领域为目标支持的合理性。但是，如果是气候技术，创新就可降低减排成本。因此，支持创新的正外部效应将有助于降低排放这一外部效应的成本。气候技术的创新体现了两类市场失灵：创新外部效应和环境外部效应间的协同作用有助于减低减排成本 [17]。

创新外部效应源自研发投资或“做中学”。当技术更加高效、使用频率更高时，就有了所谓的“做中学”。研发投资可通过更高的碳效率或碳封存降低非排放技术成本或减少化石燃料技术产生的碳排放。各种情况的适用政策也各不相同，同时，各种政策之间还存在相互作用。

11.5.2.1 “做中学”

“做中学”意味着可再生能源的产量将随着可再生能源生产成本的降低增加。为了分析“做中学”的影响，我们必须在当前模型中增加第二个阶段：在第一阶段，垄断企业确定通过可再生资源生产的能源的数量。第一阶段生产的可再生能源越多，第二阶段生产可再生能源的成本就越低。

这就等同于在我们现有模型中增加第二个阶段，其中可再生能源成本函数为 $g(q_2^1) * c_2(q_2^2)$。式中，$g(0) = 1$ 且 $g(q) \leq 1$ 和 $g'(q) \leq 0$，q_2^1 和 q_2^2 分别为第一阶段和第二阶段的可再生能源产量。换言之，$g(\ )$ 将反映“做中学”引起的可再生能源生产成本的降低，即第一阶段生产的可再生能源越多，第二阶段生产可再生能源的成本就越低。

如果为垄断企业，“做中学”效应则将提供更多激励，鼓励在没有“做中学”效应的第一阶段生产可再生能源（即使没有补贴）。由于企业将在第二阶段获得所有利益，与没有“做中学”效应相比（或者实现特定目标的必要补贴 R 减少），企业将在第一阶段生产更多可再生能源，从而降低第二阶段的成本。

因此，“做中学”效应并不能证实当企业在第二阶段可以获得“做中学”效应产生的利益时存在可再生能源补贴。在这种情况下，企业将提供激励，鼓励在没有任何额外支持的情况下在第一阶段生产更多可再生能源。通过“做中学”获得利益的能力并不一定与垄断势力相关，但可能与企业是否持有专利相关。

但是，如果企业无法确定投资结果，则需要公共支持。如果“做中学”效应能够带来公共利益（也就是说，成本的降低源自一般行业实践和源自非个别行业实践），则与其他公共利益一样，企业将在第一阶段生产次优产量的可再生能源。这可确定第一阶段的可再生能源目标，进而提供补贴，提高第一阶段的可再生能源发电量。

总之，只有“做中学”以行业经验为基础且在电力生产中具有充分竞争力时，可再生能源补贴政策才合理。在理想的情况下，该补贴应与“做中学”溢出效应成比例。

但是，鲜有证据证明，可再生能源行业存在“做中学”效应，并且此类效应也不易量化。[22] 因此，很难证实以“做中学”效应为基础的可再生能源发电配套机制的有效性（并且评估此类补贴的数额是否与“做中学”溢出效应相对应）。

11.5.2.2 可再生能源研发投资

研发投资减少了可再生能源的生产成本。在我们的模型中，可将研发投资建模为投资成本 I，它将生产成本降低 $1-G(I)$，其中，$G(0)=1$，且 $G(I)\leq 1$，$G'(I)\leq 0$。在研发中，可再生能源成本函数为 $G(I)*c_2(q_2)-I$。因此，垄断企业的利润函数可表达为：

$$\text{Max}\ P(Q)(q_1+q_2)-c(q_1)-G(I)c_2(q_2)+rq_2-p_e e_1-I$$

研发投资可增加可再生能源技术的竞争力，从而减少实现特定可再生能源目标所需的补贴。

研发投资产生正外部效应可以证实研发补贴的合理性，但无法证实补贴可再生能源应用的合理性。此外，研发补贴只是在研发投资产生正外部效应时有用，因此个体企业无法获得。如果研发利益最终由研发投资者获得，则无理由提供补贴。

11.5.2.3 碳效率投资

化石燃料技术的碳效率提升可能影响排放函数 $e_1=f(q_1)$。碳效率的提升降低了化石燃料能源输出的单位排放量，这将转换成降低碳排放配额价格，提高化石燃料能源产量。

但自相矛盾的是，碳效率的提升增加了碳排放技术的竞争力，因此，满足特定可再生能源目标 R 需要更多补贴。但是，化石燃料技术的碳效率较高，可降低排放量，从而减少可再生能源的支持需求。

11.6 结论和政策建议

我们知道，使用化石燃料会产生温室气体，从而使当前和未来的发电产生外部成本，而这些外部成本不会反映在电力的市场价格中。因此，对非可再生能源的消

22 Borenstein[6] 认为：“大多数关于‘做中学’的研究都无法将其与其他变化相区分”，并且“可以证明‘做中学’强大作用的证据较少，关于其溢出效应方面的可信结果更少”。

耗就会高于社会最佳水平。因此，准确确定外部成本是恢复最优性的最有效的政策。最后，温室气体排放上限（及相关碳排放配额价格）或碳税是降低碳排放的最佳政策。但是，碳政策存在不足或设计缺陷，或存在其他市场失灵时，可能采用其他附加政策。

本章重点介绍了碳市场和可再生能源发电配套机制间的相互关系。在这种环境下，可得出以下结论：

第一，如果碳排放受到约束上限的限制，且排放市场设计合理，则扩大可再生能源生产不会对减排带来附加利益。然而，理论和实证研究表明，与其他以碳排放配额价格为基础的政策相比，此类政策可能会增加减排成本。

第二，若碳政策存在不足或设计缺陷，且技术创新产生其他非特定溢出效应，则可以采用其他支持可再生能源发电生产的政策。尽管如此，实证依据表明，同时采用两套政策时，减排成本较高。因此，如果可证实所用政策的预期利益，则应限制其他政策手段的使用。

第三，可再生能源发电支持政策可能会降低碳排放配额价格和批发电价。但是，如果通过提高零售电价的方式补偿提供的补贴，则零售电价会较高。反过来，与可再生能源相比，这会降低化石燃料的相对成本，结果必须解决两个主要风险：一个是降低最终电力需求和增加化石燃料最终消耗所占份额；另一个是在电力生产中使用高排放化石燃料（如燃煤）替代低排放化石燃料（如天然气）。因此，自相矛盾的是，可再生能源发电支持计划将会促进污染最严重的技术的发展。

第四，必须根据边际损害确定为纠正碳市场缺陷而对可再生能源提供的补贴或其他支持计划。研发补贴应反映溢出率，应根据“做中学”产生的外溢率按比例向可再生能源发电生产提供补贴。但是，实际操作中，这并不是总是可行的，特定技术的推广与边际竞争技术的成本差异有关。这可能引起必须妥善解决的矛盾。

第五，应仔细设计气候政策组合，考虑政策手段间的潜在相互作用和关系。可再生能源发电配套机制应该可以解决目标市场失灵，即碳市场不完善或非专用技术的外部效应。设计政策时，应考虑可再生能源发电配套机制对碳排放配额价格的影响，避免产生不利影响。不合理的政策设计会增加碳减排成本，导致企业采用污染严重的技术。

本章提要：为达到限制全球气温升高的目的，各国政府设计了各种各样的政策手段以减少碳排放，包括碳排放税、碳市场和可再生能源支持政策等。虽然这些手段目的相同，但很少整齐划一地保证其一致性。理论上，碳市场是最有效的减排手段。但是，如果存在逐渐削弱碳市场有效性的因素，如市场设计缺陷或创新外部效应，采取其他手段也是合理的。在这种情况下，应精心设计最优气候政策组合，并充分考虑不同政策手段之间潜在的相互作用。

参考文献

1. Abrell J, Weigt H (2008) The interaction of emissions trading and renewable energy promotion. Working paper WP-EGW-05, Economics of global warming, Dresden University of Technology
2. Batlle C, Linares P, Klobasa M, Winkler J, Ortner A (2012) Review report on interactions between RES-E support instruments and electricity markets. Report D5.1, compiled within the project beyond 2020 (work package 5), supported by the EACI of the European commission within the "Intelligent Energy Europe" programme
3. Betz R (2006) "What is driving price volatility in the EU ETS?" Australasian emissions trading forum, pp 4-5
4. Böhringer C, Koschel H, Moslener U (2008) Efficiency losses from overlapping regulation of EU carbon emissions. J Regul Econ 33(3):299-317
5. Böhringer C, Rosendahl KE (2010) Green serves the dirtiest. On the interaction between black and green quotas. CESifo working paper no. 2837
6. Borenstein S (2012) The private and public economics of renewable electricity generation. J Econ Perspect 26(1):67-92
7. Bowen A (2011) The case for carbon pricing. Policy brief, December 2011, Grantham Research Institute on Climate Change and the Environment. Centre for climate change, Economics and policy
8. Bruyn S, Markowska A, de Jong F, Bles M (2010) Does the energy intensive industry obtain windfall profits through the EU ETS? An econometric analysis for products from the refineries, iron and steel and chemical sectors. Report no. 7.005.1, April 2010, Delft, CE Delft, Research Commissioned by the European Climate Foundation
9. Carbon Trade Watch (CTW) and Corporate Europe Observatory (CEO) (2011) EU emissions trading system: failing at the third attempt. Briefing paper, April 2011
10. De Jonghe C, Delarue E, Belmans R, D'haeseleer W (2009) Interactions between measures for the support of electricity from renewable energy sources and carbon mitigation. Energy Policy 37(11):4743-4752
11. Fischer C, Newell R (2008) Environmental and technology policies for climate mitigation. J Env Econ Manag 55(2):142-162
12. Fischer C, Preonas L (2010) Combining policies for renewable energy: is the whole less than the sum of its parts? Int Rev Env Resour Econ 4(1):51-92
13. Gelabert L, Labandeira X, Linares P (2011) Renewable energy and electricity prices in Spain. Working paper no. 01/2011, Economics for energy
14. Gillingham K, Sweeney J (2012) Barriers to implementing low-carbon technologies. Clim Chang Econ (CCE) 3(4):1-21
15. Götz B, VoB A, Blesl M, Fahl U (2012) Modelling policy instruments in energy system

models: analysis of the interactions between emission trading and promotion of renewable electricity in Germany. Full paper 31st International Energy Workshop (IEW) and der University of Cape Town, vol 19, no 21.6

16. Hindsberger M, Nybroe M, Ravn H, Schmidt R (2003) Co-existence of electricity, TEP and TGC markets in the Baltic Sea region. Energy Policy 31(1):85-96
17. Jaffe A, Newell R, Stavins R (2005) A tale of two market failures: technology and environmental policy. Ecol Econ 54(2-3):164-174
18. Joskow P (2011) Comparing the costs of intermittent and dispatchable electricity generating technologies. Am Econ Rev 101(3):238-241
19. Kossoy A, Ambrosi P (2010) State and trends of the carbon market report 2010. Report, May 2010, Environment department, Carbon finance at the World Bank, World Bank
20. Del Río P, Klessmann C, Winkel T, Gephart M (2013) Interactions between EU GHG and renewable energy policies. How can they be coordinated? Report D6.1b, compiled within the European IEE project beyond 2020 (work package 7, deliverable 7.2), co-funded by the Intelligent Energy Europe Programme of the European Union
21. Linares P, Santos FJ, Ventosa M (2008) Coordination of carbon reduction and renewable energy support policies. Clim Policy 8(4):377-394
22. Morris J, Reilly J, Paltsev S (2010) Combining a renewable portfolio standard with a cap-and-trade policy: a general equilibrium analysis. Report no. 187, July 2010, MIT joint program on the science and policy of global change
23. Morris D, Worthington B (2010) Cap or trap? How the EU ETS risks locking-in carbon emissions. Report, September 2010, Sandbag
24. Unger T, Ahlgren E (2005) Impacts of a common green certificate market on electricity and CO_2 emission markets in the nordic countries. Energy Policy 33(16):2152-2163

第十二章
可再生能源政策支持的时机与方法

G. Zachmann, A. Serwaah-Panin, M. Peruzzi[1]

12.1 概 述

十多年以来，各发达国家一直在为可再生能源技术提供政策支持，并且还将在可预见的未来继续大力支持可再生能源。各项政策在规模、范围以及立法规划上都大不相同，对于现有方法中哪一种最为有效目前仍是众说纷纭，尚未形成一致意见。因此，对于不同方法进行定量分析有利于进行深入讨论，并搞清提高效率的潜力所在。为此，本研究首先介绍了支持可再生能源的不同原因。然后，提出最重要的能源政策是促进创新，以便降低尚缺乏竞争力技术推广应用的成本。接下来重点关注在促进创新的两大政策领域（支持推广应用和支持（公共）研发示范）之间如何把握平衡和时机。我们认为，虽然许多国家都推出了推广应用支持和研发示范（RD&D）支持政策，但两者间的资金分配以及推出各项政策的时机犹如黑夜射箭，无的放矢。为此，我们对 28 个国家进行分析，确定促进创新最为成功的政策清单。最终总结找到最受用的政策。

12.1.1 为什么支持可再生能源

对可再生能源技术的公共支持已有几十年的历史，但支持的理由却随着时间

1 向 Nicolas Schöll 提供的研究协助致以衷心感谢。
Georg Zachmann (✉) • Michele Peruzzi
Bruegel, 33, Rue de la Charité, Brussels 1210, Belgium
e-mail: georg.zachmann@bruegel.org
Amma Serwaah-Panin
WZB Berlin Social Science Center, Reichpietschufer 50，Berlin 10785, Germany
© Springer International Publishing Switzerland 2015
A. Ansuategi *et al.* (eds). *Green Energy and Efficiency*, Green Energy and Technology， DOI 10.1007/978-3-319-03632-8_12

不断改变。在第一次和第二次世界大战期间，为生物燃料开发和可再生能源生成提供公共政策支持是一种作战手段，旨在保障能源供应和实现能源供应的多样化[2]，并提供可用于作战的技术方案[3]。20 世纪 70 年代爆发的石油危机让欧洲和美国纷纷推出了大规模研发示范光伏发电和风力发电项目，以此降低对阿拉伯石油供应的依赖性，并保护西方经济免受居高不下、波动频频的油价的影响。随着 21 世纪初俄罗斯与乌克兰、白俄罗斯的天然气争端愈演愈烈，油气价格不断高涨，关于可再生能源作为降低进口依赖性手段的观点再次成为欧洲的争论焦点。罗马俱乐部在 1972 年发布报告称，能源的供给是有限的，这一观点在当时备受关注。这一论断在资源价格较低的 20 世纪 80 年代并不未受到重视，而到了“石油峰值论”引发大讨论的 21 世纪初则重新浮出水面。在众多公共机构的文件中，该报告可以作为公共支持可再生能源技术的依据之一。可再生能源的附加优势在于，它能够取代植物化石燃料，从而减少对人体健康和（或）环境外部性负面影响的污染物（氮氧化物、硫氧化物、挥发性有机污染物等）[4]。20 世纪 70 年代以来，人们对人为因素造成的气候变化愈发关注，并在 1996 年召开的京都会议上达到了顶峰，会上大多数发达国家都承诺将致力于减少温室气体排放。政府间气候变化专门委员会（IPPC）的报告重申控制全球变暖必须要减少化石燃料产物排放，而现实情况则预期未来的排放量会继续增加。因此，大规模的公共政策支持纷纷涌入可再生能源技术领域，而这些支持往往通过尚且缺乏竞争力的短期可再生能源项目和（或）降低可再生能源技术单位成本，以从长远来提升其竞争力，从而来替代现有植物化石燃料。20 世纪 90 年代末，各种观点趋于一致，认为可再生能源技术的新兴市场即将到来。为这一发展趋势的实现，经济政策决策人提议大力支持国内可再生能源技术的发展，从而在此新兴领域占据竞争优势（即产业政策）。此外，为缓解 21 世纪初的金融危机而制定的需求侧政策则预见到了未来公共投资会投向可再生能源技术领域。因此，产业政策和宏观经济政策就成了支持可再生能源的另一重要方面。最后，虽然以核能作为清洁能源的观点在很多国家广为接受，但是发生在切尔诺贝利（1986 年）和福岛（2011 年）的核电站事故则大大削弱了公众的认可度，这样一来可再生能源就成了唯一可被接受的能源（表 12-1）。

于是我们得出这样的结论：人们为过去以及当前对可再生能源技术的支持具有若干不同理由。[5]

---

2 例如：德国在战争中使用的以木质颗粒为燃料驱动的发生炉车辆多达 50 万辆。

3 例如：利用以马铃薯为原料的乙醇生产为德国火箭提供燃料，以及利用风能进行分散式发电。

4 例参见以下链接：http://www.bmu.de/fileadmin/bmu-import/files/pdfs/allgemein/application/pdf/ee_innovationen_energiezukunft_bf.pdf (BMU 2011, p. 13).

5 大多数概述的原因均可归入市场失灵的范畴，因此进行公共干预是明智的对策。比如，参见示例[12]。

表 12-1　公共政策支持可再生能源技术的原因

事　件	公共政策支持可再生能源（RES）的原因
第一次世界大战（1914 － 1918 年）和第二次世界大战（1939 － 1945 年）	可再生能源技术的军事用途
1972 年和 1979 年石油危机	降低能源依赖性、保护经济免受石油价格冲击
罗马俱乐部 1972 年报告	为能源有限性做好准备
1996 年京都会议	RES 是减少能源生产造成的碳排放的重要途径
2000 年前后	对 RES 支持是新兴产业政策的一部分
2008 年金融危机	对 RES 推广应用支持是需求面宏观经济政策的一部分
1986 年切尔诺贝利和 2011 年福岛核事故	RES 是替代核反应堆的重要手段
附加优势	RES 能够减少使用化石植物燃料造成的污染（氮氧化物、硫氧化物、挥发性有机污染物等等）

12.1.2 如何支持可再生能源

近年来，水力发电、地热能等可再生能源技术已得到广泛使用，且与其他能源相比，可再生能源技术具有明显的竞争优势。通过采取管控计划和对石化燃料外部性定价（如通过税收和制定环境法规），具备竞争力的技术（如小型水电站）引入市场。在大多数国家，上述具备竞争力的能源其产能尚不能替代传统电厂，也无法达到上面所述的目的。当前，可再生能源技术与传统能源相比，优势尚不明显，仍需大力发展。

可再生能源技术目前尚不具备竞争力，但用可再生能源技术替代化石能源可主要从以下三个策略入手：第一，为可再生能源提供实质性补贴，直到其具备市场竞争力。第二，通过税收或法规等杠杆调节，逐步淘汰落后技术。第三，大力支持可再生能源技术创新，在未来减少其成本。

用现有可再生能源全面替代传统能源 [通过发放补贴和（或）降低传统能源竞争力促其实现] 会产生高昂的费用[6]。因此，创新至关重要。

本研究提出了两个互相影响的创新政策：（1）通过对尚缺乏竞争力的能源技

6 此处的费用不仅包括可再生能源技术的成本，还包括整个系统的成本。例如，要实现 100% 的太阳能发电和风力发电，必须把大量资金投入到存储、网络及需求响应方面。举一个极端事例，在德国建一台 10,000MW 太阳能装置（约 10% 利用率），造价约为 100~200 亿欧元，建一台 10,000MW 压缩空气存储装置，造价约 100 亿欧元，这两者提供的电量与一个 1,000MW 燃煤电厂提供的电量相同，而燃煤电厂价值只有约 20 亿欧元。从目前系统到太阳能 + 存储系统的经济大转变使发电成本从不足 GDP 的 1% 增加到约 10%，这足以说明该效果的影响程度。

术推广应用提供政府支持来鼓励“做中学”。（2）为公共研发示范和私人研发示范提供公共支持。

12.1.2.1 推广应用驱动创新

近年来，环境研究和经济研究都利用学习曲线开始关注能源领域的内生技术进步。Arrow[1] 首先介绍了这一理论，该理论表明，“做中学”作为一种推动力可通过各种渠道来降低成本 [7]。该理论对生产成本建模，将其作为累积生产力的函数，从中得出的学习率估算了每次生产力翻倍降低的成本。

$$c = \alpha * Cap^{\varepsilon}$$
$$LR = 1 - 2^{-\varepsilon}$$

式中：

c 为单位成本（€ /kW 或€ /kWh）；

Cap 为推广应用（累积产能等）；

ε 为学习弹性；

LR 为技术学习率。

学习率不仅对于官方政策文件的制定起到一定的作用，而且还是可再生能源政策支持 [6] 中成本效益分析的重要组成部分。由于学习曲线能够降低新技术的长期成本，因此除了缓解气候变化的直接影响外，还能够证明补贴的合理性，即推广应用补贴可以激发该领域的创新，而这一点在社会福利方面 [16] 比直接减少温室气体（GHG）排放更为重要。

12.1.2.2 研发示范 驱动创新

研发示范的主要目的是产生创新成果。因此，人们常通过专利来衡量研发示范投入带来的创新成果。例如，Gurmu 和 Pérez-Sebastián（2008）根据研发与延迟研发得出了“专利生产函数”。他们发现，专利的弹性或半弹性范围在0.4到0.7之间时，表明规模收益减少。[8] 由于当年的弹性占研发总弹性 60% 以上，所以他们推断研发影响在研发早期阶段的专利权取得。

公共研发示范在特定技术上投入的资金也被视为能够激发创新。[9] 例如，[3] 发现在研发示范投入的公共资金激发了可再生能源技术的创新。

12.1.2.3 推广应用与研发示范双重驱动创新

Wiesenthal 等 [17] 在早期文献中提出了双因素学习曲线模型，将学习因素分为

7 James 和 Köhler[6] 指出早在 20 世纪 30 年代到 60 年代期间，学习曲线便得到应用。

8 类似情况还有 Hall 等人（1986 年）采用类似的模型分析了 70 年代的数据集。

9 不过会有私人研发示范经费的排挤效应。参见实例 [10]。

两个最重要方面：做中学和研究性学习。后者对知识累积存量和生产成本之间的关系进行了阐释。对于给定的技术 *t* 和时间段 *y*，学习曲线可表示如下：

$$C_{t,y} = aQ_{t,y}^{-\alpha} KS_{t,y}^{-\beta}$$

式中：

C 为单位生产成本（€ /W）；

Q 为累积产量（W）；

KS 为知识存量（此处是根据研发投入的估算值，€）；

α 为做中学的弹性；

β 为研究性学习的弹性；

a 为初始条件的正常化参数。

Soederholm 和 Sandqvist[13] 利用推官应用和研发双变量模型来估算不同补贴方案的效果。他们指出，学习率主要取决于所使用的规范，量化效果依然难以确定。他们强调指出，同时进行可能会产生偏差，例如，成本降低会导致推广应用的难度。

Lindman 和 Söderholm（2012 年）调查分析了 35 项风电学习率研究，发现大多数经验估计的结果在计量经济方面都存在虚假性。他们指出，应更多地关注“可再生能源领域学习和知识溢出，以及技术学习与研发工作之间的互动”。

Koseoglu 等 [8] 对补贴在研发或市场应用方面的分配进行了讨论。讨论的结果是，与市场应用补贴相比，研发补贴没有得到充分的利用。这可能是因为与研发相比，推广应用的短期效果更明显，因此，受到了政策制定者的青睐。

但是，过高的推广应用补贴会限制（短期）成本高效的技术，阻止长期潜力更大的其他技术发展。此外，由于可再生能源的生产能源消耗量大，巨额补贴会在某种程度上造成没有出现化石能源净减少，市场激励发生扭曲。另一方面，公共研发能够填补知识缺口，覆盖私人研发无营利的部分。在美国，公共研发公开透明的州也大量吸引各个领域 [8] 更多的私人研发和风险投资。

该模型可以延伸出附加变量，以阐明驱动技术改进的其他因素。[10]Johnstone 等（2010）在 1978 － 2003 年间，对 25 个国家的可再生能源专利进行了面板回归分析，指出专利活动税、承付款项和交易证书是仅有的重要静态手段。他们的估算结果显示研发经费能够更好地支持风电技术，而价格激励则能更好地支持太阳能发电技术。此外，加大环境立法力度会导致在各个技术领域产生更多各种不同的专利：承付款项和交易证书对风电技术最为重要，这一点可通过假设可再生能源的最廉价的形

10 Popp[10] 认为，知识存量和能源价格是可再生能源创新的重要推动力。

式来加以说明。他们还发现，太阳能需要更直接的投资支持。尽管如此，Johnstone 等（2010）认为，一般来说，由于国家之间的差异化和时间的推移，大多数专利估算都存在缺陷（图 12-1）。

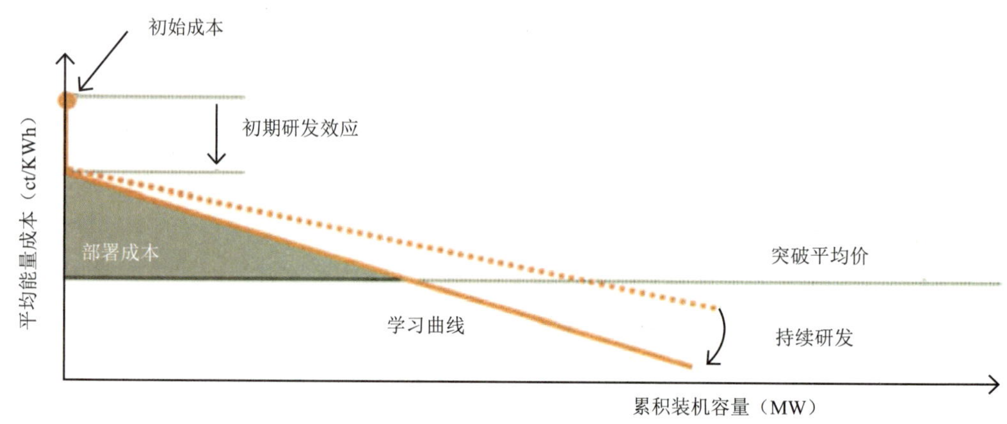

图 12-1　可再生能源技术成本降低示意图

Bettencourt 等 [2] 根据柯布 - 道格拉斯生产函数在新 R&D 投入和市场扩展方面对新能源专利的生产进行了阐释。他们发现“大部分技术对市场增长的敏感性都大于对公共研发投入的敏感性，虽然对于风电技术来说，两者的贡献相似”。

总之，上述文献为以下两方面提供了证据：（1）在推动创新的过程中，推广应用和研发示范二者的收益会减少。（2）两种政策措施具有正向潜在相互作用。此外，竞争技术的价格也很重要。这表明，研发示范与市场应用两者结合最有利于驱动创新。图 12-2 对这种相互作用进行了概括。创新可以降低系统成本。系列因素可以推动创新：（1）在第一套装置推广应用前要有一定量的初期（或基础）研发示范，这样就可以降低技术成本；（2）通过补贴推广应用一定数量的技术实现“做中学”；（3）制定使传统能源形式减少竞争力的碳排放价格；（4）为加快学习投入类似研发示范的经费；（5）新技术的收支相抵取决于现有技术的负外部性定价水平。

如果该模型真实反映实际情况，则研发示范经费和部署应有一个最佳组合方式。此种情况下，不同技术应有不同的最佳组合，只是无法事前确定它们的确切关系。尽管如此，对现有支持方案进行事后分析可以让我们进一步了解支持的有效时机和平衡。

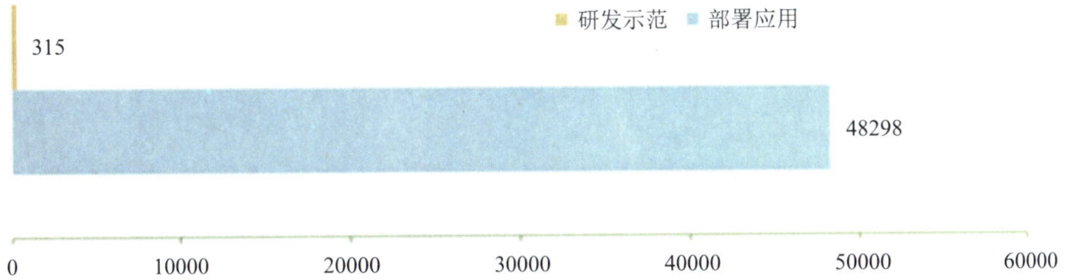

图 12-2　2010 年欧盟 6 国风能与太阳能部署与研发示范经费对比图（单位：百万欧元）

资料来源：Bruegel 根据 IEA 数据及数据流进行的计算。

注：部署净成本为部署成本（部署成本的计算方法是每 MWe 的安装成本乘以部署的容量。关于每个国家具体的每 MWe 成本，参考国际能源署“2010 年预计发电成本”报告）与未来发电量的净现值 [未来发电量净现值的计算方法是预计各国的年能源价格（本研究使用 2013 年期货合同的价格）和各种技术的产量，得出未来收入，然后将未来收入折现（由于每年太阳照射 / 刮风的小时数不同，能源价格也不同，所以不同国家各不相同）。我们假设公称利率为 10%] 之差。涉及国家包括欧盟五大国（德国、西班牙、法国、意大利、英国）和捷克共和国（我们掌握的资料中最大的中东欧国家）。

12.1.3 实践中可再生能源政策支持

根据 12.1.1 介绍的基本原理（低碳经济、进口替代等），各个国家均已实施各种差异显著的支持政策，并且随着时间的推移对其做出修改完善。而造成这种差异的部分原因在于不同国家的目标优先次序不同。例如，如果目标是低碳经济，则排放价格可能会占据重要地位。如果关注的是工业政策，则研发示范补贴就成为首要关注点。如果认为供应的安全性更为重要，就会强调部署。但是，我们不能将选择支持机制或其强度仅看作是针对上述目标所做的唯一最佳的技术经济响应。事实上，每一种支持机制都会产生大量分配效应，都有很大体制性障碍和信息障碍。因此，不掌握复杂的政治经济学，就无法理解为什么不同国家（地区）会采取迥异的政策组合。

难以通过分析确定最佳政策组合的原因很多：（1）支持可再生能源的原因不同；（2）可选择的技术太多；（3）初始条件差异太大；（4）支持政策组合太多。从图 12-2 可以看出，德国和意大利花费的研发示范经费比公共支持部署可再生能源技术的预算低 0.5%。由此可知，没有国家采用“分析”的方法来确定最合适的政策组合。这相当于“瞎猜”，考虑到相应的公共开支数额，其持久性令人难以置信（图 12-3）。

12.1.4 我们要研究的问题

根据以上讨论确定我们要研究的问题包括：（1）支持可再生能源的理据不尽相同。（2）在所有理据当中，长期成本降低是关键。因此，支持可再生能源技术的

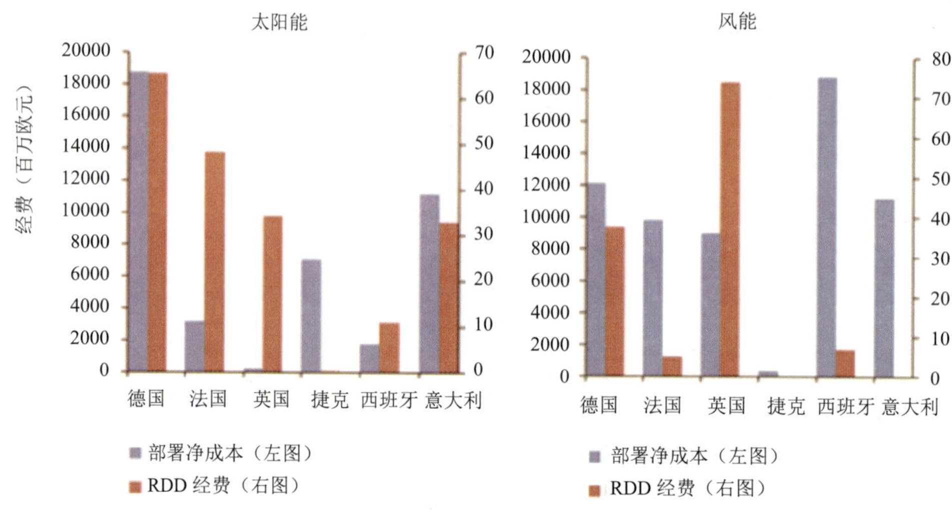

图 12-3 2010 年欧盟 6 国风能与太阳能部署与研发示范经费对比图

资料来源：Bruegel 根据 IEA 和数据流得出的计算结果。

注：部署净成本为部署成本与未来发电量净现值的差价。

创新是实现各政策目标的主要政策。（3）本研究把推广支持政策和研发示范经费政策确定为有效的创新政策。（4）不同国家在这两种政策的平衡和时机问题上的做法极为不同。

总之，我们的研究问题就是：能否通过调整部署政策和研发示范经费的时机和平衡来达到促进可再生能源技术（本文以风能和太阳能为例）创新。[11]

12.2 数据资料

我们以 1990 – 2010 年间的 28 个经合组织国家为研究对象。我们感兴趣的主要变量——专利数量、研发经费与推广应用——由经合组织和国际环境署统计部门提供。我们集中研究两种最主要的可再生能源技术：风电和太阳能光伏发电。2012 年，这两种能源约占欧盟新增装机容量的 64%；而截至 2010 年，这两种能源占欧盟累计装机总量的 7% 左右。根据经合组织的统计分类，我们采用风电和太阳能光伏发电两个领域的专利数量和支持经费的两个指标进行研究。[12]

本数据集所涉专利指已批准专利，所述日期为授权日期，即专利审查员确定专利新颖性的日期，这就是实际的发明日期。如此，我们便可集中研究创新时间，而

11 即本文不对个别文书（如“绿色证书”与“长期保护性电价”）或个别技术（“向岸风”与“离岸风”）进行评估。

12 http://www.oecd.org/env/consumption-innovation/44387191.pdf.

无须考虑不同法律体系的不同延迟情况。不过，由于数据集仅包含已批准的专利，因此，后几年的数据有些零散，例如，若申请或获得优先审查的日期为2010年的专利只能在之后几年得到批准。

与学习曲线类似，我们采用滞后部署与研发示范模型来解释技术改进。我们的研究方法的不同之处在于从专利数量而非成本角度研究创新。研究中考虑以下因素对获取专利的影响：（1）知识存量；（2）部署存量；（3）技术外溢；（4）国家外溢。

各技术的知识存量以相应技术领域的年度专利累计总量来衡量。部署存量定义为已部署技术的累计总量（单位兆瓦）。以不同的贴现率（0%，5%，10%，20%）来表示知识存量和部署存量随时间推移发生的折旧。通过考虑特定技术的专利申请和部署数据对其他技术的影响来解释技术外溢（即把风电专利申请和部署数据作为太阳能分析的部分控制变量）。同时我们还对太阳热能、地热能和波浪能等各类其他可再生能源的申请和部署数据加以控制。在解释国家外溢方面，我们控制了该大陆其他所有地方的部署数据（比如在解释德国的风电专利申请情况时，我们把欧洲除德国之外的风电部署数据作为控制变量之一）。此外，我们还对其他所有国家的反距离加权部署数据加以控制。研究采用了CEPII[13]（表12-2）规定的不同距离测度。

表12-2　主要变量一览表

	单　位	来　源	时间跨度
专利数量	绝对数量	经合组织	1990－2011
装机容量（部署）	百万瓦特	IEA，EIA[a]	1990－2011
研发示范经费	百万欧元（按照2011年价格和汇率）	IEA，OECD[a]	1990－2011（部分国家部分年份缺失）

注：本文按照经合组织计算系统测量专利数据，该系统将专利数据同时分配到相应的各个申请国家。

部署变量均表示指定年份的新建部署容量，根据部署总容量变化计算得出，因此我们列出的是比总数据集少一年的数据。为处理缺失数据，本文线性插入缺失数据值，通过计算近/前3年数据的平均值弥补开始或结束时可能缺失的数据。

a．世界总量。

表12-3列出了各变量的描述性统计数据。图12-4、图12-5和图12-6表明了欧盟和美国在1990－2010年研究阶段期间的关键指标值。

13 Thierry and Soledad（2011）Notes on CEPII's distances measures: the GeoDist Database CEPII Working Paper 2011－2025－更多信息参见 http://www.cepii.fr/CEPII/en/bdd_modele/presentation.asp?id=6#sthash.ZE7LKOSm.dpuf。

表 12-3 主要变量描述性统计

	最小值	最大值	平均值	标准偏差	观察值
专利总量	0	52433	3100	7447	616
光伏专利数量	0	544	14	54	616
风能专利数量	0	186	7	17	616
可再生能源 RDD 经费（百万欧元）	0	1807	51	119	498
光伏 RDD 经费（百万欧元）	0	325	20	36	482
风能 RDD 经费（百万欧元）	0	152	7	12	469
部署总容量（MW）	0	57050	1507	4232	609
光伏部署容量（MW）	0	9303	109.3	658	609
风能部署容量（MW）	0	9645	253.5	784	609

每个国家的年度观察值。

各授权申请年份的专利数量（图 12-4）表明风能和太阳能技术专利数量在 2005 年后急剧上升。虽然在样本期内，欧盟和美国申请的太阳能专利数量大致相同，但是欧盟的风能专利申请数量却显著高于美国。

就美国而言，虽然太阳能专利申请数量超出了风能专利申请数量，但是太阳能部署容量却明显落后于风能部署容量（图 12-5）。而就大西洋彼岸的欧盟而言，太阳能部署容量自 2009 年起开始超过风能部署容量，不过风能累积容量仍然较大。

而在分析研发示范经费（图 12-6）时，我们确实发现 2005 年之后出现了小幅上涨趋势，而这与专利申请数量增加趋势基本一致。有一点也许在意料之中，在专利申请数量相同的条件下，太阳能的研发示范经费高于风能经费，而这便为将研发示范经费与实际创新联系起来的观点提供了数据支撑。

最后，本研究采用显示性比较优势（RCA）来表示各个国家在其太阳能板和风力发电机全球市场竞争力方面所取得的相对进步。为获得已知分布中可解释的测度，我们采用各个国家相对于总样本的 RCA 分数排名进行描述。为得到“多”即“好”的直觉效果，我们将排名颠倒，最差国家得 1 分，最好国家得分等于国家总数（即 28 分）。举例来说，美国在 20 世纪 90 年代的太阳能电池板出口表现“略优于平均水平”（倒置排名得分低于 20 分），在 2001 － 2002 年初跻身最成功的太阳能出口国（倒数排名得分高于 20 分），而此后直到 2011 年美国开始不断丧失太阳能进口方面的竞争优势（倒置排名 12）（如图 12-7）。

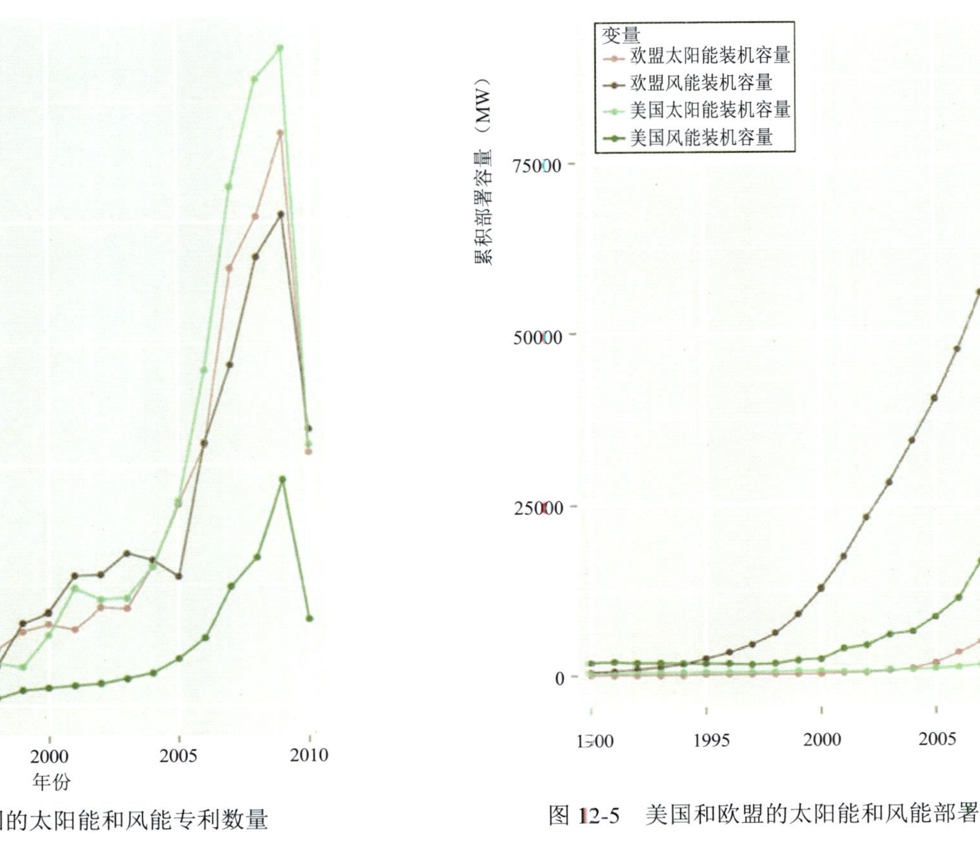

图 12-4　欧盟和美国的太阳能和风能专利数量

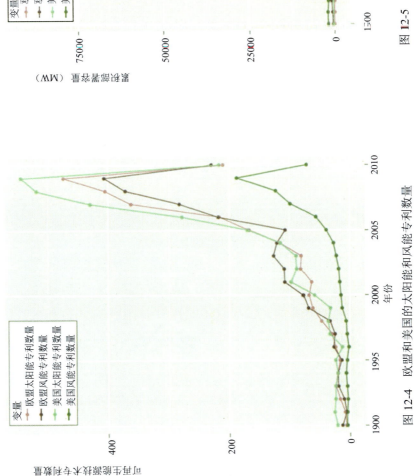

图 12-5　美国和欧盟的太阳能和风能部署容量

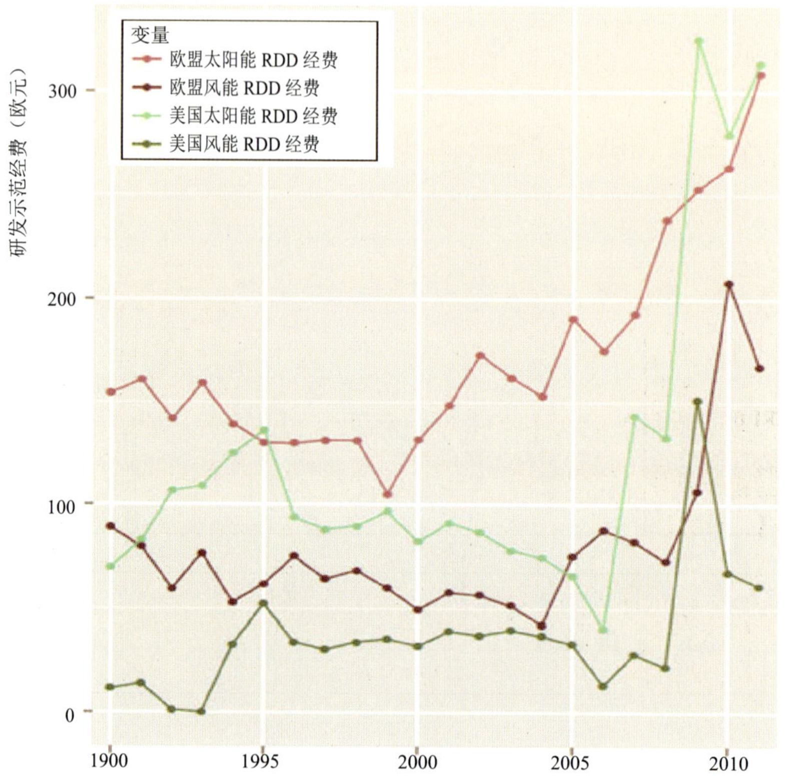

图 12-6　美国和欧盟的太阳能和风能研发示范经费

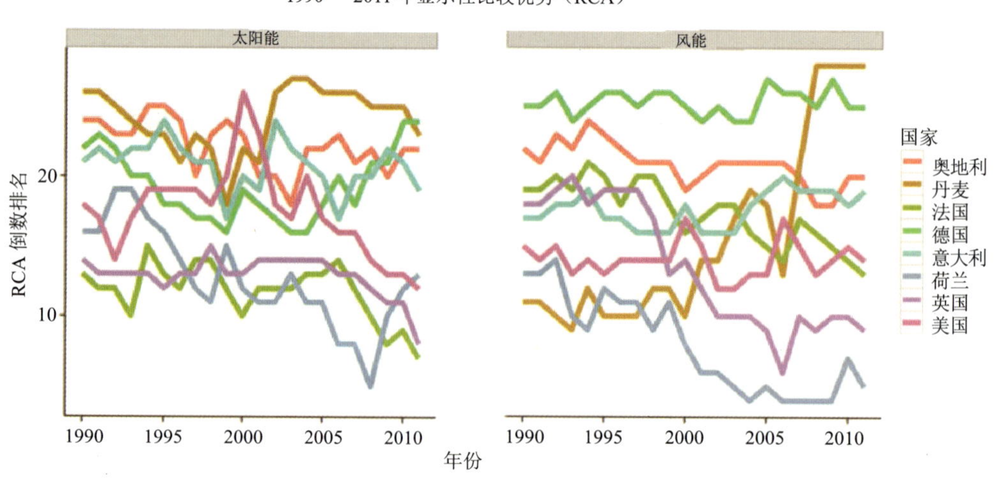

图 12-7　1990 — 2011 年各国风能和太阳能的显示性比较优势图

12.3 结果分析

目前我们尚未形成基于以往部署、研发示范经费及其他变量解释某一国家某一技术专利申请情况的理论模型。[14] 虽然我们一开始就相信部署、研发示范经费及两者之间的相互作用对专利申请均有积极作用，但我们并不清楚各个输入因素各自会在多久之后激发出创新，以及这是否是线性影响。因此，我们决定采用数据驱动法选取相关变量、时间滞后、运算（如对数）和相互作用等。通过五步选取我们模型中需要的解释变量：第一步，为每个原始变量创建四个“衍生变量”（水平、对数、平方根及平方）。第二步，把前五个时间滞后作为一组解释变量。第三步，在模型中添加连续时间滞后的各种部分和，如过去 5 年部署容量，或 3 ~ 6 年前研发示范经费。第四步，在模型中添加表示国家和年份的虚设变量。第五步，创建表示所有这些变量（原始变量，衍生变量，滞后、部分和，以及虚设变量）间所有可能双向互动的新变量。例如，其中一个变量表示过去五年部署容量与 3 ~ 6 年前研发示范经费的相互作用。上述变量选取和创建方法共生成了 47,000 多个解释变量。

显而易见，根据约 47,000 个解释变量（基本都是完全共线性）对 28 个国家 20 年时间内的数据进行标准小组回归分析并不可行。为选出在解释获得某些技术的专利申请情况方面最为有用的解释变量，我们采用惩罚回归方法（参见文献 [15]）[15]，即所谓的“套索回归”。从根本上说，套索回归避免了（回归平方和或似然）无约束项优化问题，结合约束项和惩罚函数进行了优化。套索回归是压缩估计因子的特例。这些估计基于参数系数的约束值组进行优化。惩罚参数可以由研究人员选定，能够控制约束组的规模。这种特殊形式的惩罚函数能够形成形状各异的数值组。而值得注意的是，套索惩罚函数则会形成具有全维零角点的子集，而这就可以通过众多恰好设为零的系数集达到最佳效果。因此，套索回归可以通过其结构进行变量选择。于是，λ 越大，变量选择受到的约束越多，非零系数组就越小。除变量选择外，套索回归中所有非零变量的系数均得到了压缩。由于共线性的影响，其他不适用压缩的选择机制可能会不稳定，而套索回归完全可以通过结构克服这一问题。

这就形成了两个可解释输出结果：

第一，当 λ 减小时，回归分析中不同解释变量添加的顺序有意义。这能够显示出哪些变量最有助于解释回归值。[16]

14 据我们所知，“单因素学习曲线”、“双因素学习曲线”以及柯布 - 道格拉斯生产函数等现有模型均非基于理论模型而建立。

15 由于专利数量常为离散分布（即 1，2，3……），所以我们以泊松模型为基础进行回归分析。

16 岭回归或套索回归等压缩估计存在“$f(\beta)<c$”，其中 f 为某函数，c 为某常数。在岭回归中，f 表示回归系数的平方和，因此，在岭回归中，所有回归系数均非零，但能够最大程度促进 SSR 降低的系数的赋值较大。而在套索回归中，f 表示系数的绝对值和，因此，有助于降低 SSR 的变量 β 较大，而同时最不显著系数赋值为 0。

第二，我们可以解释“最佳”模型系数的大小和符号。我们将该最佳模型定义为进行 n–1 预测的最好模型，即研究关注的并非追求拟合优度的最大化，而是尽量减少预测失误。由此，我们便可得知哪种因素组合最能预测专利申请情况，以及这些因素是否对预测有积极或消极影响。标准套索回归并不能轻松算出系数估值的标准误，而我们可以使用贝叶斯法克服这一问题。无论如何，探索能够最有效地解释所研究变量变化的变量以及该变化的发展趋势都是一项有趣的工作。

为了方便结果解释，所有变量都应进行了标准化处理。同时，选择的模型至多可以有 25 个解释变量。

表 12-4 为太阳能数据的分析结果。套索算法仅从 47,000 个变量中选出了 11 个与预测太阳能专利申请行为最为相关的变量。

表 12-4　太阳能光伏数据分析结果

截取变量	2.849
pat_total_rooted	**0.183**
pat_total_rooted_lag2	0.071
pat_total_rooted_partsum1_lag1	0.003
pat_total_rooted_partsum2_lag1	0.022
rdd_solar_squared: dep_total_partsum3_lag3	0.050
dep_tech_lag3: rdd_res_squared_lag5	0.022
rdd_res_squared_lag5: **dep_solar**_partsum1_lag2	0.007
rdd_res_squared_lag5: **dep_solar**_partsum2_lag2	0.036
rdd_res_rooted_lag5: **rdd_solar**_rooted_lag4	**0.336**
rdd_res_rooted_lag5: **rdd_solar**_rooted_partsum1_lag3	0.000

注：模型根据 n–1 数据预测第 n 个观察结果的最小均方差，从 > 47,000 个变量中选出。系数保留到小数点后三位。仅能选定至多包含 25 个变量的模型。

首先，观察发现 **rdd_solar** 和 **rdd_res**，即太阳能的 RD&D 经费和所有可再生能源的 RD&D 经费均具有可测量影响。其中，**rdd_solar** 增加专利申请数量的时间似乎会滞后 3~4 年。

第二个观察发现是 **pat_total**，十分重要。我们将该变量解释为某个国家 / 某年全部专利申请活动的控制变量。

第三个重要变量是市场规模。观察发现，**dep_total** 越大，**rdd_solar** 对专利申请行为的影响也越大。

通过套索回归选出的 λ 数值各异系数的散点图验证了上述结果的稳定性。

而在风能方面，套索回归在估计模型中添加的变量非常之多。

同样，专利申请总数（**pat_total**）是某国家某年专利申请一般倾向的控制变量。而太阳能专利申请数量（**pat_solar**）似乎更适合作为（可再生？）能源技术专利申请倾向的控制变量。

此外，风能技术的研发示范经费似乎促进了该领域的专利申请活动。我们发现研发示范影响专利申请行为的时间滞后相当长且分散，在第 2 ~ 6 年（partsum5_lag2）的研发示范似乎最为有效。

在我们看来，最有趣的是，分析发现当欧洲大陆的风力发电机部署容量（continent_**dep_wind: rdd_wind**）较高时，研发示范经费对风电技术的影响大幅改善。同样，时机至关重要，当前部署容量和以往研发示范经费的组合与专利申请行为最为吻合。

除这二个主要推动变量之外，要解释出现许多常见小负值的大量变量似乎有些困难。本研究将它们作为在特定条件下削弱前述影响的校正因子。其中影响最大的是可再生能源研发示范经费与大陆风电部署容量（continent_**dep_wind: rdd_res**）之间的相互作用。可以这样说，与把可再生能源研发示范经费重点投入到风能领域的国家相比，未对风能技术研发示范投入的国家（就风能专利数量而言）则受益较少（表 12-5）。

表 12-5　风能分析结果

截取变量	2.014
continent_dep_**wind**_lag5: rdd_res_squared_partsum3_lag2	- 0.055
continent_**dep**_**wind**_partsum4_lag3: rdd_res_squared_partsum1_lag3	- 0.012
continent_**dep**_**wind**_partsum4_lag3: rdd_res_squared_partsum2_lag2	- 0.068
continent_**dep**_**wind**_partsum4_lag3: rdd_res_squared_partsum2_lag3	- 0.062
continent_**dep**_**wind**_partsum5_lag2: rdd_res_squared_partsum2_lag2	0
continent_**dep**_**wind**: **rdd**_**wind**_partsum5_lag3	0.009
continent_**dep**_**wind**: **rdd**_**wind**_rooted	0.062
continent_**dep**_**wind**: **rdd**_**wind**_rooted_lag2	**0.188**
continent_**dep**_**wind**: **rdd**_**wind**_rooted_partsum1_lag1	0.012
continent_**dep**_**wind**: **rdd**_**wind**_rooted_partsum5_lag3	**0.199**

表 12-5 风能分析结果（续）

截取变量	2.014
dep_total_lag5: continent_**dep_wind**_partsum2_lag1	- 0.003
dep_total: **rdd_wind**_partsum2	- 0.008
dep_wind_dwdist: **rdd_wind**_dwdist	- 0.016
dep_wind: **dep_wind**_dwdistwces	0.069
pat_solar_rooted_lag1	**0.36**
pat_solar_rooted_partsum1	0.034
pat_total_logged	0.068
rdd_res_squared_lag4: continent_**dep_wind**_partsum4_lag3	- 0.045
rdd_wind_rooted_lag5	0.015
rdd_wind_rooted_partsum3_lag2	0.002
rdd_wind_rooted_partsum5_lag2	**0.346**

注：模型根据 n–1 数据预测第 n 个观察结果的最小均方差，从 > 47,000 个变量中选出。系数保留到小数点后三位。

通过套索回归选出的 λ 数值各异系数的散点图验证了上述结果的稳定性。

为探知结果数据质量，我们计算了本研究模型能够解释的专利申请行为的方差份额（类似于 R^2）。表 12-6 为计算结果。考虑到简化参数化，两种模型在“拟合优度”方面都表现极佳（表 12-6）。

表 12-6 解释风能与太阳能专利申请行为模型的偏离率

	偏离率	变量数，包括截取变量
太阳能专利	0.73	11
风能专利	0.75	22

为表现本研究模型参数化能够达到的影响规模和作用时间，我们探究了一系列假设变化对本研究关注的解释变量的影响。通过探究，在假设单独把部署或研发示范支持增加一个标准差的前提下，德国 2002 － 2009 年的专利申请情况会有何不同，以 2002 年的德国为例重点进行了研究。本研究还探讨了综合增加的影响。表 12-7 列出了这些假设变化的实际力度。

表 12-7　德国假设变化力度

	部署容量	RD&D 经费
太阳能	2,366 MW	1,700 万欧元
风能	950 MW	900 万欧元

12.3.1 单独支持研发示范的效应

在一段时间内增加一个标准差的研发示范支持，对于该技术领域的专利申请具有实质性影响。研发示范支持的影响如图 12-8 所示。根据本研究估算的模型，自 2002 年起每年增加 1,700 万欧元太阳能研发示范经费，与此后每年增加大约 3 个专利（超过基线 9%）吻合。而这种影响在风能专利数量方面尤为明显：假设情景显示每年的专利数量将持续增长，直到超过基线实现 100% 增幅。

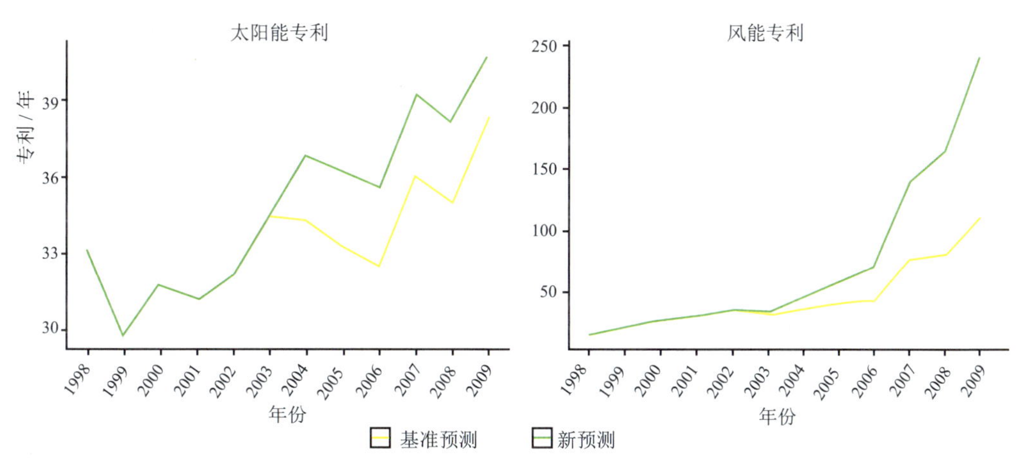

图 12-8　假设德国增加一个标准差的研发示范经费，太阳能（左图）和风能（右图）专利申请的预测响应

12.3.2 单独支持部署的效应

如图 12-9 所示，部署支持方面的结果大不相同。根据本研究模型，自 2002 年起增加的太阳能部署经费与每年增加约 10 个太阳能专利（超出基线约 30%）吻合。但是，对风能专利的影响却有些削弱，我们虽然观察到了风能专利超出基线的增长，不过涨幅较小。

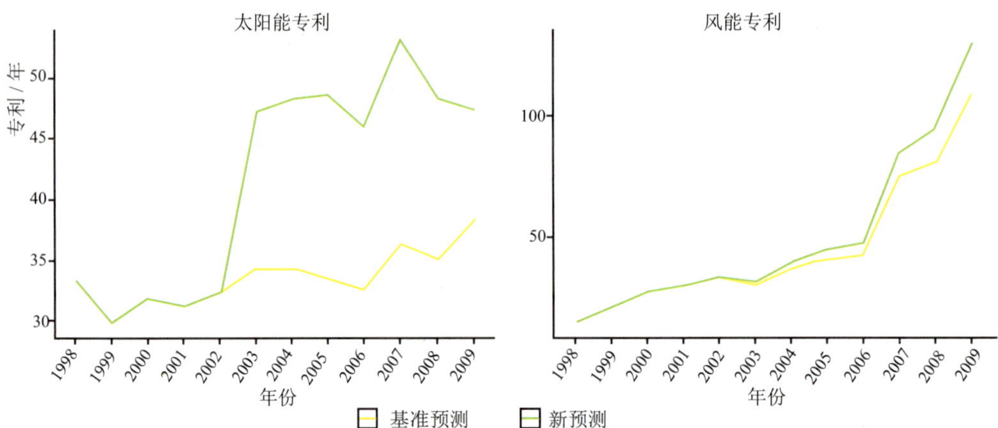

图 12-9 假设德国增加一个标准方差的部署经费，太阳能（左图）和风能（右图）专利申请的预测响应

12.3.3 政策组合的效应

在政策组合方面，本研究探讨了在各技术领域同时增加 RD&D 和部署支持将会产生的影响。图 12-10 和 12-11 所示结果表明，组合政策比单独政策带来的专利数量增长较大。图中的非零影响表明，组合政策比各部分的简单相加更为有效。实际上，组合政策带来的风能专利增长高达 25%（太阳能为 1%）。

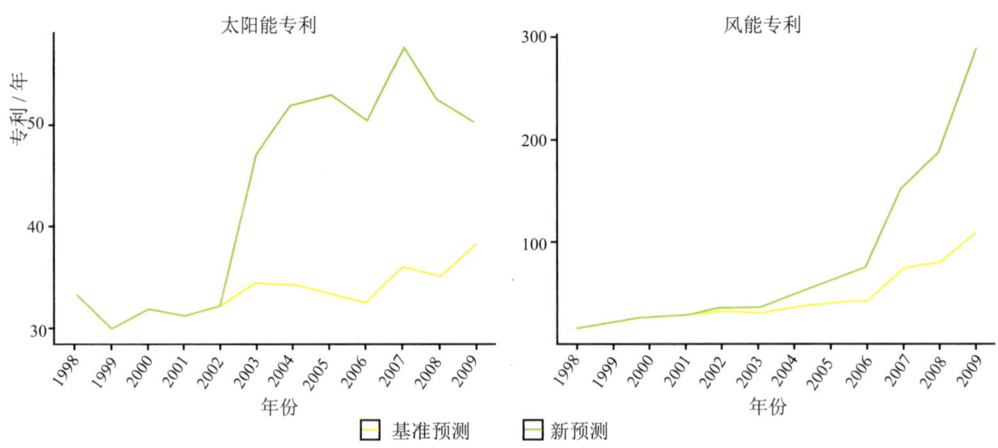

图 12-10 假设德国增加一个标准差的 RD&D 和部署应用，太阳能（左图）和风能（右图）专利申请的预测响应

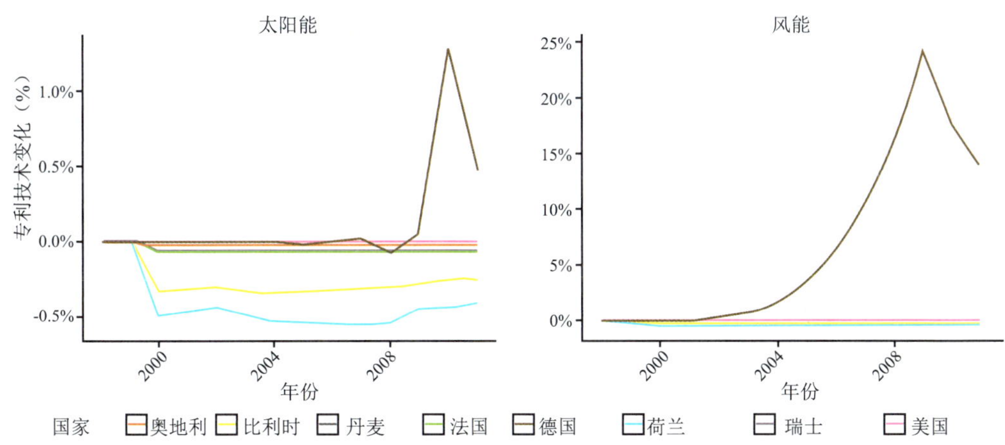

图 12-11　与两种单因素影响相比，德国综合增加部署和 RD&D 支持力度在影响太阳能（左图）与风能（右图）专利申请方面的预测差异

12.3.4 跨国外溢

本研究还从跨国影响着手，对各政策对周边国家的专利申请可能产生的影响进行分析。图 12-12 表示德国及其周边国家的结果。我们发现风能部署的最大影响与丹麦、荷兰部分年份专利申请数量高达 20% 的增长呈现出相关性。

12.3.5 从专利到竞争力

被解释变量、狭义技术的专利数量并不能完全代表政策的真正用意，即通过采用新技术代替现有技术从而持续降低总成本。[17] 同时为了实现能够促进技术超越已申请专利进一步改进的成本节约，本研究采用 RCA 倒置排名的方法重复进行分析。这样可以了解哪些政策（部署、研发示范支持或二者兼有）与国内可再生能源技术产业竞争力的提升（表 12-8）吻合。

表 12-8　解释风能与太阳能 RCA 模型（稀疏模型）的偏差率

（稀疏模型）	偏差率	变量数，包括截取变量
太阳能 RCA 排名	0.29	23
风能 RCA 排名	0.46	23

17 Popp[11] 提出可再生能源的传播主要依靠法规而非知识存量。

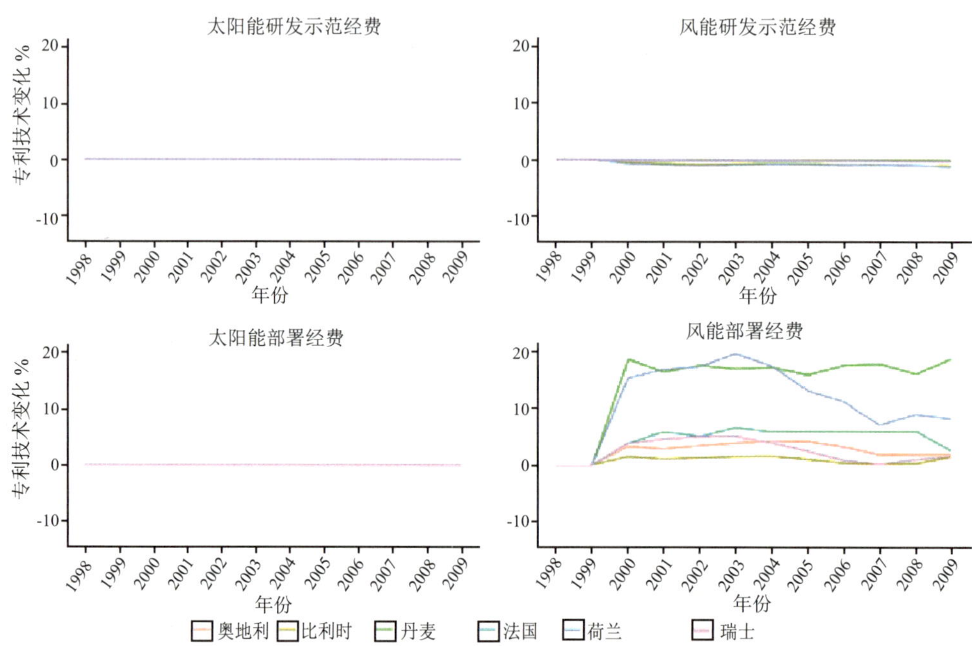

图 12-12 假设德国增加一个标准差的 RD&D 经费（上图）和部署（下图），太阳能（左图）和风能（右图）专利申请的预测响应

总而言之，RCA 结果明显欠佳。比较优势及其随时间推移的发展由众多无法妥善控制的因素（人工成本、教育、资金成本等）决定。所以，与专利回归分析结果相比，由少于 25 个变量组成的相对稀疏模型解释的 RCA 变化相对较小。因此，应特别谨慎地对以下结果进行解释。[18] 有助于预测一个国家风能和太阳能显示性比较优势的主要因子是该国家当年授予的所有专利的滞后数量，而这表明国家创新力是可再生能源出口专业化的关键推动力之一。

12.3.6 部署与竞争力

在竞争力方面得出的最明确结果是，部署支持确实提高了相应技术的竞争力。在德国的案例中，持续增加的国内风力发电机组部署支持使风力发电机组的 RCA 排名提升了一位，而太阳电池板方面也得出了明确的积极影响。太阳电池板部署力度较大的国家未来也会出口更多太阳板。结果十分明确，这有些出乎我们的预料，因为我们原以为部署力度越大，国内需求越大，而出口空间就越有限（图 12-13）。

18 由于单独优化样本内预测能力时，我们发现模型的解释变量有超过 100 个的趋势，因此本文在模型选择过程中强制选择含有 25 个或更少解释变量的模型子集。

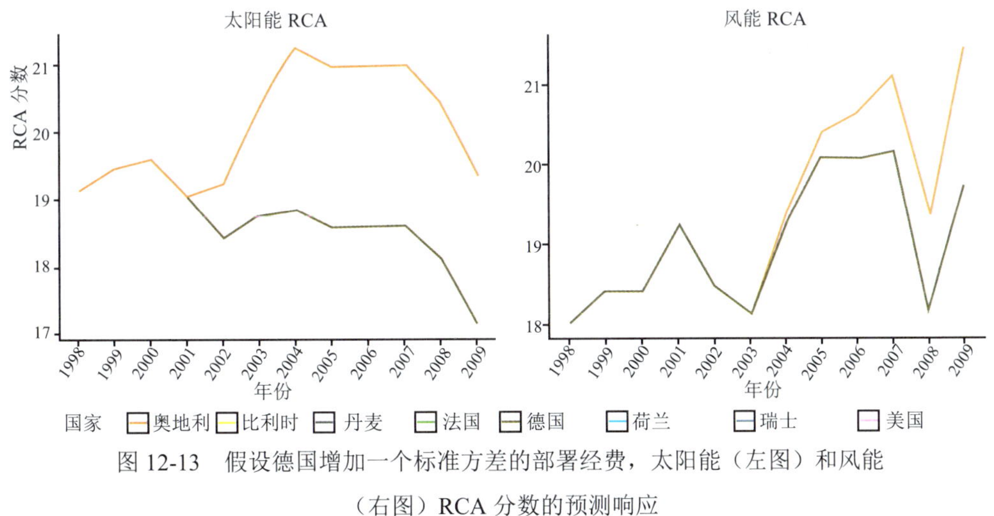

图 12-13　假设德国增加一个标准方差的部署经费，太阳能（左图）和风能（右图）RCA 分数的预测响应

12.3.7 研发示范与竞争力

研发示范对竞争力影响的结果似乎甚微。本研究起初是为了发现国内研发示范支持可以对相应技术的竞争力起到积极影响，而研究结果却表明研发示范的影响微乎其微（图 12-14）。

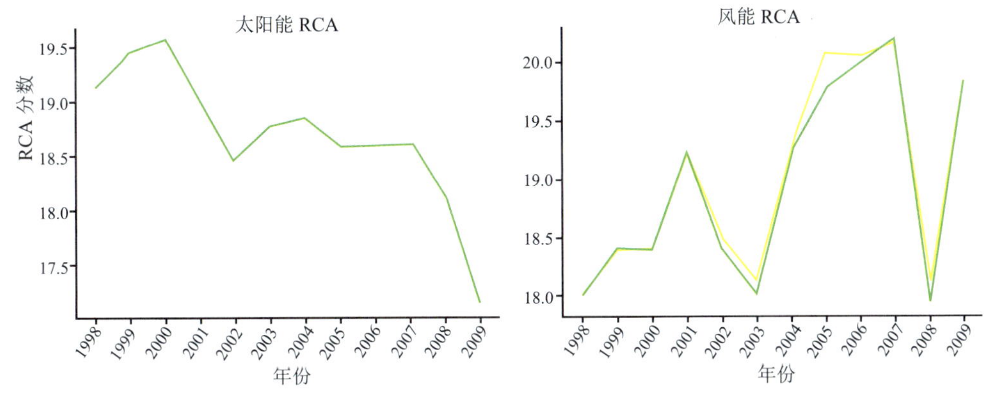

图 12-14　假设德国增加一个标准差的 RD&D 经费，太阳能（左图）和风能（右图）RCA 分数的预测响应

12.3.8 政策组合与竞争力

同样，政策组合似乎竞争力的影响也很小。组合政策平均每年会将风力发电机的 RCA 分数增加至基准以上约 4%，而在太阳能电池板方面，组合政策会小幅（小于 0.0025%）降低 RCA 分数。然而，在只有 RD&D 政策支持的情况下，研究无法

确定是否有显著性差异。研究结果表明，风力发电机组的相对出口量增加，太阳电池板相对出口量略减。但是，如上文所述，本研究预计这些政策在解释出口竞争力整体变化方面的作用不大。不过，这些结果确实表明，在特定可再生能源领域部署和 RD&D 对竞争力的影响具有重大差异（一例为正的显著影响，另一例则为不明确且几近非显著影响），并且需要梳理清晰的政策处方对国内可再生能源支持选择和出口竞争力的共同影响（图 12-15），而这同时也为进一步研究指明了道路。

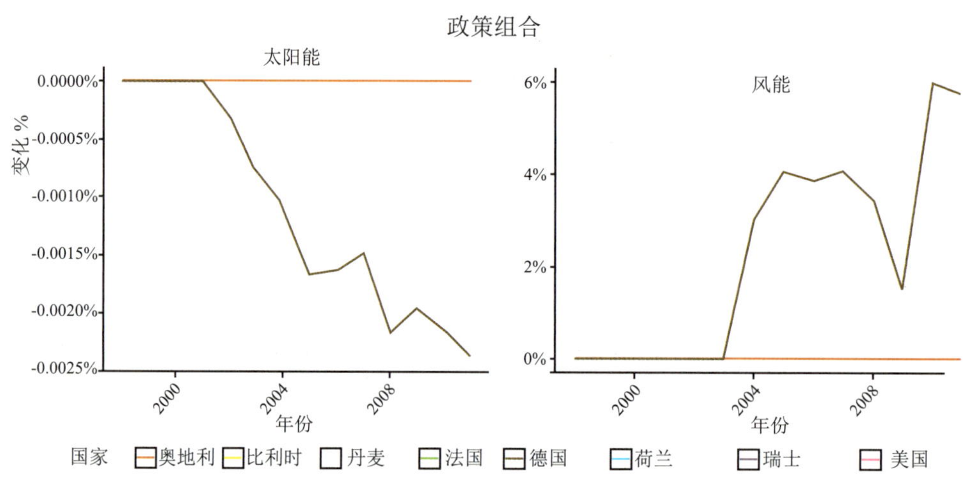

图 12-15　与两种单因素影响相比，德国综合增加部署和 RD&D 支持力度在影响太阳能（左图）与风能（右图）RCA 分数方面的预测差异

12.4 讨 论

我们的研究结果可能存在潜在不足：

● 其他解释变量以及当地因素（阳光、风况等）、周边国家影响、相互作用项、非线性关系和其他因素的控制变量可能也具有重要意义。

● 本研究采用的经济计量学方法无法全面探究被分析变量之间潜在的复杂关系。该方法无法正确分清某个特定因子，如“过去 5 年的部署”是否是真正的原因，抑或是由以往知识存量和 RD&D 活动造成的某个中间变量。同样，本研究也无法区分被解释变量和解释变量的因果关系。造成这种内在问题的原因有很多，比如可能是因为过去顺利推动可再生能源创新的国家受到鼓舞，很有可能会把更多资源投入这一技术领域。因此，本研究发现，无法评估 RD&D 额外经费在 t 时间内对此后提出的专利申请的影响，因为这需要一种表示所有相互作用的结构模型（以理论为基础）。

● 另外，本文的模型可能只是一种"事后解释"，即它可以解释这 28 个国家在所述 13 年的情况，但不能解释事前或事后以及其他国家的情况。

● 被解释变量、狭义技术的专利数量并不能完全代表政策的真正用意，即通过采用新技术代替现有技术从而持续降低总成本。[19] 换言之，本研究没有提到如何影响互补技术的专利申请（如蓄能），也无法衡量可能会对成本节约产生重要影响的尚未申请专利的创新（如工艺创新或规模效应）。此外，我们尚不清楚专利对降低成本的实际影响。而另一方面，以 RCA 排名来表示出口技术在全球市场的相对竞争力似乎并不理想。

● 另外，本研究无法给出有意义的 p 值，因此部分系数的考虑纯属偶然。采用贝叶斯法可以对本研究列为独立参数估值的数据进行可靠度评估。除此之外，本研究还可以添加先验信息（如理论推导出的相互作用）。因此，虽然这种做法似乎很有价值，但不得不留待后续研究。

我们的研究结果至多能够阐明何种时机及何种组合的国家支持政策与特定专利申请行为相吻合，但却不能直接将该发现解释为哪种政策组合最有效。这种"政策优化"需要将"专利生产函数"参数化，即由政策的成本函数来补充完善。据此我们才能确定"最佳"政策组合及其时机。显然，由于相互作用的持续性不确定，模型的参数化需要持续更新。事实上，这类似于通过优化政策组合以便产生最多的专利或最大限度提升竞争力排名。与金融对冲策略相似，这种"组合优化"法在无法观察参数化的历史数据的情况下并不能发挥作用。因此，对部署和研发示范支持政策的选择不能机械地以定量优化策略为依据。尽管如此，定量"政策优化"仍是很有价值的手段，尤其是在作为摆脱当前策略（"瞎猜"）的基准手段方面具有重要意义。

12.5 结 论

我们的研究结果与部署和研发示范经费均能影响技术发展的假设一致。研究发现，综合提供部署和研发示范经费支持能够给专利申请带来正向影响，且与双因素学习曲线一致。

研究结果表明，所分析两种技术"专利生产函数"之间具有实质差异。太阳能专利申请行为与以往研发示范经费和部署容量极为吻合，而风能专利申请行为的比较结果在仅提供部署支持时不吻合，但在结合研发示范经费和部署容量时十分吻合。不同技术的学习曲线是否不同？同一类技术的学习曲线是否更为类似？或者成熟程度类似技术的学习曲线是否更为类似？这些问题均有待进一步研究。

19 Popp[11] 提出可再生能源的传播主要依靠法规，而不是知识存量。

此外，研究结果还表明时机、跨国外溢和技术外溢对支持政策的成功非常重要。在时机方面，数据表明，一定顺序的研发示范和部署支持与专利申请行为密切相关。具体来说，我们发现根据早期研发示范经费提供的部署支持与风能创新极为吻合。此外，跨国外溢对风能部署支持具有积极作用。最后，我们还有（少量）证据表明，技术外溢可能对专利申请有影响。

12.6 政策影响

我们的研究结果与部署和研发示范支持都能有效推动技术发展的假设一致。研究结果还表明，部署与研发示范支持的权衡和时机选取都极为重要。换言之，某些部署与研发示范支持组合会比其他组合更为有效。这就需要从战略角度研究可再生能源技术支持。另外，部署支持造成的大量跨国外溢，表明国际合作可能会让可再生能源技术支持更为有效。

摆脱缺乏全面考虑的“瞎猜”非常重要，非常有必要开展进一步研究找到更为灵活有效的支持结构。鉴于这个问题举足轻重（回想一下：2012 年五大欧盟国家在部署方面投入约 480 亿欧元，在研发示范支持方面投入约 3.15 亿欧元），我们相信把更多资源投入到可再生能源技术支持方案的前期和后期评估中将是一个“无悔的选择”。

本章提要：发展低碳能源技术对于实现 2050 年低碳经济目标和保证价格合理的安全能源供应至关重要。因此，能够降低低碳能源成本的创新技术将在降低能源过渡成本方面发挥重大作用。本文将对两种最主要的创新政策手段进行评估：（1）公共研发示范（研发示范）补贴；（2）公共推广应用政策。通过采用套索回归方法，我们能够从过去 20 年间的 28 个经合组织国家中选出最适合对专利行为和国际竞争力做出样本内预测的模型。这种方法让我们能够同时分析 24 个变量以及这些变量之间的各种滞后关系和交互作用，总计大约 47,000 个变量。分析结果表明，推广应用及 RD&D 政策均能增加知识生成成果，提高可再生能源技术竞争力。据我们估计，如果德国为风能技术发展提供的推广应用及研发示范政策支持比其自 2000 年以来实际投入的政策支持多出一个标准差，德国 2009 年的风能专利数量就能增加 166%。如果仅加强推广应用政策支持，则专利数量能增加 20%；如果仅加强研发示范政策支持，则专利数量能增加 122%。这说明了两点：首先，综合采用两种支持模式比单独采用任一支持模式产生的效果更佳；其次，如同预期，研发示范政策支持在增加专利数量方面更为有效。由此可见，时机的确非常重要。目前基于过去风能研发示范经费的风能应用推广支持与风能专利数量增长十分吻合。如果我们考察竞争力，会发现同样的情况。假设德国为风能技术发展提供的推广应用及研发示范政策支持自2000年以来增加一个标准差，就反映出的竞争优势而言，德国风力发电机在世界市场上的排名将从第8位上升到第7位。因此，推广应用支持能够带来最积极影响。最后，本研究发现政策支持能够跨越国界起到显著效果，尤其是风能推广应用支持。一国加强的推广应用支持能够增加其邻国的专利数量。根据上述分析结果，本研究认为，可再生能源技术的创新需要推广应用和研发示范政策的双重支持。但令人担忧的是，目前的各项政策支持并不均衡。推广应用方面的公共支出比研发示范方面的支出（约为3.15亿欧元）多了两个数量级（2010年五大欧盟国家在2010年支出约480亿欧元）。因此，让政策组合基于实证依据，将会提高旨在发展可再生能源技术的创新政策的效率。

参考文献

1. Arrow K (1962) Economic welfare and the allocation of resources for invention. In: Nelson RR (ed) The rate and direction of inventive activity. Princeton University Press, Princeton, pp 609-625
2. Bettencourt LMA, Trancik JE, Kaur J (2013) Determinants of the pace of global innovation in energy technologies. PLoS ONE 8(10):e67864
3. Braun FG, Schmidt-Ehmcke J, Zloczysti P (2010) Innovative activity in wind and solar technology: empirical evidence on knowledge spillovers using patent data. CEPR Discussion Papers, no 7865
4. Gurmu S, Pérez-Sebastián F (2008) Patents, R&D and lag effects: evidence from flexible methods for count panel data on manufacturing firms. Empirical Economics 35(3):507-526
5. Hall B, Griliches Z, Hausman J (1986) Patents and R&D: is there a lag? Int Econ Rev27(2):265-283
6. Jamasb T, Köhler J (2007) Learning curves for energy technology: a critical assessment. In: Grubb M, Jamasab T, Pollitt MG (eds) Delivering a low carbon electricity system: technologies, economics and policy. Cambridge University Press, Cambridge
7. Johnstone N, Hascic I, Popp D (2010) Renewable energy policies and technological innovation: evidence based on patent counts, environmental and resource economics. Eur Assoc Environ Resour Econ 45(1):133—155
8. Koseoglu NM, van den Bergh JCJM, Subtil Lacerda J (2013) Allocating subsidies to R&D or to market applications of renewable energy? Balance and geographical relevance. Energy Sustain Develop 17(5):536—545
9. Lindman A, Söderholm P (2012) Wind power learning rates: a conceptual review and meta-analysis. Energy Econ 34(3):754—761
10. Popp D (2002) Induced innovation and energy prices. Am Econ Rev Am Econ Assoc 92 (1):160-180

11. Popp D, Hascic I, Medhi N (2011) Technology and the diffusion of renewable energy. Energy Econ 33(4):648-662
12. Riess AD, Zachmann G, Calthrop E, Kolev A (2012) Investment and growth in the time of climate change. Bruegel Books, Brussels
13. Söderholm P, Sundqvist T (2007) Empirical challenges in the use of learning curves for assessing the economic prospects of renewable energy technologies. Renew Energy 32 (15):2559-2578
14. Thierry M, Soledad Z (2011) Notes on CEPII’ s distances measures: the GeoDist database. CEPII working paper 2011- 25 , December 2011, CEPII
15. Tibshirani R (1996) Regression shrinkage and selection via the lasso. J Royal Stat Soc Series B (Methodological) 58(1):267-288
16. Van Benthem A, Gillingham K, Sweeney J (2008) Learning-by-doing and the optimal solar policy in California. Energy J 29(3):131-151
17. Wiesenthal T, Dowling P, Morbee J, Thiel C, Schade B, Russ P, Simoes S, Peteves S, Schoots K, Londo M (2012) Technology learning curves for energy policy support. JRC Scientific and Policy Reports

第十三章
可再生能源推广中的常见观点及其实证分析

P. del Río[1]

13.1 概 述

鉴于可再生能源电力（RES-E）可产生环境和社会经济效益，因此推广可再生能源已成为全世界各国政府的政策重点[1]。虽然，可再生能源发电成本一般比传统发电成本要高，但前者提供的效益却未在市场上得到体现。可再生能源发电的这些效益一般被转化成了较低的社会成本（包括私营成本加上负向外部成本，再减去正向外部效应）。但市场参与者（投资者、发电商、供应商和消费者）会受市场提供的激励引导，而市场由私营成本而非社会成本所决定（当然，除非政策措施可以将这些外部效应内化）。对可再生能源的公共支持使其与传统发电站在了同一起跑线上公平竞争，经济政策制定内化可再生能源的正向外部效应，使可再生能源得以进入电力市场[2]。

在那些可再生能源发电已经大量进入其电力组合的国家，更加关注支持可再生能源的政策成本。不论是发达国家还是发展中国家，控制这类成本已经成为制定政策重点[3]。欧洲各国政府普遍关注发展可再生能源时不断增长的成本支出，因为高额成本会使可再生能源在从短期内就会失去可持续性[4]。因此，支持可再生能源的效益和成本效益是评估政策手段成功与否的主要标准。这成本和效益共同反映了政策手段能否实现可再生能源目标。

1 P. del Rio (✉)
Institute fo r Public Policies and Goods, Consejo Superior de Investigaciones Científicas, C/Albasanz 26, 28032 Madrid, Spain
e-mail: pablo.delrio@csic.es

© Springer International Publishing Switzerland 2015

A. Ansuategi *et al.* (eds.), *Green Energy and Efficiency*, Green Energy and Technology， DOI 10.1007/978-3-319-03632-8_13

学术界已在努力寻求更好的解决方案，涌现了大量分析支持可再生能源的效益和成本—效益的文献。本研究将从理论和实证两方面进行探讨。实证基于不同方法论，包括案例分析和模型模拟。但是，仍然有些一般性结论无法用实证数据加以有力证明，至少有些观点在理论上仍有争议。通过全面评介理论和实证文献，本章旨在讨论关于推广可再生能源的常见观点。分析提出有效途径，有助于对本课题进行深入研究。

本章其余内容结构如下：下一节讨论关于可再生能源推广相关的八个常见观点以及对其在理论和实证基础上进行的回应，最后提出一些结论性意见。

13.2 关于可再生能源的常见观点和回应

本节对有关可再生能源的八个常见观点以相同论述方式进行讨论。对于每一个观点，先讨论其理论依据，然后再对其进行评述（简称“回应”）。下表总结了这些观点及相应的回应（表 13-1）。

表 13-1　观点和回应汇总表

序号	常见观点	回应
1	为减缓气候变化，我们只需控制碳排放配额价格	光控制碳排放配额价格是不够的。考虑到若干市场失灵和外部效应，还需要一些相关配套政策。政策组合并非灵丹妙药，其自身也存在问题，常常引发政策的相互作用和相互冲突（冗余和双重覆盖）
2	应注重技术中立	技术中立很难具有动态效率
3	应采用“最佳政策手段”	对于“什么是最佳政策手段”的讨论往往太过抽象。在可再生能源转化电力政策领域，不同设计要素会使结果迥异。而且，因为标准不同，很难判断某一手段能满足所有的标准要求
4	基于市场化的部署政策手段具有优越性	基于数量的计划未必比基于价格的计划更市场化。遵循等量的边界值也未必能使政策成本最小化
5	研发应与部署相结合	做到平衡好研发支持和部署支持有其现实的困难
6	应根据效益和成本效益标准分析 RES-E 政策的成功	其他评估标准也有可能十分有意义
7	应特别强调欧盟政策协调性及其支持体系	还有其他更实际的中间选择：支持计划的融合、协调和合作
8	应保证投资者投资安全，确保支持体系稳定运行	平衡政策的灵活性与稳定性

13.2.1 减缓气候变化我们只需要控制碳排放配额价格

13.2.1.1 理论依据

要使世界经济走上低碳排放的正轨，将气候系统崩溃风险最小化，就必须实现大幅减排。通常，如果温度在工业化前的水平上升高 2℃，则视为符合减排目标。这就相当于 450ppm 二氧化碳当量浓度的排放水平。要将排放浓度稳定在 450ppm，就必须在 2015 年左右使净排放量达到峰值，随后快速下降，并在 2050 年后不久实现零排放 [5]。一些文献表明，要求实现的减排目标十分艰巨。[2]

正如模型模拟（参见文献 [7，10，11]）所示，在不同期限内，无论是排放减少还是成本降低，都强烈地依赖于不同时间阶段低碳技术的可行性。模型模拟显示，为实现以较低成本大幅度减少碳排放量，需要多种技术的结合。[3] 有些技术已经实现商业应用。换言之，已经可以走出实验室并加以应用。另外一些技术尚未实现商业应用，仍需进一步完善。

过去，一些文献的作者认为，碳排放配额价格是实现所需技术转型的必要充分条件。例如，一位最知名的气候变化经济学家说：“提高碳排放配额价格是应对气候变化的必要充分步骤”（参见文献 [12] 第 22 页）[4]。一个可靠的长期碳排放配额价格（无论是以碳税的形式还是总量管制交易制度的形式出现），可以内化二氧化碳排放量引起的外部不利因素，增加使用污染技术的成本，进而鼓励清洁能源技术的创新和扩散 [13]。这关系到动态效率标准。在实践中动态效率则指鼓励技术革新和减少技术成本手段的能力。创新是实现有效降低成本的关键变量。当有长期政策目标出台时，动态效率则至关重要。从经济效率和创新成果来看，与人为管控相比，碳排放配额价格是更好的手段（不论是以技术形式还是碳排放标准的形式）。同时，由于受到碳排放配额价格限制，公司具有开发或采用新技术的内在诱因，以较低成本实现二氧化碳排放量目标，从而促进低碳技术的发展。这种激励 / 压力机制适用于创新发展进程中的所有阶段和这一进程中的参与者，其中设备供应商尤为突出（例子参见文献 [14-17]）

---

2 例如，根据麦肯锡公司的报告 [6]，排放量从 2005 到 2030 年间需要减少 35% ~ 50%，才有可能完成 2℃的临界值，参见其他注释 [7-9]。

3 例如，国际能源署 [9] 表示，为实现在 2050 年减少 43 $GtCO_2$ 碳排放量的目标，可以使用下列技术或选项：二氧化碳捕集和封存（实现基线和 450ppm 之间 19% 碳排放量减排目标）、核能（6%）、可再生能源（17%）、发电效率和燃料转化（5%）、终端燃料转化（15%）、终端燃料和电力效率（38%）。

4 最近，作者论述了对必要的低碳能源研究给予直接补贴的必要性（第 24 页）。在之后的 29 页，作者放宽了对有效条件的认识，针对二氧化碳排放量设置一个全球适用并合理的价格或税收，是减少全球变暖引发未来隐患的必要条件，甚至可能是充分条件。

13.2.1.2 回应

碳排放配额价格是用于内化与二氧化碳排放相关的负面环境外部效应的最适当的政策手段。但是，创新过程中还存在其他外部效应（即市场失灵），包括创新外部效应和部署外部效应。此外，还存在技术外部效应，该效应与溢出效应相关，可促进对创新进行“复制”，在没有全额补偿情况下，减少了投资者从创新活动获得的收益。换言之，企业无法充分进行研发，基础研究的溢出率极高。“创新外部效应”不仅与研发相关，也与示范相关 5[19]。此外，还存在部署外部效应，该效应与对某一技术的不断增长的部署相关，并且由于学习效应和动态规模经济的影响 [20]，可引起成本降低和技术改进。6 尽管投资者可获得部分此类学习收益（利用专利或其在市场中的支配地位 [22]），但初始投资者无法获得所有学习收益。因此，对新技术的投资仍然低于社会最优水平。7 当然，学习无疑是创新和降低成本的源头，但是需要付出代价。这是先期投资的结果。8

上述两类外部效应为借助政策工具实施碳价配额提供了理论基础，这种政策工具可用来解决此类外部效应。通过研发补贴、税收抵免和退税可以直接对研发进行激励；通过提供资金资助对示范项目进行支持；通过一系列政策手段可以直接促进低碳技术的部署，包括上网电价（FIT）、可交易绿色证书（TGC）、投标和投资补贴等（参见 13.2.4）。

在第一阶段（即研发阶段），创新外部效应的相关性较高，进入下游创新过程后，即技术已经成熟的普及阶段（图 13-1），相关性便开始降低。相反，在普及阶段，环境外部效应更加重要。显然，在最初和最后阶段，政策手段的主要目的应分别是解决创新和环境外部效应。部署外部效应通常在创新过程的中间阶段起到主要作用，即会影响已通过示范阶段但仍处于商业化前期的技术；部署外部效应甚至会在商业化初期产生影响，即具有较大成本降低潜力和普及程度不断增长的阶段。因此，必须考虑技术的具体特点，即成熟度、成本、成本降低潜力和技术变革的主要来源（即研发还是部署学习效应，哪个是主要来源）。

当然，有争论认为，碳排放配额价格可促进成熟度不同的技术的推广和普及。但是，并无实证证据证实这一观点。在这方面，实证研究文献的观点非常明确。实

5 此类技术的示范项目涉及规模较大且较为复杂（通常包括复杂的规划和基础设施支持），私营部门难以独立对示范项目提供资金支持 [18]。

6 20 世纪 70 年代开始，通过制造和使用方面的创新和规模经济，使用所有技术进行能源生产的成本整体下降（核能除外）。太阳能和近海风能等技术均显现出进一步创新和成本削减空间 [18，21]。

7 研究文献中考虑了各种学习效应，包括通过实践学习、通过应用学习和通过互动学习。

8 此外，还存在许多可能引起单一市场环境内创新投资不足的其他失灵（部分失灵限定于特定领域），包括小型创新企业的信贷受到限制，信息问题及成本和代理问题（分裂激励）[6，13]。此类失灵根据技术和特定领域的不同不尽相同 [7]。

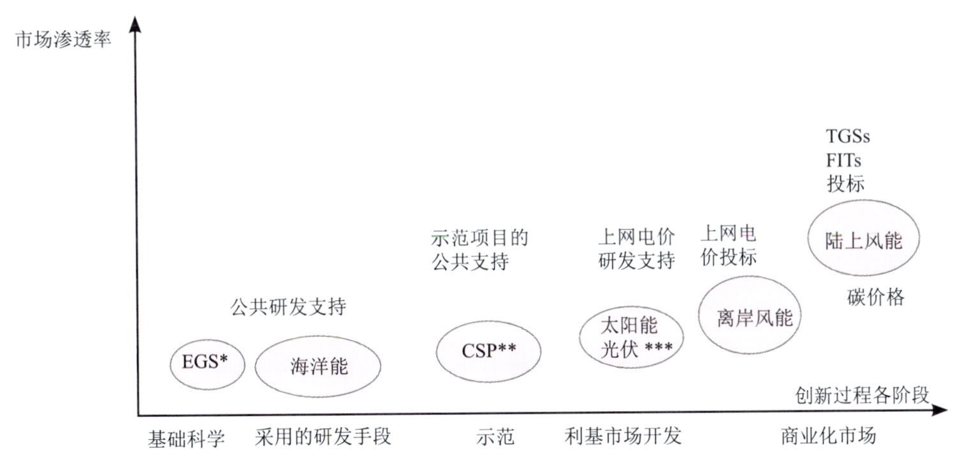

图 13-1　可再生能源发电技术成熟度和适当支持手段

资料来源：国际能源署[40]。

证文献表明，欧盟碳排放交易体系（欧盟排放交易系统）中碳排放配额价格对激进式创新的影响非常有限[23-29]，并且美国酸雨项目并不鼓励进行重大创新。Taylor 等[29]并未找到证据证明酸雨项目中的碳排放交易体系能比其他政策手段可更有效地促进创新。Malueg[30] 和 Driesen[31] 对碳排放交易体系比其他政策手段更有效地促进创新这一普遍观点提出了批评。他们认为，虽然为了销售更多许可证和获得利润，许可证潜在卖方（即减排成本最低的企业）更有动力创新，但是，若与为减排成本较高的污染者制定的标准规范相比，碳排放交易体系减少了创新的动力。在传统监管体系中，为了符合要求，这些企业更有动力创新。但在碳排放交易体系中，由于他们只需要购买许可证，该类企业很可能失去创新的动力。

当然，也有争论表示，欧盟排放交易系统许可证价格极低，并且不太稳定。但是，有一点非常关键：欧盟排放交易系统许可证价格之所以极低，除了经济危机外，还在于各国分配许可证时过于宽松，以便缓解本国企业的经济负担[32，33]。政治经济因素和制度路径依赖性方法表明，不太可能为了实现（激进）低碳创新而将二氧化碳排放价格设定在足够高的水平，[9] 第一个和第二个承诺期内较低的欧盟排放交易系统许可证价格便是最好的例证。[10] 由于国家强硬的气候政策从政治上无法营利，因此，从政治方面来看，不太可能实现高碳排放配额价格。换言之，强硬的气候政策不利于赢得选票。若国家采用此类政策，可能导致竞争力丧失以及碳

9　用于缓解气候变化和低碳技术的方法，参见 del Río 和 Labandeira 的文章[34]。

10　首个执行期内（2005 － 2007），欧盟碳排放许可价格于 2006 年年中达到峰值 30 欧元，随后逐渐降低，于 2007 年 2 月降至接近 0 欧元，并一直持续至 2007 年末。第二个执行期内（2008 － 2012），碳排放价格于 2008 年早期达到峰值（接近 30 欧元），其余大多数时间内稳定在 15 欧元左右，并于该期末降至大约 8 欧元。

外泄。

上述观点并不表示反对采用碳排放配额价格政策促进低碳技术的发展和普及。碳排放配额价格是所需政策组合的必要不充分要素。碳排放配额价格无法涵盖方方面面，无法解决所有相关的外部效应。要合理设计专门用于支持可再生能源技术创新和部署的政策，应合理考虑上述三种外部效应。

但是，政策组合并非灵丹妙药，其自身也存在问题。政策组合可能导致政策间的相互作用，有可能为正，也有可能为负。碳排放交易体系和可再生能源支持政策（更多详情见文献 [35]）则是负的相互作用（冲突）的最佳实例。

13.2.2 注重技术中立

13.2.2.1 理论依据

或多或少与前一观点有关，一些作者更支持“技术中立政策”，即可能导致选择成本最低的技术的政策手段。据称，由于政府在“挑选优胜者”方面做得不够好，技术的选择主要取决于“市场规律”。政府失灵可能导致采用不适用、成本高并且结构简单的不良技术。这一争论主要在于批评对再生能源技术部署提供的直接公共支持（参见 [36]）。

13.2.2.2 回应

技术中立很难具有动态效率，这是因为对于缓解气候变化等长期问题，我们不仅需要选择合适技术（即促进技术的普及），更要加以落实（即促进技术的研发）[37]。二氧化碳排放价格等技术中立型政策手段仅仅促进了技术的普及，而忽略的技术的研发。尤其是，政策必须足以弥补实验室研发成果与商业产品大规模部署间的大缺口。如果没有基于技术的政策，很难知道如何实现这一目标。目前，技术中立型政策只适用于成熟的技术，但是并不能促进目前比较昂贵、尚不成熟但具有巨大成本降低潜力的技术的研发和普及。Azar 和 Sanden[38] 认为：“如果政府的目标是减少二氧化碳排放量，则按照定义，旨在开发碳有效减排技术的政策都以技术特异性为基础”。

技术中立型政策以静态效率为目标时，动态效率则要求落实基于技术的政策。因此，关于此类政策是否以技术为基础的争论就变得毫无意义。相反，应探讨如何确保政策以特定技术为基础[38]。关于采用技术中立政策还是以技术特异性为基础的政策的争论表明，选择低碳技术时，必须对静态效率和动态效率标准之间、市场失灵和政府失灵之间进行权衡，进一步研究应致力于分析二者间的取舍和适度平衡。

13.2.3 应采用“最佳政策手段”

13.2.3.1 理论依据

大量研究文献从正反两方面对比了支持可再生能源发电的不同政策手段。大多数文献的重点放在“基于数量的计划”（TGC）和“基于价格的政策工具”（FIT）。

● FIT 是指每生产 1kWh 电力的补贴并且结合公共事业承担购电义务。

● TGC 配额管理（在美国称为可再生能源发电配额标准）是指为 RES-E 每 MWh 电力发行的配额许可证，允许发电商通过销售电力获得额外收入（即两线收入）。对 TGC 的需求源自电力分销商放弃一些 TGC 配额，作为其年度耗电（配额）的份额的义务。否则，电力分销商需要缴纳罚款。TGC 价格很大程度上取决于供需及其他因素间的相互关系。

还有一些政策手段，但在分析研究中受到的重视程度不及前两者，其中包括投资补贴和招投标。

● 投资补贴：通常按照每单位装机容量提供投资补贴（即欧元 /MW），而非发电量（即欧元 /kWh）。

● 招投标体系：政府邀请 RES-E 发电商对财务预算或 RES-E 发电容量投标。在每一类技术领域，将向每 kWh 电力报价最便宜的投标人授予合同，并提供补贴（即每 kWh 的投标价）。

RES-E 支持体系的对比分析重心在于 FIT 和 TGC 的差别，这可能反映了这样一个事实：过去，成员国实施支持体系时主要以这两类政策手段为基础，已有研究者以有效性和成本效益标准为基础对此类政策手段进行了比较（见 13.2.4）。

13.2.3.2 回应

在我们看来，RES-E 文献已受到“工具主义”的束缚，对于“什么是最佳政策手段”的讨论往往太过抽象和形式化。直到最近，研究人员才开始强调难点存在于细节中，并认为用于现实世界的政策手段的成功或失败主要取决于其设计要素，即政策手段内部的差异可能与政策手段间的差异同等重要。已有实证分析[39-42]对此进行了明确的阐释。我们必须特别注意避免偏见的分析。在一些带有偏见的分析中，将“精心设计的政策手段 1”与“设计较差的政策手段 2”进行比较，并针对两类政策手段得出结论。此时，当政策手段的差异源自选择的特定设计要素时，便会出现错误的解释，认为后一政策手段比前一政策手段效果要差。最终，不再将重心放在 FIT 和 TGC，并且开始评估其他政策手段的适合性。就这一方面而言，招投标是最佳的替代方案，因为对于 FIT 而言（但与 TGC 相反），所有政策手段都可以为可再生能源投资者带来可靠的长期收入，同时允许监管者事先知晓拟提供的支持的水平。

但是，与 FIT 或 TGC 相比，招投标计划中，提供支持的金额更容易达到上限。因此，允许投资者一直竞标，直到达到预算上限。[11] 此外，拍卖可以更好地解决信息不对称问题，即需要知晓所需支持的真实水平时（近海风能等成本趋势不确定性极高的技术尤其如此），拍卖交易比 FIT 更有效。拍卖交易更好地说明了技术成本随时间的不断降低，并且允许相应地调整给予的支持。这样避免了过度补偿可再生能源生产商，提高了政策系统的效率。此外，还可鼓励 RES-E 发电商间的相互竞争。与 TGC 体系（不管绑定与否）相比，具有“按报价付费”机制的绑定式投标体系将支持与发电成本绑定 [43]。但是，此类体系仅仅在欧洲有少量实施，这或许表明，可能欧洲此前实施此类体系的效果不佳（详见 [43]）。但是，这些经验（英国、冰岛和法国）之所以差强人意，不是因为政策手段的内在缺陷，而是因为体系的设计并不符合实际，从而印证了考虑体系设计要素的相关性。

13.2.4 优越的市场化政策部署手段

13.2.4.1 理论依据

环境经济学家达成的普遍共识认为，市场化政策手段比非市场化政策手段更加有效 [12]。在可再生资源发电政策领域中，市场化政策手段通常包括 TGC 配额，但不会将 FIT 视为市场化政策手段。对于成本效益（以可能的最低成本实现既定的 RES-E 目标），TGC 可能更加有效，因为将在 TGC 市场设定支持水平（即 TGC 价格），从而自动实现较高的“成本效益” [44]，TGC 对市场的干扰较小。相反，在 FIT 体系中，补偿水平将由政府确定。TGC 符合边际均等原则，但这一原则并不一定适用于 FIT。根据 Tietenberg[45]，当所有可能的实现方式的边际成本相等时，便可以最低成本实现环境目标。

表 13-2 表明了边际均等原则。我们考察了三类可再生能源技术，但是三类技术的边际成本各不相同（即排名最低的特定可再生能源资源的成本往往更高）。假设政府设定的可再生资源发电目标为 21MWh，当所有三类技术的边际成本相等时（即 39 欧元 /MWh），实现目标的成本最低（即 429 欧元）。不同技术对实现目标的贡献和作用不同：成本最低的技术（B）比其他成本更高的技术作用更大（技术 B 为 9MWh、技术 C 为 8MWh、技术 A 为 4WMh）。如果实现目标时所有技术的贡献一样，则达到 21MWh 的成本将会大大增加（487 欧元）。

原则上，TGC 体系将确保符合边际均等原则（TGC 价格 39 欧元 /MWh），但

11 也许会有观点认为，由于在 TGC 中可再生资源发电发电设有上限，因此支持总金额也会有上限。但是，事实并非如此，因为总的支持取决于可再生资源发电发电量与支持水平的乘积，这一乘积取决于 TGC 市场中供需双方之间此前未知的相互作用。

这并不适用于 FIT，因为政府需要将补偿水平刚好设定在 39 欧元 /MWh。由于设定补偿水平需要边际成本曲线相关信息，因此实现这一点往往非常困难。

表 13-2　边际均等原则说明

MWh	边际成本（欧元 /MWh）		
	技术 A	技术 B	技术 C
1	5	3	27
2	7	4	30
3	10	6	34
4	14	9	39
5	19	13	46
6	25	19	55
7	32	24	66
8	39	31	79
9	49	39	94
10	59	48	111

资料来源：自有数据。

13.2.4.2 回应

我们暂且不论通过抽象的对比各项政策手段太过简单化，如果不考虑各政策手段的特定设计要素（见 13.2.3），很难说清楚 TGC 的市场化程度是否高于 FIT。从环境经济学角度来看，这是错误的。

在政策手段方面，环境经济学的主要区别在于命令与控制（CAC）和市场化工具(MBI)之间的区别[46,47]。后者可进一步划分为数量型政策手段和价格型政策手段。前者的典型例子是限额交易和 TGC，而税收和 FIT 则是市场化工具的具体实例。在环境经济学中，并不认为数量型工具具有固有优势。因此，除了 TGC 体系提供了一个可以交易 TGC 的市场外，并无任何理由证明 TGC 的市场化程度更高，因此不能说明 TGC 体系更加优越，至少从环境经济学的角度来看并非如此。更重要的是，虽然从理论上看 TGC 可能更符合边际均等原则，但并不能确保可通过该政策手段使政策成本最小化，或确保其政策成本低于 FIT。事实上，实证研究已经表明情况恰恰相反，即 FIT 的政策成本通常比 TGC 的政策成本更低[3，42，48-50]。理论上，FIT 的补偿水平可以调整为技术成本（针对技术的支持）。相反，对于 TGC 等技术中立型政策手段，对所有技术的支持都是一样的（由 TGC 价格确定）。TGC 价格由实现目标所需的最后一种技术的边际成本确定，从而导致最成熟、最便宜的可再生能源技术（即成本低于 TGC 价格的技术）的补偿水平更高。但是，这一结论忽略了两个要点：一方面，在现实世界中，政府很难确定与每种技术的发电成本相近的支持水平。另一方面，该分析受到了“工具主义”的影响（见 13.2.3），因为 TGC 体系内的一些设计要素（信用乘数和股权分拆）是适用于每种技术发电成本的各种支持水平。[12]

此外，当采用动态效率观点分析时，很明显 TGC 并不是最佳选择。事实证明，FIT 更加有效，因为 FIT 可对不同成熟度和不同成本的各类技术（不只是最便宜的技术）提供支持[51]。在存在可再生能源技术市场并且营利水平较高（收益可用于研发再投资——尽管不一定必须投）的情况下，这种方式可以通过沿着学习曲线的技术进步（技术扩散）和私有研发投资促进创新。在存有 TGC 的配额体系中，并不支持成本最高的技术（即成本超过 TGC 价格的技术），正如 Verbruggen[52]、Bergek 和 Jacobsson[53] 针对比利时和瑞典的研究那样。这是因为收益的不确定性较高（TGC 价格的波动引起）以及不成熟技术投资者的产品剩余极低（若有剩余话），从而导致很难进行研发投资。

13.2.5 研发应与部署相结合

13.2.5.1 理论依据

做中学（LBD）和研发投资是技术变革的两个主要来源。做中学是指不断重复制造产品，完善生产过程、降低技术成本。两个要素都允许不断提高技术质量、降低技术成本，并且除了碳排放配额价格外，彼此相互补充[54]。一些学者认为，对于某些技术（大多数为太阳能光伏），太多的公共支持过于关注部署，而对研发的关注很少[37]。如今，看上去已经达成广泛共识：过去和现在在可再生能源研发方面的公共（私人）投资太低，无法解决能源相关问题，包括气候变化[55]。

国际能源署成员国的政府能源研发示范支出表明，支出于 1980 年达到峰值，随后开始下降，并于 1997 年达到谷值。2009 年，从绝对价值来看，该支出呈上涨趋势，与 1980 年的水平持平。2010 年该支出再一次降低[56]。同样的，可再生能源的研发支出于 20 世纪 80 年代达到峰值，随后降低，最后于 2009 年达到更高峰值。根据经合组织[57]的资料，2007 年，经合组织成员国在可再生能源研发示范方面的公共支出占全球公共能源技术研发示范投入的 25%，与 2000 年处于同一水平。

12 在分拆中，不同技术存在不同目标，从而导致 TGC 市场分散化，成熟技术和不成熟技术各自设定配额。在信用乘数中，与成熟技术相比，分配给每 MWh 通过不成熟技术生产的电力的 TGC 数量更多。但在一些国家，并不适用股权分拆或信用乘数，如瑞典和波兰的 TGC 体系[40]。

目前，国际能源署成员国在可再生能源方面的公共研发支出大多数用于太阳能光伏（2010 年约占 35%，5.42 亿美元）和风能（约占 30%，4.24 亿美元）[56]。在 CSP、海洋能、地热能、水能和生物能方面的支出非常相似（各约 1.01~1.3 亿美元）[56]。与全球范围内向可再生能源提供的 660 亿美元的补贴相比 [58]，此类研发支出（事实上，只占很小一部分）明显低于在部署应用方面的支出。[13]

13.2.5.2 回应

一些经济学家对是否存在部署应用外部效应表示怀疑，因此，他们仅赞同实施碳排放配额价格和对研发进行支持，但对直接部署应用持批评态度 [37，60]。但是，如果不通过技术部署（包括学习在内）来获取实际经验，仅仅通过提供研发支持，则技术很难大规模推广应用 [61]。

尽管很明显需要将部署应用和研发有机结合，但是必须适当平衡二者的关系。显然，这取决于技术的成熟度，即这是一个涉及特定技术的问题。总之，对于尚不成熟的技术，成本降低、技术改进与研发投资、研发支持的关系更加密切。相反，对于成熟的技术，再次企图在实验室内进行改进和降低成本的空间十分有限。但是，据我们所知（并且我们也确信），目前尚未有任何研究阐明为实现技术成本最大限度降低（每欧元支持资金）用于支持研发或部署的资金的最佳份额。每一种技术研发与部署所需支持资金的平衡比例需要进一步的研究来揭示。

此外，在现实世界中，部署和研发以复杂的方式相互作用，但在研究中万网视为二者相互独立。二者间存在正反馈。研发示范（RD&D）可降低成本，使技术更能吸引潜在应用者，鼓励技术的普及，从而加强沿技术学习曲线的技术改进 [53，62]。部署产生的学习效应可降低成本、促进技术的普及，为可再生能源技术创造更有活力的市场。反之，市场的形成使得在该类技术方面的 RD&D 投资更具吸引力。[14] 事实上，实证研究表明，在对可再生能源技术的直接公共研发示范支持相对温和和滞后的情况下 [64，66]，将会引发私有研发示范投资，这是部署政策一种重要的附加效应 [18，62，65]。在可再生能源发电领域中，私人研发示范支出占据了研发示范总支出的很大份额。[15]

---

13 例如，2009 年，西班牙可再生能源技术的公共研发支持为 680 万欧元（太阳能光伏）和 630 万欧元（风能），而向此类技术提供的净部署支持达到 26.29 亿欧元（太阳能光伏）和 16.19 亿欧元（风能）[16]。

14 例如，Gillingham 等 [63] 及 Ek 和 Söderholm 等 [64] 注意到，如果生产成本降低，技术的潜在竞争力增加，额外的私人研发示范投资的回报也会增加，从而促使私人市场参与者投入更多研发示范支出，也就代表更低的技术成本、更高的市场渗透率。

15 根据 Criqui 等人 [67] 的报告，过去 25 年（1974 － 1999），风能的私有研发示范支出比公共研发示范支出高出约 75%。国际能源署 [66] 指出，目前，私营部门在能源技术方面的研发示范支出约为 400 亿至 600 亿美元 / 年，约为政府研发示范支出的 4 ~ 6 倍。

当然，二者之间也可能存在冲突。技术部署可能排挤私人研发支持。例如，根据 Hoppmann 等人的研究 [68]，FIT 鼓励德国公司将资源转向新的生产能力，脱离长期研发。但是，关于这一问题，仍然需要进行更多研究。在针对各个领域设定支持资金的水平时，必须考虑各类创新资源间的相互作用。此外，部署支持无法取代公共研发示范支持，反之亦然。它们相辅相成，必须相互协调。

13.2.6 应根据有效性和成本效益标准分析可再生资源发电政策的成效

13.2.6.1 理论依据

在环境经济学中，通常使用有效性和成本效益标准对环境政策进行评估。这是在进行分析时采用的主要标准（通常是唯一标准）。有效性是指政策手段实现可再生能源发电目标的能力，而成本效益是指以可能的最低成本实现该目标（见 13.2.4）。

13.2.6.2 回应

尽管有效性和成本效益是评估可再生能源发电支持体系的主要标准，但是其他标准也与政策相关，即政策制定者通常也会考虑其他标准，因而常被结合使用，来评估现实世界中实施的政策是否具有成效。

首先，尽管在实证研究中一直采用成本效益标准，但即使是成本效益标准也未考虑到以下两个主要方面。

一方面是交易成本。在定义成本效益时，应将与可再生资源发电支持体系的实施和运行相关的交易成本纳入其中。我们应该区分系统安装、系统运行和系统调整 [69]。交易成本可由公共管理部门或公司承担。前者通常称为“行政管理成本” [51]，这应该是成本效益原则的主要部分。事实上，如果符合边际均等原则，并且政策成本相对较低的可再生能源发电政策在行政实施或运行时程序繁冗，并且产生较高的行政和（或）交易成本，则此类政策的效率仍然不高。事实上，令人惊讶的是，在所有分析中都没有考虑到此类交易成本。

另一方面是总政策成本。对支持政策的成本效益分析常常忽略了实现可再生能源发电目标所需的总政策成本。例如，在欧盟资助的 OPTRES 和 RE-SHAPING 项目（分别参见文献 [42，50]）对此类政策进行的最著名的评估中，对不同类型的政策的单一支持成本（欧元 /MWh）进行了对比。但是，可再生能源发电渗入程度已经较高或最近开始大规模部署可再生能源体系的国家的政府比较关注政策的总成本，即单一支持成本与部署水平的乘积。许多欧盟国家太阳能光伏技术的蓬勃发展就是最好的例证。例如，2007—2009 年，西班牙对太阳能光伏的支持资金净额从 1.94

亿欧元增至 26.29 亿欧元，增加了 13 倍。而支持政策的单一成本仅从 2007 年的 39 欧元 /MWh 增至 2009 年的 42 欧元 /MWh。很显然，这为电力消费者带来了沉重的负担，迫使政府采取政策措施，降低总成本（参见 [70] 可了解更多详情）。如果降低此类总成本成为政府的首要任务，那么在选择政策手段和设计要素时，应采取固有的成本控制机制。例如，这种背景下，对于没有容量上限或者对生产的有资格享受的电力未限制的 FIT 而言，设有总预算分配的投标体系是最佳选择。

其次，如上所述，人们对静态效率给予了较多关注，但对动态效率关注较少，即指对政策手段激发技术创新和降低技术成本的能力的关注较少。[16] 如果只是推广普及目前最佳或成本最低的技术，则目前成本较高的技术将无法渗入市场。如果随着普及范围的扩大，目前成本较高的技术具有较大的成本降低潜力（正如一些能源技术研究所示 [66]），那么如果我们现在对此类技术提供支持，就可在跨时期的缓解效率方面获得福利收益（即短期、中期和长期的成本效益）。相对成本效益而言，动态效率提供从跨期视角来考察成本 [51]。因此，当前带有风险的技术，将会从长远上导致不利的经济后果。

尽管如此，对于动态效率标准是否适用于国家政策制定者仍然存在争议。很显然，通过部署或公共研发支持实现的技术成本降低与高效地实现超国家目标密切相关。但是，更多的是从国家层面提供此类支持。当降低成本所产生的利益溢向其他国家时，为什么许多国家愿意在这一方面耗费巨大成本？ [17] 这为采用超国家部署手段和研发支持体系提供了合理的理由。当然，如果存在本地学习的要素，则提出支持的国家会享受一部分此类利益。但是，据我们所知，目前还没有针对学习投资的本地适用程度的分析，这无疑为我们的进一步研究工作指出了一个方向。

第三，在实施新支持体系或改革后的支持体系时，政策制定者会考虑其他标准，包括公平性、社会可接受性和政治可行性。这些标准在一定程度上相互关联。公平性是指政策手段的分布式影响，或多或少会对不同国家及此类国家内部的参与者产生有利影响。支持 RES-E 和其他政策可能不被社会所接受，可能被人们拒绝。社会拒绝的影响可能更广泛（民间团体反对可再生能源的部署或反对部署支持政策），或者具有地方特点（即事不关己的态度）。社会可接受性和政治可行性相辅相成。但令人感到惊讶的是，对于现有和拟定 RES-E 支持体系的公平性影响和政治可行性，目前尚无任何相关研究（[3，72] 是最明显的两个例外情况）。

当然，支持政策的有效性和成本效益是判断政策手段和设计要素政治上可行性的两个主要标准（即低效或成本更高的政策手段更能吸引政策制定者），但是，它

16 Midtum[71] 和 del Río[19] 例外。

17 当然，支持可再生资源发电还会带来其他地方利益，包括降低本地污染和对国外化石燃料资源的依赖性。

们不足以评估拟用于支持可再生能源电力的政策手段能否具有成效。很显然，评估社会可接受性和政治可行性已经超出了传统的经济学领域（政治经济分析除外），应该由社会学家和政治家来解决。这种情况非常适合采用基于多重标准决策分析技巧的分析。在之前的研究（文献 [69] 除外）中很少采用此类方法。最后，将一些标准纳入考虑后，这些标准应彼此独立。实际上，这些标准是相互作用的，因此必须进行权衡取舍，即如果要完善某一标准，很可能需要以损害其他标准为代价（参考文献 [51] 以了解更多详情）。

13.2.7 重点强调欧盟支持体系的协调和互补性

13.2.7.1 常见观点

在欧盟，关于协调支持体系优势劣势的争论由来已久[40，73，74]。协调可定义为在欧盟范围内由上至下实施与可再生能源电力支持相关的一般和具有约束力的条文[75]。实际操作中，是指在欧盟范围内采用的单个可再生能源电力支持体系，而成员国可能仍然依据辅助性原则控制其国内的可再生能源电力支持体系。[18]

协调可带来一些优势[76，77]：

● 内部市场和扩展内部市场的目的是“欧盟既有法”的基本组成部分，实现这一目的是欧盟的目标。因此，从逻辑上看，需要为能源（包括可再生能源）创造一个内部市场。如果偏离此中心目标，则会产生经济甚至是法律影响。

● 单一的欧盟支持体系可确保资源的优化分配，从而实现成本节约。例如，可在太阳辐照度最高或风速最快的最佳地点实现可再生能源电力的生产。

● 单一市场可促进竞争和创新。

● 较大规模的市场降低了可再生能源电力投资者的交易成本，确保实现规模经济，促进在可再生能源领域的额外投资。

● 协调一致的欧盟支持体系和（或）目标更加有效，更易于实施，至少与相对落后的国家支持体系相比是如此。

但是，其他作者对协调带来的益处持批评态度[76]，同时参考文献 [73，77]。

● 在整个欧洲范围内实行统一的支持补偿政策使得利用成本最低的技术和场地的生产商可以获得更高的租金，进而使与实现目标相关的社会成本（纳税人或消费者）显著增加。

● 各成员国（MS）运行可再生能源电力支持体系的地理、法律、政治和市场

18 成员国已经制定了适合本国情况的能源政策，这些政策包括不同的目标、目的和偏好；但并非所有成员国都有相同的可再生能源目标，他们并不希望将其对能力的要求转移到欧盟层面，参见文献 [76] 第 15 页。

条件各不相同。因此，需要协调这些环境条件（只能在一定程度上协调），或者应确保协调一致的支持体系中可以充分反映出未协调的差异。缺乏对具体环境的特殊性的说明会降低支持政策的有效性和效率。

● 为了确保成员国公众能接受协调一致的支持体系，必须实现从政治上可以接受的成本和利益分配。由于成员国数量众多，并且每个国家都有不同的偏好，这必定带来巨大挑战。

● 国内能源政策和不同的政策利益导致难以实现政策间的协调。

13.2.7.2 回应

关于协调的争论大多数都偏于极端化（要么支持，要么反对）。但是，关于“协调”和“国家支持体系”的争论已经过时，它忽略了很多更为现实的中间的方案，包括但不限于成员国之间就其支持体系不断增进的合作与协作。

Gephart 等人[73] 将这些中间方案定义如下：

● “融合”是指不同成员国的政策变得相似。Klessmann 和 Lovinfosse[78] 及 Gephart 等人[73] 的研究表明，欧盟的各项支持政策已经出现四种融合趋势：（1）逐渐采用政策手段组合，不再将一项政策适用于所有情况（如小型电厂采用 FIT，近海风能项目采用拍卖方式）；（2）在欧洲范围内普及上网溢价，作为平衡投资者收益安全和可再生能源电力市场信号风险的方案；（3）由于公共财政赤字（如西班牙、葡萄牙、拉脱维亚、保加利亚、捷克共和国），取消支持体系，或者暂不确定支持体系的趋势；（4）联合支持体系（如瑞典和挪威），协调和合作可最终达到融合。

● 协调可指政府间的知识交流，以及可能对支持体系特定要素的统一和调整。

● 合作是指松散合作的政府，或者（2009/28/EC）可再生能源指令及其实现指令第 6 条、第 7 条、第 9 条和第 11 条所列可再生能源、联合可再生能源项目（成员国间或与第三方国家的项目）或联合支持体系的统计数据转移的可能性。

欧盟委员会发布了《1996 年可再生能源绿皮书》[COM（96）567 最终版]，提出了关于协调的观点，欧盟委员会一直提倡实现协调。但是，面对大多数成员国和欧盟议会的反对，这一政治观点已经从协调转变为了成员国间的协作与合作[76]。在 2008 年《通讯》中，欧盟委员会表示支持不同成员国采用不同的政策手段。目前，欧洲也依照可再生能源指令（28/2009/EC 指令）遵循这一原则。欧盟委员会于 2012 年 6 月发布的最新通讯 [COM（2012）271] 强调了完善支持体系的必要性，并号召对最佳实践、融合和合作（而非和谐）提供指导[76]。

事实证明，这些中间的方案比协调或独立的国家政策手段更加高效，这可参见文献 [48，78，79]。这些文献的作者认为，采用完善后的国家政策后，实现欧盟

2020 年目标的支持成本（410 亿欧元 / 年）比采用欧盟统一支持标准的支持体系的成本低 25%。最近，Resch 等人 [76] 认为，在适度和较大力度的合作与协调政策的作用下，完善后的国家可再生能源政策在实现 2030 年的中等和较强的部署目标的过程中起到重要作用。之后，可将相关支持政策支出维持在相对较低的水平（对于实施新的可再生能源电力体系，年平均支持支出为 228~235 亿欧元），而协调一致的可再生能源交易体系（不绑定）下统一的可再生能源支持政策给消费者带来的负担更重（383 亿欧元）。

对跨国的可再生能源电力补偿体系和市场框架进行协调可带来诸多益处：为投资者带来更高的稳定性和透明度、规模经济、竞争力增强、资源开发利用率增强。因此，欧洲范围内各体系的协调可以在降低可再生能源电力部署总成本的同时，刺激额外可再生能源电力投资。另一方面，必须保证可再生能源电力政策的弹性，确保其适用于各国的条件。如果未考虑具体环境的特性，则会影响补偿框架克服本地市场障碍的能力，降低公共接受程度 [80]。提升合作与协调的程度，决定了高效支持各项政策的融合，依旧意味着今后的进一步研究能否取得丰硕的成果。

13.2.8 应保证投资者投资安全和确保支持体系稳定运行

13.2.8.1 理论依据

有关可再生能源电力研究的一贯原则是保证稳定的投资环境，确保投资者的投资安全，从而促进可再生能源电力投资。从长期投资角度来看，不连续的政策非常不利于可再生能源电力发展，因此，必须避免可能影响投资者信心和扰乱市场的突然的或追溯性的政策变化 [80]。追溯性监管变化是指当前补偿条件的变化，会对在运电厂收益的确定性产生影响。一旦对发电商施行特定的补偿费率，就不得为改善经济状况而追溯性地、任意地调整费率，否则，将会影响投资者的投资安全，使得进一步投资毫无吸引力。目前，我们已经针对新兴经济体国际私营企业（如国际公共事业机构和能源公司、国际投资银行和基金会、国际可再生能源项目开发商）和公共实体（如发展银行、政府部门）在法律安全和政策稳定性方面的相关性进行了实证研究 [81]。

13.2.8.2 回应

尽管我们很难对政策稳定性的优点提出质疑，但我们需要稳定的到底是什么呢？有人可能会极端地认为根本不应该改变支持体系。如果以这种方式理解的话，政策稳定性也会产生非常负面的影响。如果事情没有按照预期（即与预期相比，材料成本有一定程度的增加或减少）发展（有效性或成本效益），这种固执的想法可能引发很多问题。很明显，政策稳定性和灵活性间存在内在的权衡关系，必须在二者间找到平衡点。问题在于，在控制政策总成本时，应稳定投资者对市场稳定性的信心[3]。我们必须避免追溯性政策变化，但是应该允许对新的可再生能源电力投资的政策变化。对政策框架的修改应随着时间的推移逐步进行，并且应该是可预见的。

以往的经验证明了在应对不断变化的条件时及时调整可再生能源电力支持体系的重要性。当投资成本的下降速度比预期更快时，如果无法重新调整支持政策，则可能导致投资者承担过多租金，消费者承担过多成本，市场过热，从而降低可再生能源电力支持体系的政治可行性。换言之，支持体系需动态地适应技术成本的降低。相应地，如果可再生能源发电成本升高，可立即进行调整。但是，只能对新投资进行调整，并且不能以可追溯的方式进行。鉴于能源转型过程中存在各种潜在的非预期的因素，因此必须在未来具有一定程度的弹性（参见文献 [80] 第 10 页）。由于这些原因，必须将弹性微调与足够稳定的长期部署策略相结合，实现长期可再生能源的部署目标[80]。

13.3 结 论

本章通过采用理论依据或实证研究探讨了与可再生能源电力支持体系相关的一些常见观点。应该强调的是，在这些观点中，通常有一定的正确性。但问题在于，这些观点忽略了整体框架，通常只是从非常简单的角度去看待复杂的问题，从而限制了分析的政策相关性。因此，我们给予的回应通常并不是直接否定那些常见的观点，因为这些观点通常包括一些正确的理论依据。回应旨在对这些声明进行补充，并将其观点整合起来。

我们希望分析结果能够对专家学者和政策制定者提供帮助。对于学术专家，本研究所进行的讨论为未来值得探讨的问题提供了研究议程。对于政策制定者，我们提供了欧洲和其他各地在设计可再生能源电力支持体系时必须考虑的不同观点。

本章提要：鉴于可再生能源发电（RES-E）可产生环境和社会经济效益，因此推广可再生能源已成为全世界各国政府的政策优先选择。但是，在那些可再生能源发电已经大量进入其电力组合的国家，更加关注支持可再生能源的政策成本。不论是发达国家还是发展中国家，控制这类成本已经成为制定政策的重点。学术界已在努力寻求更好的解决方案，涌现了大量分析支持可再生能源的效益和成本 - 效益的文献。本研究将从理论和实证两方面进行探讨。实证基于不同方法论，包括案例分析和模型模拟。但是，仍然有些一般性结论无法用实证数据加以有力证明，至少有些观点在理论上仍有争议。通过全面评介理论和实证文献，本章旨在讨论关于推广可再生能源的常见观点，分析提出有效途径，有助于对本课题进行深入研究。

参考文献

1. Renewable Energy Policy Network for the 21st Century (REN21) (2013). Global status report 2013. Paris. http://www.ren21.net
2. Del Río P, Gual MA (2004) The promotion of green electricity in Europe: present and future. Eur Environ J 14:219-234
3. IEA (2011b) R&D statistics. Paris. http://www.iea.org
4. European Commission (2012) Communication from the Commission to the European Parliament, the Council, the European Economic and Social Committee and the Committee of the Regions. Renewable energy: a major player in the European energy market. COM(2012) 271 final
5. Barrett S (2009) The coming global climate-technology revolution. J Econ Perspect 23(2):53-75
6. McKinsey (2009) Pathways to a low-carbon economy. McKinsey & Company
7. Edenhofer O, Carraro C, Hourcade JC, Neuhoff K, Luderer G, Flachsland C, Jakob M, Popp A, Steckel J, Strohschein J, Bauer N, Brunner S, Leimbach M, Lotze-Campen H, Bosetti V, de Cian E, Tavoni M, Sassi O, Waisman H, Crassous Doerfler R, Monjon S, Dröge S, van Essen H, del Río P,Türk A (2009) The economics of decarbonization. Report of the RECIPE project. Potsdam-Institute for Climate Impact Research, Potsdam (Germany). http://www.pik-potsdam.de/recipe
8. Intergovernmental Panel on Climate Change (IPCC) (2007) Fourth assessment report, Working group III. Summary for Policymakers, Geneva
9. IEA (2010) Energy technology perspectives. Paris
10. IEA (2009) World energy outlook. 2009 edition. Paris
11. International Energy Agency (IEA) (2008a) World energy outlook. 2008 edition. Paris
12. Nordhaus W (2008) A question of balance. Weighing the options on global warming policies. Yale University Press, New Haven and London
13. Newell R (2008) A U.S. Innovation strategy for climate change mitigation. Discussion paper 2008-15. Hamilton Project. Brookings Institution, Washington DC
14. Chameides W, Oppenheimer M (2007) Climate change: carbon trading over taxes. Science315:1670
15. Jung C, Krutilla K, Boyd R (1996) Incentives for advanced pollution abatement technology at the industry level: an evaluation of policy alternatives. J Environ Econ Manag 30:95-111
16. Downing PB, White LJ (1986) Innovation in pollution control. J Environ Econ Manag13: 18-29
17. Milliman S, Prince R (1989) Firms incentives to promote technological change in pollution control. J Environ Econ Manag 16:52-57
18. Lee B, Iliev I, Preston F (2009) Who owns our low carbon future? A Chatham house report.

Chatham House, London

19. Del Río P (2010) Climate change policies and new technologies. In: Cerdá E, Labandeira X (eds) Climate change policies: global challenges and future prospects. Edward Elgar,Cheltenham (U.K.), pp 49-68
20. Stern N (2006) Stern Review on the economics of climate change. Cambridge University Press, Cambridge
21. Anderson D (2006) Costs and Finance of Abating Carbon Emissions in the Energy Sector, paper commissioned by the Stern Review
22. Neuhoff K, Dröge S, Edenhofer O, Flachsland C, Held H, Ragwitz M, Strohschein J, Türk A,Michaelowa A (2009) Translating model results into economic policies RECIPE Working paper. PIK. Potsdam (Germany). www.pik-potsdam.de/recipe
23. Bailey I, Ditty C (2009) Energy markets, capital inertia and economic instrument impacts.Clim Policy 9:22-39
24. Gagelmann F, Frondel M (2005) The impact of emission trading on innovation—science fiction or reality? Eur Environ 15:203
25. Pontoglio S (2008) The role of environmental policies in the eco-innovation process: evidences from the European Union emission trading scheme. Paper presented at DIME International Conference "Innovation, sustainability and policy",11-13 September 2008, GREThA, University Montesquieu Bordeaux IV, France
26. Rogge K, Hoffmann V (2010) The impact of the EU ETS on the sectoral innovation system of power generation technologies—findings for Germany. Energy Policy 38:7639-7652
27. Rogge K, Schneider M, Hoffmann V (2011) The innovation impact of the EU emission trading system—findings of company case studies in the German power sector. Ecol Econ 70 (3):513-523
28. Taylor M (2008) Beyond technology-push and demand-pull: lessons from California's solarpolicy. Energy Econ 30:2829-2854
29. Taylor M, Rubin E, Hounshell D (2005) Control of SO2 emission from power plants: a case of induced technological innovation in the U.S. Technol Forecast Soc Change 72(6):697-718
30. Malueg D (1989) Emissions credit trading and the incentive to adopt new pollution abatement technology. J Environ Econ Manag 16:52-57
31. Driesen DM (2003) Does emissions trading encourage innovation? Environ Law Rep 1:10094-10108
32. Ellerman D (2013)What to expect from the third phase of the EU ETS, Workshop economic challenges for energy, Madrid. 11 January 2013
33. Ellerman D, Buchner B (2008) Over-allocation or abatement? A preliminary analysis of the EU ETS based on the 2005-2006 emissions data. Environ Resour Econ 41:267-287
34. Del Río P, Labandeira X (2009) Barriers to the introduction of market-based instruments in climate policies: an integrated theoretical framework. Environ Econ Policy Stud 10(1):1-20
35. Del Río P (2013) O evaluating success in complex policy mixes. The case of renewable energy support schemes. International workshop "Designing Optimal Policy Mixes: Principles and Methods". Lee Kuan Yew School of Public Policy, National University of Singapore. 29 February-1 March 2013
36. Frondel M, Ritter N, Schmidt C, Vance C (2010) Economic impacts from the promotion of

renewable energy technologies: the German experience. Energy Policy 38(2010):4048-1-056
37. Sanden B, Azar C (2005) Near-term technology policies for long- term climate targets. Economy wide versus technology specific approaches. Energy Policy 33(12):1557-1576
38. Azar C, Sanden B (2011) The elusive quest for technology-neutral policies.Environmental Innovation and Societal Transitions 1(1)135-139
39. Del Rio P (2008) Ten years of renewable electricity policies in Spain: an analysis of successive feed-in tariff reforms. Energy Policy 36(8):2917-2929
40. Del Río P, Ragwitz M, Steinhilber S, Resch G, Busch S, Klessmann C, De Lovinfosse I, Van Nysten J, Fouquet D, Johnston A (2012b) Key policy approaches for a harmonisation of RES(-E) support in Europe—Main options and design elements. A report compiled within the project beyond 2020 (work package 2), supported by the EACI of the European Commission within the "Intelligent Energy Europe" programme, CSIC, Madrid (Spain)
41. IEA (2008c) Deploying renewables. Principles for effective policies. Paris
42. Ragwitz M, Held A, Resch G, Faber T, Haas R, Huber C, Coenraads R, Voogt M, Reece G, Morthorst P, Jensen S, Konstantinaviciute I, Heyder B (2007) OPTRES—assessment and optimisation of renewable energy support schemes in the European electricity market. Supported by the European Commission (D.G. Energy and Transport), Brussels, 2007
43. Del Río P, Linares P (2014) Back to the future? Rethinking auctions for renewable electricity support. Renewable and Sustainable Energy Reviews 35:42-56
44. Morthorst P (2000) The development of a green certificate market. Energy Policy 28:1085-1094
45. Tietenberg T (2008) Environmental & natural resource economics: international edition, 8/E Pearson Higher Education
46. Baumol WJ, Oates WE (1988) The theory of environmental policy. Cambridge University Press, Cambridge
47. Goodstein E (1999) Economics and the environment. Prentice-Hall, New Jersey
48. Resch G et al (2009) Action plan futures-e—deriving a future European policy for renewable electricity; Concise final report of the European research project futures-e (http://www.futures-e.org), supported by the EACI of the European Commission within the research programme "Intelligent Energy for Europe". TU Wien, Energy Economics Group in cooperation with e.g. Fraunhofer ISI, Ecofys, EGL. Vienna, Austria, 2009. http://www.futures-e.org
49. European Commission (2008) The support of electricity from renewable energy sources. Commission Staff Working Document, SEC(2008) 57. http://ec.europa.eu/. Accessed 07 Aug 2010
50. Steinhilber S, Ragwitz M, Rathmann M, Klessmann C, Noothout P (2011) D17 report: indicators assessing the performance of renewable energy support policies in 27 Member States. RE-Shaping: Shaping an effective and efficient European renewable energy market
51. Del Río P, Ragwitz M, Steinhilber S, Resch G, Busch S, Klessmann C, De Lovinfosse I, Van Nysten J, Fouquet D, Johnston A (2012a) Assessment criteria for identifying the main alternatives—Advantages and drawbacks, synergies and conflicts. A report compiled within the project beyond 2020 (work package 2), supported by the EACI of the European Commission within the "Intelligent Energy Europe" programme, CSIC, Madrid (Spain)

52. Verbruggen A (2009) Performance evaluation of renewable energy support policies applied on Flanders' tradable certificates system. Energy Policy 37(4):1385-1394
53. Bergek A, Jacobsson S (2010) Are tradable green certificates a cost-efficient policy driving technical change or a rent-generating machine? Lessons from Sweden 2003-2008. Energy Policy 38(3):1255-1271
54. Bosetti V, Carraro C, Duval R, Tavoni M (2011) What should we expect from innovation? A model-based assessment of the environmental and mitigation cost implications of climate-related R&D. Energy Econ 33(6):1313-1320
55. Mitchell C, Sawin J, Pokharel G, Kammen D, Wang Z, Fifita S, Jaccard M, Langniss O, Lucas H, Nadai A, Trujillo Blanco R, Usher E, Verbruggen A, Wustenhagen R, Yamaguchi K (2011) Policy, financing and implementation. In: Edenhofer O, Pichs-Madruga R, Sokona Y, Seyboth K, Matschoss P, Kadner S, Zwickel T, Eickemeier P, Hansen G, Schlomer S, von Stechow C (eds) IPCC special report on renewable energy sources and climate change mitigation. Cambridge University Press, Cambridge.
http://srren.ipcc-wg3.de/report/IPCC_SRREN_ Ch11.pdf
56. IEA (2012) Tracking clean energy progress. Energy technology perspectives 2012 excerpt as IEA input to the clean energy ministerial
57. OECD (2011) Fostering innovation for green growth. OECD green growth studies. OECD, Paris
58. IEA (2011a) World energy outook. Paris
59. National Energy Commission in Spain (CNE) (2013) Information on renewable energy sales. http://www.cne.es
60. Frondel M, Ritter N, Schmidt C (2008) Germany's solar cell promotion: dark clouds on thehorizon. Energy Policy 36(11):4198-4204
61. Sagar AD, Van der Zwaan B (2006) Technological innovation in the energy sector: R&D deployment and learning-by-doing. Energy Policy 34(17):2601-2608
62. Watanabe C, Wakabayashi K, Miyazawa T (2000) Industrial dynamism and the creation of a virtuous cycle between R&D market growth and price reduction The case of photovoltaic power generation (PV) development in Japan. Technovation 20(6):299-312
63. Gillingham K, Newell RG, Pizer WA (2008) Modeling endogenous technological change for climate policy analysis. Energy Econ 30(6):2734-2753
64. Ek K, Söderholm P (2010) Technology learning in the presence of public R&D: the case of European wind power. Ecol Econ 69(12):2356-2362
65. Johnstone N, Hascic I, Popp D (2010) Renewable energy policies and technological innovation: evidence based on patent counts. Environ Resour Econ 45(1):133-155
66. IEA (2008b) Energy technology perspectives. Paris
67. Criqui P, Klaasen G, Schrattenholzer L (2000) The efficiency of energy R&D expenditures. Workshop on economic modelling of environmental policy and endogenous technological change. November 16-17 in Royal Netherlands Academy of Arts and Sciences, Amsterdam
68. Hoppmann J, Peters M, Schneider M, Hoffmann VH (2011) The two faces of market support—how deployment policies affect technological exploration and exploitation in the solar photovoltaic industry. Paper Presented at the DRUID Conference in Copenhagen Denmark,15 -17 June 2011

69. Madlener R, Stagl S (2005) Sustainability-guided promotion of renewable electricity generation. Ecol Econ 53(2):147-167
70. del Río P, Mir-Artigues P (2012) Support for solar PV deployment in Spain: some policy lessons. Renew Sustain Energy Rev 16(10):5557-5566
71. Midtum A, Gautesen K (2007) Feed in or certificates competition or complementarity? Combining a static efficiency and a dynamic innovation perspective on the greening of the energy industry. Energy Policy 35(3):1419-1422
72. Neuhoff K, Bach S, Diekmann J, Beznoska M, El-Laboudy T (2013) Distributional effects of energy transition: impacts of renewable electricity support in Germany. Econ Energy Environ Policy 2(1):41-54
73. Gephart M, Klessmann C, Kimmel M, Page S, Winkel T (2012) Contextualising the debate on harmonising RES-E support in Europe—a brief pre-assessment of potential harmonisation pathways. A report compiled within the project beyond 2020 (work package 6), supported by the EACI of the European Commission within the "Intelligent Energy Europe" programme. Ecofys, Berlin (Germany)
74. Guillón D (2010) Assessing design options of a harmonised feed-in tariff scheme for Europe—a multi-criteria approach. Karlsruhe
75. Bergmann J, Bitsch C, Behlau V, Jensen SG, Held A, Pfluger B, Ragwitz M, Resch G (2008) Harmonisation of support schemes. A European harmonised policy to promote RESelectricity—sharing costs & benefits. A report compiled within the European research project futures-e (work package 3, Deliverable D17). Contract n.: EIE/06/143/SI2.444285
76. Resch G, Gephart M, Steinhilber S, Klessmann C, del Rio P, Ragwitz M (2013) Coordination or harmonization? Feasible pathways for a European RES strategy beyond 2020. Energy Environ 24(1-2):147-170
77. Del Río P (2005) A European-wide harmonised tradable green certificate scheme for renewable electricity: is it really so beneficial? Energy Policy 33:1239-1250
78. Klessmann C, De Lovinvosse I (2012) Minimum design criteria for future effective and efficient RE support—lessons learnt and thoughts for the way forward. Presentation held at joint workshop of EREC and Ecofys on the future development of renewable electricity support schemes, September 19, Brussels
79. Ecofys et al (2011) Financing RE in the European energy market
80. Piria R, Lorenzoni A, Mitchell C, Timpe C, Klessmann C, Resch G, Groscurth H, Neuhoff K, Ragwitz M, del Río P, Cowart R, Leprich U (2013) Ensuring renewable electricity investments: 14 policy principles for a post-2020 perspective Berlin [u.a.]: remunerating-res.eu
81. IEE (Institute for Economy and the Environment) (2010) The price of renewable energy policy risk: an empirical analysis based on choice experiments with international wind and solar energy investors. Confidential report prepared for the IEA, IEE, University of St. Gallen, St.Gallen

第十四章
欧盟碳排放交易系统：一种环境政策工具

J. M. Juez, C. G. Molinos, K. P. R. de Arbulo[1]

14.1 概 述

在当前这个金融动荡的时期，作为欧盟主要项目的货币联盟受到了诸多质疑，近年来欧洲采用的抗击气候变化的策略也引发了激烈争辩。如 Straw 等[1]所述："欧盟在气候行动方面的'先行者'策略受到了强烈谴责和批评。批评者认为，如果欧盟一直保持'孤军奋战'，其一切努力都是徒劳无功，因为欧盟只需负责全球 12% 的排放量。他们认为，这样的努力正在不断增加成本、削减竞争力，并且推动域外经济活动的发展（即所谓的'碳外泄'）"。近年来，由于能源成本增加和国内争辩的不断加剧，此类批评声愈加甚嚣尘上。[2]

通过所谓"20-20-20 气候与能源一揽子计划"[11]，[3] 欧盟承诺将抵抗气候变化

1 Jaime Martín Juez (✉) ; Carlos González. Molinos; Koldo Pinedo Ruiz de Arbulo
Repsol, Madrid, Spain
e-mail: jmartinj@repsol.com
C.G. Molinos
e-mail: cmolinos@repsol.com
K.P.R. de Arbulo
e-mail: kpinedor@repsol.com

© Springer International Publishing Switzerland 2015

A. Ansuategi *et al.* (eds.), *Green Energy and Efficiency*, Green Energy and Technology, DOI 10.1007/978-3-319-03632-8_14

2 但是，欧盟排放交易系统并非唯一面临困难时期的碳市场方法。华沙缔约国大会（COP）后，为了促进国 际碳市场的发展，只实施了极少的开发项目。巴黎气候协议最终文案并未明确碳市场的任何作用 和角色。发展中国家对此持反对意见。正如 Flynn[2] 所述："……已经停止了关于新市场 机制的对话，并且将于明年在秘鲁利马重新开启。与用于连接全球碳定价系统的《多种方法框架》（FVA）相关的讨论也被推迟……"

3 气候与能源一揽子计划是一套具有约束力的立法，旨在确保欧盟实现其拟在 2020 年前要达到的宏伟的气候和能源目标。此类目标称为"20-20-20"目标，设定了需要在 2020 年完成的三个主要目标：首先，到 2020 年将温室气体排放量削减至比 1990 年水平减少 20%；第二，可再生资源在欧盟能源消费结构中所占份额提高至 20%；第三，欧盟国家能效提高 20%[11]。

作为其能源政策的四项首要任务之一，另外三项分别为能源供应安全、经济竞争力以及技术推广与促进就业。

欧盟于 2005 年发布了欧盟排放交易系统，作为抗击气候变化的政策支撑。[4] 欧盟排放交易系统的第一阶段（2005 － 2008）可视为检验如何在欧盟实施市场机制的试验阶段。整套体系共涵盖约 12,000 家企业，涉及排放量约占欧盟排放总量的 40%。第二阶段（2008 － 2012），欧盟排放交易系统扩展至欧盟二十七国以及挪威、冰岛和列支敦士登，并计划对体系进行完善。

在欧盟排放交易系统第一阶段（2005 － 2007），[5] 欧盟排放配额（EUA）价格约为 7 欧元，并于 2006 年超过 30 欧元。排放许可价格激增是许可上限不断紧缩和数量短缺的不确定性引发的结果。由于燃气价的攀升，发电领域从燃气发电开始向燃煤发电转变，因而引起了对排放许可短缺的担忧。仅有电力领域在欧盟排放交易系统中进行交易，当时（根据时态增加）推测在发布 2005 年排放相关数据前，市场中的排放许可仍然会短缺。由于数据表明实际排放量低于预期排放量，因此排放许可缺口比预期缺口小，EUA 价格迅速降至 10 欧元。随着情况日趋明晰，市场的平衡表明，排放许可存在一定盈余，并且无任何排放许可结转至下一时期（“结转”），价格于 2007 年跌至 1 欧元以下。此后，EUA 始终处于该水平。然而，第二阶段的期货价格始终保持在 15~20 欧元。

第二阶段，在第一阶段发现的局限性有所改变。两个主要变化涉及了设定市场上限的过程：首先，向各企业分配的许可必须由欧盟委员会而非成员国评估确定。第二，许可的分配必须与前一时期（2005 － 2007）核准的排放量为基础。这两项措施都是为了确保碳排放配额价格的稳定性。但是，由于已经进入第二阶段初期，经济开始衰退，为体系调整做出的所有尝试均以失败告终。

2008 年上半年，较高的能源价格（原油价格于 7 月达到峰值：147 美元 / 桶）促使 EUA 价格飙升至 30 欧元。但是，低迷的经济导致工业生产活动减少，对 EUA 需求产生了巨大影响。如此一来，企业便无须为确保符合要求而购买 EUA。因此，众多市场竞争者大量出售 EUA，以期获得收益，增加现金流。

4 2009 年颁布了实现气候与能源一揽子计划所列目标的新指令，分别为：可再生能源指令和燃料质量指令。2012 年通过了另一项指令，旨在解决更多涉及能源效率的问题。尽管此类立法从原则上解决了同一问题不同方面的难题，并设定了不同目标，但实际操作中，它们在很多方面相互重叠，影响了碳排放配额价格。例如，通过的新能源效率指令设定了可嘉的目标：即通过促进终端用户采取能源效率措施，刺激分散领域的能源效率提升。但是，2011 年颁布的最初版本已经囊括了发电和精炼领域，并且欧盟排放交易系统指令也已经涵盖了该类领域。如此一来，由于 目标相互重叠、市场中欧盟排放交易系统指令产生了各种不确定性，碳排放配额价格急速下跌。[14]

5 第一阶段是由欧盟委员会实施的“做中学”时期：“急于从学习和体系其他阶段的相关情况中获得经验”。

仅仅 5 个月，EUA 价格从 30 余欧元降至 8 欧元。尽管 EUA 价格在 2011 年上升至 15 欧元，但是过多的许可余量最终导致 EUA 价格在第二阶段末跌破 5 欧元/吨。

在本章其他章节将回顾总量管制和交易体系的主要特点，以生成二氧化碳外部价格信号为出发点，对碳税和碳市场体系进行分析，详细描述两种机制的优缺点。对于欧盟监管者，一套排放交易体系以及通过已确立的严苛限额生成的碳排放配额价格信号是最佳选择。本研究对欧洲体系的主要设计参数（如限额大小、分配方法和抵消的使用）进行了分析，并对需求驱动因素和市场参与者进行了评估。因此，通过要素对欧洲过去 9 年的经济和工业环境下的欧盟排放交易系统进行的评估，可以帮助我们找到主要问题的答案，即欧盟排放交易系统是否有助于实现既定目标。

14.2 内化碳成本

应对气候变化过程中遇到的主要困难之一是面对更多数量的温室气体（GHG）需要大气同化，市场却显得无能为力。大气不能无限地吸收排放的气体，而工业和其他温室气体排放者并未意识到这一点。缺少价格信号，意味着在供需平衡关系中没有自然的激励措施鼓励经营者减少排放。

立法者可能主要采用两种手段解决这一问题，并且设定一个人为的价格信号：碳税或二氧化碳市场。碳税有助于实现二氧化碳减排，并可向排放者提供其未来排放成本的相关信息，但是并未明确说明可能实现的减排总量。而碳市场明确了排入大气的总排放量（“总量管制”），但是并未明确具体价格，因为具体价格并非常数，而是以碳排放配额价格形式存在，并且根据供需平衡关系在浮动变化。这种情况下，价格信号代表边际成本，即满足排放限额的最低减排量的成本。这就是实施欧盟排放交易系统的基本理念。

碳税政策是指各企业[6] 必须就其排放的二氧化碳（单位：吨）支付固定的费用。碳税体系中，碳排放配额价格由市场监管者确定和结算。如 C2ES[4] 所述：“原则上，碳税的设计应确保总量管制交易体系不同来源及不同产业之间的排放量、分配额度以及总成本应当保持在同等水平。但是，要达到这种水平，就必须对碳税进行数次调整，因为周围消费者的响应程度具有不确定性”。

另一方面，在以市场为基础的环境下，各企业必须就其排放的二氧化碳（单位：吨）获得一份许可。许可的价格由市场自身确定，第三方无权干预。因此，在以市场为基础的机制中，排放者可决定其是否需要增加许可需求，并购买所需的额外许可，或者降低其许可需求，并出售多余的许可。这样，实现减排的首批企业通常为减排成本较低的企业。该机制追求的不仅是环境效益，同样也追求经济效益。正如

6 本章的研究范围不涵盖道路交通领域。了解更多详情，请参见文献 [3]。

Ellerman 等 [5] 所述："此类交易为每单位污染确定了一个价格，促使污染者降低排放量，并且向那些需要通过购买许可满足排放需求的企业出售多余的排放许可。排放交易还向创新者提供了信号，促使其寻找更新、更有效的减排方式。由于可以以最低成本实现这一目标的企业的减排量最大，因此，几乎可以以最低成本实现经济体满足排放上限的目标"。

根据经济学理论，两种手段可实现相同结果，并且不会产生任何外部效应或不确定性。因此，政策制定者必须决定其是更偏重减排量（总量管制交易体系）还是更偏重减排的价格信号（碳税体系）。欧盟决定实现既定的减排目标，但可能存在价格波动风险。

如果政策制定者选择总量管制交易计划，需要解决的首要问题就是市场的上限。[7, 8] 碳市场属于人为市场，因此，碳市场依赖于造成市场中此前免费商品（每吨二氧化碳）短缺，从而产生需求。因此，监管视角会对发生需求的机制产生一定程度的影响。目前并无任何以科学技术为基础的评估可以确定排放上限的严格程度。政策制定者必须在涉及限额的稀缺程度和对市场所在国家 / 地区的经济动态产生的影响间寻找平衡点。宏伟的减排目标将导致碳市场排放许可的整体上限降低。因此，预期排放量和分配的免费许可间的缺口将会越来越大，需求不断增加，从而推动碳排放配额价格上涨。

另一方面，如果市场发现分配的所有免费排放许可超过了预计的未来排放总额，则会出现供需顺差，碳排放配额价格将会持续下降。

因此，可能出现这样一种情况，即供（"上限"）大于求，导致不再存在碳市场（"常规商业情景"）。这种情况下，由于不存在稀缺性，不需要总量管制交易体系，因而也就不会提供价格信号。

14.3 确立强劲的碳排放配额价格信号

碳排放配额价格可向企业提供激励，鼓励其采取减排措施，并确保成功实施环保措施，因此激励作用至关重要。实施欧盟排放交易系统初期，市场达成的共识是立法者只需要为拟分配的排放许可总数设定上限。随后，作为实现环境目标所需成本的即时指标，碳排放配额价格会自动上涨。在该阶段，立法者的主要任务是避免碳排放配额价格大幅上涨，确保各企业承担的减排成本不会太高，因为过高的减排

---

7 这并非阻碍体系可预测性和行为的唯一因素，还有其他两个无法预测的因素：减排的未来成本和实际成本，以及未来能源价格和政策。

8 本章对总量管制和交易系统进行了分析，以欧盟排放交易系统为例，通过向企业分配排放许可配额的方式 免费分配排放许可。还有其他一些总量管制和交易系统实例，这类交易系统，不免费分配排放 许可 [10]。

成本可能影响企业的竞争力。

为避免碳排放配额价格过高，欧盟排放交易系统第二阶段引入了采用联合履行机制［所谓的减排单位（ERU）］和清洁发展机制［所谓的核证减排量（CER）信用额］国际抵消标准的可能性。该机制允许符合欧盟排放交易系统要求的成员国以成本效益较高的方式履行其责任和义务。[9]

但是，经济形势不断转变，经济活动不断放缓[10]，市场中的排放许可逐年堆积，形成巨大盈余。这样，碳排放配额价格骤跌，已成为立法者关注的焦点。立法者寻求强健的价格信号，作为减排的激励。但是，由于政策制定者并未获得足够与不同领域二氧化碳减排边际成本相关的信息，当价格极低时（如 2013 年价格），无法保证碳排放配额价格可以促进任何减排行动或吸引新投资。

对于排放系统，此类基本要素与在其他碳市场中的作用一样。但是，在这段时间内（2008 － 2013），许多因素只针对排放系统市场存在，在碳排放配额价格动态方面起着非常重要的作用。该市场的内在因素和特定因素的变化会对价格产生决定性的影响（图 14-1）。

关于内部能源政策的单边和单一国家决策会极大地影响二氧化碳排放量（二氧化碳需求），但对市场中可使用的排放许可的总量不会产生任何影响。这种供需不平衡会对价格产生决定性的影响（图 14-1）。图 14-1 表明了过去几年欧盟的碳排放配额价格动向。

对 2005 — 2012 年欧盟排放交易系统价格趋势的分析表明，第一阶段的主要价格驱动因素与内在要素（核证排放量和限额的主要差异、第一阶段和第二阶段间不存在许可累计的可能性），而在第二阶段，能源价格和经济表现等外在要素会对价格产生较大影响。

9 “……保证欧共体计划环境完整性的同时将京都项目为基础的机制与欧共体计划相连，创造了通过符合《京都议定书》第 6 条和第 12 条规定的项目活动使用排放信用额的机会，确保可以依照指令 2003/87/EC 第 12(3) 条规定履行成员国的义务。因此，这将增加欧共体计划内低成本合规选择的多样性，降低实现《京都议定书》目标的整体成本……计划应列明欧共体计划中运营商可能使用的 CER 和 ERU 的最高数额，确定分配给各装置的许可的比例。确定的比例应与《京都议定书》中成员国的补充义务以及联合国气候变化框架公约（UNFCCC）或《京都议定书》采纳的决策保持一致”[15]。

10 在欧盟排放交易系统情形下，该问题在碳排放配额价格暴跌中起到了重要的作用。2003 － 2007 年，产量每年以接近 3% 的速率增长，但 2008 － 2012 年，则每年以接近 2% 的速率下降。因此，对排放许可的需求大幅下降。正如 Egenhofer 等[6] 所述：“ETS 在 2012 年迎来来之不易的稳定后，普遍认为新的 ETS 将会经受住未来的考验，即可以应对当前缺少全球气候变化协议的情况，提升竞争力，推动实现欧盟经济体的低碳经济目标。但是，2008 － 2009 年出现经济危机，经济输出快速、明显地下降，看似永久地降低了 EUA 价格，摧毁了人们的信心。此后，EUA 价格一直处于每吨二氧化碳 5 欧元的水平，最低时，甚至接近 2 欧元。如果没有政治干预，2020 年之前 EUA 无法大幅提升，主要是因为第二阶段和第三阶段期间，银行可能还有大量尚未使用的许可”。

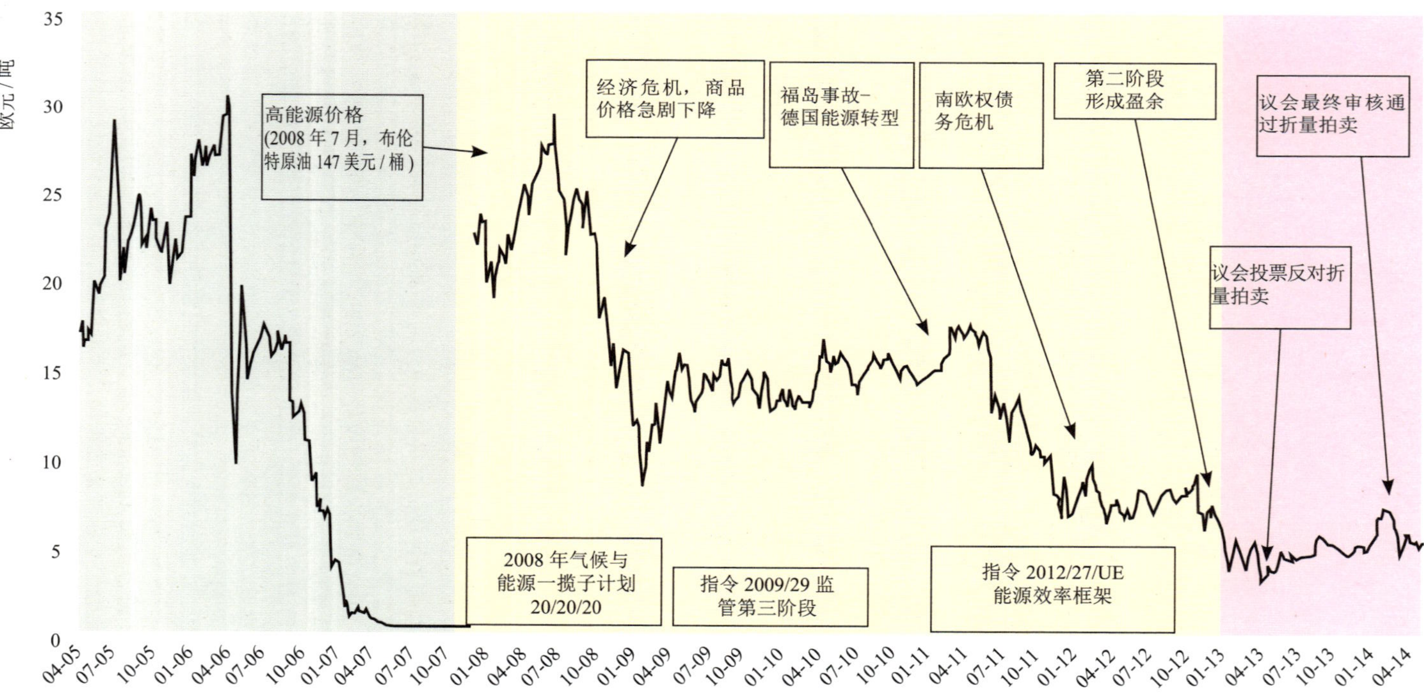

图 14-1　EUA12 月份近月历史结算价格

资料来源：基于彭博数据计算。

14.4 内在要素

欧盟排放交易系统的内在要素可分解为三类：拟分配的许可的数量、分配方法和是否存在抵消机制。上述三类内在要素均为长期要素，即此类要素的影响通常需要一至两年才能显现出来。

14.4.1 限额范围

正如前文所述，限额范围是总量管制交易体系最显而易见的一个要素，因为“稀缺水平”（供需平衡）是减排的最终驱动因素。但是，这不仅仅是欧盟排放交易系统的关键要素，也是所有其他碳市场的关键要素。限额范围之所以成为欧盟排放交易系统的要素，是因为八年来一直不能控制减排许可的数量。缩小上限可增加碳排放配额价格，刺激企业采取更多减排措施，满足排放上限要求[12]。

14.4.2 分配方法

设置排放上限的决策与确定如何根据上限分配许可的决策相互独立，可以以免费或拍卖的方式分配许可。可按以下两个标准分配免费许可：“不回溯原则”或基准原则。

欧盟排放交易系统不是首套总量管制交易体系，但它独辟蹊径，涵盖了不同的经济领域的企业，根据交通运输成本、国际竞争力以及是否会向最终用户转移碳成本形成了各类不同的情形。

在第一阶段和第二阶段，欧盟排放交易系统各成员国的行为非常一致，几乎所有稀缺资源都分配给电力领域，因为他们认为与其他领域相比，在电力领域实现二氧化碳减排的成本更低、也更容易。Ellerman 等[5]指出：“首先，人们认为电力领域的减排成本更低、也更容易。第二，电力领域未面临任何可能引起碳外泄的非欧盟竞争。工业领域在全球市场中充满竞争，其价格也不受欧盟控制。他们认为授予免费排放许可是一种使其避免上调电价，因而丧失市场份额的手段。相反，各电站在欧洲市场内激烈竞争还可转移附加的二氧化碳成本”。

在免费分配排放许可的体系中，市场容量取决于免费排放许可分配与排放许可需求间的差额。运营商间的不对称可能导致在某些情况下，一些运营商持有比其他运营商更多的排放许可，从而刺激市场。

产生不对称性的三个主要原因如下：

● 不公平分配。一些成员国存在此类情况，通常向各个领域分配的许可数量不相同。

● 立法者和企业在实施减排前都不知晓减排所需的边际成本。这种情况下，必须让立法者知晓减排的边际成本，且必须避免立法者通过销售多余的已分配许可获得意外收入。

● 生产和排放的可变性：可能出现引起排放发生变化的各种生产情况（电站停产、维护等）。

排放许可分配制度可以历史排放数据为基础（不回溯原则），也可考虑能源效率（基准点制度）。但无论在何种情况下，分配的免费排放许可数量与排放所需许可数量的差异都会引起排放许可需求，从而导致价格信号出现扭曲。由于许多欧盟排放交易系统运营商都是小型企业，并且在市场中并不活跃，导致影响加剧。如果向此类运营商分配的排放许可出现盈余，多余的许可可能无法进入市场。

但是，监管者可以采取一种简单的方法避免因像上述两种体系中不同运营商分配排放许可的不平衡引起的价格信号扭曲：拍卖。拍卖有助于协助监管者及时纠正分配时出现的各种低效率情况，因为运营商必须对所需排放许可进行投标，价格信号并不显示许可分配和预计排放量间的差异，而只是以预期排放量为基础，所以通过投标获得的价格信号更加可靠。当然，整体拍卖不能彻底消除价格扭曲，因为供货时点可能出现重大变化，所以使市场每日的供需出现临时盈余。

如果不签订温室气体排放全球协议，将拍卖作为分配许可的唯一方式并非明智之举。许多受碳市场监管的运营商都会参与国际竞争，他们将面对许多不需要内化碳减排成本的国际竞争者，很明显，他们在竞争中处于劣势。

第三阶段，欧盟排放交易系统选择了一套综合型分配方法，即在电力领域整体实施拍卖程序，因为电力领域的运营商不会与欧盟之外的其他企业竞争（被绑定客户）。这意味着什么呢？电力运营商在开始发电前就已经对冲了成本（不仅包括二氧化碳成本，还包括新材料成本），因此，销售电力时，电力运营商便可根据二氧化碳及原材料的当前成本以及电力的市场价格确定选择哪种方式更能营利：是生产和销售电力，还是保持对冲状态并向市场反售原材料和二氧化碳配额。这样，电力运营商便可获得二氧化碳机会成本。

其他行业无法转移二氧化碳成本。在欧盟，精炼、化学、金属和水泥生产等行业的企业不得不与不受二氧化碳排放限制的非欧盟国家生产商竞争；由于受到成本更低的进口产品的冲击，此类企业将无法转移额外成本。对于无法向消费者转移成本的行业，欧盟排放交易系统提供了部分免费分配。此外，受到碳成本的影响，这些行业不得不分配其在各领域的利益、损失及贸易量（“存在碳外泄风险的领域”可获得 100% 的免费排放许可，其他领域获得免费排放许可的数量较少）。用于分配免费排放许可的制度以基准点为基础，通常是一项产品设有一个基准点。因此，排放许可分配的计算不会因企业规模、燃料和技术类型的不同而产生差异。产品基准点反映了欧盟国家中生产该类产品前10%最佳商家的温室气体排放表现。因此，欧盟生产该类特定产品的企业收到的免费排放许可的数量与温室气体排放性能最好的前10%的企业相等。超过上述10%的水平后，工业企业每排放一吨二氧化碳必须从市场上获得排放许可，以便满足其排放需求。[11]

14.4.3 抵消

欧盟排放交易系统的结构因素之一是运营商以低于EUA价格的价格进口不同排放信用额（抵消）的能力。这些国际信用额、CER和ERU不由欧盟分配，也不通过拍卖获得，而是由联合国依照《京都议定书》（CER通过清洁发展机制获得、ERU通过联合履行机制获得）颁发，最初目的是通过提供排放交易方面的灵活性协助发达国家实现其在《京都议定书》中设定的目标。

欧盟排放交易系统同意根据排放量或免费分配量的比例在一定阈值范围内放弃此类信用额。与EUA一样，CER和ERU都在二级市场交易。此外，还有各类以CER和ERU作为标的资产的衍生产品、期权、对冲等，但是其价格机制各不相同。

欧盟排放交易系统中，EUA和国际信用额作为合规手段的主要差异如下：

● 流动性：国际信用额的流动性远远低于EUA。

● 均质化：EUA间无质的差异，但是，根据国际信用额采用的技术、原产国和发行日期等，国际信用额或多或少具有一定价值。

● 监管风险：尽管国际信用额有效，但是受到监管者的某些限制。例如，HFC分解项目的CER和不受《京都议定书》第二承诺期具有约束力的目标限制的各国ERU在欧盟排放交易系统第三阶段无效。[12]

由于国际需求疲软，国际信用额价格从2011年开始急剧下降，致使供需严重失衡。欧盟排放交易系统开始接受国际碳信用额，以此作为减少价格上涨、确保体系灵活性的一种机制。但是，国际信用额的大规模使用不利于实现欧盟排放交易系

11　“……根据欧盟委员会（2012）的数据，2012/2013年度，已通过三个特殊途径向市场带入5亿份额外排放许可：（1）已在第二阶段末通过拍卖获得第二阶段全国新加入者未使用的排放许可；（2）欧洲投资银行正在出售固定数额的第三阶段排放许可，以便为碳捕获和储存及创新可再生能源项目（NER300计划）提供资金支持；（3）早期已拍卖部分第三阶段排放许可，以便避免出现2008/2009年度商讨气候变化计划时担心出现的排放许可短缺问题。由于第二个交易期（2008－2012）未使用的排放许可可以延期，并在第三个交易期使用，排放许可的盈余将超过15亿份，甚至达到20亿份，并可能在第三阶段开始时就已经开始累积”[13]。

12　一些定量和定性限制条件也会约束ERU和CER的使用。所有国家都可使用2012年12月31日前登记注册的温室气体减排项目信用额，但以下项目除外：（1）土地使用、土地使用变更和林业（LULUCF）项目；（2）核项目；（3）不符合世界水坝委员会规定的大型水电项目；（4）HFC-23分解项目（从2013年5月1日开始）；（5）己二酸生产的N_2O分解项目（从2013年5月1日开始）。

统减排目标。EUA 和国际抵消间的巨大缺口极大地增加了这一风险，促进了对低成本国际信用额的使用，从而降低了企业投资欧盟排放交易系统减排技术的积极性。为此，监管者引入了上述抵消使用阈值。

由于欧盟委员会决定从 2013 年 4 月开始禁止欧盟排放交易系统内部分类型的项目（HFC-23 信用额）使用国际信用额，国际信用额的使用已成为争论的焦点。考虑到欧盟委员会很可能针对其他项目颁布相似的禁令，关于禁止欧盟排放交易系统参与者使用部分信用额的决策在关于是否在第三阶段使用国际信用额方面引起了极大的法律上的不确定性（图 14-2 和图 14-3）[13]。

14.5 外在要素

14.5.1 燃煤 / 燃气发电差价

碳市场主要驱动因素之一是燃煤或天然气发电的差价，分别称为“燃煤电厂点火差价”和“燃气电厂点火差价”。如果差价包括二氧化碳成本，则称为净燃煤电厂点火差价 / 燃气电厂点火差价。

对差价趋势的分析表明，碳排放配额价格降低时，差价增加，即二者存在逆相关。这是因为燃煤发电成本低于燃气发电成本，但是污染更严重。因此，需要更多排放许可，从而增加了生产成本（图 14-4）。

14.5.2 天气

电力企业是欧盟排放交易系统涉及的主要领域，天气是影响排放量的一个关键因素，因而会刺激 EUA 价格的增长。恶劣天气条件会影响对排放许可的需求，在严寒的冬天，取暖需求增加，增加了煤炭和燃气的消耗量；在炎热的夏天，空调需求增加，增加了电力消耗。风能和太阳能也可通过可再生能源技术改变电力结构，从而增加或降低排放许可需求。

Ellerman 等[5] 指出：“…… 不正常的温度会影响第一阶段 EUA 定价。2005/2006 年度冬季的温度低于平均温度，增加了能源需求，对 EUA 价格产生了正向影响。2006/2007 年度冬季的温度高于平均温度，导致能源需求低于预期需求量，使得第一阶段的 EUA 价格在当时骤跌”。

14.5.3 市场参与者

欧盟排放交易系统参与者主要有三类，根据各自利益和特色划分：金融中介、电力公司和其他运营商。

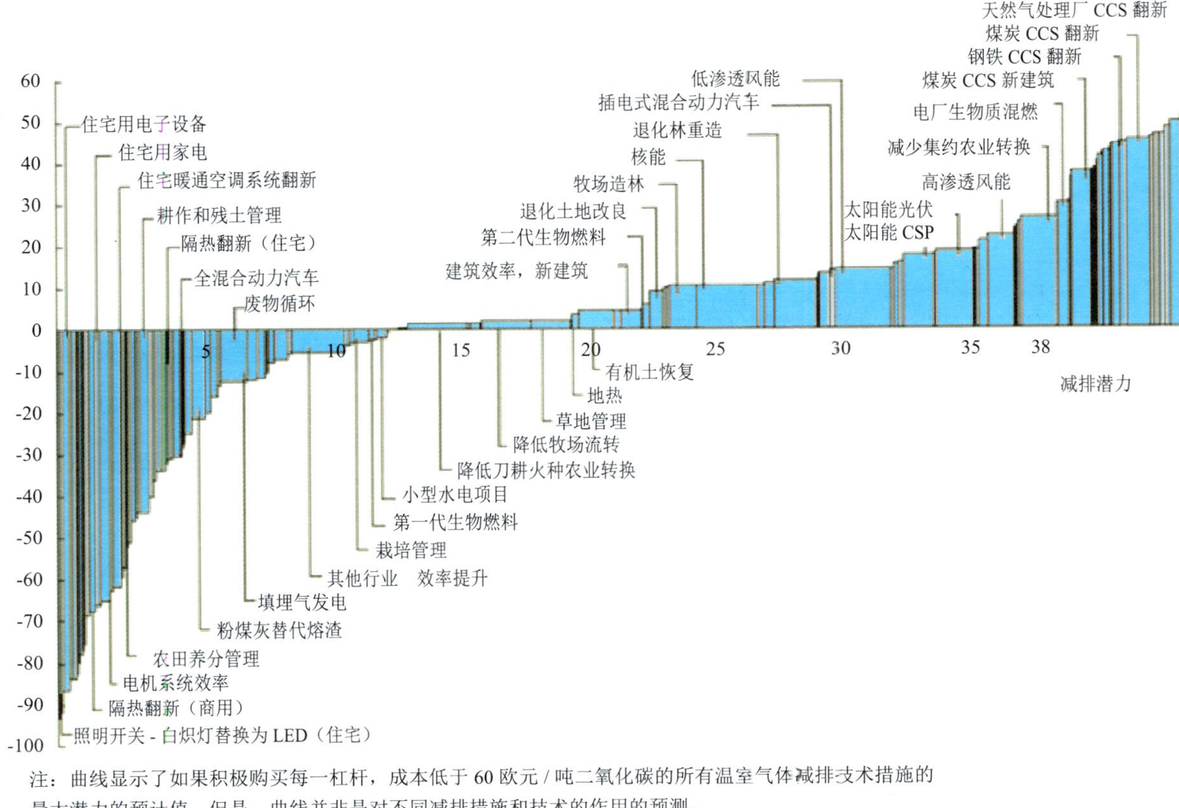

注：曲线显示了如果积极购买每一杠杆，成本低于 60 欧元 / 吨二氧化碳的所有温室气体减排技术措施的最大潜力的预计值。但是，曲线并非是对不同减排措施和技术的作用的预测。

图 14-2 2030 年全球温室气体减排成本曲线（英国标准单位）

资料来源：麦肯锡咨询公司[7]。

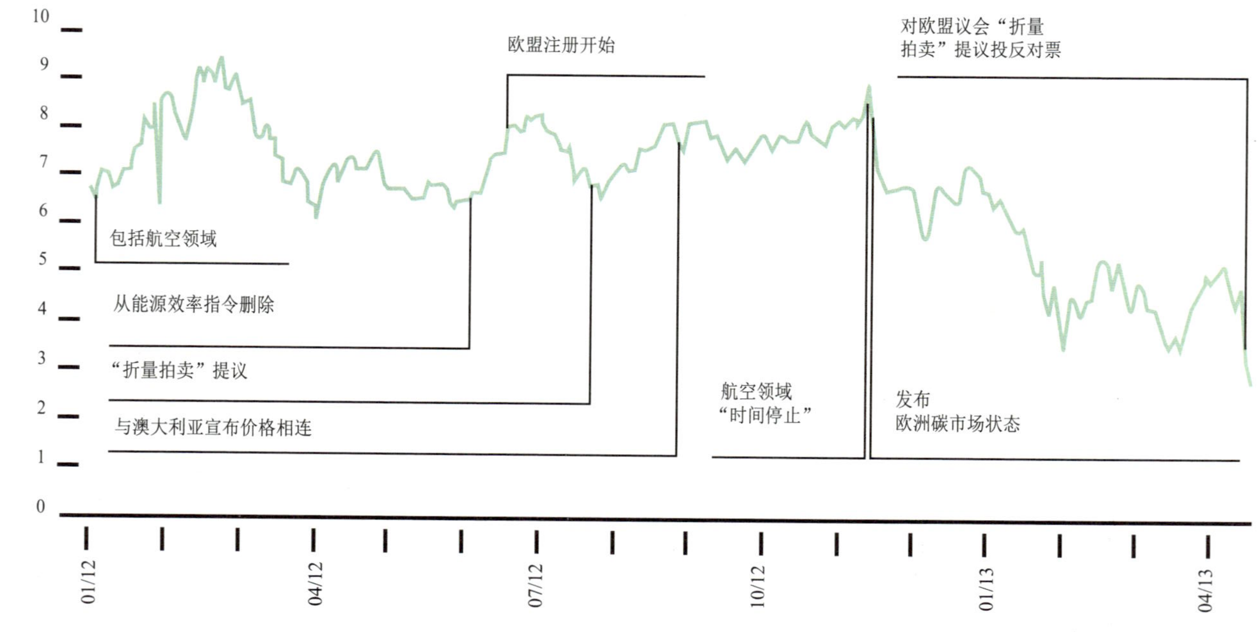

图 14-3　EU ETS 主要开发项目 2012 年的碳排放配额价格趋势

碳排放配额价格来源（交付合同 12 月 EUA 价格）：Thomson Reuters point carbon，2013 年 4 月 14 日。

图 14-4　碳排放配额价格与净燃煤电厂点火差价 / 燃气电厂点火差价

资料来源：基于彭博数据的自算数据。

金融中介包括在排放市场进行交易但不受欧盟排放交易系统规定约束的企业，包括为市场提供流动性的债券二级市场交易的银行，作为 OTC 交易中间商的经纪公司、投资基金、投机商等。在欧盟排放交易系统第二阶段，新兴的碳市场吸引了众多银行和金融机构。但是，碳排放配额价格的暴跌以及欧盟碳政策的不稳定性产生了相反的作用，因为现在人们并不广泛认为碳市场仍可营利。[13]

电力企业在碳市场中非常活跃，因为电力企业通常以未来电力销量对冲当前的排放成本，从现货或期货市场购买排放许可。第二阶段，由于电力企业已经将所有碳成本转嫁至消费者，将不再授予电力企业任何免费排放许可。

“其他运营商”包括其他合规运营商，如油气、造纸、水泥、金属、航空等行业运营商。

此类合规运营商非常担心丧失与不受碳排放成本影响的国际企业的潜在竞争力，因为参与国际市场竞争时，此类合规运营商无法转移全部成本。

13　据巴克莱银行碳和煤事业部前主管所言，在进入市场的 30 家经纪公司中，接近一半已经退出市场，或至少在过去 5 年开始减少其业务活动。根据 CME Group Inc 消息，2013 年，市场中经纪公司所占比例为 10%，达到继 2012 年 30% 后的最低点。

14.6 主要结论

自推出欧盟排放交易系统体系作为实现欧洲气候变化目标和保护能源政策的核心机制如今已近 9 年时间。

本章从相对长远的角度回顾了总量管制交易体系的主要设计特点，尤其是欧盟排放交易系统体系的特点。

通过外部价格信号内化碳成本，并向市场提供可信赖的稀缺信息，是体系取得成功的关键 [8]。

开始推出欧盟排放交易系统体系时，尚不确定核证的排放水平，并且第一阶段（2005 － 2008）受到了稀缺水平不足的严重影响，导致价格下跌。第二阶段（2008 － 2012），根据核证的排放数据设定了限额，在最初几个月中，价格信号持续走强。但是，全球经济危机严重影响了欧洲工业活动的水平。在此情况下，体系内排放许可再一次出现盈余，并且开始逐渐累积，致使许可价格再一次下降。第三阶段始于 2013 年，受到市场中排放许可盈余的严重影响，此时颁布了新的规定，试图稳固长期价格信号。但到目前为止，体系的可信度亦然岌岌可危。由于欧盟排放交易系统运营商现在对其排放许可盈余的状态较为满意，并且认为这种情况可能长期维持，因此他们并未意识到实现减排目标的紧迫性。

因此，我们完全可以这样说，经过对欧盟排放交易系统体系过去的运行分析表明，该体系一直以一种技术方式合理运行。二氧化碳的市场价格说明了供需平衡，当市场中排放许可较少时，碳排放配额价格会在一些时段较高；当市场参与者意识到排放许可出现盈余并迫切需要实现减排时，碳排放配额价格较低。

但是，体系未能提供所需的稀缺性水平，以便产生可促进清洁技术发展并促进减排的价格信号。有些人认为，在 2020 年，欧盟排放交易系统将会实现碳排放比 2005 年降低 21% 的目标，但是，促进减排的原因并非监管者所预期的原因，并且碳排放配额价格也并未证明低碳技术投资的合理性 [9, 12]。

有一些原因可以说明为什么稀缺水平并不恰当，最初几年欧盟排放交易系统领域核证排放量的不确定性、经济危机导致最终商品和电力需求减少引起工业活动减少、与可再生能源和能源效率指令等其他欧洲政策产生的重叠效应、在供大于求的市场超额使用国际信用额、分配免费排放许可避免碳泄漏的效率低下。

但是所有此类不良效应表明，供应或限额并不能解决需求过剩或需求的重大变化。监管者根据拟实现的减排目标设定限额，并未考虑运营商实现减排目标的能力或所需的努力。因此，如果排放许可需求稳健，则实现目标的信心程度将具有不同的含义，企业更希望以更低成本实现减排，而非从市场购买排放许可。或者相反，当需求较低时，减排的结构需求也较低，甚至可能降低限额。

因此，可以得出结论，实施欧盟排放交易系统体系时，该体系并未准确建立预期目标。欧盟排放交易系统的确促进了减排，但是并不清楚实现此类减排的成本是否为最低成本。毫无疑问，欧盟排放交易系统并未能为确保长期气候目标而促进低碳技术的发展。但是，这并不代表所有工作都徒劳无益。这些年获取的经验和知识将在体系改革中发挥重要作用，改革后的体系在技术上将有效可行，并且可将信心水平与需求情况相联系，从而制定欧盟 2030 年乃至最终的 2050 年的气候目标。

本章提要：在世界上最大的碳排放总量管制和交易计划已实行 8 年多以后，其第三阶段业已开始。现在正是评估欧盟排放交易系统作为环境手段的效能的最佳时机，同时，也应该分析欧盟排放交易系统能否以尽可能低于其他手段（如碳税或命令与控制管控）的成本有效实现减排。本章分析政策制定者面对不断增强的碳排放价格信号时的决策，揭示了欧盟排放交易系统体系中碳排放配额价格随时间推移逐渐变化的趋势，并将碳排放配额价格的变化与许多不同因素进行关联分析。此外，本章还分析了与欧盟排放交易系统实施相关的一系列特定要素，以为未来提供经验教训。

参考文献

1. Straw W, Platt R, Aldridge J, Cowdery E (2013) Up in smoke how the EU's faltering climate policy is undermining the city of London. IPPR, London
2. Flynn V (2013) Carbon markets make little headway in Warsaw, Low carbon facts, ENDS Europe
3. OECD (2013) Effective carbon prices. OECD Publishing. http://dx.doi.org/10.1787/9789264196964-en
4. C2ES (2013) Centre for climate and energy solutions, options and considerations for a federal carbon tax
5. Ellerman AD, Convery F, de Perthuis C (2010) Pricing carbon: The European union emissions trading scheme. Cambridge University Press, Cambridge
6. Egenhofer C, Alessi M (2013) EU policy on climate change mitigation since copenhagen and the economic crisis, CEPS working document n 380. CEPS, Brussels
7. Mckinsey and Company (2013) Impact of the financial crisis on carbon economics. Version2.1, 2009
8. Egenhofer C, Marcu A, Georgiev A (2012) Reviewing the EU ETS review? CEPS task force report. CEPS, Brussels
9. CDP (2012) Accelerating progress toward a lower carbon future
10. C2E (2012) Center for Climate and Energy Solutions Market mechanisms: understanding the

options
11. COM 30 (2008) Final 20 20 by 2020 Brussels, Europe's climate change opportunity
12. CPI (2011) Carbon Pricing for low carbon investment
13. ECOFYS (2013) The next step in Europe's climate action: setting targets for 2030
14. IEA (2011) Energy efficiency policy and carbon pricing. OECD/IEA, Paris
15. Linking Directive 2004/101/EC of the European parliament and of the council of 27 October 2004 amending Directive 2003/87/EC establishing a scheme for greenhouse gas emission allowance trading within the community, in respect of the Kyoto protocol’s project mechanisms

第十五章

可再生能源与输电网络

L. Olmos, M. Rivier, I. Pérez-Arriaga[1]

15.1 概述：可再生能源发电的主要特征

可再生能源发电必须大规模并网进入电力系统，才能达到当前在世界范围内制定的能源和环境政策目标[13]。由于可再生能源发电自身的显著特征（包括电力输出的间歇性、成本结构以及可再生能源发电原生资源地理分布不平衡），电力系统中并入较大比例的可再生能源时，将会对电力系统的经济和技术状况产生明显影响。

但是，对于大多数此类技术而言，可再生能源发电产生的电力在很大程度上缺乏预测性（在短时间内除外），具有很大的不稳定性。这主要是因为此类机组的输出功率很大程度上取决于各时间点可获得的初级可再生能源（尤其是风能和太阳能）的数量。太阳能在相对较短的时间内产生较大变化，并且不可预测。为了保持系统中电力平衡，其余发电机组的运行、电力需求以及某种程度上输配电的运行，均需适应可再生能源资源的有效供给程度。

除此之外，可再生能源发电的成本结构也与热力发电不同。热力发电通常在很大程度上确定了大多数电力系统的电价。与可再生能源发电相比，传统发电的特点是投资成本比率较低。可再生能源发电渗透程度较高时，相对于很长一段时间

1 Luis Olmos (✉) ; Michel Rivier
Universidad Pontificia Comillas, Mardrid, Spain
e-mail: olmos@upcomillas.es
Michel Rivier
e-mail: michel.rivier@iit.upcomillas.es
Ignacio Pérez-Arriaga
Universidad Pontificia Comillas and MIT, Madrid, Spain
e-mail: ignacio@iit.upcomillas.es; ipa@MIT.EDU

© Springer International Publishing Switzerland 2015
A. Ansuategi *et al.* (eds.), *Green Energy and Efficiency*, Green Energy and Technology, DOI 10.1007/978-3-319-03632-8_15

内的瞬时成本水平（可用于发电的可再生能源发电资源较多时），反映短期边际成本的市场价格就会明显下降；当大部分可再生能源发电不可用时，价格将非常高，即价格将大幅上涨，这就有可能要求重新考虑当前市场定价规则和输电规定。对于输电，很可能需要提供长期电网接入机制，从而促进远距离可再生能源发电设施的部署。

最后，与用于传统发电的化石燃料相比，大部分可再生能源资源（如满足发电所需风、太阳辐照甚至水）都无法运输至电力系统的其他地区，只能就地使用。因此，只有可再生能源资源就地使用时，才能实现较高的成本效益。这就表明，可再生能源发电的地理分布很大程度上与电力需求不匹配，导致大量电力需要长距离传输。要在较大的区内有效利用初级可再生能源资源，就需要长距离传输大量能源，以便应对此类发电资源的间歇性和易变性等问题，从而导致电力可预测性较低，并对输电网络造成更大压力。这可能要求采用较高电压等级或高压直流技术，因而导致当前大多数输电网络的结构和运营方式发生变化。

缺少风能或太阳辐照时，可再生能源发电需要传统发电提供支持。可再生能源资源在地理分布上越分散，同一时间内缺乏此类资源发电的可能性就越小。在该区域内，某些地方可能有风能，而在其他地方则可能有太阳辐照。但是，要实现地理分布上的互补性，则必须具备足够的输电能力来处理产生这些的电流。此外，需随时通过传统发电提供支持，应对极端不利条件情况（即初级可再生能源资源普遍缺乏），发达的电网使整个区域内共享备用发电装置成为可能。

可再生能源发电的所有此类特征将极大地影响输电网的建立和运行方式，从而影响输电活动的监管和管理模式[16]。本章其余内容设置如下：第二节讨论可再生能源发电对电网扩建规划的影响。第三节重点探讨如何在新背景下监管和管理输电网接入方式。第四节讨论可再生能源发电可能对输电成本分配产生的影响。最后，第五节对我们的分析进行总结。

15.2 电网扩建规划

大量部署应用可再生能源电力后，拥有充足的高效可再生能源资源的地区与匮乏此类资源的地区间电力传输需求的大幅增长，就必须综合考虑实施区域电网扩建规划[22]。同时，必须设立相应机制，对可再生能源发电的长期接入和与传统输电网的并网进行管理。此外，对长期输电能力的需求很可能需要对电网进行优化设置。因此，必须确定此类权利的形式，并重新研究输电和发电的协调机制。

最后，与前述观点相关的是，很可能需要升级输电扩建规划算法，使其可以应对远大于传统扩建规划的系统，同时考虑更多的运行情况，以确定电网规模。

15.2.1 适用于一个地区内数个区域可再生能源发电并网的制度环境

在广袤的地区安装和运行高效可再生能源发电设施，必须建设强大输电网，以确保本地区内各区域间的电力交换。反过来，由于电网强化的受益方往往是区域电力系统较偏远地区的用户（而非当地电网用户），我们需要以紧密融合方式对电网的扩建进行集中规划和管理。换言之，负责确定和审批电网投资项目的实体必须综合考虑该地区所有机构的（正面和负面）利益，这就决定了主导电网扩建的实体的性质。除此之外，我们还要考虑电网扩建过程中各方的责任和相互作用。

前人关于电网建设制度环境的研究报告[20, 25]指出，鉴于电网投资数额大和规模经济的特点，针对众多要求新建的线路征收的电网拥塞费用不足以弥补其成本。若全部依靠私营企业，新线路的电网拥塞费用将最大化，则投资项目将低于社会最优投资。因此，不能仅仅依靠私营企业对电网进行必要强化。此外，由于投资项目通常会使许多电网用户获利，因此，建立一个有益于推进并向新线路投资的利益共同体是一项艰巨的任务。

在以传统发电模式为主的环境下，一个地区的大多数本地系统 [每一个系统由单独的输电系统运营商（TSO）控制] 都具有足够的发电能力，能够满足本地负荷需求。因此，即使由于某种经济原因需要在此类系统中进行大规模电力交换，这种交换也非常有限，通常都是在各系统内部分别实施电网扩建规划。但是，若需要使用在某些区域通过可再生能源发电产生的电力满足其他区域的负荷需求，则输电系统的扩建将对各区域产生积极影响。为此，需要有对这些电网强化项目鉴定、推进和审批的区域机构，或者建立一个较强的系统内部协调机构，以做出相应决策。对区域具有重大影响的新输电系统通常属于监管性投资项目，并且是集中设计和审批的地区电网扩建计划的一部分。

这就表明，区域电网扩建计划不是简单地将由系统运营商和对区域具有管辖权的当地规划机构分别确定和审批的投资项目相加，而需要一个特别系统运营商或区域电网扩建规划机构对扩建计划进行计算分析，并需要一个单独的机构最终审批构成整个计划的每一个项目。需要注意的是，对电网扩建进行集中管理并不仅仅是因为可再生能源发电的渗透率较高。即使是在可再生能源发电对电力供应贡献非常小的地区，对电网扩建进行集中规划并对区域系统和后来市场进行集中运营，也会极大地提高经济效率。而对于大部分（甚至是大多数）电力是由可再生能源产生的系统，电网扩建的集中计算在电力供应保障方面至关重要（即确保系统安全可靠地运行）。

并非所有采用可再生能源发电的地区的电力市场都能很快地满足这种要求。美国中部地区采用的电网的扩建项目由地区系统运营商 EOR 规划，并且地区监管机构CRIE确定是否审批通过各项目(包括计划和私人发起人提出的计划)。迄今为止，欧盟的内部电力市场（IEM）和美国的地区市场开发尚未达到同等的电网扩建规划整合水平。但是，IEM已经采取了一些措施加强地区协调，以期在不久后实现集中化区域输电网络规划。目前，欧洲电力协会TSO、ENTSO-e以及欧盟能源监管合作署（ACER）必须定期制定适用于整个欧洲的电网扩建计划。虽然这种计划只具有参考性质。各国机构可以自行决定是否执行集中规划中的电网扩建部分[9]。在美国，必须区分两个级别的地区电网扩建规划协调。包含多个系统的地区业已确立，在此类地区内实行共同的地区输电网络扩建计划。甚至在某些地区，由地区输电运营商（RTO）负责市场和系统运营协调。相反，此类地区之间的协调（地区间协调）仍然十分松散。联邦能源监管委员会（FERC）第1000号令[10]规定，授权各地区（独立系统运营商或地区输电运营商）制定本地区输电扩建计划，并与相邻地区进行协调。FERC第1000号令还要求系统规划机构负责地区间的电网扩建工作，这样，与在各地区单独核算相比，成本效益更高。但是，这并不能保证相邻地区间的电网扩建存在系统的协调。

通常，需要具有较高输电能力，以便长距离大量输电，这就需要筹集大量资金。同时，这需要确定在未来负责建造输电系统的实体的性质，以及对输电网建设和运营进行有效监管的法规。电网所有者（即筹集所需资金并建造新输电设施的实体）应具有较高的筹资能力。同时，现行法规应确保潜在电网投资者能够收回投资成本并取得合理收益。

正如Newbery等人[17]有关跨国大型基础设施项目融资的研究报告所述，应将在重点关注地区合作的出资实体产生的定向资金，用于具有地区重要性、可影响地区内很多系统和/或具有科技创新性质的项目。若此类项目尚未完全成熟，可能无法成为地区计划的一部分。地区合作基金本身就具有一定局限性，那么鼓励建设非常重要但存在资金困难的项目时使用此类基金应异常谨慎，很可能受益系统之间就项目成本分摊难以达成一致。此类基金可能用于弥补收回项目总成本时存在的资金缺口。

涉及地区电网开发、成本分摊和回收的法规应确保潜在投资者能够得到合理的投资回报。这就要求已有的法规尽可能地稳定，同时，确保地区内的几个系统之间以其认为公平的方式分摊扩建成本，从而避免任何地区反对实施建设项目[2]。本章第四节将对此进行详细讨论。

15.2.2 扩建规划中长期输电合同的整合

可再生能源渗透率较高时，市场价格在很长一段时期内都较低，而在这段时期内，若无法进行可再生能源发电，市场价格将升高。因此，参与短期能源市场投资的运营商的收益波动极大，并且在某种程度上，这种波动在短期内是无法预测的。只要中长期的市场价格均在可预测范围内，且回报和收益可观，就不会对投资者造成影响。然而，它可能被视为是由相关融资机构带来的金融风险，此类风险很可能渗透至资金，使此类项目的成本更高。更严重的问题则是监管的不确定性带来的影响，至少在当前阶段，监管决策决定了可再生能源的渗透程度，导致传统发电和可再生能源发电都将使收益因不确定性影响被对冲。在无法通过监管充分保证收益的情形下，潜在投资者可能对项目的未来收益缺乏信心，进而影响其投资信心。

可以通过实施发电容量机制，使潜在投资者能够更加确定项目的收益。从容量市场到系统运营商与新能源所有者签订的双边合同中都要有实现这一目标的若干机制。可通过上网电价或绿色证书等具体方式激励可再生能源发电投资。但是，仅此一点不足以抵御偏远地区的可再生能源发电不受收益波动性产生的影响，此类地区并未和系统内的使用其输出电力的其他部分保持稳定连接。要确保此类发电站的运行能力，从而保证其营利性，必须确保其输电能力，使其在偏远地区能够将能源输送到各主要电力负荷中心。因此，需要对整体电力输送机制进行部署，确保发电站投入运营之前，就已具备应有的输电容量。

然而，输电权的签发可能确定未来需求。从长期来看，输电权可能会影响运行时间范围。若是物质所有权，则输电权所有人可实际接入电网；若为财权，则电网拥塞费用应归输电权持有人所有。然而，鉴于输电权拍卖的长期性，上述代理商竞拍到其代理权的长期合同时，其实尚不具备应有的电力输送容量。因此，除了需要签署长期电力传输合同，还必须综合考虑今后定位及其他发电运行分布的最佳估计，并计算出电网的最优设置。

输电权的特点可能取决于对输电容量的需要。因此，若将输电权定义为使用相应输电容量（而非输电期权）的责任，则输电容量较小，此时将允许输电权所有人使用该输电容量或获得输电阻塞费用，但是仅在适用时方可使用。若将输电权定义为期权，则输电权持有人最终使用电网或获得输电阻塞费用的不确定性将会更高。输电权的其他特点也会影响输电容量，例如，输电权是否指在系统某个特定点接入电源，并在另一个点断开，即是否将输电权确定为点对点输电权，或者是否对于事先确定的瓶颈点加强电力输送。可能出现的输电阻塞的形式及其对系统效率影响的分析参见文献 [1，20，23]。

鉴于存在长期向可再生能源发电商和传统发电商分配电力输送合同的需求、输电权分配可能对发电项目本身营利性产生的影响以及对额外输电容量的需求，不建议将新能源发电与传统电网相互隔离，而是建议进行联合发电，并进行输电容量拍卖。在此类拍卖中，代理商将递交标书，说明其拟出售的输出连接节点的价格。随后，中央控制系统计划人员将综合考量其对获得电力支付的成本，以及在现有系统条件下参与拍卖的发电商输电情况，从而选择谁最终中标。

有关分析欧洲与周边其他地区电网整合的研究已经对该问题进行过讨论，这些地区比 IEM 拥有更多更具经济性的可再生初级能源，包括北欧北部海域或南部非洲至欧洲南部的海域[5, 7]。

其中的一些问题还将在讨论长期输电权分配时加以探讨。

15.2.3 网络扩展规划的升级算法

鉴于大多数可再生能源发电输出的间歇性以及可再生能源资源地理分布的不均匀性，大规模部署此类发电资源将会导致包含多个系统的区域内电力传输规模和多样性显著增加，这是由整个地区系统条件可变性增加直接造成的。因此，在采用的所有规划程序中，需要考虑的运行状况的数量也会增加。

若需要长距离传输大量电力，如使用北海离岸风力发电、北非到欧洲的太阳能发电、人口稀少的美国中西部大规模风力发电，都需要进行大规模的市场整合，但仅靠强化、升级现有高压电网（在欧洲为 400kV 和 220 kV）远远不够，可能需要建设叠加电网或超级电网，使用更高的电压等级和直流（DC）技术。因此，规划过程必将考虑大量技术选择，包括对现有电网进行小规模但数量较多的交流电网扩建及建设高压直流通道，这可能属于也可能不属于区域超级电网的范围（包括高于常规电压的交流线路）。

由于电网扩建不仅对一个而是对多个区域或系统有益，因此，区域内所有系统网络的开发均应以集成的方式规划。最后，在此后的很长一段时期内，电网扩建规模巨大。为此，已实现的中短期电网投资应与长期目标保持一致，这就意味着实现大规模可再生能源发电的并网需要一个中间步骤（即在日常发电方面，几乎完全取代传统的发电方式）。

在全新的情况下，需要使用高效的计算机工具来计算一个地区的最佳输电网络扩建，所使用的计算机工具可在特定时间范围内自动生成电网扩建的连贯集，此类集之间具有一致性，并且在不同情况下具有稳定性。扩建规划工具必须是动态工具，因此，必须计算部署在不同时间范围内（而非某一目标年份）的电网扩建的一系列连贯集。模型必须是随机模型，以便考虑多种可能影响最优输电线扩建决策随机参数。例如，可在未来使用的可再生能源的数量和种类、电力需求水平、水电来水水平以及化石能源和可再生燃料成本。

此外，模型必须是多标准模型，即通过电网扩建实现的一些主要可量化目标必须以某种方式并入扩建问题的目标函数。可优化的主要系统变量应涉及系统运营的可靠性、输电网络损耗、传统及可再生能源发电产生的二氧化碳及其他污染气体的排放、输电网自身的（可见或不可见）环境影响，以及输电网的投资和变量运算（发电）成本。

鉴于规划问题中考虑到的较长前置时间，假设可以在更短的电网扩建规划分析及运行时间范围内解决电压及无功支持问题，此模型通常只考虑所谓的直流负荷逼近方程。然而，要做出适用于网络中输电性能相关的决定，必须根据要解决问题的规模和技术特点来加以考虑。

扩建规划算法可能以功能分解为基础，使用优化技术和元启发模式，第一个模块旨在自动生成网络扩建计划，第二个模块对每个计划进行评估，并计算其成本和可靠性指标。与输电扩建规划相关的论述请参见文献 [14]。

几个由欧洲委员会出资的项目从多个视角研究了欧洲电网的输电扩建规划，分别是：Realisegrid 项目、SUSPLAN 和 E highway2050 项目。Dii 和 Med grid 联盟进行了关于北非和欧洲电力系统并网的可行性研究[6，8，15，24，26]。

15.3 输电网接入

可再生能源发电和传统发电都必须获得长期输电权。我们必须对其可用性及其影响输电容量分配算法的方式进行研究。

为了使可再生能源发电商更好地解决生产间歇性导致的不平衡问题，短期市场可能需要更加接近实时。这一现象以及长期输电容量产品需求量的增加，必定会影响不同时间范围内可用输电容量的配置方案。

关于电网接入，接入请求的数量可能增加，至少具有丰富初级可再生资源地区的接入请求会增加。同时，可再生能源发电可能会获得接入电网的优先权。因此，必须建立有效机制，处理大部分电网接入请求，并使具备有效运行体系的发电商优先接入电网。

15.3.1 长期输电容量分配过程和长期输电权的形式

长期输电合同和输电容量分配过程的界定涉及拍卖形式和交换产品的形式。如前所述，在对新发电能源的接入签订能源合同时，长期输电容量产品可以与长期能源合同结合。这样，长期发电将与输电容量的拍卖相结合。首先，此类拍卖会在同一实体控制下产生两个过程。另外，输电合同还可以根据能源种类单独出售。但在这种情况下，存在电力分配不足的风险，因为新发电商可能购买不同数量的输电合同和能源合同，这一做法会使其能源供应免遭受输电容量价值波动带来的风险。

若长期分配尚未形成输电能力的输电产品，核心拍卖商应确保输电容量能够满足大部分的有效电力输入和输出，同时还需要确保已向该类输电产品授予输电权（或有足够的资金偿还与输电权相对应的电网拥塞费用）。综合考虑现有输电网和新输电网时，应坚持执行收益充足性标准。换言之，以所签署长期输电合同为基础的电力交易应在电力输入和输出方面同时可行，即使不以长期输电合同为基础，系统也会以最低成本实现能源政策目标（即预期负荷的社会环境可持续性安全供应）。长期输电容量分配问题的特定公式（即考虑了全部约束条件的目标函数）尚未确定。

虽然应在输电合同中规定当前输电容量，但仍然可以将中期输电合同出售给相关机构，因为在供应时间（实时）之前没有足够的时间形成新的输电容量。假设已出售的输电合同与实时内电网的有效使用无关，若在中期拍卖活动中未形成新的输电容量，则此类拍卖活动不会对短期能源调度产生影响。因此，不需要计算中期输电合同出售时的最佳能源调度。换言之，会出现单独输电容量拍卖。很早以前，人们就已对输电容量拍卖活动进行了调查，因此，其内容已广为人知。另外，拍卖的合同类型各不相同。根据下一节的解释，虽然在长期（发电）输电容量拍卖活动中需要考虑所述时间周期内的现有容量，但同样也需要仔细考虑中期输电容量拍卖活动即将获得的输电容量。

长期输电合同规定的电网最终使用或合同所有者获得的电网拥塞费用取决于此类输电合同的形式。输电合同首先应向潜在购买者提供有价值的对冲，即长期输电合同应提供灵活可行的产品，此类产品既可以使所有者免受系统相关条件不稳定性的影响，也可使其免受发电商年输出量不稳定性的影响。因此，在长时期范围内，代理商应重视期权。中期输电合同中，涉及系统整体发展和传统发电商可用输出量的不稳定性会降低，但与影响可再生能源可用数量的特定条件关系不大，因此会降低发电商每年的可用发电水平。传统发电商更加倾向于获得相关义务，但可再生能源发电商则可以期权形式购买。只有在短期输电合同中，可再生能源发电商才对其面对的条件感到心中有数。在任何情况下，愿意购买中长期输电合同的代理商都有权获得期权和相关义务。

代理商可能最有兴趣购买点对点合同，因为此类合同能够为代理商提供免受输电网价格波动影响的完全对冲[23]。只有当潜在输电瓶颈较小时，代理商单独购买瓶颈输电容量权限的行为才有意义。在后一种情况下，购买入网关口输电合同将成为一种趋势，很容易在双边市场中获得此类合同。关于点对点输电权和入网关口输电权的使用，请参阅文献 [12，20，21]。关于此类权利的财政性质和物理性质，两个权利均可使用，但第一种权利不可以物理能源调度为条件。不过，只要获得了物理权利，代理商便可获得企业发电能力付款。关于中美洲市场企业输电合同的规定，请参阅文献 [3，4]。签署企业供应合同会使代理商获得物理输电权合同，特别是具有被视为稳定输电容量（无间断输电）尤其如此。更多信息请见见 Batlle 等人 [1] 关于两种类型产品的交易优缺点分析。

15.3.2 不同时间框架内输电容量的分配

输电容量必须在不同时间框架内分配。如前所述，在某种程度上，可再生能源发电商和传统能源发电商需要在中长期内接入电网，尤其是位于与主负荷中心连接较弱的地区的发电商。与此同时，在短期内也应通过单独或整合方式管理电网的物理接入。

中长期内，每次拍卖活动中初次可用的输电总量应以输电容量需求为条件。否则，若代理商无法在不同时间框架内的拍卖活动中有效地实现输电容量价格套利，则各时间框架内可能会出现无法完全以输电容量价格判断的差异，从而降低输电容量的分配效率。关于各时间框架内可用输电容量的分配情况，请参阅文献 [20]。可再生能源发电比例较高时，可再生能源及其他能源发电商对输电容量的长期需求可能会增加，以便稳固其商业地位。这会取决于可用输电容量分配时间内的配电情况。

从长远来看，应在输电问题扩大之前向代理商分配输电合同。显然，在该时间框架内应考虑现有输电总量和新增输电容量。对此类合同的需求以及发电及其需求发展的期冀取决于新增输电容量。中短期输电容量应根据各拍卖活动的价格水平分配，而对于更大数量的输电容量，很可能在代理商与其长期能源地位匹配之前就已售出。

在短时期内，考虑到大部分发电商（可再生能源发电商）在可用发电容量方面的不稳定性，应尽可能确保能源调度与实时接近，尽可能降低发电商面临的不平衡性。若能源调度延迟并且更加接近实时，则物理输电容量的短期拍卖活动也应采取相应措施。输电容量分配和能源拍卖之间的时间跨度越长，两种拍卖所用条件的差异就越大，因此会降低整个流程的效率。从几项调查研究可以发现，如有可能，应尽量在短时间内同时拍卖能源和输电容量 [11]。

15.3.3 电网接入规定

风力和太阳能发电的可变成本为零，因此在经济高效的发电调度方面具有天然优势。此外，一些规定已在实时电网接入方面给予了可再生能源发电优先权，并未考虑由此带来的经济影响（有时可能会产生负面影响）。在可再生能源发电量较大时，容易发生此种现象。一旦电网无法安全地接纳可再生能源生产的电量，便不再允许可再生能源发电。

在长时间内，可能不需要输电容量储备。输电容量储备系统向发电商提供接入电网的保证，即使系统同一节点或区域内有更高效的发电商，先接入的发电商也不会在能源调度方面被取代，这有利于鼓励首批发电商的加入。但是，输电容量储备机制已成为更高效发电商加入的障碍，因为此类发电商无法接入某些目标区域，或者是面临着频繁缩减问题。

相反，此类希望在其选择的连接点接入电网的代理商可签订长期输电合同。这类合同更多地为可再生能源发电商所使用。该产品的二级市场以及“用进废退”条款会确保输电容量的高效利用比输电容量储备机制更加灵活、有效。

15.4 输电网成本分摊

若可以实现最佳可再生资源的集约利用，新发电商输电线路与相关系统升级的平均成本可能会高于历史成本。此外，某一地区的同区域或地区间的连接线也可能会具有较大规模，因为可再生能源发电可能会离负荷中心较远。因此，区域性或跨国性电网资产可能会获得大额投资，即可能会对多个区域或系统产生影响。这意味着各区域、地区和国家间的输电线路成本分摊规则可以接受地区性所有系统的审查。除非某一地区不同系统的法规机构认为上述规则是输电线路成本的一部分（成本与所获利益大致相符），但是，连接线的建设与此类规则相悖，为此，这一地区会建设一些需求度高的电网资产。

开发可以向新发电商和负荷发送相关区位信号的高效分配计划，是降低必要电网强化设施成本的核心，也是实现给定大规模投资和现有预算约束的关键。下面我们会讨论电网成本分摊机制的基本特征，确保其结果不会受到受益方的质疑。文献 [19，25] 对成本分摊机制从概念到实施的期望特性进行了讨论。

15.4.1 受益方分摊

输电资产成本的公平分摊计算涉及代理商或区域承担的成本份额，应与收益成比例。受益方为电网用户，其预期收支变化源于项目，充分考虑了增加的可靠性的价值和其他非纯经济收益。该原则已在多数系统中获得认可。我们必须在规划流程内考虑对代理商从电网强化项目中所获收益进行的评估。

若输电项目创造的收益超过了其成本，从经济方面来看，该输电项目合理，但是收益也分正收益和负收益（损失）。电网强化项目通常会增加输出区域的用电价格，降低输入区域的用电价格，从而缩小系统各区域的价格差。因此，输电项目会使此前的高价区域内的发电商或此前低价区域内的负荷遭受损失。此外，由于前述差价降低，此类项目会降低现有输电权和输电合同的经济价值。更重要的是，一些实体可能会因环境危害而遭受损失。监管机构应批准通过可以产生净正收益的电网强化项目，这样，即使某些代理商遭受损失，其收益也有可能超过投资成本。相反，监管机构不应批准总收益超过投资成本但净收益（减负收益）低于投资成本的项目，这意味着将无法批准建设一些收益无法弥补成本的项目。

公认的一种比较公平的做法是在电网和用户之间按收益比例分摊项目成本。若项目收益超过其成本，所有受益方的经济状况都会好转，因而不会反对项目的推进。相反，若项目成本超过其收益，此种成本分摊方式不可能使所有实体均受益。因此，采用受益方付费原则，有助于获得相关合作伙伴和所需项目的许可。需要注意的是，在成本分摊过程中，若无法考虑所有正负收益，一些代理商的输电线路的建设可能受阻。因此，即使一些收益很难被定为货币收益（如连接线对所在区域的环境影响或视觉影响），也应在此方面作出努力。

除了受益方付费原则外，还可以将投资成本社会化。社会化不会产生迫使发电或负荷代理商做出决策的区位信号。因此，社会化比较适用于风能或太阳能资源，与此类资源的位置及其对输电成本的影响无关。此外，输电成本很大程度上削弱了成本约束，并消除了考虑输电网络扩展的经济替代方案的动机，因为此类替代方案成本的社会化需要在电力系统决策方面做出重大改变，并会将很多重要的投资决策交由监管者决定。最后，统一单位收费可能会导致人们更加反对权益性投资，因为各方被迫承担的成本远远超过了其实现的收益。

受益方评估值中存在过多不稳定因素时，社会化可能产生与受益方付费原则相似的成本分摊原则，这种情况下可能会出现可靠性驱动式投资。与收益和受益方相关的重大不确定性一般是指大部分预期收益分布较为分散。但是，受益方的成本分摊结果仍然与成本社会化有所不同，因为在更普遍的情况下，一些受益方的不确定性程度较大，而另外一些受益方的不确定性程度较小。

在自由化市场中，发电和负荷通常会从新增输电容量中获益。发电商利用输电系统将其电力输送到系统的其他部分，并从中获利，因此发电商应支付部分电网成本。负荷也会因能源价格降低、可靠性增加或同时存在的情况下从新增输电容量中获益。成本分摊程序应按比例拆分发电和负荷连接线的成本，以便整合发电和负荷两者产生的经济效益。若批发市场的竞争力较高，发电商无法获得额外费用，发电商的所有成本会通过批发市场价格在长期或短期内最终转嫁给负荷消费者。即使按照年度总额或每兆瓦而非每兆瓦时征收上网电费，也会出现这种情况。但是，一些发电商拥有优越的地理位置或获得廉价燃料资源的特殊渠道，因而享有独特的优势；很多其他发电商不参与竞争比较激烈的市场。在这两种情况下，可以向发电商征收输电成本，而无须转嫁给消费者。

从其遵守的其他标准（而非其产生的收益）来看，新连接线成本分摊的不良后果包括：长期连接线成本全部分摊给相关发电商时，发电商会放弃对发电的社会效益投资；或者，若输电成本过多地分摊给负荷方，则会消除发给发电商的区位信号。后者对可再生能源发电尤其不利，因为此类发电需要成本昂贵的输电投资来支撑。向发电商发出的区位信号有助于确保发电商为发展选择经济效率最佳的发电位置。虽然效率较低，但发电商至少应承担各系统中径向互连线的全部成本，而负荷方全部承担了其他电网强化项目的成本。

任何输电规划的运用都应追求收益（或系统成本的降低额度）大于电网成本，以确保实现投资利润最大化。一项健全的规划流程必须提供充分的输电投资受益方的身份信息，以便对此类投资方案进行评估。输电本质上就是在不同地区之间传输电力，输电投资的价值分析需要计算对发电和负荷的区位影响。原则上说，即使收益是多次扩建计划投资的共同收益，此类信息也应有助于按照受益方付费原则分摊成本。因此将某些投资的收益分配给代理商可能需要确定整个扩建计划中的具体收益是由哪一项具体投资产生。

15.4.2 输电费应独立于商业交易

输电费是向从现有输电设施中受益的发电商征收输电费，其他税费应根据电网中用户的位置以及发电商电力输入和负荷输出的预期以临时方式征收，但是不应按照商业交易（即交易主体）征收。换言之，若系统 A 中的发电商与系统 B 中的负荷服务公司交易，则系统 A 中的发电商应按照其向自身系统提供邻近负荷的情况支付输电费。该原则遵循的是“单系统范式”理论：若存在开放电网通道并且整个系统范围内无交易阻碍，则各系统之间的分散交互及其代理商应与系统范围内有效发电调度结果相同，不管交易对方是谁。下面紧接着将讨论独立于商业交易的输电费。该原则的运用不能受到代理商现有合同的影响，因为此类合同既不会改变有效发电调度的物理实时，也不会改变发电需求。

若无法将输电费与商业交易独立，则会导致输电费“叠加”或累加收费。这种现象下，电网用户需要支付累加费用，包括买卖双方之间电力传输区域的输电费。叠加收费使输电费的征收依赖于买卖双方之间行政区域界线的数量。此类定价会限制交易，并使买方无法找到低成本的卖方。因此，产生的背理动机会导致输电投资效率较低，并且会使电网运行变得更加复杂。叠加收费通常会发生在欧洲和美国。欧盟内部能源市场（IEM）10 年前就明令禁止叠加收费，但是美国的区际贸易中仍存在叠加收费的现象。

15.4.3 一次性计算输电费

应在新电网用户安装之前计算新电网用户的输电网络费用，并且不得或至少在合理时期内不得更新该费用。这是发送可靠经济区位信号的唯一方式，投资者需要考虑这一因素，选择金融风险较低且最便利的发电位置。这对风力发电和太阳能发电来说尤为重要，因为在很多位置都可进行此类发电。

区位信号用于鼓励潜在新发电商从输电网的角度选择便利的发电位置，例如新发电商的出现会减少（或至少不会增加）电网强化项目的需求。输电费用也可能会影响利润不足的旧发电站是否停用的决策，但是不会对消费者的选址决策产生重大影响，因为输电费用只占消费者承担总电力成本的一小部分，通常不会成为消费者预算的主要组成部分。

新发电投资一旦进入建设期或投入运行，便不会受到区位影响，新发电商请求接入电网的某点时，系统运营商应告知发电商未来 10 年（或类似时间期限）内会向其征收输电费。由于影响发电站营利性的大部分主要因素不确定，所以运营前 10 年的确定性就足以使投资者决定是否在某一区域建设新发电站。TSO/SO 在 T 年内收到的其他信息不得反应 T 年新增用户在未来 10 年内应支付的费用，但是此类信息可用来更新上网电费的轨迹，该轨迹会在 T+1 年初公布，适用于任何新增用户。

大量源于可再生能源的电力使得未来的适用条件更加难以预测，如经济分配情况一样。由于无法合理预测电网使用量，与可再生能源渗透率较低的情况相比，事前计算的输电税费将比较低效，因为此类输电税费可能会不适用于未来的系统条件；另一方面，定期更新上网电费将导致无法实现向预期投资者发送可靠区位信号这一主要目的。

15.4.4 输电费的形式

输电费形式的选择会对市场代理商的短期和长期行为产生影响。例如，容量式输电费（欧元 /MWh）成为发电商可变生产成本的额外组成部分，因此会对发电的经济分配造成影响，因为输电费向可变成本引入了一种虚假成分。另一方面，发电商的容量电价（欧元 /MW）会成为新发电设施投资者必须承担的额外固定成本。统一容量电价会不当损害倾向于基础负荷发电商的最大利益。在规模和位置条件平等的情况下，基础负荷发电商会更大程度地利用电网，并从中获得比峰值负荷更高的利益。因此，所述输电费应由发电商或消费者的固定费用构成，或者由取决于位置和发电技术或消费者类型的容量电价构成。

15.4.5 区域市场的成本分摊

在未来可设想的大部分情形下，预计可再生能源发电会导致某一地区各区域间电流的增加。因此，大部分电网会被外部代理商使用，因此，需要制定跨区域关税或费用方案。地区性新电网强化项目的成本分摊机制应规定该地域内的国家或系统根据其从强化项目中所获收益的比例承担电网成本。否则，此类国家可能会反对建设地区亟需的输电设施，以便实现所需可再生能源发电的整合，进而实现环境政策目标[18]。如上所述，若未在地区范围内集中利用合适的机制分配所有电网投资的成本，则在分配地区性（跨区性）大型电网基础设施的成本时，会采用临时机制。此类临时机制可能会导致各国出现单边费用。投资此类系统不会从投资中获得显著利益，但又必须承担与此类项目有关的部分费用，因此这类单边费用应由其他系统相关电网投资的主要受益国家或受益系统支付。

此外，若发电商（至少是大型可再生能源发电商）在地区范围内通过在系统的其他区域（而不是其所在区域）销售电力输出开展竞争，就要在此类发电商之间实现公平的竞争环境，就需要通过常见收费方案或关税计算等协调方案，计算出所有发电商应支付的电网关税。需要协调的方面至少应包括发电商承担的电网成本部分，因为发电商和电力消费大户是此类电网的用户，此类用户的经济决策主要受输电费范围内其应支付的电价水平以及弥补长期成本所需输电费电价结构的影响，但不会影响代理商的短期运营决策。即使如此，仍然有必要采用 15.4.1 ~ 15.4.4 所描述的成本分摊原则。

15.5 结 论

为了实现长期环境政策目标，需要进行大规模可再生能源发电并网。由于此类发电不稳定且无法预测，而且某一地区的初级可再生能源分配不均匀，因此应对输电活动相关规定进行相应调整。

我们必须对输电活动的主要方面做出相应改变。电网扩建需要集中规划和管理，以便考虑和权衡各系统或国家界限之外的利益。同时，新输电产品（即长期输电合同）应向可再生能源和传统能源发电商创造具有吸引力的投资条件。电网扩建规划算法也需改善，使其适用于规模更大的地区系统和更多样化的运行条件。

分配稀缺输电容量时，应考虑促进发电商长期履行输电合同的需要，并且应重新考虑在不同时间框架内拍卖的输电总量；应以合同形式在长期内分配大部分的输电容量。在实时之前分配短期输电容量，可能会与能源调度同时发生，所以可再生能源发电的电力输出量与实际所需量比较接近。与此同时，应根据长期输电合同调整电网接入规定。

最后，应采用成本分摊原则分摊输电网成本。但是，为了不影响可再生能源发电的分配，实现可再生能源发电及相应的远距离巨大电流传输，就必须使用此类原则。因此，地区性大型新增电网基础设施的成本分摊应以受益方付费原则为基础。电网用户支付的费用应在大周期内计算一次，而不能取决于商业交易；输电费用则应是固定付款，不能按照能源或输电容量分摊；并且需要协调某一地区适用的输电费用，确保其差值不会削弱地区发电商的竞争力。

本章提要：实现大量可再生能源的并网必将影响输电网络的建立与运行。在大区域范围内有效利用主要可再生能源资源，要求长距离输送大量能源，这将因应对可再生能源的间歇性和不稳定性给在用输电网络带来更大压力并减低可预见性。本章探讨了可再生能源对输电网相关系统功能产生的主要影响。这就很可能需要在地区水平上进行并网扩展规划，而在规划过程中需要考虑长期输电权。这种长期输电权必须授予可再生能源发电，同时有必要对输电技术做出相应改变。市场将可能需要更加接近实时，以更好地解决因可再生能源发电引起的不平衡。电力接入连接需求数量也会增加，至在少拥有丰富可再生原生资源的地区是如此，这些资源可能需要优先接入电网。最后，由于无法适当预测电网使用情况，基于输电费计算的事前估计将会比较低效，因为其不大可能反映将来电网系统的情况；另一方面，定期更新电网收费将难以达到向潜在投资者发出可靠定位信号的目的。

参考文献

1. Batlle C, Mastropietro P, Gómez-Elvira R (2014) Toward a Fuller Integration of the EU Electricity Market: Physical or Financial Transmission Rights? The Electr J. Accessed 17 Jan 2014. ISSN: 1040-6190. doi: 10.1016/j.tej.2013.12.001
2. CPI (2012) European electricity infrastructure: planning, regulation, and financing. Climate policy initiative. http://climatepolicyinitiative.org/wp-content/uploads/2012/01/EU-Grid-Workshop-Summary-2012.01.25.pdf
3. CRIE (2005a) Libro II del Reglamento del Mercado Eléctrico Regional: De la Operación Técnica y Comercial. Comisión de Regulación de la Industria Eléctrica. Guatemala
4. CRIE (2005b) Libro III del Reglamento del Mercado Eléctrico Regional: De la Transmisión. Comisión de Regulación de la Industria Eléctrica. Guatemala
5. Dii (2013a) Desert power: getting started. The manual for renewable electricity in MENA. Desertec industrial initiative GmbH. ISBN 978-3-944746-09-8. http://www.dii-eumena.com/publications/getting-started.html
6. Dii (2013b) Desertec industrial initiative GmbH. http://www.dii-eumena.com/

7. EC (2008) Communication from the commission to the European parliament, the council, the European economic and social committee and the committee of the regions—second strategic energy review: an EU energy security and solidarity action plan {SEC(2008) 2870} {SEC (2008) 2871} {SEC(2008) 2872} (PDF). European Commission, 4–6. Accessed 31 Jan 2010
8. E-highway2050 (2013) Modular development plan of the pan-European transmission system2050. European Commission FP7 project. http://www.e-highway2050.eu/e-highway2050/
9. ENTSO-e (2013) Draft ENTSO-e work programme: Autumn 2013 through December 2014. European network of transmission system operators for electricity. http://www.acer.europa.eu/Official_documents/Acts_of_the_Agency/Opinions/Documents/131024_ENTSO-E_Annual%20Work%20Programme_2013%20through_2014_Final.pdf
10. FERC (2012) Transmission planning and cost allocation by transmission owning and operating public utilities, Docket no. RM10-23-001; order no. 1000-A. Federal Energy Regulatory Commission. http://www.ferc.gov/industries/electric/indus-act/trans-plan.asp
11. Gilbert R, Neuhoff K, Newbery DM (2004) Allocating transmission to mitigate market power in electricity networks. Rand J Econ 35(4):691–709
12. Hogan WW (1992) Contract networks for electric power transmission. J Regul Econ 4:211–242
13. IEA (2013) World energy outlook 2013. International energy agency. http://www.worldenergyoutlook.org/publications/weo-2013/
14. Latorre G, Cruz RDJ, Areiza M, Villegas A (2003) Classification of publications and models on transmission expansion planning. IEEE Trans Power Syst 18:938–946
15. Medgrid (2013) Opening new lines for sustainable electricity. http://www.medgrid-psm.com/
16. MIT (2011) The future of the electric grid: an interdisciplinary MIT study. Massachussets Institute of Technology. http://web.mit.edu/mitei/research/studies/the-electric-grid-2011.shtml
17. Newbery D, Olmos L, Ruester S, Liong SJ, Glachant JM (2011) Public support for the financing of RD&D activities in new clean energy technologies. A report published within the Framework Programme 7 project THINK. http://www.eui.eu/Projects/THINK/Documents/FinancingInnovation(v2).pdfS
18. Olmos L, Pérez-Arriaga JI (2013) Regional markets. In: Pérez-Arriaga I (ed) Regulation of the power sector. Springer, London, pp 501–538
19. Olmos L, Pérez-Arriaga IJ (2009) A comprehensive approach for computation and implementation of efficient electricity transmission network charges. Energy Policy 37 (12):5285–5295
20. Olmos L (2006) Regulatory design of the transmission activity in regional electricity markets. PhD dissertation. Universidad Pontificia Comillas
21. Oren S, Ross AM (2002) Economic congestion relief across multiple regions requires tradable physical flow-gate rights. IEEE Trans Power Syst 17(1):159–165
22. Pérez-Arriaga JI, Gómez T, Olmos L, Rivier M (2011) Transmission and distribution networks for a sustainable electricity supply. In: Markandya A, Galarraga I, González M (eds) The handbook for the sustainable use of energy. Edward-Elgar Publishing, Cheltenhams
23. Pérez-Arriaga JI, Olmos L (2005) A plausible congestion management scheme for the internal electricity market of the European Union. Util Policy 13(2):117–134

24. Realisegrid (2013) Research, methodologies and technologies for the effective development of pan-European key grid infrastructures to support the achievement of a reliable, competitive and sustainable electricity supply. European Commission FP7 project. http://realisegrid.rseweb.it/
25. Rivier M, Pérez-Arriaga JI, Olmos L (2013) Electricity transmission. In: Pérez-Arriaga I (ed) Regulation of the power sector. Springer, London, pp 251–340
26. SUSPLAN (2013) Development of regional and European-wide guidelines for more efficient integration of renewable energy into future infrastructures. European Commission FP7 project. http://www.susplan.eu/

第十六章
长期发电组合的绩效评估

J. M. Chamorro, L. M. Abadie, R. de Neufville[1]

16.1 概 述

发电投资通常会引发两种效应：（1）能源组合效应，即新建发电厂和公用事业拥有的或位于某个国家的现有多座发电厂之间的相互作用；（2）期权价值效应，即某项技术的使用率随着未来发展的不确定性或高或低，具有一定灵活性。人们很久以前就已意识到发电产业投资价值的合理评估需要抓住以上两种效应[7]。换言之，如果需要确定混合燃料多样化程度，则需要采取多种评估方式，从静态和动态方面权衡多样化投资组合带来收益与风险。

均值—方差投资组合（MVP）理论特别适用于第一项任务[25]（即能源组合效应评估——译者注）。其标准框架假设投资者正面临着（财务）投资组合选择问题。若可获得资产平均收益、方差和协方差相关信息，则可为整套资产和资产组合绘制风险 / 收益图。若投资者倾向于收益投资而非风险投资，则可以确定出其有效边界，即某项资产组合可在一定预期收益水平前提下使风险最小化，或将在一定风险水平下使投资收益最大化。MVP 理论可以使投资者确定有效选择的范围。某项投资组

1 José.M. Chamorro (✉)
Department Financial Economics II, University of Basque Country UPV/EHU, Av. Lehendakari Aguirre 83, 48015 Bilbao, Spain
e-mail: jm.chamorro@ehu.es
Luis.M. Abadie
Basque Centre for Climate Change（BC3），Gran via35-2，48009, Bilbao, Spain
e-mail: lm.abadie@bc3research.org
Richard de Neufville
MIT Engineering System Division, 77 Massachusetts Av, Cambridge, MA 02139, USA
e-mail: ardent@mit.edu
© Springer, International Publishing Switzerland 2015
A. Ansuategi *et al.* (eds.), *Green Energy and Efficiency*, Green Energy and Technology， DOI 10.1007/978-3-319-03632-8_16

合是否符合其在预期收益和风险方面的个人偏好（最优资产组合）取决于投资者本身的判断。MVP 理论通过以下两种方式提高决策水平：（1）简化投资组合选择问题（根据有效边界缩小选择范围）；（2）降低投资多样化带来的风险。

MVP 理论已经应用于不动产领域，例如以确定公用事业或国家发电资产最优投资组合为目标的发电厂[2-4, 8, 20, 21, 32]。Bazilian 和 Roques[7] 对电力设施规划的 MVP 理论的一系列最新应用进行了简要评述。早期 MVP 应用大部分是从国家或社会的角度出发，以发电成本为基础，注重燃油价格的不确定性，但最近则从私人投资者视角开展了一些研究。这些研究也需要考虑更广范围的风险，包括电价、排放配额价格，以及燃料、电力和碳排放配额价格之间的差异等。

从动态角度来看，发电技术应用环境和不确定性和以及这些技术在不同情况下应用的灵活性至关重要，但却难以把握。实物期权方法（ROA）旨在量化可由（项目）管理人自由处置的一些期权（如投资时机、规模、阶段等）的价值。参阅 Dixit 和 Pindyck[14] 以及 Trigeorgis[34] 的文章。

当我们谈到 ROA 研究电力技术投资时，通常需采用有关商品价格随机行为相对限制性假设。此外，这些商品的期货交易合同可能很容易获得，但在对于这些涉及长达数十年的基础设施投资的流动性可能会变幻莫测。关于 ROA 应用实例，请参见 Murto 和 Nese[26]、Roques 等 [31]、Nässäkälä 和 Fleten[27]、Blyth 等 [9]、Abadie 和 Chamorro [1] 的文章。

自由化电力市场的投资者一般都会关注其投资的预期收益和风险。同时，决策者也会将电厂投资向特定方向引导（例如，从社会公益视角——与私人投资相反的方向考虑）。我们提出了一个通过均值－方差方法评估不同发电组合的模型，重点关注了电的预期价格和不同发电组合随时变化（包括新增投资和原有电厂停用）引发的价格波动。

我们的方法和 MVP 投资组合方法有着显著不同。后者旨在找到高效的燃料能源组合，以期最大程度上平衡发电厂多样化投资组合带来的风险和预期收益。而“有效边界”通常指的是单一周期内的不确定情况，即从静态角度出发。而我们研究的是一种动态的多周期方法，并对数十年来不同发电组合的绩效进行评估。与均值—方差方法相似，我们的方法可以只考虑行业或决策者关心的少量特定发电设备。我们在标准的风险预期成本（或收益）空间内描绘了两种方式，这有些与投资组合方法一样，但其涉及的内容却大不相同，即随时间变化的“投资组合”在多年的时期内表现如何（从用电价格方面考虑）。

该模型由模拟和优化两个阶段组成。优化模型将使约束目标函数最小化。该目标函数主要考虑两种系统成本：发电系统成本和停用 / 损失负荷系统成本。约束条件可分为两组：物理环境和经济环境。如果物理环境存在不确定性，电力基础设施可能无法运行。如果经济环境存在不确定性，电价会在适当情况下显示出均值回归性和季节差异性。同样，负荷也具有季节性和随机性。优化模型提供了任何时间段内各项技术和现役负荷的发电水平，以及总发电成本、碳排放量和碳排放许可成本。我们以 20 年为一个投资周期（英国未来能源方案中就采用了该年限）。由于在此期间内新电站不断投入运行，另一些电站被停用，因而电网拓扑会自然发生变化。每年细分为 60 个时间段（每月 5 个），即优化问题的相关周期为 1/60 年。[2]

该优化模型以蒙特卡罗模拟为基础。无须赘言，如果想使这些模型更具现实性，我们必须从官方统计数据、市场数据等方面对基本参数进行数值评估。单步运行法确定了 60×20=1,200 个连续时间步长发电基础设施的运行状态。随机负荷值、风力和水力发电、化石燃料价格和碳排放配额价格也以同样的时间步长来确定。在每一种情形下，优化问题的解决取决于当时当地的情况，电力则根据网络拓扑实现最优配电。因此，一次模拟包括 1,200 个优化项。我们将样本抽取重复 750 次，以解决 90 万个优化问题。因而我们得到每一相关变量 750 次的资料。从这些模拟中，我们可以确定一些度量标准（不仅仅是平均值），而且可以根据主要变量得出效应的累积分布函数。

因此，该模型可以根据预期价格结果和该预期的相关标准偏差评估预定发电组合的绩效。这两条信息属于投资组合理论的均值－方差方法。此时，可以根据其他度量（如运营成本、中断电负荷、碳排放量等）评估（不同发电组合下）整个系统的绩效。通过比较相关绩效，可以揭示其优势和不足。

当然，未来的不确定性会影响未来现金流的贴现率。一些相关文章曾以两种（或多种）贴现率展开分析，例如 Roques 等 [32]。另外一种惯例是假设一种可以表征风险和收益平衡的特定效用函数 [22]。该函数的一个输入值为风险规避系数。然后通过两种三种或更多等级的风险规避展开分析 [16，33，38]。在我们的方法中，期货市场发挥了主要作用。除了其信息角色之外，期货价格的使用确保以无风险利率实现贴现。这一事实回避了关于恰当贴现率的讨论。

为演示该模型的工作机理，我们采取了启发式应用，重点考虑了规划期间至 2032 年的英国未来能源方案。我们采用了基本负荷和峰值负荷技术，还根据英国能源与气候变化部（DECC）在规划周期（2013 － 2032）内的时间安排配备了电

2 这与相关论文中通常采用的在一年（或更少）投资期间内，以一小时（或更短）为基础的经济调度相反。例如，Delarue 等 [12] 考虑了每小时负荷模式（7 周以上）以及爬坡约束的相关调度问题。以年为单位根据小时数（8,760 步）使用该模型时，除了计算时间增加以外，不存在其他任何重大问题。但是，我们的长期模拟模型会在更长的时间间隔（如一周，而不是一小时）内产生优化问题。

力技术产能。英国参与了欧盟碳排放交易体系，因此各发电商均会遵守温室气体（GHG）排放限制。需要注意的是，英国政府已宣布从 2013 年 4 月 1 日起在电力行业执行碳交易最低价制度。二氧化碳初始价值为 16 英镑 / 吨，2020 年的目标价格为 30 英镑 / 吨，2030 年的价格为 70 英镑 / 吨。各项发电组合可以通过根据需求改变燃料投入和电力产出，实现优化管理。

除第一节概述外，本章结构如下：第二节介绍理论模型，根据物理环境和经济环境的区别，探讨优化调度问题。第三节展示了四种动态发电组合的启发式应用方法，提出四种组合为英国 2012 — 2032 年期间提供一系列潜在路径。最后一节对我们的主要发现进行了总结。

16.2 模 型

本章提出一种用于评估随时间变化的发电组合绩效的模型。发电组合绩效取决于随时间变化的因素，例如电网拓扑、市场结构、燃料及用电价格、能源政策、环境和气候政策等。该评估模型旨在解决电网优化问题。无论在何时，该模型均可将发电和配电成本降至最低。从这一意义上说，该模型源于 Bohn 等人 [10] 的理论。最显著的特点在于其流程优化可根据随机变量（如负荷、燃油价格）的特性做出相应调整。因此，我们需要解决的问题为随机最佳控制问题，这与 Chamorro 等人 [11] 的研究相似。我们考虑到有一部分需求可能未实现，但是却会产生不可忽略的成本，因此除了极端情况外，实际负荷通常会实现。在市场支配力或电力生产者的策略性投标，我们通过电力定价的利润边际来解释这些问题。[3]

该模型考虑到了物理设施的随机故障。负荷、风电和水力发电也可造成不确定性。我们假设以下随机过程的属性（如季节性或稳定性）可通过官方数据进行预估。随机过程同样控制着不确定性的经济来源（化石燃料价格和配额价格）。估算所需的理想市场数据应由期货价格组成。这一点很重要，因为我们可以根据期货价格数据预估风险中性设置中的参数值（假设满足流动性 / 到期要求）。[4]

我们的模型不解决为改变发电组合进行的最佳时间问题。我们在本阶段忽略通货膨胀和效率指标，并为新的电力生产者总结了一些定价权问题。该模型可以回答很多问题，并为之建立模型。因此，在我们基础案例情况下，决策者通过设定限值（例如碳排放配额价格随机变化但却始终在最低阈值之上）确定配额价格的未来路径。研发该模型的目的是评估整体影响（未设置最低价格的情况下的绝对影响和相关性影响）。此外，我们为不同的发电设施采用不同的随时变组合。通过该方式，

3 参见附件 C Chamorro 等人 [11] 的文章。

4 这并不表示投资者为风险中立者。

该模型可以在决策者面临战略选择时为决策者提供帮助。

我们目的在于通过电价及二氧化碳排放的减少带来的波动性，对长期组合的绩效进行准确评估。由于这些影响的概率分布可能是非对称的，所以我们超越了平均价值且导出效应的整体分布。特别是电价可用于检验其是否足以确保某一特定发电技术投资获得合理回报。

最优功率通量（OPF）算法以受物理限制约束的优先顺序（成本由低到高）分配发电资产。经济分配问题旨在发现各项可用技术的输出量，从而在满足负荷与线损的同时将总成本（系统成本）降至最低。无论何时必须均衡处理供需状况，电网运行必须遵从物理学定律。

16.2.1 物理环境

16.2.1.1 负荷

负荷呈现季节性时假设有非弹性负荷和随机负荷两种情况。我们用 D 表示消费者对电力的净需求量。抽水蓄能是一项可有效消耗电能的电力技术；其贡献值 P 为负值。因此电力总需求 d 为两个不同随机过程实现值的和，计算如下：

$$d=D+P \tag{1}$$

根据可用的基础设施，负荷可为完全送达，也可为输送中断。若实际供应电力用 s 表示，则未来需求呈现出季节性和不确定性。我们假设去季节性负荷以非齐次几何布朗运动（IGBM）为模型随着时间变化而变化：

$$\mathrm{d}D_t = k(L - D_t)\mathrm{d}t + \sigma D_t \mathrm{d}V_t \tag{2}$$

若 D 表示均值回归，L 是长期均衡水平，当前的非季节性负荷便趋向该水平。k 是指向“正常”水平的回归速率。负荷的瞬时波动率用 σ 表示。$\mathrm{d}V_t$ 是符合标准维纳过程的增量，它是为均值为零、方差为 $\mathrm{d}t$ 的正态分布。

16.2.1.2 发电量

若 S 表示特定发电站，其实际发电量用 x 表示，最大值为 $\bar{x}$。

我们的模型难以为煤炭（c）、天然气（g）与核（n）燃料技术建立成功模型。我们采用一系列二进制（伯努利）随机变量，可能会出现任何一种偶然式。因此，我们假设每个发电站 S 的类型 $\{c, g, n\}$ 在每年的某个时间段 Λ 运行。此处 $c=\{1,\cdots,\overline{C}\}$，表示燃煤发电厂，不管是否运营。注意 $\overline{C}$ 不是固定值；由于燃煤发电厂根据计划时间表开放或关闭，因此该值会随时间发生变化。同样，$g=\{1,\cdots,\mathrm{G}\}$ 和 $\mathrm{n}=\{1,\cdots,\overline{N}\}$ 表示天然气发电厂和核电厂。

我们不考虑风力电站（*w*）、自流发电站或水电站（*h*）以及抽水蓄能电站（*p*）可能会处于“关闭”状态。不管何种原因造成的间断均通过负荷系数的随机行为建立模型。该假设性理论模型称为非齐次几何布朗运动（IGBM）：

$$\mathrm{d}W_t = k_W\left(W_m - W_t\right)\mathrm{d}t + \sigma_W W_t \mathrm{d}Y_t^W$$

$$\mathrm{d}H_t = k_H\left(H_m - H_t\right)\mathrm{d}t + \sigma_H H_t \mathrm{d}Y_t^H$$

$$\mathrm{d}P_t = k_P\left(P_m - P_t\right)\mathrm{d}t + \sigma_P P_t \mathrm{d}Y_t^P$$

对于风电、水电和抽水蓄能，我们记回归速度、长期数值和波动分别为:（风力：K_W、W_m 和 σ_w；水力：K_H、H_m 和 σ_H；抽水蓄能：K_P、P_m 和 σ_P）。

风力电站、自流电站和抽水蓄能电站的发电均是季节性的。我们的模拟假设可再生电力具有季节性，因此每项负荷因素中的季节性必须在之前（历史时间序列）加以确认。

我们可以定义所有发电技术 $f=\{c, g, n, w, h, p\}$ 的活动向量 $a\ \{a_c, a_g, a_n, 1,1,1\}$。电力总产量用 x 表示，包括全部能源发电量 $f=\{c, g, n, w, h, p\}$：

$$x = \sum_f x_f = x_c + x_g + x_n + x_w + x_h + x_p$$

在给定时间（t）内燃煤发电厂的最大发电量 。因此，总发电量即可由上式确定。

16.2.2 经济环境

16.2.2.1 需求方成本

根据 Foley 等人 [15] 的理论，在自由化的电力市场，电力的营利性销售是业务重点，其中甩荷代价（VOLL）比未供能源（ENS）作用更大（未供能源曾是国家垄断阶段的关键因素）。短期边际成本为基础的定价一般达不到足以确保这种平衡状态的水平，所以平衡与 VOLL 情形下 ENS 定价水平有关。因此我们在该模型中设置了内含分摊成本。全部未实现负荷的计算公式为：

$$d - s$$

假设所有电力消费水平的消费者均具有相同且稳定的甩荷代价（VOLL）。因此，需求方的成本与上述不同时间的电力失负荷价值甩荷代价（VOLL）相等。

16.2.2.2 供应方成本

除了排放成本以外，发电站短期边际成本的主要因素是燃料成本。我们假设风力发电站、水力发电站和核电站的竞标价格为零 [37]；抽水蓄能以最低价格范围从电网中获得电能；煤炭（C）、天然气（G）和二氧化碳（A）的价格随时间变化，具有随机性。[5]

在不受管制的电力市场，经济成本即包括显性的投入（燃料）和产出（排放）成本，也包括为实现发电装置的“合理”利润产生的边际成本。成本大小（此处假设为稳定成本）关键取决于设定电价的“边际”技术，以及市场可支配范围和 / 或生产者的战略行为。

发电成本包括所有发电技术产生的（竞价为基础的）成本 $f=\{c, g, n, w, h, p\}$。由于风力发电机、水力发电机和核动力发电机假设其电价为零，因此只要负荷超过其可用性，这些电源会被全部配送出去：$x_w = \bar{x}_w$，$x_h = \bar{x}_h$，$x_n = \bar{x}_n$。电价较高时，甚至是高于天然气涡轮机发电价格时，抽水蓄能电站不会调整其运营状态。我们假设其“成本”函数为天然气发电成本的倍数，此示例中为 1.10。于是，总发电成本为：

$$c(x) = x_c\left(M_m + \frac{C + 0.34056A}{H_C}\right)$$

$$+ x_g\left(M_m + \frac{G + 0.20196A}{H_G}\right) + x_p 1.1\left(M_m + \frac{0.20196A}{H_G}\right)$$

式中，H_G 和 H_C 分别表示天然气发电站和煤炭发电站的热效率。C 和 G 分别表示煤炭和天然气的价格，单位为€ /MWh，而 A 代表二氧化碳的价格，单位为€ /tCO_2。在天然气发电站作为常见边际技术的电力市场，固定利润 M_m 为“平均”值或长期净点火差价。[6] 当燃煤发电厂或抽水蓄能发电站作为边际发电厂时，我们假设此类发电厂可以获得同样的边际利润。

假设天然气价格呈季节性变化，但是煤炭和二氧化碳不具有季节性特征。在风险中性的情形下，天然气和煤炭的长期价格可用以下 IGBM 随机过程进行描述：

$$\mathrm{d}G_t = \mathrm{d}f_G(t) + [k_G G_m - (k_G + \lambda_G)(G_t - f_G(t))]\mathrm{d}t + \sigma_G(G_t - f_G(t))\mathrm{d}Z_t^G$$

$$\mathrm{d}C_t = [k_C(C_m - C_t) - \lambda_C C_t]\mathrm{d}t + \sigma_C C_t \mathrm{d}Z_t^c$$

假设无限制碳排放配额价格（如欧盟排放权交易中的碳排放配额价格）符合标准几何布朗运动（GBM）：

$$\mathrm{d}B_t = (\alpha - \lambda_B)B_t\mathrm{d}t + \sigma_B B_t \mathrm{d}Z_t^B$$

5 某一地方（如英国）的煤炭价格降至最低价格时，煤炭价格（A）会与欧盟排放权交易制的配额价格不同。

6 国家电网 [28] 所示，电力最高价格和最低价格或多或少地与国家平衡点规定的天然气价格相似，但在煤炭或石油方面不存在此种情况。这与我们处理发电成本的边际利润率时有关，参见附件 C Chamorro 等人 [11] 的文章。

虽然如此，英国已经设定了一个限值，可有效防止出现低于某一限值的下行路径。因此，在我们的模拟中，A_t 为时间 t 内的许可价格，它是计算 A_{t+1} 的基础且遵从下式：

$$A_t = \text{floor}(t) + \max(B_t - \text{floor}(t);\ 0)$$

因此，B_t>floor(t) 时，有限碳排放配额价格和无限制碳排放配额价格相同：$A_t=B_t$。相反，B_t<floor(t)，我们得出 A_t=floor(t)。

假设 G 和 C 均表示均值回归。G_m 和 C_m 表示长远来看当前非季节化天然气和煤炭价格趋势下的长期均衡水平。f_G（t）是涉及天然气价格季节性作用的确定性函数。k_G 和 k_C 表示向“正常”天然气和煤炭价格回归的速度。关于排放许可价格，参数 α 代表煤炭价格的瞬时漂移率。σ_G、σ_C 和 σ_B 表示天然气、煤炭和碳排放许可的瞬时波动性。λ_G、λ_C 和 λ_B 表示天然气、煤炭和排放配额价格的风险市场价格。dZ_t^G, dZ_t^C 和 dZ_t^B 表示标准维纳过程的增量。通常该值为零均值和变量 dt。此外：

$$\mathrm{d}Z_t^G\mathrm{d}Z_t^C = \rho_{GC}\mathrm{d}t;\ \ \mathrm{d}Z_t^G\mathrm{d}Z_t^B = \rho_{GB}\mathrm{d}t;\ \ \mathrm{d}Z_t^C\mathrm{d}Z_t^B = \rho_{CB}\mathrm{d}t\ . \qquad (3)$$

从上述风险中性情形下商品价格随机微分方程来看，可得出一个期至期货价格理论模型。我们使用日常价格和非线性最小二乘回归法估计该随机模型中的参数（参见文献 [11]）。估计参数值时，我们可以模拟任意次数的商品价格行为。

16.2.2.3 经济分配

我们假设系统运营商为了将发电成本和未供电能成本总值降至最低而对发电资源进行分配。在电力市场的一般情形下，核动力、风力和水力假设位于“优先顺序”的最底端，即它们是被输入该系统的前三种技术。因此，以下问题用于解决燃煤发电厂和天然气发电厂的发电水平（分别为 x_c 和 x_g）、抽水蓄能发电站发电水平（x_p）以及供应电能（s）。较高的甩电代价（VOLL）在实际情况下意味着可送达电负荷，除非技术上不可行。此旨在确定发电量 $\{x\}$ 和电能供应 / 消耗 $\{s\}$ 的优化向量，该向量可在任何时候实现系统成本的最小化：

$$\min_{\{x_c, x_g, x_p, s\}} C(x_c, x_g, x_p) + (d-s)\times \text{VOLL}$$

其中限制条件为：

$$0 \le x_f \le a_f \bar{x}_f,\quad f = \{c, g, n, w, h, p\}$$

$$0 \le s \le d$$

$$\mathrm{d}D = a(D,t)\mathrm{d}t + b(D,t)\mathrm{d}V$$

$$dR = a(R,t)dt + b(R,t)dY; R = \{W, H, P\}$$

$$dX = a(X,t)dt + b(X,t)dZ; X = \{C, G, B\}$$

$$A_t = \text{floor}(t) + \max(B_t - \text{floor}(t); 0)$$

前两种限制条件根据实物资产的运营状态设定了相应环境。电力系统的组件受到限制条件的约束。此外，已配送电力低于或等同于所需电量。也就是说，送达电负荷必须位于零和总负荷值之间（成本最小时，一些负荷可能不符合该要求）。

后三种限制因素属于随机微分方程。需求 $\{D\}$ 有初始值，随着时间变化呈现季节性和随机性。可再生及间歇性风力发电站和水力发电站 $\{W, H, P\}$ 的负荷系数受随机过程的控制。同样，每种商品（煤炭、天然气和排放配额）的价格也遵循另外一种伊藤（Ito）过程。标准维纳过程的增量 dV、dY 和 dZ 各不相同。每种商品 $\{C, G, B\}$ 的 dZ 值以及条件 a（X, t）和 b（X, t）也各不相同。

16.3 模型在英国电力行业的探索性应用

为了通过实例阐述该模型，我们考虑采用一项初始既定的单一系统，即英国的电力系统（从 2012 年开始）。我们从英国的非合营性批发电力市场 [37] 中选取了特殊电力输送协定。[7] 因此，我们的常用方法是在英国的探索形成的，因为这一方法使用了一些似乎合理的数据，但不会详细追究这些数据的准确性。

在电力负荷方面，英国官方数据将“可用电量”作为向消费者出售电量的起点。可用电量反映了各种发电站的电量贡献值，其中包括抽水蓄能发电站 P。2012 年的可用电量达到了 336.96TWh。减去因偷电导致的输电和配电损失后，销售量达到了 308.41TWh。[8] 负荷损失一般会导致价值损失。我们假设用电代价（VOLL）= 2,500 € /MWh 中断值 [30]，或 2,904.44 € /MWh。

表 16-1 第二栏显示了 2012 年始燃料能源发电组合的发电量。英国能源与气候变化部（DECC）[35] 官方数据显示，燃煤发电站的热效率为 36%，联合循环燃气涡轮机为 47.7%，核电站为 39.8%。“风力”包括海上和陆上风力发电，“水力”表示“其他可再生能源”。水力发电站通过涡轮机带动水流流动进行发电，水源由天然降雨自动补充。“抽水蓄能”表示“其他类（石油 / 水泵发电）”，抽水蓄能发电是在用电低峰期使用电力将水抽入蓄水池，然后在用电高峰期使用蓄水池的水发电 [不

7 据英国电力交易与输电协定（BETTA）规定开展经营的批发电力市场。它以发电商、供应商、交易者和消费者之间的双方自愿性协议为基础。在实践过程中，BETTA 未设定单独价格：如果存在（发电商）供不应求或（消费者）过度消耗的状况，则发电商支付的实际价格或消费者需支付的价格是各不相同。

8 英国能源与气候变化部 [35]，其中的表 5.5 支持微软电子表格。

属于可再生能源；英国能源与气候变化部（DECC）[36]]。第三栏表示主要发电商拥有或经营的发电站数量，按发电燃料类型分类。该模型每年为每种技术选定一组相同的普通发电厂。发电站的数量和类型在未来几年里可能会发生显著变化。

表 16-1 2012 年始英国电力发电能源组合 [29]（签约项目方案）

	TEC（MW）[a]	MPP 发电站	热效率	可用性
煤　炭	27,571	22	0.360	0.75
天然气	33,769	79	0.477	0.95
核　电	10,561	10	0.398	0.77
风　力	6,910	71		
水　力	1,626	79		
抽水蓄能	6,380	4		

a. “入网输电能力”（TEC）是《系统代码连接和使用》中的一个术语，定义了发电商可向输电系统输送的最大允许输出能力。所有主营发电业务的公司均属于“主要发电商”（MPP）；其发电量占总发电量的 90%。大型水力和水力发电站以及一些生物燃料发电站均属于此种类别。大多数可再生资源发电商属于“其他发电商”类别，虽然其主营业务为发电，但其发电量相对较小。

维修及其他工作可能随时导致发电厂暂时停用。我们假设天然气发电厂的可用率为 95%，核电厂的为 77%，燃煤发电厂为 75%。所有可再生能源发电站原则上均可使用，但是它们均属于间歇性发电站。测得输出量的时间序列是其有效 / 失效状态以及统一负荷系数的原因。我们利用这些数据估计风力发电、抽水蓄能发电和水力发电的基本参数（参见附录的表 16-A-3、表 16-A-5 和表 16-A-7）。

我们收集到了欧洲能源交易市场（EEX，莱比锡）所有天然气合同的月度、季度、季节性（4 — 9 月，10 至次年 3 月）及年度期货价格。我们收集的上述数据涵盖 231 天。同样，我们也收集了输往阿姆斯特丹、鹿特丹或安特卫普的煤炭量（称为 ARA 煤炭发电）。我们还收集了英国洲际交易所（ICE；伦敦）中欧盟碳排放配额交易的期货价格。根据每天的期货价格和非线性最小二乘法，我们得出当天的期货价格曲线图；该曲线图提供了（风险中性）随机模型中的预估参数值。对样本天数进行校准后，我们接着计算出了每天的相应平均值，将这些平均值作为期货表现的合理预估值。

考虑到经济负荷分配问题，系统运营商旨在找到发电量（x）和耗电量（s）的最优向量，从而将受制于上述约束因素的发电成本和中断电需求成本总和（基于竞标价）降至最低。2012 年，该系统的可能状态数量为 $2^{(22+79+10)}$，该数字会因旧发电厂停用和新发电厂启用发生变化。

我们旨在评估动态发电组合的效果，利用风险中性参数以无风险利率兑现未来现金流。我们进行了 750 次模拟，每次模拟包括过去 20 年的 1,200 个时间步（即每月 5 个时间步长）。每个时间步长的最优调度问题根据约束因素得到解决，恢复原状；即根据线性和非线性约束因素解决了 90 万个优化问题，以期降低发电竞价成本和中断电负荷成本。每个问题的解决方案规定了发电水平和有效供应的电量。由此计算出了竞价生产成本、用电价格和碳排放价格等其他变量。我们对每种发电组合均采用同样的时间步长；发电组合之间的比较从相关变量方面描述了各自的绩效。

16.3.1 未来需求假设

我们收集了 2002 年 1 月至 2013 年 8 月的月度负荷数据，即共 140 个观察项（图 16-1），在基本情况分析中假设电力需求随着时间变化呈现均值回归性，增长速度为零；因偷电导致的输电和配电损失占样本周期内总需求量的 9%。我们以季节性为基础估算出一个负荷函数（参见附录表 16-A-1）。在上述所有发电组合中，该模型运行的预测需求相同。

16.3.2 未来发电组合

英国已经通过立法限制了温室气体的排放，有效期限截至 2050 年。[9] 其他法律对 2020 年的可再生能源最低水平做出规定。[10] 《2012 未来十年电力声明》[11] （或简称 ETYS）[29] 是英国颁布的第一份此类文件。该文件属于英国未来能源方案新出版物的一部分。ETYS 对三种未来能源方案展开分析，这些方案提供了潜在的强化措施和成果。此外，ETYS 对签约项目方案展开进一步分析，该方案包括与国家电网签署连接协议的任何现有项目或未来项目。

16.3.2.1 倡导绿色能源方案

倡导绿色能源方案（以下称“GG”）是 ETYS 的主要分析方案。它为有助于实现环境目标的各个发电行业制定了一份平衡方案。倡导绿色能源方案中，2020 年的可再生能源目标以及 2020 年、2030 年和 2050 年的碳排放目标均已实现。

如图 16-2 所示，在整个时期内，燃煤发电产能显著下降，随着新一轮的碳捕

9 《2008 年气候变化法案》中引入可法定约束性减排目标，其中规定 2050 年之前将温室气体排放量减少至少 80%（1990 年基线以下），2020 年中期目标为排放量至少减少 34%。该法案还引入了“碳预算”这一词汇，它设定了碳排放轨迹，以确保实现这些目标。这些预算对英国在 5 年期内可排放的温室气体总量具有法定约束力。第四阶段的碳预算涉及 2027 年之前的时间段，并且应确保截至 2030 年，碳排放量减少约 60%。

10 可再生能源受《2009 年可再生能源法令》的管辖，该法令设定了一个目标，以确保截至 2020 年英国的可再生能源消耗量达到总能源消耗量的 15%。

11 http://www.nationalgrid.com/uk/Electricity/ten-year-statement/current-elec-tys/.

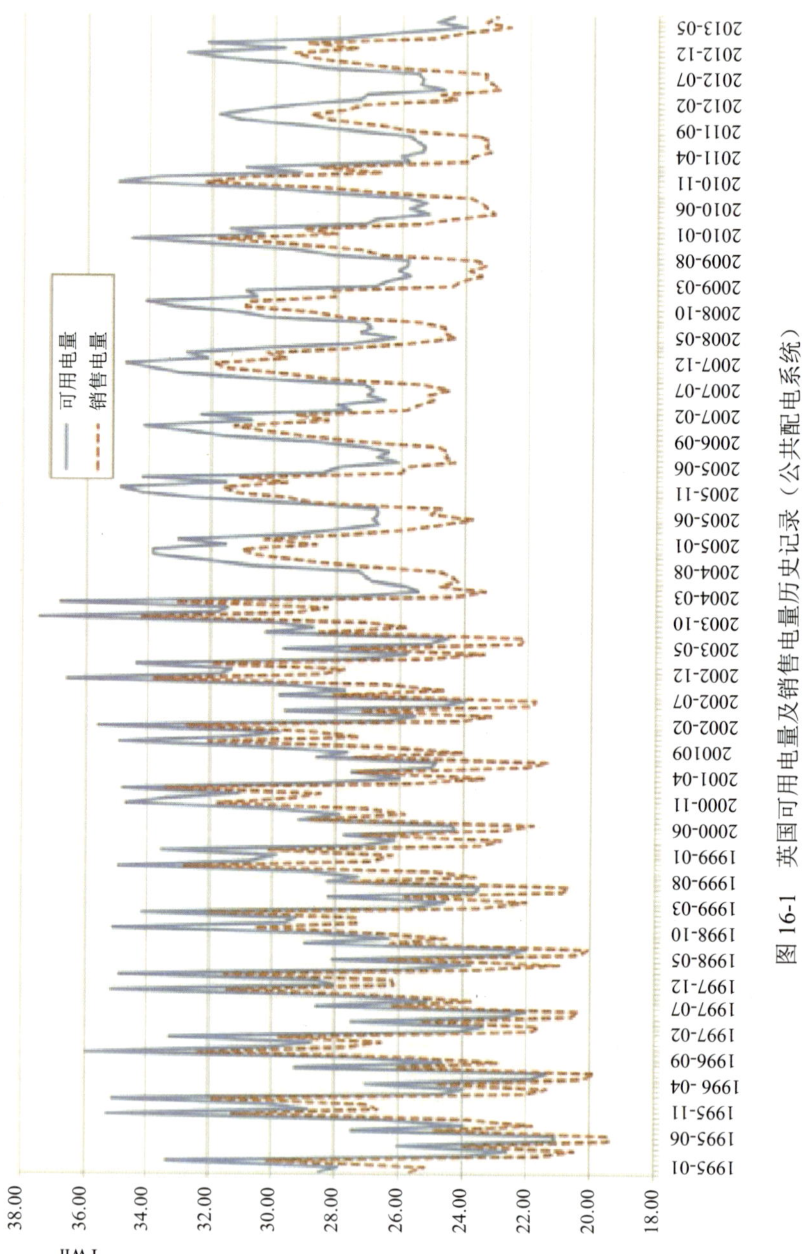

图 16-1　英国可用电量及销售电量历史记录（公共配电系统）

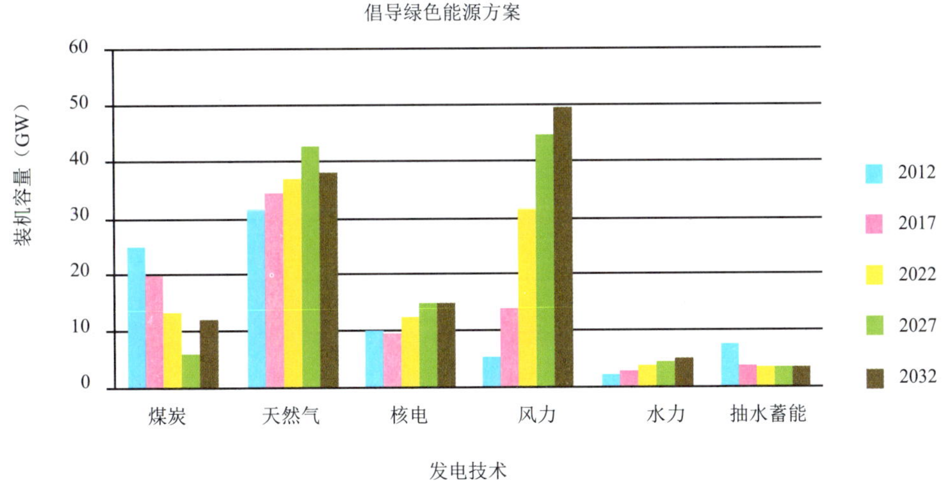

图 16-2　2012 — 2032 年倡导绿色能源未来能源方案的发电组合 [29]

获与封存（CCS）容量 2025 年开始上线，将呈 U 字形回升。这是由欧盟《大型燃烧设备指令》（LCPD）和《工业排放指令》（IED）产生的结果。天然气 / 热电联发电产能在整个时期内均保持上升趋势（6.3GW）。整个时期内，核电产能共增加了近 5GW。2012 年的风电产能为 5GW，但截至 2020 年和 2032 年，分别应增加至 25GW 和 49GW。水电产能（包括生物质与海洋发电量）在 2032 年整个期间内从原来的 2GW 增加至 5GW 左右。相反，抽水蓄能的发电量在整个时期内减少了 50%。

16.3.2.2 循序渐进方案（SP）

与倡导绿色能源方案和加快增长方案相比，该方案可再生能源和低碳能源的发展速度相对缓慢，并且 2020 年的可再生能源目标在 2020 － 2025 年之间才实现。2020 年的碳减排目标实现，但 2030 年未设定指示性目标。

该方案不太注重可再生能源发电。如图 16-3 所示，截至 2032 年，燃煤发电产能持续下降至 4GW 左右。相反，天然气发电产能与之前相比有所增加，截至该时期结束，增加了 10GW 以上。核电产能仍然保持相对平稳状态。与倡导绿色能源方案相比，本方案中风力发电产能的增长速度十分缓慢（产能增长了 5 倍，远低于之前的 10 倍）。除风力之外的其他可再生能源保持相对平稳状态。抽水蓄能产能与之前基本相等。

16.3.2.3 加速增长方案（AG）

该方案的低碳发电量更多，其中包括可再生能源、核能源和碳捕获与封存

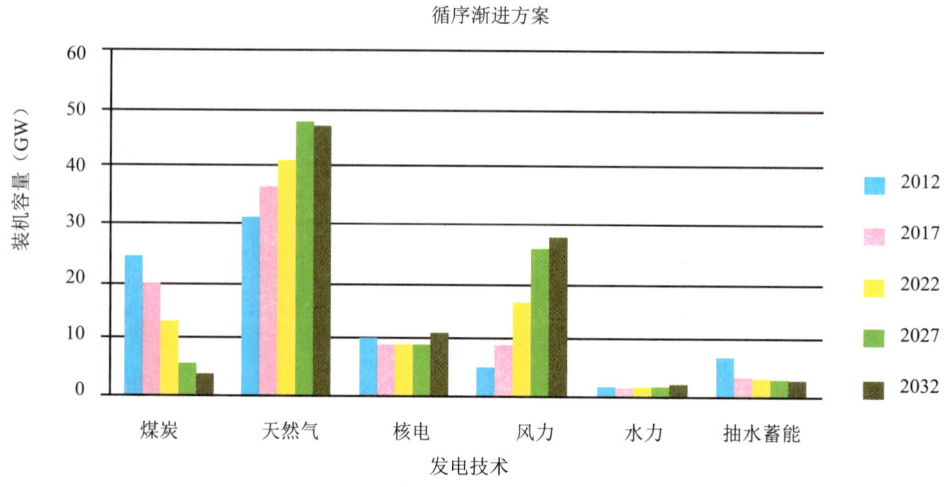

图 16-3　2012 － 2032 年缓慢发展未来能源方案的发电组合[29]

（CCS），还提出了一些提高能源效率的措施以及热能和运输的电气化。可再生能源目标和碳减排目标均提前完成。

如图 16-4 所示，该方案中可再生能源发电产能的增长水平与其他能源相比更为迅速。截至 2032 年，整个时期内燃煤发电产能增加了近 12GW，在该时期结束时，与碳捕获与封存（CCS）一起呈现轻微的 U 形回升趋势。天然气发电产能在整个时期内有小幅增长。核电产能起初略有下降，但随着新核电厂投入运营，产能有所增加。该方案中，风力发电产能增加了 12 倍。截至 2032 年该时期内水力发电产能（包括海洋和生物质发电产能）也急剧增加。抽水蓄能发电产能与之前基本持平。

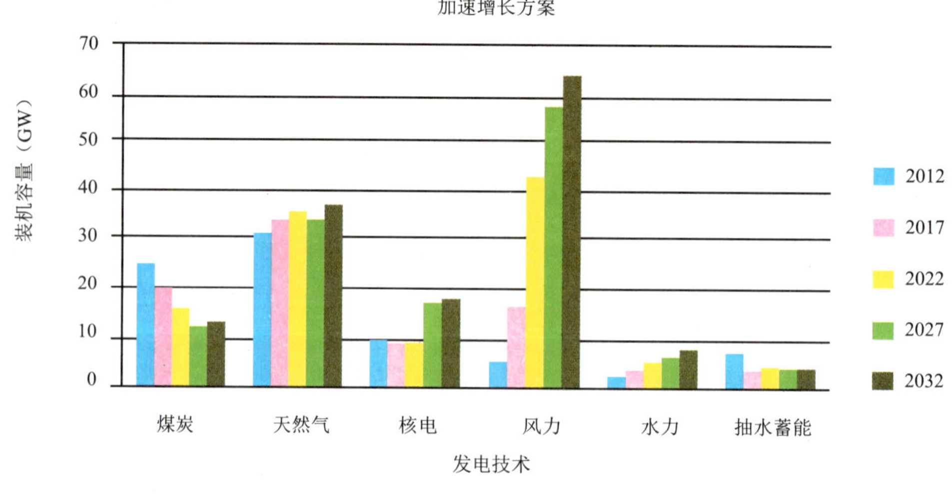

图 16-4　2012 － 2032 年加速增长未来能源方案的发电组合[29]

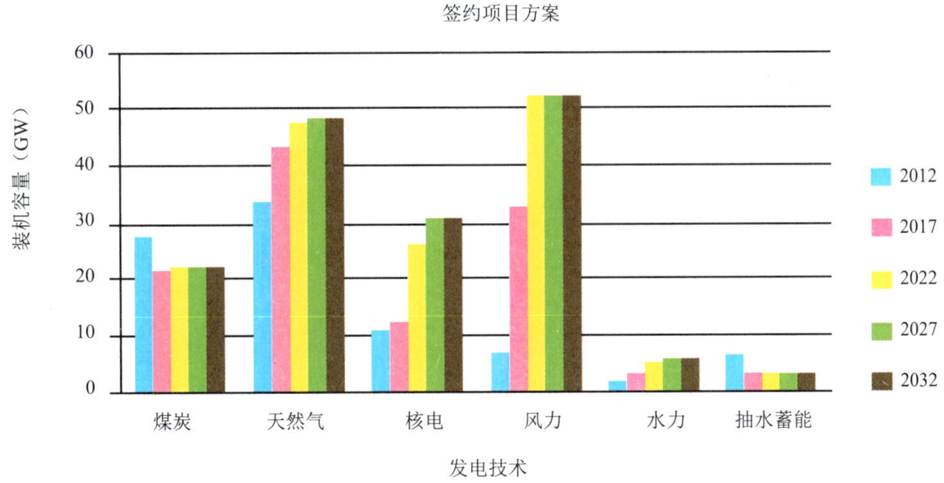

图 16-5 2012 － 2032 年按签约项目分类的发电组合 [29]

16.3.2.4 签约项目方案（CB）

签约项目是指所有与国家电网签订连接协议的发电项目。该模型未对项目完成的可能性做出假设。该模型仅对存在降低输电能力的明确通知或约束性法律明确（如 LCPD）规定在特定日期关闭发电站的情况做出假设。已知的 LCPD 关闭日期会降低煤炭的发电产能。

如图 16-5 所示，该方案中天然气发电产能与核电产能占发电组合的比例最高。签约风力发电整体产能也有大幅增加。抽水蓄能低于加速增长方案假设的产能水平。

16.3.3 碳排放配额价格假设

对会造成负面环境影响的活动征收税费是税收制度和英国环境政策的一项重要手段 [17]。气候变化税（CCL）是一项环境税，征收对象为向商业和公共部门供应的电力、天然气、固体燃料和液态石油。该税收有利于增加能源效率，推动英国实现削减温室气体（包括二氧化碳排放量）排放量的目标。与此相反，增设运输税（如燃油税）却是为了增加市政开支收入。

为增加低碳能源发电投资，英国政府制定了一项碳排放配额价格维持机制。自 2013 年 4 月 1 日起，大部分发电方式使用的化学燃料均应缴纳气候变化税或燃油税。根据所用化学燃料的类型，按照相应的碳排放配额价格支持率对供应品征收相关税费。该支持率根据每种化石燃料的平均碳含量来确定。2013 － 2014 年的碳排放配额价格支持率表示 2013 年政府目标碳排放配额价格（价格下限）和 2013 年欧盟排放权交易体制中期货市场碳排放配额价格的差值。2013 － 2014 年上述税率相当于 4.94 £/tCO_2[18]。

2011 年预算中提出的碳排放配额价格下限在 2013 年的起始值约为 16 £/tCO_2，遵循直线轨迹，2020 年增加至 30 £/tCO_2，2030 年增加至 70 £/tCO_2（按 2009 年价格）。2013 – 2020 年期间，该价格下限每年增加约 2 £/tCO_2。该价格下限有效消除了碳排放配额价格随机路径的较低部分。与不受约束的碳排放配额价格相比，该政策措施具有双重作用：减缓碳排放配额价格波动性的同时，增加平均碳排放配额价格。反过来又通过各种方式影响发电技术。该模型运用了该价格下限。

16.3.4 发电

发电投资面临着一系列会在不同程度上影响竞争技术的风险。该模型解决了各项技术的发电水平问题以及各个阶段的供电量问题。可由此计算生产的累积电量以及基础配电量统计数据。图 16-6 显示了各项技术在各个方案中通常发挥的作用。

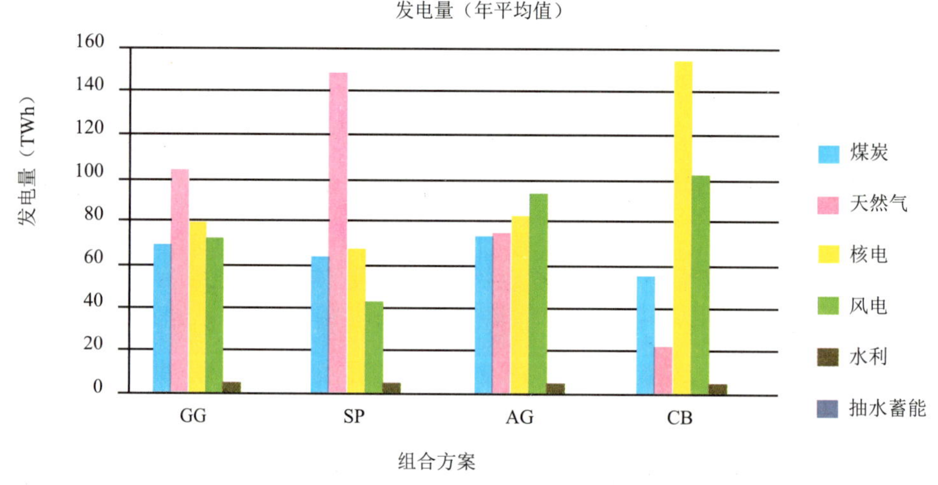

图 16-6　各方案电力技术年均发电量

图 16-6 表明，从各项主要技术来看，AG 组合的发电水平最均匀。CB 组合的发电水平均匀度最差。其他可再生能源（水力、生物质能源等）以及非再生能源（抽水蓄能、石油）在各个方案中发挥的作用较小。

联合循环燃气涡轮机发电站成为 SP 发电组合的主要发电商 [在倡导绿色能源（GG）方案组合中的重要性较低]。这一情况与可再生能源和低碳能源相对缓慢的发展速度以及延迟实现环境目标的情况相一致。但是，这种情况与 CB 组合形成鲜明对比。也是在这种情况下，天然气发电量降至最低。与此相反，核电站是 CB 方案的主要发电商。

我们可以将这些生产水平与各自的装机容量联系起来。这清晰地说明了各项技术的有效负荷系数会反过来影响其营利能力。[12] 图 16-7、图 16-8、图 16-9 和图 16-10 显示了各个方案的结果。

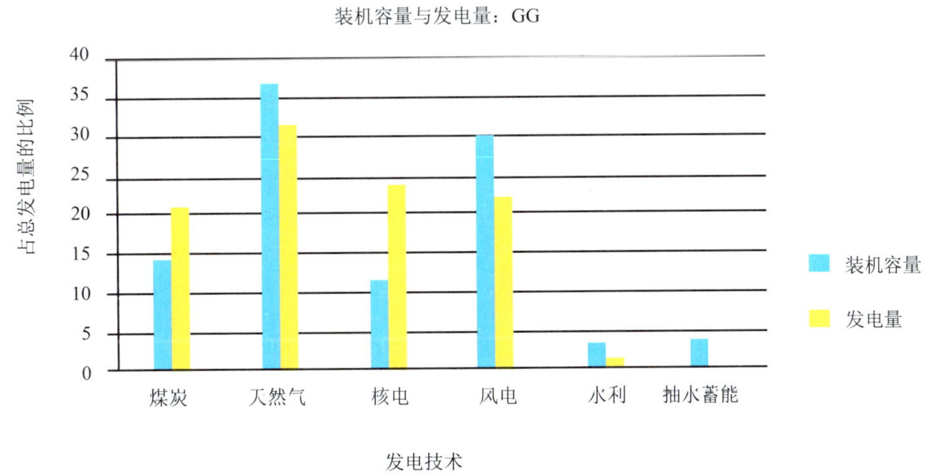

图 16-7　GG 方案中与技术发电量有关的装机容量

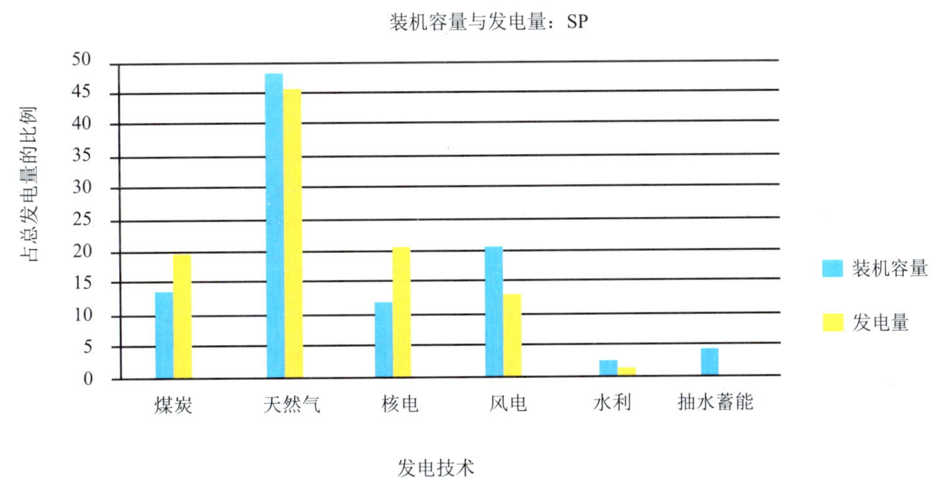

图 16-8　SP 方案中与技术发电量有关的装机容量

12 在按小时进行最优分配的模型中，该基础模型能够确定有效运行时间（ENOH）负荷系数为 ENOH/8,760。例如，Delarue 等人 [12] 的模型可通过最优化确定技术的特定负荷系数。我们的模型无法直接计算负荷系数，但可以计算各项技术在给定时期内的有效电力输出及最大可能产量。用最大可能产量除以有效电力输出，可以间接计算出各项技术的特定负荷系数，与通过最优化得出的负荷系数相同。

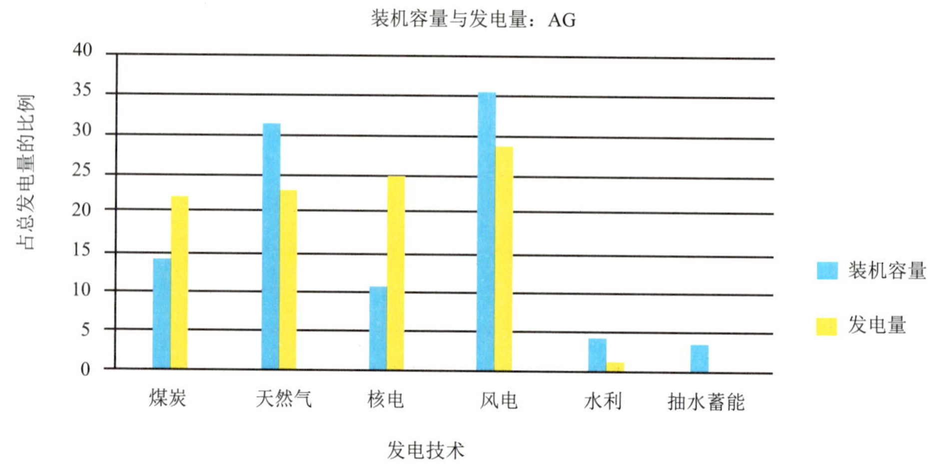

图 16-9　AG 方案中与技术发电量有关的装机容量

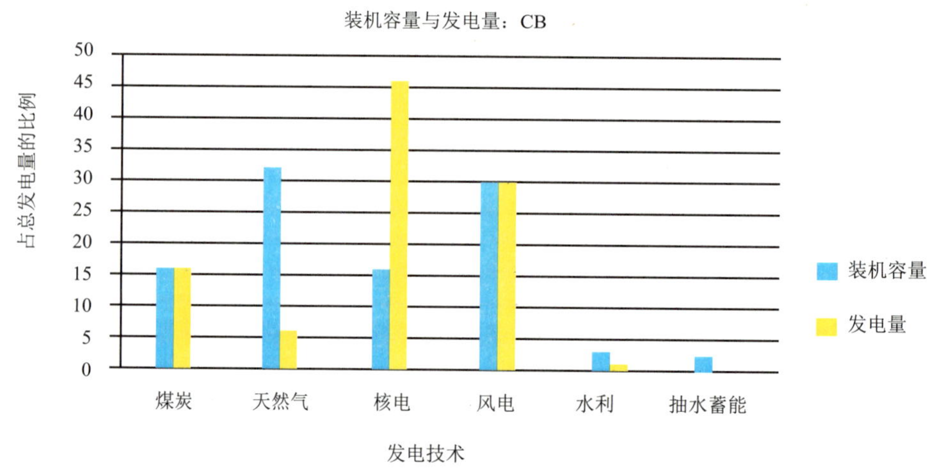

图 16-10　CB 方案中与技术发电量有关的装机容量

上述三种未来能源方案中，煤炭的发电量大于其装机容量，但 CB 组合中两值几乎相等。天然气发电厂的情况却与之相反。这表明天然气发电厂的装机容量未得到完全利用。AG 方案中两者的差值较大，CB 方案中差值尤为显著。在 CB 组合中，需要考虑其未来营利能力。与燃煤发电站相同，核电站的配送电量比例始终大于装机容量。CB 方案中两者的差值最为显著。对于风力发电站，除了 CB 组合，所有其他组合中两者的差值保持在 7% 左右，基本平稳。CB 组合中，发电量比例达到最大值（30%）时，该差值几乎为零。

16.3.5 均值-方差情景下的结果

众所周知，不同发电技术的风险–收益均衡性各不相同。虽然各个方案的需求形式相同，但由于每种方案关注的竞争技术不同，各个方案本身表现出不同的风险–收益均衡性。

前面已经提到，通过解决各个时期的电力分配问题，该模型可以将成本降至最低。该模型可采用边际利润技术为各个时期制定可确保供应量满足需求量的用电价格，[13] 因此不同时期会有不同的用电价格或优化问题。首先，为获得等价现值，用电价格会出现打折的情况。其次，我们计算平均值或预期值时考虑了标准偏差。图16-11显示了各个方案的结果。

如图16-11所示，GG方案和SP方案的平均用电价格（€/MWh）和价格风险基本相同。[14] 这两种方案的绩效稍次于AG方案。绩效最佳的是CB方案，因为其在图中的位置最靠左，也最靠下。该设定下的价格较低，是因为市场中的零成本技术比例较高。现在需要考虑的是，核电厂在如此低的价格下会实现营利吗？[15] 公共事业会改变电力市场中的竞标方式吗？

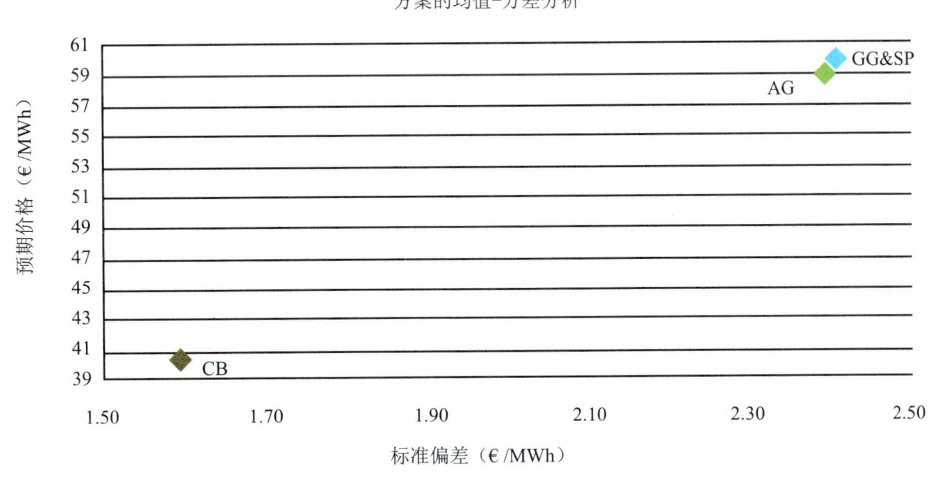

图16-11　2012—2032年GB发电组合的平均用电价格及价格波动

13 这些价格远低于市场支配下的实际价格[22]。

14 这一价格绝对不是一种新现象，甚至是完全不同的发电组合，其风险收益特征也基本相同。正如Awerbuch和Yang[5]所述：“你可以通过多种方式将材料混合，制作出一份数量和价格既定的沙拉”。

15 Lynch等人[24]根据供电的边际成本（每小时）计算出用电价格（每小时），并根据最低成本分配和边际成本定价判定各项电力技术的收益值。

在 750 次模拟中，每次均模拟了各个变量的全部路径。例如，我们拥有 2013 － 2032 年的 750 个用电价格水平。图 16-12 显示了 2012 年 ETYS 所设想发电组合的频数分布。大多数情况（以及概率众数）下的用电价格集中在平均价格周围，但是分布位置偏右，有些情况下用电价格非常高。

我们可以得到的平均用电价格作为该模型的附带成果。在各个优化过程中，成本最高的发电技术均设置了边际价格。因此优化问题不同，用电价格也不同。每种组合均有一个平均价格。

根据 de Neufville 和 Scholtes[13] 的理论，我们考察了累积分布函数（或 CDF，有时称为“目标曲线”）。该函数以一种简略形式呈现了很多信息，从而提供了一种有效的方案比较方法（图 16-13）。CB 组合的目标曲线始终位于其他组合之上，即该曲线在其他曲线中占有随机优势。因此 CB 组合超过给定用电价格水平的可能性（目标曲线与 1.00 的垂直距离）较低。

16.3.6 环境目标：碳排放量

无须赘言，从社会规划者的角度来说，发电成本与相关措施[4, 6] 有关。在碳限制环境下，这一成本某种程度上反映了碳排放配额价格。碳排放量可以用于从环境角度评估上述四种发电组合。

我们为上述变量等计算出了 750 个累积值的平均值。用该平均值除以时间周期 20 年，可以得到年平均值。

每种方案对各项电力技术的利用方式不同，因此二氧化碳排放量也不同。此种情况下，CB 方案的表现仍然优于其他方案，所以原则上 CB 方案不需要在成本效率和碳目标之间进行权衡。图 16-14 显示了各个方案的碳排放量平均值。需要注意的是，即使各个方案碳排放量的时间分布不对称（会导致平均值不可靠）。从环境角度来看，1 吨 CO_2 无论是在 2017 年排放，还是在 2023 年排放，其作用基本相同（因为 CO_2 会在大气中停留几个世纪）。各个方案的累积排放量才是至关重要的。因为四种组合的时间周期是相同的，所以根据累积排放量确定的排名与根据年均排放量确定的排名相一致。

虽然如此，这些排放量的时间分布极其不对称（因为发电组合会随时间发生变化），所以必须重视年均排放量。我们再次采用目标曲线表示各项发电组合的年均排放量（参见图 16-15）。CB 组合在其他组合中占有随机优势，即 CB 组合的碳排放量超过给定碳排放量的可能性较低。如预期结果一样，AG 组合排名第二，其次是 GG 组合，最后为 SP 组合。

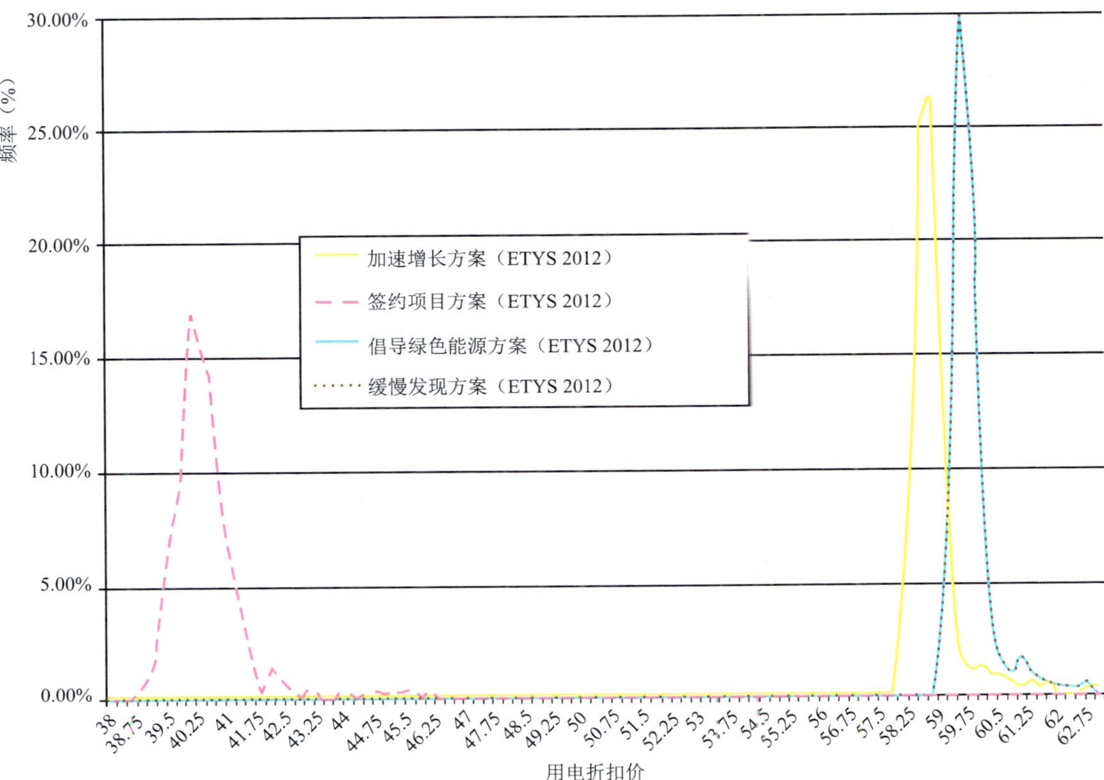

图 16-12　2012 － 2032 年英国不同发电组合中平均用电价格的概率分布

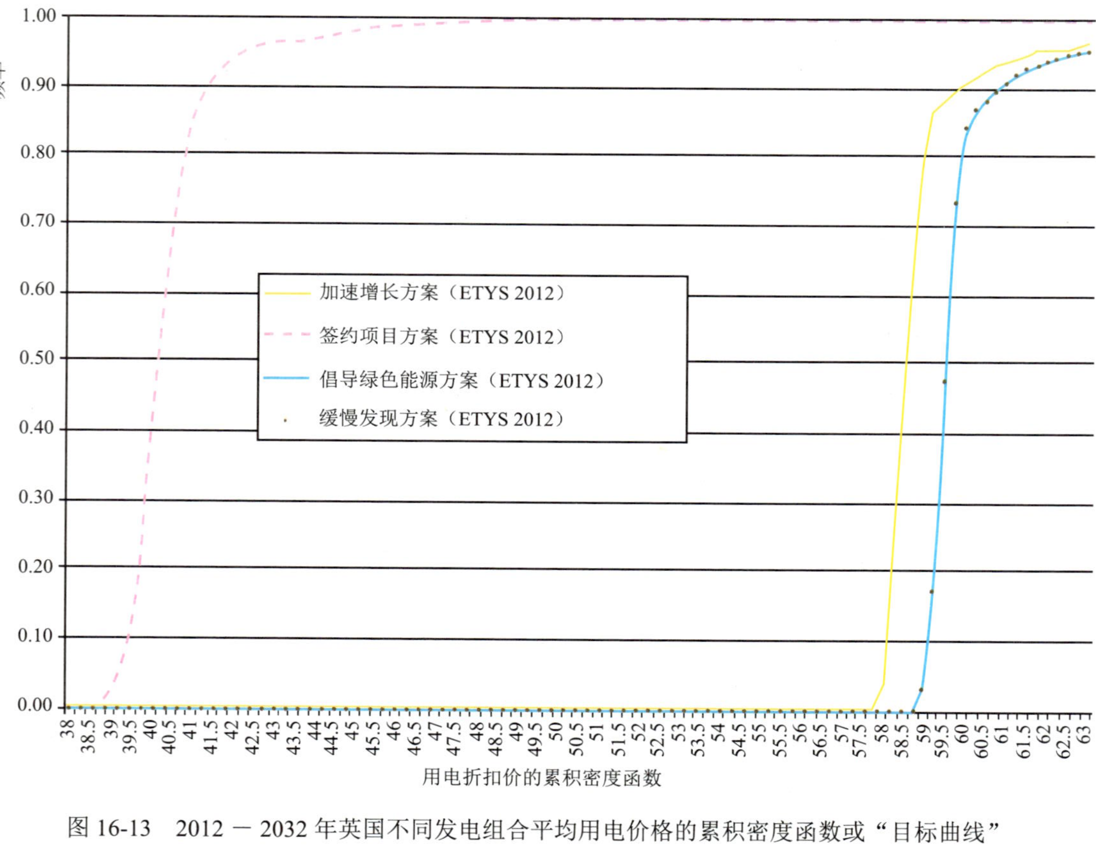

图 16-13　2012 — 2032 年英国不同发电组合平均用电价格的累积密度函数或“目标曲线”

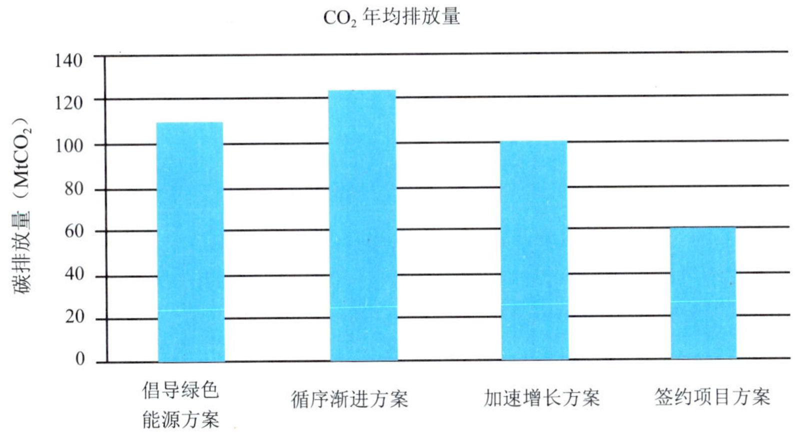

图 16-14　2012 － 2032 年英国各发电组合的年均碳排放量

16.3.7 多样化与集中性问题

根据当前状况，原则上，一项有效的发电组合方案可以集中采用一种或两种技术（即主要能源）。例如，如果长期缺乏管理风险的金融手段，这种情况下可能比较倾向于采用“自行对冲”技术 [32]。这种依赖于一项或两项主流技术的做法可能会违反另外一项政策目标，即供应安全目标。Roques 等 [32] 指出，实际的电力市场可能不适合从宏观经济层面上发出多样化和灵活性需求的信号。换言之，需要对能源效率和安全之间做出权衡取舍。

此外，MVP 理论假设价格冲击是随机性的。电力系统依赖的技术越少，供应商的数量也就越少，并且该系统受勾结和垄断影响的概率越大，这是一个规则 [23]。供应商（能源）数量越少，勾结风险越高。

为在效率和安全之间做出权衡，我们使用一些集中指数将燃油组合的多样性量化。Hill[19] 发现并制定了一系列的多样性量化措施：

$$\Delta_a = \left[\sum_{i=1}^{I} p_i^a \right]^{\frac{1}{1-a}}, a \neq 1$$

式中，Δ_a 表示多样性的某一特定指数，p_i 表示（经济术语）组合中选项 i 的相应比例，a 这一参数与较低贡献值的结果指数相关敏感性成反比。

如果 $a = 1$，上述通用式会成为所谓的 Shannon-Wiener 多样性指数：

$$SW = \sum_{i=1}^{I} - p_i \ln(p_i)$$

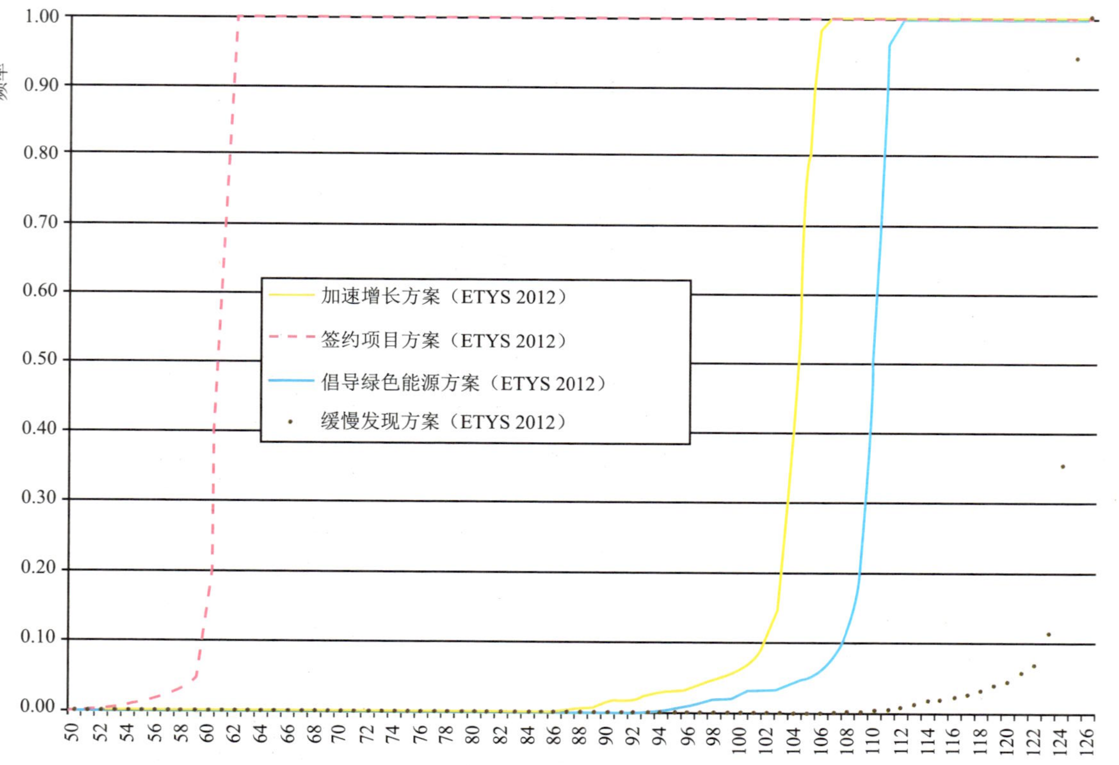

图 16-15　2012 － 2032 年英国不同发电组合年均碳排放量的目标曲线

SW 多样性指数越高，该系统的多样性就越高。如果 SW<1，该系统的集中性会较高，因此容易受到勾结或垄断风险的影响，导致中断性供应和 / 或价格上涨[23]。

如果 $a=2$，结果表达式的倒数为 Herfindahl-Hirschman 集中指数：

$$\mathrm{HH}=\sum_{i=1}^{I}p_i^2$$

HH 集中指数的取值范围为 0（完全多样化）~10,000（完全集中）。反垄断机构的取值 HH 值 <1,000 表示不存在集中性。HH>1,800 表示存在供应风险问题。

Krey 和 Zweifel[23] 采用以上两种指数对美国和瑞士的数据进行分析，以期在经济效率和供应安全之间做出权衡。他们指出，“SW 多样性指数和 HH 集中指数均可以对更多供应商所采用不同电力技术的供应安全进行评估。因此，这两种指数弥补了 MVP 方法的不足，决策者采用此方法时通常担心主要能源的采购会受到勾结或垄断的影响，即相关性考虑，尤其是在天然气市场和铀市场”。这两种指数可以用于判定发电组合在技术利用方面是否足够多样化（它会反映出主要能源采购的多样性）。

首先我们看一下各项方案在时间周期结束时的初始容量。表 16-2 显示 SW 多样性指数的值始终大于 1，低于勾结风险的阈值。2012 年 SP 组合的多样性有所降低，但 CB 组合却相反：CB 组合的多样化程度最高。HH 集中指数显示 SP 组合的集中度最低，CB 的集中度最高。

SW 多样性指数和 HH 集中指数不仅对装机容量具有重要意义，而且对发电水平也意义重大。其中有一两种方案显示一些电力技术的负荷系数低于常规值。表 16-3 显示了年均装机容量和发电水平。

表 16-2　2012 － 2032 年英国装机容量的多样性指数与集中指数

	装机容量（2012 年）	倡导绿色能源方案（2032 年）	缓慢发展方案（2032 年）	加速增长方案（2032 年）	签约项目方案（2032 年）
SW	1.455	1.440	1.281	1.441	1.500
HH	4,161	4,096	3,464	4,004	4,556

表 16-3　2012 － 2032 年英国装机容量的多样性指数与集中指数

指数	倡导绿色能源方案	缓慢发展方案	加速增长方案	签约项目方案
SW：装机容量	1.494	1.412	1.510	1.511
SW：发电水平	1.422	1.322	1.431	1.242
HH：装机容量	2,634	3,070	2,588	2,477
HH：发电水平	2,508	3,057	2,463	3,336

SW 多样性指数超过了阈值 1.0，该值表示基础发电组合的多样性较为合理，主要能源采购同样。SW 多样性指数较高表示系统多样性较高。同前，CB 组合在平均容量方面是多样化程度最高的方案，SP 方案的多样化程度最低；但在平均产量方面，AG 组合的多样化程度最高，CB 最低。

如果HH集中指数的取值大于1,800,则表示所有发电组合均为集中性发电组合。HH 集中指数较高表示该系统的与完全竞争相差很远。在装机容量方面，CB 组合的集中度最低，在发电水平方面的集中度却最高；更多主要能源供应商的竞争会非常有益。总之，根据 MVP 分析，CB 组合的卓越绩效是以发电水平方面的低多样性和高集中性为代价的。另一方面，需要注意的是 GG 方案和 SP 方案的 MVP 数据有所重叠，但多样性指数或集中指数方面却不存在重叠。

16.3.8 敏感性分析：未设定碳排放配额价格下限的组合绩效

在假设碳许可价格不受约束的情况下，本节显示的数据与之前相似。此种情况下的标准假设为碳排放配额价格遵循非稳态几何布朗运动（价格风险会因此显著增加）。图 16-16 显示了各个方案的结果。

首先，与图 16-11 相比，图 16-16 显示出平均用电价格下降，但标准偏差却在无碳排放配额价格下限的情况下显著上升。之前重叠的GG组合与SP组合不再重叠，但分布位置仍然很接近。在预期价格方面，它们的绩效低于 AG 组合，但是风险相对较低。最清晰的方案也是 CB 组合，因为其在图中的位置最靠左，也最靠下。

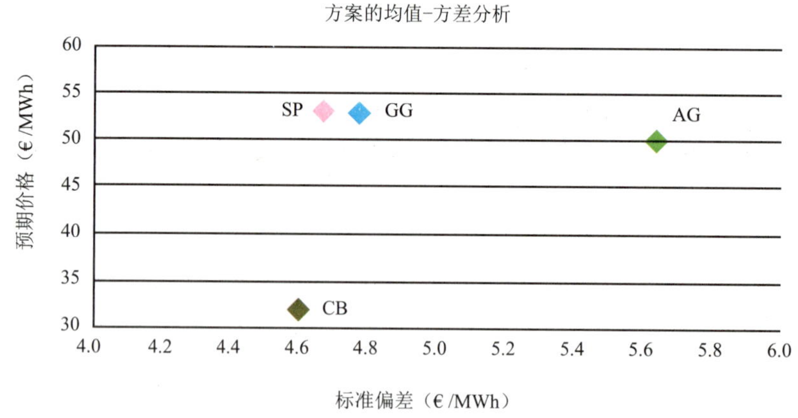

图 16-16　未设定碳排放配额价格下限情况下 2012 － 2032 年英国发电组合的平均用电价格即价格波动性

在碳排放量方面，它们当前的排放量高于图 16-14 所示排放量，因为在未设定价格下限的情况下，碳排放配额价格可以无限制地降低（图 16-17）。

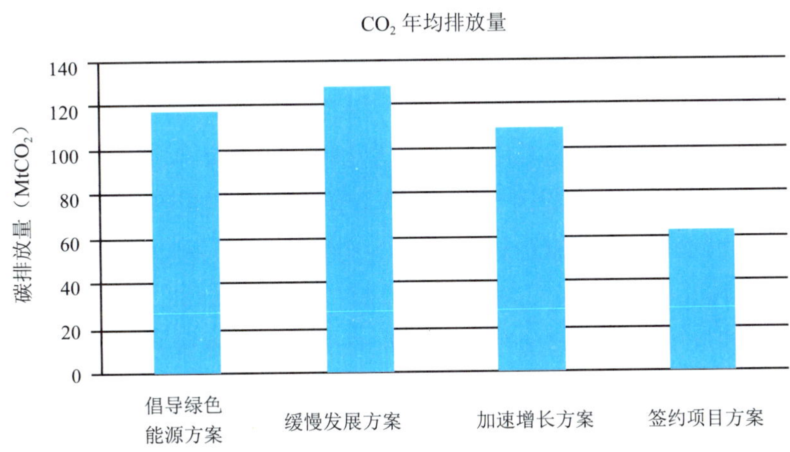

图 16-17　未设定碳排放配额价格下限情况 2012 — 2032 年英国发电组合的年均碳排放量

单独考虑各项方案，GG 组合的年均碳排放量增加了 8.7$MtCO_2$，SP 组合增加了 4.7$MtCO_2$，AG 组合增加了 8.1$MtCO_2$，CB 组合增加了 2.1$MtCO_2$。

16.4 结 论

在过去的几十年里，MVP 理论分析越来越多地被用来评估各个国家发电组合的绩效。在自由化电力市场中，投资者和公用事业不仅关心投资的平均收益或预期收益，还会关心投资风险。MVP 理论分析的广泛应用正与这一现象相一致。基本权衡适合以图表形式表示，以组合的绩效评估值为纵坐标（例如，预期用电价格或电力单价）并以风险评估值为横坐标（例如，所涉及变量的标准偏差）。

在评估周期（20 年）内一直保持平稳趋势的发电组合适合采用传统框架表示。该组合可以是某一特定国家的当前发电组合，也可以是未来将会实施的目标组合。

我们在动态环境下考虑发电组合，认识到发电厂组合会随时间发生变化，因为旧发电厂停止运行后会有新的发电厂接入国家电网。另外，我们还从未来需求的常见随机路径方面评估了几种发电组合的绩效。这些实际设施的数量大于金融资产，所以预期价格与价格波动性之外的其他特征也具有重要意义。投资者、公用事业部门和决策者的目标不同，所以他们之间的大多数变量均有所不同。

我们建立了一项估值模型，目的在于将成本最小化。我们计算的成本通常包括发电成本和中断电负荷成本。关于发电成本，参与欧盟排放权交易系统（ETS）的发电商面临着随机燃油价格和碳配额价格双重问题。关于中断电负荷成本，该模型的损失负荷成本相当高。

该模型的不确定性超出了经济变量范围，会影响基础设施和（或）其产出的状态。总之，我们需要处理一项随机最优控制问题。

无论何时，优化算法总会通过技术、送达电负荷、总发电成本、碳排放量以及许可成本等其他变量来表示发电水平。优化模型以蒙地卡罗模拟为基础。单次运行设定了很多超过 60×20=1,200 连续时间步长的状态变量在此设定下，优化问题可得到解决。因此，一次模拟运行会涉及 1,200 个优化问题。我们将样本程序重复 750 次，然后制定出每个相关变量的 750 个时间表。尤其是，该模型可以从产生的预期价格及其标准偏差方面评估预定发电组合的绩效。在评估几种发电组合时，我们会通过它们之间相关绩效的比较，分析各中组合的优缺点。

我们通过实例对模型进行了阐释。特别选取了 2012 — 2032 年这一时间周期内英国的发电组合。《2012 未来十年电力声明》中用于签约项目一同介绍了三种未来能源方案。在倡导绿色能源方案中，2020 年的可再生能源目标以及 2020 年和 2030 年的碳排放目标均已实现。但是在缓慢发展方案中，2020 年目标在 2020 — 2025 年之间才实现，而且 2030 年目标未实现。在加速增长方案中，可再生能源目标和碳减排目标均提前完成。签约项目组合是指所有与国家电网签订连接协议的发电项目；同时也考虑了降低输电能力或关闭发电站的明确通知或相关日期。需要注意的是，从 2013 年 4 月 1 日起，英国政府开始执行碳排放配额价格维持机制。该机制的目标是在 2013 年实现碳排放配额价格下限 16 £/tCO_2，2020 年实现 30 £/tCO_2，2030 年实现 70 £/tCO_2（2009 年价格）。

在发电组合的绝对期限内，SP 组合和 GG 组合将燃气涡轮机发电站设定为主要发电商，但是该类发电站在 CB 组合中发挥的作用却较小。CB 组合中，核电厂是主要发电商。

在这三种未来能源方案中，煤炭发电站与核电站的发电比例均高于各自的装机容量。天然气发电厂的情况与此相反。风力发电站的发电比例低于其装机容量，但 CB 组合除外，其中两者的数值基本相等，大约为 30%。

在 MVP 框架内，我们观察了各个方案的平均用电价格以及由长期发电组合导致的标准波动率。GG 组合和 SP 组合的上述两种数值基本相似，难分伯仲，AG 组合的两种数值也较为接近。不管我们采用典型的散布图，还是信息量较大的目标曲线，CB 组合在上述两种数值方面的绩效均明显优于所有其他方案。另一方面，碳排放量还可用于从环境角度评估上述组合的绩效。CB 组合会产生高额利润，因此其绩效优于所有其他组合。

经济效率会使我们很大程度上依赖于少量技术，这会对供电安全造成威胁。另外，这种情况还会导致反竞争行为或市场支配力。我们通过 Shannon-Wiener 多样性指数和 Herfindahl-Hirschman 集中指数解决这些问题。在年均装机容量和配电量方面，这四种组合截至 2032 年的多样化程度均较为合理。CB 组合在装机容量方面的多样性尤为显著，但在发电量方面的多样性却位于最低水平。同时，这四种组合均存在供应风险问题。CB 组合在装机容量方面的集中度最低，但在发电量方面的集中度最高。

我们对碳排放配额价格下限进行了敏感度分析。设定碳排放配额价格下限时，假设碳排放配额价格轨迹遵循标准的几何布朗运动。如预测结果一样，四种方案的平均用电价格均处于较低水平，且波动性较小。CB 组合最为清晰。另一方面，既然碳排放配额价格可以降至更低，那么有如此高的碳排放量也不足为奇了。CB 组合在此方面的绩效也高于其他三种组合。

该模型可通过很多方式进行完善。其中一种为将发电商的策略行为和市场支配力的行使进一步特征化。该模型无法解决策略性投资问题，例如需要增加多少发电产能，何时增加等。这些连续的投资决策需要以深入调查为依据。

本章提要：本章提出一种在均值—方差背景下对发电组合绩效进行评估的模型。该模型以预期电价和因不同发电组合变化（由于投资和停用因素）导致的价格波动为重点，旨在解决组合的优化问题，即无论在何时，发电和配电总成本均可降至最低。该模型最显著的特点在于其优化流程可根据随机变量（如负荷、风电、燃油价格）的特性做出相应调整。因此，本文需要解决的问题即随机最佳控制问题。该模型综合采用了最优化技术、规划周期达数十年的蒙特卡罗模拟法以及商品期货交易合同中的市场数据。该模型解释了供求双方的不稳定动态，旨在协助决策者对电力组合进行评估或就发电基础设施提供相关策略。为介绍该模型，本章引用了英国在未来 20 年的发电组合规划，详细对比了三种未来能源方案及其大致背景，即四种随时间变化的发电组合。英国主要发电商均参与了欧盟碳排放权交易系统，因此各发电商均会遵守温室气体（GHG）排放限制。此外，英国政府已宣布从 2013 年 4 月 1 日起在电力行业执行碳交易最低价制度。通过按照规定改变燃油投入和电力产出，发电组合在各个时期实现了优化管理。

致谢：作者非常感谢西班牙科学创新部为 ECO2011-25064 研究项目，巴斯克政府为 GIC12/177-IT-399-13 研究项目，Repsol 基金会对低碳计划联合倡议提供的资金支持。[16] 如内容有误，由作者本人负责。

16 http://www.lowcarbonprogramme.org.

附录 16.A 参数估算

负 荷

样本周期：2002 年 1 月— 2013 年 8 月，即每月共 140 次观察（英国）（表 16-A-1 和表 16-A-2）。

表 16-A-1 负荷季节性的最小二乘法估值

	系 数	t- 比率	系数调整 *
d（1）	3.43684	22.0155	3.7462
d（2）	1.59612	10.2244	1.7398
d（3）	3.37581	21.6246	3.6796
d（4）	– 1.47726	– 9.4630	– 1.6102
d（5）	– 2.11448	– 13.5449	– 2.3048
d（6）	–2.2726	– 14.5577	– 2.4771
d（7）	– 2.83468	– 18.1583	– 3.0898
d（8）	– 2.73487	– 17.5189	– 2.9810
d（9）	– 2.27469	– 13.9508	– 2.4794
d（10）	0.254252	1.5593	0.2771
d（11）	1.47866	9.0687	1.6117
d（12）	3.69348	22.6523	4.0259

* 系数调整表示负荷与输电损失的季节性估计值。

表 16-A-2 回归分析统计数据

因变量均值	– 0.011663	因变量标准差	2.553337
残差平方和	37.43261	回归标准差	0.540779
决定系数	0.958694	调整后的可决系数	0.955145
F（12，128）	247.5705	假定值（F）	2.43e–82
对数似然值	– 106.3144	Akaike 标准值	236.6288
Schwarz 标准值	271.9285	Hannan–Quinn 标准值	250.9735
Rho 标准值	– 0.232423	Durbin-Watson 标准值	2.416934

过去 24 个月的非季节化平均负荷：24.90418TWh。其中输电损失包括：27.14556TWh。负荷波动率：0.1801。

风力负荷系数

样本周期：2006 年 4 月— 2010 年 12 月，即每月共 52 次观察（表 16-A-3 和表 16-A-4）。

表 16-A-3　风力负荷季节性的最小二乘法估值

	系　数	t- 比率
d（1）	8.74421	9.1273
d（2）	– 2.06081	– 2.1511
d（3）	6.25051	6.5244
d（4）	– 4.19477	– 4.8954
d（5）	– 4.65959	–5.4378
d（6）	– 11.3065	– 13.1949
d（7）	–8.8292	– 10.3039
d（8）	– 3.88958	– 4.5392
d（9）	1.45744	1.7009
d（10）	1.74116	2.0320
d（11）	12.4732	14.5565
d（12）	4.4757	5.2232

表 16-A-4　回归分析统计数据

因变量均值	– 0.209207	因变量标准差	7.129921
残差平方和	165.2062	回归标准差	1.916050
决定系数	0.941968	调整后的可决系数	0.927782
F（11，45）	66.40291	假定值（F）	4.57e–24
对数似然值	– 111.2076	Akaike 标准值	246.4151
Schwarz 标准值	270.9317	Hannan-Quinn 标准值	255.9431
Rho 标准值	0.238200	Durbin-Watson 标准值	1.473965

平均风力负荷系数：0.27。水力负荷波动率：0.9088。

抽水蓄能负荷系数

样本周期：1998 年 1 月 — 2013 年 8 月，即每月 188 次观察。

水力负荷系数

样本周期：1998 年 1 月— 2013 年 8 月，或每月 188 次观察（表 16-A-5 和表 16-A-6）。

表 16-A-5　水力负荷季节性的最小二乘法估值

	系　数	t- 比率
d（1）	0.161759	11.7014
d（2）	0.0811138	6.8087
d（3）	0.0757758	4.6115
d（4）	－0.027608	－6.1159
d（5）	－0.122501	－11.3235
d（6）	－0.185731	－10.8948
d（7）	－0.16752	－13.7335
d（8）	－0.12782	－8.8027
d（9）	－0.0529903	－4.6321
d（10）	0.05018	6.5314
d（11）	0.125938	16.4867
d（12）	0.163624	10.2220

表 16-A-6　回归分析统计数据

因变量均值	－0.003719	因变量标准差	0.133179
残差平方和	0.469528	回归标准差	0.051651
决定系数	0.858549	调整后的可决系数	0.849708
F（12，176）	91.90841	假定值（F）	4.00e–69
对数似然值	296.5316	Akaike 标准值	－569.0632
Schwarz 标准值	－530.2259	Hannan-Quinn 标准值	－553.3278
Rho 标准值	0.384711	Durbin–Watson 标准值	1.229343

平均水力负荷系数：0.3432。水力负荷波动率：1.1099。

抽水蓄能负荷系数

样本周期：1998 年 1 月 — 2013 年 8 月，即每月 188 次观察（表 16-A-7 和表 16-A-8）。

表 16-A-7　抽水蓄能负荷季节性的最小二乘法估值

	系　数	t- 比率
d（1）	0.00150627	3.7567
d（2）	0.0012892	5.5566
d（3）	0.00827051	13.3275
d（4）	– 0.0123687	– 10.2670
d（5）	– 0.00954283	– 8.4641
d（6）	0.00018299	0.1880
d（7）	– 0.00347042	– 2.8817
d（8）	– 0.000364568	– 1.3049
d（9）	0.00139669	1.2297
d（10）	0.000694149	0.7116
d（11）	0.000860186	1.8030
d（12）	0.0118433	10.5627

表 16-A-8　回归分析统计数据

因变量均值	– 0.000053	因变量标准差	0.007214
残差平方和	0.002323	回归标准差	0.003633
决定系数	0.761330	调整后的可决系数	0.746413
F（12，176）	62.45414	假定值（F）	6.75e–57
对数似然值	795.5788	Akaike 标准值	– 1567.158
Schwarz 标准值	– 1528.320	Hannan-Quinn 标准值	– 1551.422
Rho 标准值	– 0.152526	Durbin-Watson 标准值	2.304938

平均抽水蓄能负荷系数：–0.0845。抽水蓄能负荷波动率：0.4660。

参考文献

1. Abadie LM, Chamorro JM (2008) European CO_2 prices and carbon capture investments. Energy Econ 30(6):2992–3015
2. Arnesano M, Carlucci AP, Laforgia D (2012) Extension of portfolio theory application to energy planning problem—the Italian case. Energy 39:112–124
3. Awerbuch S (2000) Investing in photovoltaics: Risk, accounting and the value of new technology. Energy Policy 28:1023–1035

4. Awerbuch S, Berger M (2003) Energy security and diversity in the EU: a mean-variance portfolio approach. IEA Research Paper, International Energy Agency, Paris
5. Awerbuch S, Yang S (2008) Efficient electricity generating portfolios for Europe: Maximizing energy security and climate change mitigation. In: Bazilian M, Roques F (eds) Analytical methods for energy diversity and security. Elsevier, Amsterdam
6. Berger M (2003) Portfolio analysis of EU electricity generating mixes and its implications for renewables. Ph.D. Dissertation, Technische Universität Wien, Vienna
7. Bazilian M, Roques F (2008) Analytical methods for energy diversity and security. Elsevier, North-Holland
8. Bar-Lev D, Katz S (1976) A portfolio approach to fossil fuel procurement in the electric utility industry. J Finan 31(3):933–947
9. Blyth W, Bradley R, Bunn D, Clarke C, Wilson T, Yang M (2007) Investment risk under uncertain climate policy. Energy Policy 35:5766–5773
10. Bohn RE, Caramanis MC, Schweppe FC (1984) Optimal pricing in electrical networks over space and time. Rand J Econ 15(3):360–376
11. Chamorro JM, Abadie LM, de Neufville R, Ilić M (2012) Market-based valuation of transmission network expansion: a heuristic application in GB. Energy 44:302–320
12. Delarue E, de Jonghe C, Belmans R, D'haeseleer W (2011) Applying portfolio theory to the electricity sector: energy versus power. Energy Econ 33:12–23
13. de Neufville R, Scholtes S (2011) Flexibility in engineering design. The MIT Press, Cambridge
14. Dixit AK, Pindyck RS (1994) Investment under Uncertainty. Princeton University Press, Princeton
15. Foley AM, Ó Gallachóir BP, Hur J, Baldick R, McKeogh EJ (2010) A strategic review of electricity systems models. Energy 35:4522–4530
16. Gotham D, Muthuraman K, Preckel P, Rardin R, Ruangpattana S (2009) A load factor based mean-variance analysis for fuel diversification. Energy Econ 31:249–256
17. HM Treasury, HM Revenue & Customs (2010) December
18. HM Treasury, HM Revenue & Customs (2011) March
19. Hill M (1973) Diversity and evenness: a unifying notation and its consequences. Ecology 54 (2):427–432
20. Humphreys H, McClain K (1998) Reducing the impacts of energy price volatility through dynamic portfolio selection. Energy J 19(3):107–131
21. Jansen J, Beurskens L, van Tilburg X (2006) Application of portfolio analysis to the Dutch generating mix. Report C-05-100. EnergyResearchCenter at the Netherlands
22. Kotsan S, Douglas S (2008) Application of mean-variance analysis to locational value of generation assets. In: Bazilian M, Roques F (eds) Analytical methods for energy diversity and security. Elsevier, Amsterdam
23. Krey B, Zweifel P (2008) Efficient and secure power for the USA and Switzerland. In: Bazilian M, Roques F (eds) Analytical methods for energy diversity and security. Elsevier, Amsterdam
24. Lynch MA, Shortt A, Tol RSJ, O' Malley MJ (2013) Risk-return incentives in liberalized electricity markets. Energy Econ 40:598–608
25. Markowitz H (1952) Portfolio selection. J Financ 7:77–91

26. Murto P, Nese G (2002) Input price risk and optimal timing of energy investment: choice between fossil and biofuels. WP 25/02, Institute for Research in Economics and Business Administration, Bergen
27. Näsäkkälä E, Fleten S-E (2005) Flexibility and technology choice in gas fired power plant investments. Rev Financ Econ 14:371–393
28. National Grid (2010) Winter Outlook Report 2010–2011 October
29. National Grid (2012) Electricity Ten Year Statement (ETYS) 2012 November
30. Newbery D (2005) Electricity liberalisation in Britain: the quest for a satisfactory wholesale market design. Energy J 26:43–70
31. Roques F, Newbery D, Nuttall W, de Neufville R, Connors S (2006) Nuclear power: a hedge against uncertain gas and carbon prices? Energy J 27(4):1–24
32. Roques F, Newbery D, Nuttall W (2008) Fuel mix diversification incentives in liberalized electricity markets: a mean-variance portfolio theory approach. Energy Econ 30(4):1831–1849
33. Sunderkötter M, Weber C (2012) Valuing fuel diversification in power generation capacity planning. Energy Econ 34:1664 1674
34. Trigeorgis L (1996) Real options—managerial flexibility and strategy in resource allocation. The MIT Press, Cambridge
35. UK Department of Energy and Climate Change (2013) Digest of United Kingdom energy statistics, DUKES 2013
36. UK Department of Energy and Climate Change (2009) Special feature: generation and hydro changes to electricity tables. Energy Trends Articles; 2009, September
37. Valeri LM (2009) Welfare and competition effects of electricity interconnection between Ireland and Great Britain. Energy Policy 37(11):4679–4688
38. van Zon A, Fuss S (2008) Risk, embodied technical change and irreversible investment decisions in UK electricity production. In: Bazilian M, Roques F (eds) Analytical methods for energy diversity and security. Elsevier, Amsterdam